環境人間学と地域

交錯する世界　自然と文化の脱構築

フィリップ・デスコラとの対話

秋道智彌　編

フィリップ・デスコラ　寄稿

京都大学学術出版会

「環境人間学と地域」の刊行によせて

地球環境問題が国際社会の最重要課題となり、学術コミュニティがその解決に向けて全面的に動き出したのは、一九九二年の環境と開発に関する国連会議、いわゆる地球サミットのころだろうか。それから二〇年が経った。

地球環境問題は人間活動の複合的・重層的な集積の結果であり、仮に解決にあたる学問領域を「地球環境学」と呼ぶなら、それがひとつのディシプリンに収まりきらないことは明らかである。当初から、生態学、経済学、政治学、歴史学、哲学、人類学などの諸学問の請来と統合が要請され、「文理融合」「学際的研究」といった言葉が呪文のように唱えられてきた。さらに最近は「トランスディシプリナリティ」という概念が提唱され、客観性・独立性に依拠した従来の学問を超え社会の要請と密接にかかわるところに「地球環境学」は構築すべきである、という主張がされている。課題の大きさと複雑さと問題の解決の困難さを反映し、「地球環境学」はその範域を拡大してきている。

わが国において、こうした「地球環境学」の世界的潮流を強く意識しながら最先端の活動を展開してきたのが、大学共同利用機関法人である総合地球環境学研究所（地球研）である。たとえば、創設一〇年を機に、価値命題を問う「設計科学」を研究の柱に加えたのもそのひとつである。事実を明らかにする「認識科学」だけでは問題に対応しきれないのが明らかになってきたからだ。

一方で、創設以来ゆるぎないものもある。環境問題は人間の問題であるという考えである。よりよく生きるためにはどうすればいいのか。環境学は、畢竟、人間そのものを対象とする人間学 Humanics でなければならなくなるだろう。今回刊行する叢書「環境人間学と地域」には、この地球研の理念が通底しているはずである。

これからの人間学は、逆に環境問題を抜きには考えられない。人間活動の全般にわたる広範な課題は環境問題へと収束するだろう。そして、そのときに鮮明に浮かび上がるのが人間活動の具体的な場である「地域」である。地域は、環境人間学の知的枠組みとして重要な役割を帯びることになる。

ひとつの地球環境問題があるのではない。地域によってさまざまな地球環境問題がある。問題の様相も解決の手段も、地域によって異なっているのである。安易に地球規模の一般解を求めれば、解決の道筋を見誤る。環境に関わる多くの国際的条約が、地域の利害の対立から合意形成が困難なことを思い起こせばいい。

地域に焦点をあてた環境人間学には、二つの切り口がある。特定の地域の特徴的な課題を扱う場合と、多数の地域の共通する課題を扱う場合とである。どちらの場合も、環境問題の本質に関わる個別・具体的な課題を措定し、必要とされるさまざまなディシプリンを駆使して信頼に足るデータ・情報を集め、それらを高次に統合して説得力のある形で提示することになる。簡単ではないが、叢書「環境人間学と地域」でその試みの到達点を問いたい。

「環境人間学と地域」編集委員長
総合地球環境学研究所　教授
阿部　健一

まえがき

秋道　智彌

本書を編む直接のきっかけは、フランスのコレージュ・ド・フランスの人類学教授のフィリップ・デスコラ氏（一九四九年生まれ）が二〇一四年度の「コスモス国際賞」を受賞されたことによる。

この賞は一九九〇年四月一日～九月三〇日に大阪市鶴見緑地で開催された「国際花と緑の博覧会」（通称、花の万博　EXPO'90）を記念して創設されたものである。花の万博は「自然と人間との共生」をテーマとするもので、コスモス国際賞は人間・自然・地球をめぐる諸問題の解明を目指す研究活動や業績に贈られるものである。では、デスコラ氏の研究のどこが受賞の対象としてふさわしいとされたのか。一言でいえば、自然と人間の諸関係をとらえる新しい思想を提起したことによる。本書で詳しく取り上げるが、自然と人間の関係性を身体性と内面性に着目して包括的な存在論を提示したのがデスコラ論の骨子である。

ただし、西洋の研究者の哲学的・思想的なテーゼをそのまま日本語に翻訳して紹介するのが本書のもくろみであるのではない。本書では私とデスコラ氏との対話を通じて、一〇篇の論文を選定してもらい、その中から四篇を厳選し、個々の論文にたいする論争（対論・反論・議論を含む）としてそれぞれ二篇の論文を書き下ろす形式をとった。つまり、デスコラの四論文に八篇の論文が対応するものとし、日本人研究者六名とフランス人研究者一名が執筆を担当した。フランス人研究者は、総合地球環境学研究所に客員教授として滞在されていたA・ベルク氏である。

本書は四部構成とし、自然と人間のかかわりを第Ⅰ部「自然は人間に復讐するか」、第Ⅱ部「自然は人間の友達か」、第Ⅲ部「自然は主体性をもつか」、第Ⅳ部「自然は境界を超えるか」、として、自然を人間に対峙するものとしてではなく、相互に交渉する存在としての意義を強調するテーマ設定とした。

自然と人間、自然と文化に関する研究領域はじつに多様であるが、それぞれの専門に特化するあまり、総合性、包括性が看過される傾向がある。人間の思想や世界観、哲学的な読み解きなどは思弁とか実証性の欠落したものと揶揄されることが多かった。

しかし、混迷する現代、生物多様性の減少、温暖化、人口爆発、貧困と不平等がますます世界を覆いつくそうとするとき、自然と人間のあり方を本源的に問い直す作業は急務の課題である。経済や政治の世界に埋没した議論の不毛さから脱出することは新しい時代の嚆矢となるにちがいない。

自然と人間の共生は口でいうほど単純な問題ではない。新しい時代に向けての新しい考え方を構築する作業を大きな眼目として構成した。自然と人間を二元的にとらえる従来の視点をくつがえす挑戦を丁寧に読み取っていただきたい。

目次

第Ⅱ部　自然は人間の友達か

第Ⅲ部　自然は主体性をもつか

第Ⅳ部　自然は境界を超えるか

序章　人文知の脱構築
――世界認識の大転換に向けて

秋道智彌

本書の基盤となるP・デスコラは現在、フランスのコレージュ・ド・フランスの人類学主任教授であり、人類学者として著名なクロード・レヴィ＝ストロースの後継者と目されている。デスコラは南米エクアドルのアマゾン河上流部に居住する焼畑農耕民であるアチュアール先住民（Achuar）の社会で三年間調査を実施し、それを元に多くの人類学的な論考を公表してきた。その代表作が『自然と文化を超えて』である（Descola 2005, 2013）。彼はこの中で、身体性（フィジカリティーphysicality）と内面性（インテリオリティーinteriority）に着目してあらゆる生物の類似性と異質性を論じている。そして類似性と異質性を軸として、人間と非人間との間の関係における非連続性を強調するか、あるいは非連続性を最小化するか（すなわち連続性を強調するか）で、社会の枠組みを測りつつ、アニミズム、トーテミズム、類推主義、自然主義を規定した。

すなわち、トーテミズムとは身体性、内面性ともに人間と非人間を類似したものと見なすパラダイムであり、身体性では類似するが内面性では異質な存在であるとするのが自然主義（ナチュラリズム naturalism）、身体性では異質であるが内面性では類似したものと見なすのがアニミズム、身体性、内面性ともに異質な存在として見るのが類推主義（アナロジズム analogism）であるという（図0-4参照）。これら四つの存在論（オントロジー

ontologies）から世界の成り立ち（ワールディング worlding）を考えるモデルを提示したのがデスコラの思想の骨子である。世界中の豊かな歴史・民族資料がその実例として提示された。

地球上の世界をどうとらえるのか。この命題に対して、哲学・思想史をはじめとして古今東西、幾多の議論がなされてきたことは言うまでもない。人類学を標榜する筆者は思弁論ではなく実証的な事例を元にした議論に賛同するだけに、デスコラの提起した存在論のモデルが説得性をもつのかについて精査すべきと考えた。とくにデスコラの主張は自然と文化、あるいは自然と人間のかかわりに根差したものであり、世界の成り立ちをその脈絡で考えることが前提となるだろう。

本章では、デスコラの思索と仮説にふれつつ、それとは異なった視点からの切り口を提示することを大きなねらいとする。読者には、それを踏まえて各章の多様な観点からの新鮮な論にあたっていただきたい。そして、あらためて自然と人間の関係を考える豊かな視点と、新しい人文知の可能性を予感していただければと考えた。

1　自然と文化の二元論と中心主義

（1）自然と文化

いまから一八年前、筆者は『自然はだれのものか――「コモンズの悲劇」を超えて』と題する書を刊行した（秋道編 1999）。その中で、自然と文化を二元的にとらえる思考のあり方を批判的に検討する試みにいどんだ。人間が、自然界の事物を技術、経済、社会などにわたる文化的な装置と手段を通じて自らの世界に取り込んできたことは、言うまでもない。なかんずく、採集・狩猟・漁撈に依存した先史時代の段階と、牧畜・栽培を通じたドメスティケーション以降の段階とでは、自然と人間との関係は質・量ともに大きく変化してきた。さらに後代、産業技術や工業のグローバル化、情報産業の発展により、自然とのかかわり自体も地球規模で大変革を遂げてきた。こうした人類史的な変化を語る場合、自然を利用して文明を築いてきたのが人間の文化であるとする史観が、当然のごとく語られてきた。つまり、自然と文化をたがいに対立するものとする二元論が支配的であると言って良い。こうしたパラダイムでは、自然と文化のかかわりについていまさら議論することなど時代錯誤であるとか、人類の歴史をとらえなおすグランド・セオリーは陳腐であり、知的な生産には寄与しない、などと言い切る議論が出てくるのもある意味仕方ないだろう。

しかし今、我々はそう言い切ることが出来るのだろうか。地球温暖化と環境破壊が地球規模で進み、人口爆発の顕著な二一世紀、陸域、海域を問わず、地球上の生き物の生存はますます危機に瀕し、地球上を凌駕する人間存在の片隅に追いやられているように思える。度を越えた人間活動に対する警鐘は、すでに二〇世紀も後半に入る頃には、有害な化学物質のもたらす環境破壊を訴えたR・L・カーソンの『沈黙の春』(1962)や、一九七二年のローマクラブによる「成長の限界論」をはじめとした数々の報告書や書物の中や、過去四〇～五〇年に次第に深刻な問題として、また新たな危機として頻繁に論じられてきた。一九九七年に京都で開催されたCOP3の京都議定書を受け、それから一八年が経過した二〇一五年一二月、ようやくCOP21で「パリ協定」が採択された。はじめて地球温暖化防止に向けての国際的な合意に至り、その後、二〇一六年四月段階で一五五ケ国が署名したが、ツバル、モルディヴなど低平なサンゴ礁の島国で海面上昇により危機的な状況にある国が批准したものの、実効レベルではいまだ前途多難な状況にあることには変わりない。二〇一七年六月一日、米国のトランプ大統領はパリ協定離脱を宣言した。

その間も私たちは、人間による自然の支配がいかに無力であったかということを痛いほど経験した。それが二〇一一年三月一一日に東日本を襲った大地震と津波である。東京電力福島第一原子力発電所で発生した放射能漏れの後遺症は地域住民と生態系におよび、政府や東京電力の無責任な対応を含めて、将来の影響への不安を払拭できないまま事態は推移している。二〇一六年四月に発生した熊本地震も、復旧・復興に尽力される地域の行政と住民に重く大きな課題を突き付けている。熊本地震では、鹿児島の川内と佐賀の玄海、愛媛の伊方にある原発は影響を受けなかったとされるが、この問題が日本のエネルギー政策に直結する課題であることには変わりがない。推進派から反対派まで主張の溝が埋まることはないが、この問題を広く考えれば、人間と自然の本源的なかかわりあいに通底することは明らかだ。我々は切実な暮らしの問題として、あらためて、自然と人間のあり方を本源的に問うこととなったわけである。

『自然はだれのものか』では、自然と文化の二元論がはらむ問題点を洗い出すことを提案した。たとえば現在、環境保全が世界各地で進められている。二〇一〇年に名古屋で開催されたCOP10での生物多様性に関する議論や、二〇一二年のリオ＋20（国連持続可能な開発会議）では、地球上における生物多様性の保全が声高らかに表明され、これに反する地域住民のいとなみを弾劾し、森林の違法伐採や違法・無許可・無規制の漁業（IUU）などを犯す個人・団体を強制的に検挙する動きがEU（欧州共同体）を中心に進められるようになっている。

だが、こうした措置を環境帝国主義と呼ぶ論者も少なくない。そもそも途上国で現場の住民の声を無視し、国際的な援助を推進してきたのは多くの場合、西洋の御用学者や国際援助機関のコンサルタントたちであった。そして今、同じ彼らのモデルと助言を元に、途上国政府の主導で環境保全策が進められていると言っても良いからだ。一見方向が違うとは言え、その本質は、自然を管理し、利益を導き出そうということにほかならず、すなわち西洋的な自然と文化の二元論を前提とした点に特徴がある。こうした環境保全を優先するあまり、地域住民の育んできた土着の文化的な慣行やしきたり、人びとの健康や生存、さらには生活の向上がないがしろにされることへの不公平感や、上からの環境政策に対する根深い反発が広がっているのには理由があるのだ。なによりも、地域住民による環境保全の実践や環境認知のあり方について十分な理解を踏まえていれば、人びとが単に生産効率や経済目的だけに終始して自然とかかわってきたのではないことが明らかになるはずだ。民俗知や伝統的な生態学的知識（テックＴＥＫ: Traditional Ecological Knowledge）を無視した環境の保全や管理が西洋中心主義的な発想から進められるかぎり、押し付けによる呪縛から解放されることはまず期待薄である。

では、自然と文化の二元論にはいったいどのような限界と問題があるものなのか。次項でもふれる英国人類学者のＴ・インゴルドは、自然と文化の関係を図０-１のように類別化した（Ingold 1996）。図にあるように、自然と文化の対立図式における自然の概念は、（１）物理的・生態学的な実体としての自然と、（２）文化的な解釈の結果として認知される自然とに分けることができる。同様に、文化も（１）と（２）にそれぞれ対応する概念として位置づけることができる。つまり、自然と文化の概念はつねに対立する関係の中でしかとらえることができないものと位置づけられている。

この図には注意すべき点が二つある。一つ目は、インゴルド自身もふれているように、自然も文化も区別のない世界観がパプアニューギニア高地のハーゲン（the Hagen）の人びとの間にあるとする、人類学者のＭ・ストラザーンの報告である（Strathern 1980）。「ノー・ネイチャー　ノー・カルチャー」の世界はたしかに異彩を放つ。インゴルドは、自然と文化を二元的にとらえる考え方は西洋固有のものであり、ニューギニアの例は非ヨーロッパ的なものだと位置づけている。二つ目は、本書第９章でＡ・ベルクの主張する「自然が主体性をもつ」という発想が、この図では排除ないし看過されていることである。つまり、図０-１における文化の概念

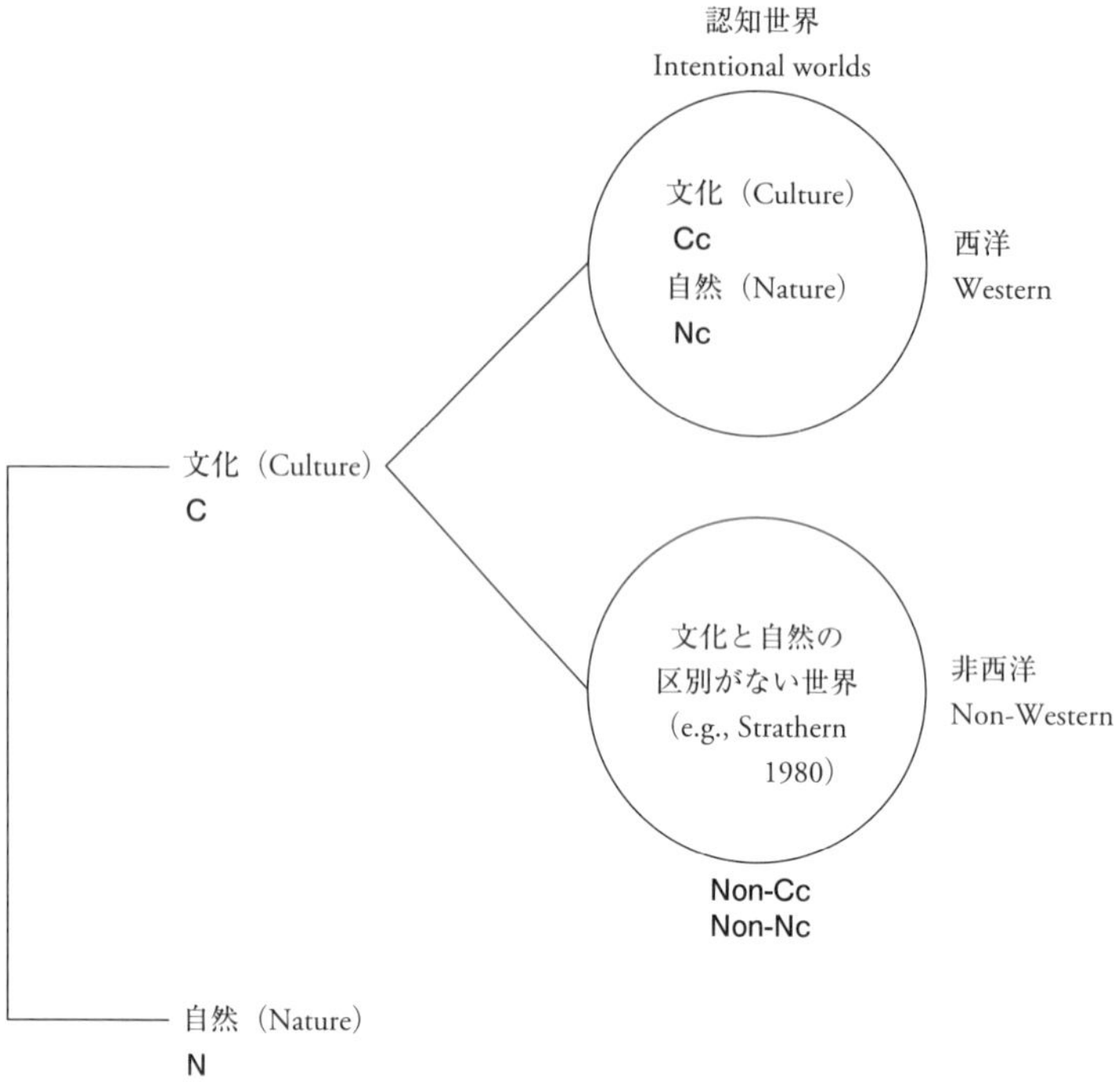

図 0–1　西洋と非西洋における認知世界の比較

西洋における二元的な存在論（自然と文化ないし物質と認知の間における）を基盤としたモデル。C と Cc は欠性対立関係にあるが、N と Nc はその関係にはない。（Ingold 1996）を元に作成

は欠性対立（プリヴァティヴ・オポジション：privative opposition）の関係にあるが、この図をよく見れば分かるように、自然の概念は文化と同じような欠性対立の関係にはない。

ベルクは自然にも主体性があるとした議論を展開する。ここであらたに図 0–2のような図式を想定することができる。この場合、自然（N）は仮説的に、主体的に認知する自然（Nｎ）とそれに含まれない要素（ｎｏｎ–Ｎｎ）からなり、自然も欠性対立から構成される概念となる。つまり、自然はかならずしも文化と対立する概念ではないことになるわけだ。

ストラザーンが見出した非自然・非文化の世界と、ベルクによ

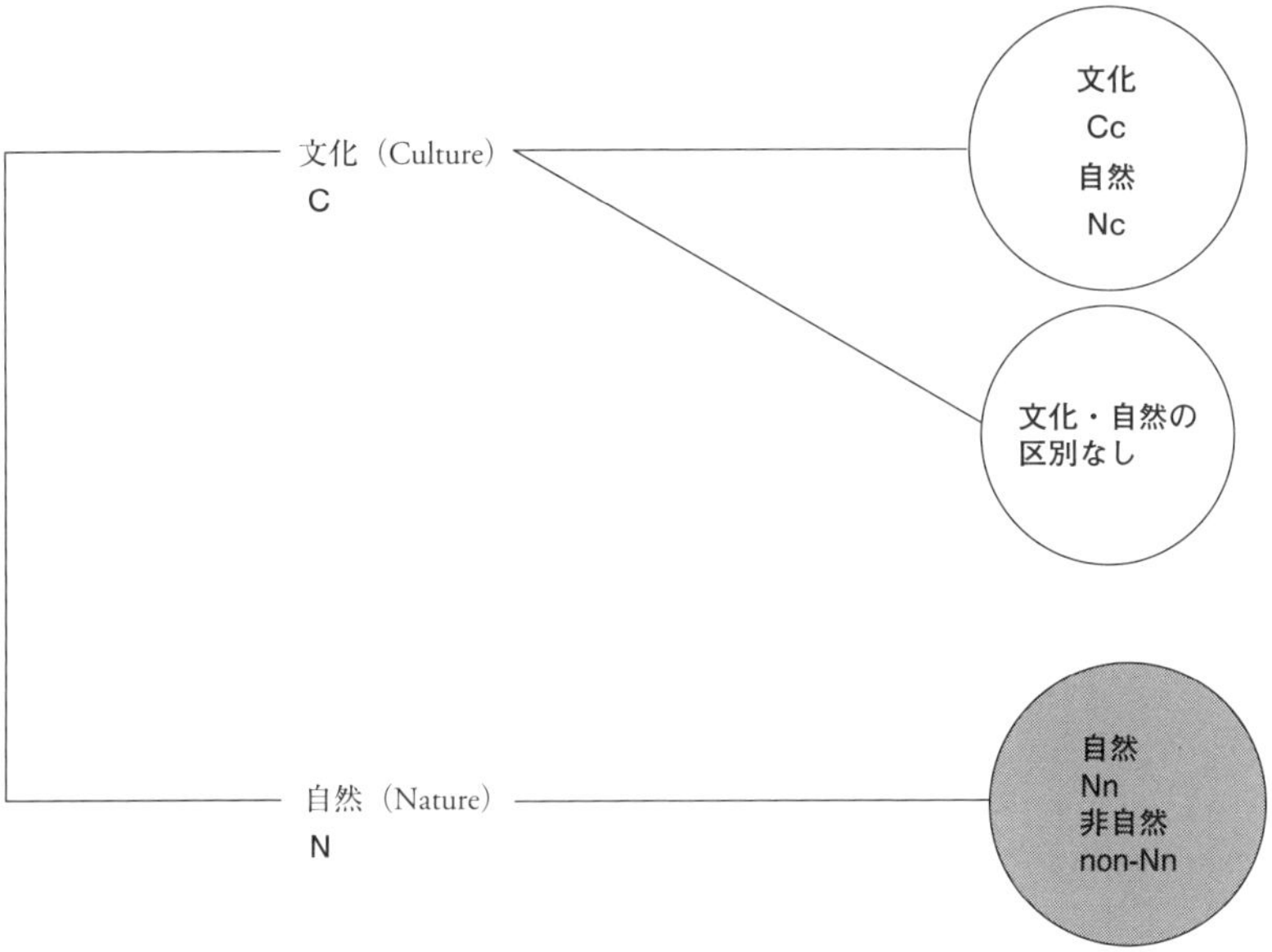

図 0–2　自然の主体性論と自然・文化の関係
自然にも主体性があるとの仮説で、自然が認知する世界（Nn）とそれ以外の非自然（non-Nn）からなる。C と Cc とともに、N と Nn は欠性対立関係にある。

る自然主体性論は、自然と文化の二元主義を超えるものと位置づけることができる。この地平から、人間中心あるいは西洋中心の思想について検討してみるのが次の課題である。まず、自然の中で人間を世界の中心において考える思考、つまり人間中心主義について検討してみよう。

（2）人間中心主義

自然を人間の文化に取り込むあらゆる思考と営為を、ここでは「自然の文化化」と呼ぶことにしよう。人間が（自然を）取り込むことは、ふつう英語でアプロプリエーションと称される（Ingold 1987）。日本語の「文化化」は、カルチュラル・アプロプリエーション（cultural appropriation）という意味になる。アプロプリエーションには、「専有」ないし「所有者のないものを私物化する」という意味があり、自然を人間の都合の良いように利用することを暗に示している。すなわち、自然の文化化とは人間を中心においた発想であることは間違いないだろう。これを人間中心主義（アンソロポセントリズム anthropocentrism）と呼ぶ。

社会集団によって文化には差異があるが、それを前提にしても、人間中心主義的な発想がその社会にあるとすれば、人びとが自らを世界の中心とする立場を堅持しているということには変わりはない。個々の文化的な差異を強調することで、世界に数多くある世界観・自然観にそれぞれ独自の意味づけをすることが出来るが、皮相な言い方をすれば、人類学は無数ともいえる人間中心主義の精緻な比較分析と解釈に貢献してきたと言えるだろう。

ただしこの場合でも、異文化についての差異に関する情報がどのような意味をもつのかについて、そのとらえ方に二つの立場があることを私たちは知っている。文化相対主義の研究者は、いくら異文化の世界観・自然観を記述しても、それは一つの事例に過ぎないと主張するだろう。これに対して、個別の記述を超えて人間全体を見回した一般性の追求こそが本領と主張する普遍主義者の立場がある。普遍的な世界観の追及を強調すればするほど、人間中心主義の呪縛にからめとられ、それから解放されることは期待薄である。

本書で折にふれて参照するフランスの人類学者P・デスコラは、西洋の人類学者には、言外に前提とした事柄が二つあるという（Descola 2013）。その第一は、無文字社会の人びとが構築してきた世界像は、西洋の諸科学が詳細に検討しその法則性を明るみに出してきた内容からなる自然観と同質のものであるという点である。第二は、自然と文化を二元論的に区分する宇宙観が、それ以外の宇宙観を理解し分析するためのお手本になるということである。

デスコラは、西洋の人類学者は自然と文化の二元論に対して、両者の差異をうまく調和させ、対極に位置する自然主義者と文化主義者の双方がたがいに歩み寄るような解釈論を産みだそうとしたと指摘する。自然主義者は、文化は生物学的、生態学的な制約に対する（文化的な）適応にすぎないのだから、自然科学こそがもっぱら自然の仕組みを明らかにできると考える。これに対して、文化主義者は、文化の構成内容と自然、たとえば生物としての人間の基礎代謝量との関係は断定できるものではなく、じっさい両者の関係はまったく異質であると見なす。文化が違えばその社会に住む人の基礎代謝量が違う、という事実はない。つまりいくら自然を測っても、人間文化は分からないと主張する。

少なくとも一九世紀前半までの時代、西洋では人間性や自然についていくつもの論争が哲学、宗教学、神話学などの領域を中心に展開してきた。ここまでの時点で、西洋中心に自然と人間、世界のあり方について幾多の思索の軌跡が蓄積されてきたことは間違いない。それが一九世紀中葉に至り、L・H・モーガンが著した『古代社会』の中で、非西洋社会におけるさまざまな慣習や制度が西洋社会に紹介され、西洋中心に構築されてきた世界観が相対化される契機となった（モーガン 1958）。一方、モーガンの影響を受けたF・エンゲルスは一八八四年に『家族・私有財産・国家の起源』を著し（エンゲルス 1965）、人類が野蛮時代（サヴェジェリー savegery）から未開時代（バーバリズム barbalism）を経て文明時代（シヴィライゼーション civilization）へと社会進化する図式が提示された。この図式の中で、自然は、人間の社会が進化を遂げる上で技術や生産の基盤を担うものとされた。じっさい人類は、野生植物の採集、狩猟、漁撈、農耕、牧畜などの生業複合とともに、火、弓矢、土器、青銅器、鉄器などの技術文化や文字を、自然を利用して発明・発展させてきた。文明時代に生まれたユダヤ教、キリスト教では、『旧約聖書』の創世記にあるように、神が創造した自然を人間こそが支配ができるとする教義に即して自然の開発が進められた背景がある。ただし、この思想を人間中心主義の原理となったものと考えるのは早計すぎる。むしろ、西洋中心主義ないしキリスト教中心主義とでも言い換えたほうが良い。とはいえ、西洋では、人類史において人間が主であり、自然が従という配置関係にあるものと見なされてきたことは間違いない。そこでは、自然と文化はたがいに対立する存在とされてきたのである。

(3) 非人間中心主義──生態学と神話学

ではその対極として、人間を中心におくことのない発想があるとすれば、その中身は何だろうか。広くは非人間中心主義(ノン・アンスロポセントリズム non-anthropocentrism)、あるいは自然(動植物)中心主義(ネイチャーセントリズム nature-centrism)と呼ばれる枠組みがそうである。こうした枠組みの底流には、人間を中心から排除し、自然を中心において考えるラディカルな思想がある。この思惟は多くの知識人から一笑にふされる可能性がないわけではない。しかし、けっしてそうではないことを以下に論証してみたい。

非人間中心主義は、人間が主体として自然を従属させる、あるいは支配することができるとする観念に真っ向から対立する思想である。人間以外の自然界の存在を中心において考えるこの思想においては、自然が主、人間が従の配置関係になる。ただしこの主従関係の逆転には明確な理由づけが必要であり、ここでは、自然科学としての生態学と人文科学としての神話学を元に考えてみたい。

そもそも生態学の考え方には、人間を中心におかない原理が存在する。自然界における植物や動物がそれぞれに果たす生態学的な役割に着目して考えてみよう。植物は独立栄養生物であり、一般に炭素と光合成により生長・繁殖するか、無機化合物によって増殖する。一方、動物は従属栄養生物であり、他の植物や動物などの有機化合物から炭素とエネルギー源を獲得する。動物である人間も従属栄養生物であり、地球上では高次の消費者である。人間中心主義では、人間は食物網において質と量ともに支配的な消費者であることが暗に前提とされる。つまり、自然界では消費する側が主であり、消費される側は従であり、消費する行為は被消費者の犠牲の上に成立するものであり、相手を支配下においていることは明白だとされる。
しかし、食う―食われる関係からみると、主・従の関係はけっして固定的ではない。東南アジアのメコン河流域に住む低地ラオ人の間では、つぎのような諺がある。

「水が上がると、魚がアリを食べる。水が下がると、アリが魚を食べる」。

雨季に河川が増水し、ツムギアリが樹上に木の葉でつくるドッジボール状の巣が水面に落ち、巣の中のアリや幼虫が魚によって食べられる。乾季に水が引いて、魚が干からびて死ぬと、アリがその死骸を食べる。人びとは、環境の劇的な変化によって食う―食われる関係に基礎をおく食物連鎖関係が逆転することを日常の観察から知っているのである。

自然界における食物連鎖関係から、消費者に対して、より高い関係価値（共生・敵対などの関係性における価値観）を与える考え方に対して、生産者である植物こそが世界の中心に位置づけられるとする見方も他方で成立する。あらゆる動物はその存在自体が植物に従属している。人間も動物の一種として、野生・栽培種を含めた多種類の動植物に依存している。人間が消費の対象とする一部の動物も植物に依存している。つまり、人間は究極的には植物の恩恵を受けていることになる。結局、生態学、すなわち食物の消費と連鎖の関係性からすると、人間と植物のいずれを中心と周縁に位置づけるかは発想次第で、両方の場合がオプションとしてあることになる。

さて神話学（ミソロジー mythology）の観点からすれば、中心主義はどのように位置づけることができるだろうか。世界には、特定の動物を崇高な地位にあるものと見なす観念をもつ社会が数多くある。東アフリカのマーサイ族におけるライオン、シベリアのウデヘ、ナーナイ、満州族におけるアムールトラ（満州族はフー・リン（Hu Lin）すなわち「王」と呼ぶ）、北米の北西海岸諸族とシャチ、北海道アイヌとヒグマ・シャチ・シマフクロウ、アステカ文明におけるジャガー、中央アンデス文明におけるコンドルなどがそれにあたる。こうした事例では、特定種の動物が所与の文化における人びとの信仰の対象とされている点では異論がない。ただし、そのことから動物が主であり、人間が従に位置づけられると短絡すべきではない。

世界の創造主が人間や動物、植物、水、火を創造したとする神話をもつ民族は数多く報告されている。たとえば、北米の先住民である平原インディアンのスー族は、世界のあらゆる事物は宇宙の真理であり、創造主である「ワカン・タンカ」（wakan tanka）から生まれたと考えている。ワカンは「神秘」、タンカは「大いなる」の意味である。人間や動物、植物、石や水、さらにはいくつもの精霊などあらゆるものは平等であり、上下・優劣の関係がなくたがいにつながっている。人間以外のものも、「木のひとたち」、「石のひとたち」、「鳥のひとたち」のように呼ばれる。このように、人間とそれ以外の存在は平等性と相互の「つながり」を特徴としており、スーの人びとは人間中心主義とはまったく異なる世界観をもつと言える。

人間が創造主により創られたとする始原性の言説は、キリスト教、仏教などの大宗教と、非人間中心主義を標榜する多くの民族が共有する思想であると言えるだろう。ただし、創生神話の思想が歴史を通じて持続的に堅持されずに、いつの間にか人間を中心において考える思想にすり替わってしまった場合もある。この点で、ヨーロッパにおけるケルト民族の神話は異質である。ケルト民族の神話では、宇宙は水と火が交互に支配しており、始まりも終わりもない輪廻の世界にほかならないと考えていた。そのどこか一点が現在であるとする考えもまた、人間中心主義とはまったく別である。以上が神話学からみた非人間中心主義の事例である。

（4）人間と動物との同一性論

次に、こうした生態学と神話学とは別の発想から浮かび上がる非人間主義を提起してみたい。その論点は、人間中心主義を根底から転換するのではなく、人間が自然と同化するか、自然との間に同一性を見出す枠組みからの発想である。すなわち自然との同化あるいは共生を通して人間中心主義から脱するパラダイムで、同化（アシミレーション：assimilation）と同一化（アイデンティフィケーション：identification）を達成する過程としてとらえるのである。この点にかかわって、デスコラの論文（2008a）が紹介する動物と人間との関係を示すベトナムの逸話に言及したい。

デスコラが引用しているのは、一九一〇年代にベトナム中部高地に居住するロンガオ（Reungao）の人びとの中で暮らしたE・ケムリン牧師（Emile Kemlin）が採集した説話で、オイ（Oih）という名前の女性とトラとの関係についての下りである。

ある日の夕方、オイが家のベランダで米を搗いていたとき、喉に骨をつかえた一頭のトラが近くで苦しそうにもだえていました。喉につまった骨を取ろうとしてトラは大きく跳びあがってベランダに着地しました。恐怖におびえたオイは手にしていた杵を落としました。するとその杵はトラの頭上に落ちました。トラはびっくり仰天して、おもわず骨を吐き出しました。トラは無事にその場をあとにしました。

その夜、オイはトラの夢を見ました。夢の中でトラは「我々は父から娘の世代まで友人関係をもつことになるでしょう」と言いました。娘は「それは無理。誰だってそんな甘い話に乗るふりはできません」と答えると、トラは「それは逆で、こちらこそ甘い話に乗ったと言われないかとビクビクしているのです」。

翌朝、オイは森で実物のトラと出会いました。トラは大きなイノシシをかかえていました。トラがオイを見るやいなや、獲物を地面におろしてその肉を二等分し、一方をオイに投げ与え、残りを自分のものとしました。こうしたことは一回きりではなく、オイはこの日以降、トラから肉の残り物を授かることになりました。オイは森に行きさえすれば、彼女の叔父（＝トラ）が残したシカやノロジカの肉片を見つけることができたのです。

ケムリン神父によると、女性であるオイとトラの間で交わされた約束はクラオ・コン・バー（krao con ba）、つまりロンガオの人びとと他の人間や非人間との間の公的な同盟関係を記した契約書となるものであり、双方の当事者は特別の義務を負うことになる。

こうした民族誌や自らの調査を踏まえ、デスコラは、世界中の多くの民族は動物や植物が人間的な行動をもつものとふつうに考えていると言う。ロンガオ以外の事例でも、たとえばコロンビアのマクナ（Makuna）の人びとは、バクは踊るさいにベニノキの染料で体を塗るとか、ペッカリー（pecarí：中南米のイノシシの仲間）は儀礼のさいにトランプゲームをすると言う。一方、ブラジルのワリ（Wari）族によると、ペッカリーはマニオク酒を造り、ジャガーは妻が料理に使う獲物を持ち帰るという。しかも、こうした例は過去の神話における話ではなく、現在も起こっている事象とされる。

先述したロンガオの例のように、トラが人間と盟約をもつことや人間のことばを話すことは、ヨーロッパの寓話で動物を人間のように描きだすのと似た、レトリック上の隠喩（メタファー）の手法にすぎないのだろうか。メタファーをたっぷり使うとされる無文字社会の人びとは、単なるメタファーの能力に秀でただけではなく、実践知と象徴的な思考をいわば合わせもつ思考様式に慣れ親しんでいる、とデスコラは評する。しかも動物を人間と峻別するのではなく、人間と動物の境界を超えて思考する観念が発達した社会では、周囲の自然環境ににおける非人間的な存在の可視的な現象や行動を人間に類似したものと見なす傾向があり、これは人間中心主義にほかならない。ロンガオの説話が、動物の行動に関する自然科学的な情報よりも妥当かつ記憶しやすいものとなっているのは、こうした人間中心の観念に基づいているからだ。

なぜトラがことばを発するのか、ロンガオの人びとに受け入れられているその理由を自然科学者は説明することができない。人間中心主義的な考えは、普遍的な枠組みに対応するものではなく、人類が環境との間で長らく織りなしてきた多元的で入り組んだ関係の結果なのであり、それゆえ、直感的、反直感的を問わず、実践的知と象徴的な表象を峻別するようなことはない。

デスコラは以上のような思索を踏まえて、自然と文化の対立は無文字社会にとって無意味であると断定する。これに対して、現代の人間中心主義者は時空を隔てた地域の文化を明らかにする枠組みを提示することなど眼中にない。わずかに、自己と非自己の関係を客観化するための一般的枠組みを提示できる可能性だけをもっているというのである。

以上のような人間中心主義の枠組みを超えるためには、人間と自然との間における異同点を類推し、識別する必要がある。そのさい、人間と自然とが同化するか、人間と自然が同一化される側面に力点をおいて考える思考過程が重要となる。こうして、人間は万事心得たうえで、自然を構成する諸側面について、その外観、行動、属性から類推し、人間との異同性についての枠組みを提示することができるのである。同化と同一性は、次項のアニミズムやトーテミズムと関連する概念である。

これまでの議論では、植物中心主義と（人間を含む）動物中心主義は成立することになる。ただし、生存を一義的におくとして、植物中心主義は生命の提供者として、（人間を含む）動物中心主義は生命のはく奪者としての生態学的な位置づけに依拠しており、まったく正反対の関係にある。では、人間を除外した動物を中心とする思想はないのであろうか。ここで登場するのが人文学における非生態学的な思想である。

2　アニミズムとトーテミズム

アニミズム（animism）とトーテミズム（totemism）は、ともに人文学、とりわけ人類学や宗教学の分野でよく取り上げられてきた概念である。前者は、石や水などの無生物や生き物に霊魂が宿っているとする観念であり、「生命」、「息」を表すラテン語のアニマ（anima）に由来する。自然物に霊魂を見出す観念は世界各地に存在する。メラネシアのソロモン諸島やニューヘブリデス諸島では、石にマナ（mana）と呼ばれる超自然的な力の宿っているとする観念が発達している（Codrington 1891）。ソロモン諸島では人間は死後、ティンダロ（tindalo）と呼ばれる死霊となるが、ニューヘブリデス諸島でもヴィ（vui）と称される霊になるとする信仰がある。いずれも、マナを発揮して人間に恩恵や災禍をおよぼすと考えられた。ティンダロもヴィも霊的な存在であることに変わりなく、この地域に特有のアニミズム信仰と言える。

後者のトーテミズムは、個人や集団が特定の動植物と系譜上の関係をもつものとする観念であり、一八世紀、北米のオジブワ先住民社会で、クマを殺した結果、クマを祖先と考える集団からの報復にさいなまれた話を聞いた西洋人によって紹介された。トーテムとされる動物を食べることや殺すことはふつう禁止される。同一のトーテム動物を名前としてもつ集団内での婚姻も禁止される社会が多い。自分の祖先とされる動物を食べることは人肉食につながり、同一トーテム集団間での婚姻は近親相姦にほかならないとする規範が定着している（レヴィ＝ストロース 2000）。

ところで、デスコラの存在論に関する議論では、西洋中心に発達してきたアニミズムやトーテミズムの事例は、アメリカ、オーストラリア、シベリアなどの民族誌に依拠して議論されてきたが（Descola 2013）、日本や中国の事例を元にした分析はほとんどなかった。この点で、本書で日本の事例を取り上げて比較対照することは，意義がありそうだ（第Ⅰ部第1章の秋道論文参照）。

（1）自然信仰とカミの世界

日本にはアニミズム的な自然信仰が豊かに存在する。すなわち特定のトーテムと集団との関係が明示的な世界諸地域の例とは異なって、自然の中に広くカミを見出す信仰や観念を示す事例が多く存在する。たとえば、東北地方におけるマタギは、狩猟獣やゼンマイなどの山菜を含むすべての自然物は山の神によって支配されると考えている。マタギの村には大山祇（おおやまづみ）を祀る神社があり、大山祇大神は山の神とされている。しかも、マタギの狩猟におけるさまざまな禁忌や儀礼などは、狩猟の成功のためのものであるというよりも、自然を支配する山の神との関係を持続する知恵であると見なすことができる。マタギは人間が死後、山に眠るとも考えており、山上他界の観念の存在を確認することができる（田口 2014）。

北海道アイヌの社会では、動物はどれもカムイと呼ばれる神の世界から人間世界に扮装して現れた神であり、人間に肉や毛皮などの恩恵を与えると考えられている。人間はそれに感謝し、消費したあと、酒や供物をそなえて動物の霊を神の国に戻す、送りの儀礼をおこなう。クマの送り儀礼は、イオマンテと呼ばれる。クマの霊が神の国に旅立つにあたって、クマがふたたび人間界を訪れるよう願って、イナウと呼ばれる祭具や酒、団子などが捧げられた。ヒグマはカムイの国から人間界にやってくるキムン・カムイ（山の神）とされている。ヒグマとともに、レプン・カムイも知られており、これは「沖の神」を意味し、具体的にはシャチを指す。さらに、コタン・コロ・カムイは「集落の守護神」の意味で、シマフクロウを指している。シャチは漁獲の対象として食用とされるわけではないが、シャチに追いかけられたクジラを人間が捕獲して利用した。クジラの骨は海岸部に安置され、送り儀礼の対象とされ、その儀礼はフンペサパアノミ、シマフウロウの送り儀礼はモシリコロカムイ・オプニレとそれぞれ呼ばれた。

また、日本には山の神信仰が多様な形で存在する。柳田国男はそれを死者の霊が山中に他界する観念の例証としてとらえた（柳田 1963）。一方、桜井徳太郎は霊山信仰による山中他界観を論じた（櫻井 1986）。柳田説では、他界した山の神が春に里に下りて田の神となり、秋に再び山にもどると考えられているとする。そして、山では山宮が、里では里宮がその祭祀空間とされた。この考えが日本民族における山の神信仰の定番とされてきた。現在でも奥能登でおこなわれているアエノコト神事がそうで、奥能登の人びとは収穫後、田の神を迎えて饗応し、越年後、ふたたび田の神を送り出す。

一方、桜井説では山中の山の神に対して、人びとはふもとから霊山を遥拝するだけで、山頂（山中）に近づくことは怖れの観念から禁忌と考える。のちに密教や修験道の影響から山頂へ登拝するように変化したというのである。他方、佐々木高明は、柳田、桜井両説は、いずれも里の水田農耕民から見た山への信仰を論じたものであり、山地居住の人びとが育んできた山岳信仰とは別のものであると指摘する（佐々木 2006）。いわゆる山地居住民が、平地から移住した集団による山地への適応なのか、それとも平地民と山地民はもっと独立したもので、「棲み分け」をしていたものかに関する歴史的考察は、時代にもよるが、生業面だけでなく政治権力の介入の度合いや影響を加味して検討すべき課題であろう（米家 1997）。

さらに現在でも磐座《いわくら》、岩倉と呼ばれる自然崇拝信仰が各地にあり、山、天、雷などの霊魂、ないしカミが降臨して、石、巨石、木々に依代《よりしろ》として憑くとされている。依代となる領域は聖なる空間としてその周りは注連縄で囲まれている。京都の上賀茂神社では、背後にある神山《こうやま》に降臨した賀茂別雷神（かもわけいかづちのかみ）が憑く場所に立砂《たてずな》が造成されている。こうした場所を神籬《ひもろぎ》と称する。

トーテミズムに関しては、現代に伝わる例はそれほどおおくない。京都の三嶋神社ではウナギを神聖視し、氏子や、安産・子宝・子授けの祈願に来た人は願い事が叶うまでウナギを禁食する風習がある。三嶋神社の祭神は大山祇大神（おおやまづみのおおかみ）・天津日高彦火瓊々杵尊（あまつひだかひこほのににぎのみこと）・木之花咲耶姫命（このはなさくやひめのみこと）であるが、大山祇大神の遣いがウナギとされている。ウナギはトーテムそのものではないが、それに準じるものと位置づけることができる（友田 2016）。

デスコラも『自然と文化を超えて』の中で、日本における山の信仰についてふれている。山の神が田の神になる部分の記述は前述したとおりである。また、「山」という概念には、もともと「山」、「森」、「無人の場所」という重層した意味があったが、そうした重層的な意味づけが戦後の人工林の拡大によりなくなったとも指摘している（Descola 2013）。ただし、詳細な記述には欠けていて、里山と深山、奥山の違いや、山宮と里宮、山岳信仰と平地民から見た山への信仰を峻別して論じたものではない。したがって、我々は、日本の諸例を示すことで、従来のアニミズム論、トーテミズム論に一石を投じることが出来る。より重要な点は、非人間主義の思想が日本の自然思想に根強く生きていることそのものである。日本だけではない。北米の先住民やオーストラリア先住民であるアボリジニにとっても、人間的存在を超えた霊魂や創造主が人びとの心に生きてきた。つまり、霊魂や創造主が中心にあり、人間はあくまでその周縁ないし片隅にいる存在であった。だから、カミへの畏敬の念と霊魂や創造主から与えられる恩恵を享受することができたのである。

（2）人間中心主義のゆらぎ

先にもふれたが、人間中心主義と非人間中心主義は、いずれも近代的な思考と学問の中で定義されてきたことで、その対立した構図が出来上がるのは、一九世紀以降といってよい。もっとも、人間中心主義は古代からあった考えであると見なすこともできる。どちらかを主ないし従の立場にあるものとする仮定は、教条的な図式論との批判を免れえない。人間が中心か、自然が中心か、あるいは植物か動物かとする議論は、いずれにせよ中心世界と、周縁ないしは従属する世界の関係を表象したにすぎない。本節の最後に、人間を中心において動物との関係性を示す事例を紹介し、人間中心主義に基づく動物のとらえ方が多様であり、単純なモデルとして定立できないことを示そう。

図0-3は、英国の人類学者E・A・リーチが挙げた動物の可食性と婚姻の禁忌に関するモデルである（Leach 1964）。このモデルは人間全体を中心において動物との関係を論じたものであるが、婚姻関係については個人を中心においたエゴ・セントリックな発想からのものである。モデルとしてはかならずしも整合性のとれたものではないことを付記しておこう。

図ではその中心に人間を配置し、動物との関係性を距離で表している。リーチは英国における農村地帯を念頭においてこのモデルを作ったものと思われ、暗に英国のロイヤル・フォレストを想起させる（秋道 2016）。いずれにせよ、人間に一番近いのが家の中で飼育されるイヌ、ネコ、小鳥などのペットである。その外側には、ウシ、ヒツジ、ヤギ、ウマ、ブタ、ニワトリなどの家畜（家禽）動物が配置される。さらにその外部には。狩猟の対象となる野生動物が位置する。この中には、シカ、キツネ、野ウサギ、イノシシなどが含まれるだろう。野生動物の生息域のさらに外延部には、いまだ見たこともない動物が存在する。この図式は人間を中心におき、

1. 姉妹とは結婚できない（近親相姦）⇔ペットは食べられない⇔家．
2. イトコとは結婚が奨励される⇔去勢ないし未熟な家畜は食べられる⇔耕地．
3. 隣人は条件次第で結婚できる⇔獲物は特定時期にかぎり食べられる⇔原野．
4. よそ者は結婚対象とはならない⇔野獣は食べられない⇔遠隔地．

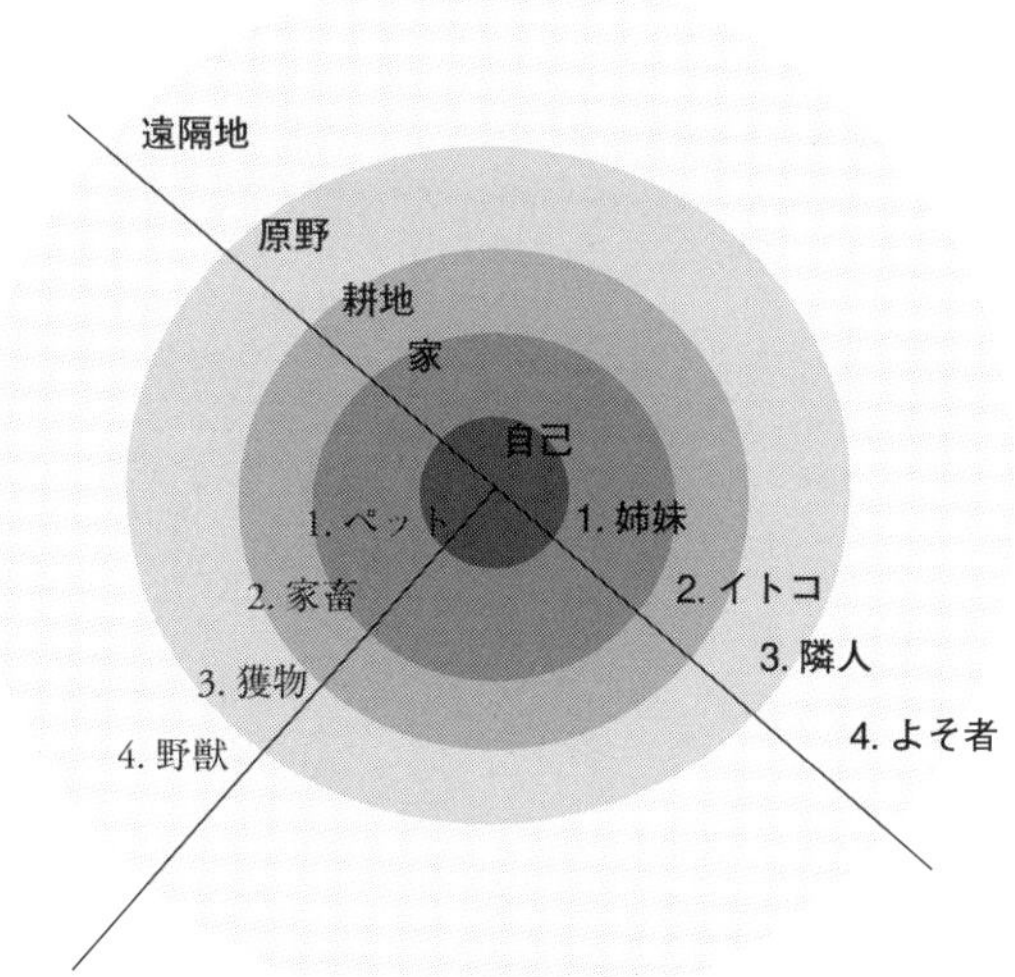

図 0–3　人間と動物の関係性を表す人間中心主義の同心円モデル
（Leach 1964 を元に作成）

さまざまな動物種を人間とのかかわりにおいて層序化したもので、本質的に人間が主で動物が従であることには変わりない。リーチの議論によれば、人間との関係は友好（ペット）、馴化と奉仕（家畜）、敵対関係（狩猟獣）、未知の関係（野獣）に整理されている。リーチは人間―動物の距離を婚姻問題と結びつけるためにこの事例を提示したフシがあり、人間と動物の関係は以上の例ほど単純明快ではさらさらない。二つの例を挙げておこう。

一つ目は日本の例である。日本の民俗学では、野本寛一が『生態と民俗』の中で、人間と動物との相互交渉の検討から、人間と敵対する動物が同時に霊性をもつ神格化されたものとして位置づけられていることを明らかにした（野本 2008）。たとえば、シカは春日大社、厳島神社、鹿島神社などで神の遣い（神鹿）として保護するならわしがある。しかし、シカはつねに神獣とされてきたのではない。天武天皇期の六七五（天武四）年、ウシ・ウマ・イヌ・サル・ニワトリの肉食が稲作期間（四〜九月）にかぎり禁止されたが、シカとイノシシの狩猟と肉食は許されていた。稲作に有益な動物を保護し、農作物を荒らすシカとイノシシは害獣と見なされていたわけだ。興味があるのは、現代の民俗行事としても伝承されてきた鹿射ち神事であり、麦わら、シイの枝葉やアオキなどで実物大の雌雄二頭のシカの模型を作り、農耕の豊饒を祈願する。能登瀬《のとせ》諏訪神社（愛知県新《あら》城《しろ》市能登瀬）や東栄町の神社でおこなわれている。シカを害獣として五穀豊穣を祈る発想は三河・信濃・遠江地方に色濃く残されている。さらに、鹿射ちに使われるような模倣獣を用いた儀礼は西南日本に色濃くあり、シカを含む野生獣を有益な獲物、害獣、あるいは霊獣と見なす考えは歴史的にも重層化している（背古 1992）。ニホンオオカミは山犬と呼ばれ、イノシシやシカを駆除することで知られ、魔除けや憑き物落としになるため神格化される。オオカミは「大神」とも考えられ、『万葉集』には「大口真神（おおくちのまかみ）」ともある。一方、オオカミは人間や家畜を襲うどう猛な存在として恐れられ、人間が喰われた例は古代からの文献にいくつも見られる。

シカとオオカミの例にあるように、自然界の動物と日本人とのかかわりは一元的ではない。野本は、有益ないし霊性をもつ反面、有害な側面をもつ動物を両義性の問題として取り上げている。そして、両義性をもつ動物との共存の道を探るべきだと指摘する。現代日本で、オオカミが絶滅し、シカが害獣として扱われている現実を注意深く内省すべきだろう。

二つ目はミクロネシアの例である。ミクロネシアの中央カロリン諸島にあるサタワル島では、多様な種類の魚が利用される。中毒を起こすフグなどを例外として、あらゆる魚が利用される。ただし、そのすべてが有用で、食用とされているのではない。島民はサメ、エイ、ウツボ、クジラ、イルカなどは「悪い魚」として食用とはしない。「悪い魚」は魚でもあり人間でもある両義的な存在と見なされている。また、女性が島のタロイモ田に魚を持ち込むことや、男性が漁に出る前夜、性行為をすることは禁忌とされている。メガネモチノウオ、大型のハタ、アオウミガメの頭部などは首長に優先的に献上される。妊婦や月経中の女性は、カツオ・マグロ、タカサゴ、イスズミなどを食べると、太腿の腫れる病気になると考えられている。船大工は体に縞模様のあるハギ、トガリエビス、キンチャクダイなどを食べると、建造したカヌーが破損すると見なされる。このように、人間のカテゴリー（首長、ジェンダー、妊婦・月経中の女性、特殊な能力をもつ船大工）と魚の種類に応じた食物禁忌が了解されており、社会規範として規定されている（秋道 1981）。

以上の日本とミクロネシアの例にあるように、人間を中心において動物との関係を整理するとしても、リーチの同心円的なモデルだけではとても説明できない。サタワル島の例は、自然（＝魚）と文化（＝魚の可食性）の二元的な解釈が可能であるが、サメやイルカを含む「悪い魚」や日本の霊獣と害獣の両義的な位置づけも、自然と文化の対立を超えた存在である。そこで、さらにいくつかの話題から両者の対立を超える思想とは何かについて考えてみたい。

3　自然と文化の二元論を超えて

(1) 動物文化論

総合地球環境学研究所の初代所長である日高敏隆は、かつて『動物という文化』という著書を刊行した(日高 1988)。おそらく、ほとんどの人類学者は動物に文化などない、文化をもつのは人間だけだと考えるだろう。その点でいえば、「動物は自然」であって、「人間は文化」であるという帰結になる。百歩ゆずっても、アウストロピテクスは人間(ホモ・サピエンス)以前のプロト・カルチャーをもつ存在であり、チンパンジーなどがシロアリを棒きれでアリ塚からつついて引き上げて摂食する「道具使用」行動はサブ・カルチャーと位置づけられた。人類進化の図式から、文化は人間が優越して保持する属性であり、猿人、原人や類人猿はそれよりも劣る原初的な文化をもつ存在と見なされてきた。

しかし日高は、これを大きく覆す思想的な意味を提起した。私が面白いとおもったのは、日高が講演で取り上げたイソギンチャクの例である。イソギンチャクは刺胞動物の仲間であり、食物を取り込む胃水管をもつが、老廃物を体外に出す排泄器をもたない。つまり、外部のものを取り込む口と排出する口が同じということになる。人間が口と肛門をもつこととくらべると、イソギンチャクはずいぶんと違う。また、軟骨魚類、両生類、爬虫類、鳥類、さらにはカモノハシなどの一部の哺乳類は、肛門、排尿口、生殖口の区別がなく一つの排出口がそれらの機能を兼ねている。こうした体内器官の分化の違いから、われわれは人間がカエルやトカゲ、ペンギンなどより優れており、同じくサメ・エイ、カメ、ワニ、ツバメなどはイソギンチャクやクラゲよりも優れた機能をもつと考えがちだ。しかし、日高の発想は、どのような生物であっても独自の生き方をしていると考える視座に貫かれている。だから、形態や機能の違いから動物の優劣や進化上の位置を区別することは正当ではない。どのような動物も生きるうえでの「文化」をもつと考えるわけだ。肉食獣は鋭い歯や敏捷な運動能力をもっているが、人間は歯や運動能力の代わりに、道具を製作し、使用することで肉食獣と同じような能力を手に入れることができた。動物は身体の形態や機能を発達・分化させて進化・適応してきたわけであるが、人間は外在化した道具によって適応を遂げたに過ぎないと考えるわけだ。

(2) 環世界論

日高の発想のひとつには、ドイツのJ・フォン・ユクスキュルによる環世界論の発展がある。動物はありのままの世界を知覚しているのではない。外界を感知するには、嗅覚、視覚、聴覚、触覚、皮膚感覚などの受容器官を媒介としており、その機能や精度は植物・動物の種類ごとにたいへん違っている。たとえば昆虫の場合、モンシロチョウが異性と交配するさい、独特の知覚能力を駆使することが知られている。メスの翅の裏側にある鱗粉には紫外線を反射する成分が含まれており、オスがその情報をたとえばキャベツ畑で探索し、交尾の相手を見つける。すでに交尾を終えたメスは翅を広げてオスに翅の裏側を見せない。こうしたことは、紫外線を感知できないヒトには分からない。

同じ人間の間で考えても、五感をもつ点ではどの社会集団も同じレベルにあると言えるが、生活体験や居住環境などによって、ある受容器官がとくに発達していることがある。エスキモーが氷と雪の白い世界で獲物の影を見出す視覚能力や、コンゴやニューギニアの森に生きる人びとが鳥の声を敏感に聞き分ける聴覚能力は、都市に住む人間には及びもつかない。さらに、未知の物体が何であるかを探るさい、匂いを重視する傾向や視覚のみに依存する傾向、まずは触覚で同定しようとする傾向などが、文化的に区別されていることもある。このように、生き物が環境を認識すること自体が種によって、時には個体によって相対的であるということを定立化したのがユクスキュルである。

我々が使う「環境」という語はもともと中国語であり、唐代の『新唐書』（一〇六〇〔嘉祐六〕年に初出された。日本では明治以後、英語のエンヴァイロンメント（environment）の翻訳語として、主体である人間と客体としての周囲の世界を区別するうえで導入された。英語の前身は、フランス語のミリュウ（mileu）である。哲学者のA・コントは「すべての有機体の生存に必要な外部条件の全体」としてミリュウを定義づけて生物学に導入した。環境を表すドイツ語は、ウムゲーブング（Umgebung）である。ウム（Um）は「まわり」、ゲーブング（Gebung）は「与えられているもの」の意味である。ユクスキュルは、環境を理解するさい、身のまわりにただ存在する環境（ウムゲーブング）ではなく、それぞれの動物が意味を与えたものとして構築している世界、すなわちウムヴェルト（Umwelt）こそが重要と考えた。ヴェルト（Welt）は「世界」の意味である。すべての生物に共通した環境はないのである。大切なのは一つ一つの生物種にとっての環境世界である（ユクスキュル 2012）。日高敏隆はこれを「環世界」と呼んだ。

動物の文化論と環世界論に通底するメッセージは、人間中心主義への反論であると言える。文化を通して世界を見ていることを、人間は色眼鏡をかけて世界を見ているとする「たとえ」を提起したのは文化人類学者の岩田慶治であったが、環世界論は動物も独自の目で世界を見ていることを高らかに提唱した。そして人間は生物としての「色眼鏡」を外して世界を見ることができない。人間を中心において、自然と文化を二元的にとらえる視点はこの時点で瓦解する。自然であるはずの動植物に環境と相対する固有の文化があり、したがって文化の範疇が人間の独占的な領域ではなく、生物も文化を共有していると見なすことができるからである。

(3) 主体性論

A・ベルクは和辻哲郎の『風土論』(和辻 1979) に依拠しつつ、「風土性に係る人間存在の主体性よりも一般的な意味で、人間風土においてのそれには限らないような主体性、つまり自然そのものにおける主体性をも考慮に入れたい」とした(ベルク 1992)。つまり、主体は自己同一性をもちながら、風土の中に「自己発見」しており、その主体性の場は絶対にその主体の局所性(トピシテ topicité) に限定することができない。つまり、自然も生きている限り、ある程度の主体性をもっていると主張する。先述したユクスキュルの環世界論は生物を対象とした主体性論であるが、和辻哲郎は、人間においても風土は単なる回りの世界ではなく、主体的な世界認識であることを看破した。ベルクは、自然のもつ主体性について、和辻哲郎の「自己発見性」やハイデガーのダーザイン(Dasein : 現存在) に該当する概念と位置づけている(秋道 2016)。

自然を認識する人間の主体性は、「我思う、ゆえに我あり」の言説で知られるデカルトに代表される近代の知が土台としたものだ。しかし、ベルクは自然にも主体性があるとする。この線上で考えると、デスコラの提唱する身体性と内面性に関する論の立て方は大きく変わってくる。人間を中心にして自然との類似性と異質性をまとめあげたのがデスコラの到達点であるとして(図 0-4 A)、ここで問題にすべきは内面性の位置づけである。すなわち、ベルク流にいえば、自然と人間は主体性をもつ点で類似した存在である(図 0-4 B) ならば、自然は内面性においても人間と類似した特質をもつのか。身体性についてベルクの言及はない。デスコラは身体性で人間と類似している場合を「トーテミズム」、類似していない場合を「アニミズム」と規定した。しか

A. Descola, P.

		身体性	
		類似	異質
内面性	類似	トーテミズム	アニミズム
	異質	自然主義	類推主義

B. Berque, A.

		身体性
		類似 / 異質
内面性	類似	主体性 Subjectivity

C. Uexküll, J. von

		身体性
		類似 / 異質
内面性	異質	環世界 Umwelt

図 0-4　存在論に関する 3 つのパラダイム（秋道 2016）

し、ベルクにとっての自然の主体性論の背景には、トーテミズムやアニミズムを超えた自然認識がある。したがって、ベルクの世界では、デスコラのパラダイムにある身体性と内面性は弁別的に意味がなくなる。

一方、ユクスキュルの環世界論は可視化される身体性についての議論に有益な視座を与える。ユクスキュルの指摘どおり、人間が見る自然が客観的、普遍的であり、万能と思ってはならない。人間が自然物を人間との対比で類似しているか異質かと判断するその仕方はあくまで相対的である（図 0-4 C）。とすれば、デスコラの規定した身体性は人間中心に考えただけの判断である。間違ってはいないが、自然による環世界を参照したものではない。デスコラの世界観は人間中心主義であるとも言える。一方、身体性についても、人間が見た自然は類似性と異質性を合せもつものであり、環世界論では差異化は弁別的な要素とはならない。

以上を要約するに、身体性と内面性の二元的な区別自体を仮定すればデスコラの議論に帰着するが、自然に主体性を認める立場や環世界論からすると、身体性と内面性の二項対立の図式は相対化されることになる。ベルクとユクスキュルの思想に通底するのは非人間中心主義である。この発想が今後の思想や地球における人間の位置を考える大きなインパクトとなるのではないか、という点が、本章と本書全体の一つの主張である。

4　共生とコモンズ論

前節までの人間ないし動物や植物の中心性に関する議論では、人間と個々の生物種との関係性は問題にしなかった。たとえば、人間と動物の関係性は、被捕食、捕食、ペット、娯楽、家畜化、馴化、無関心など具体的なかかわりとして考えることができる。

人間中心主義に立つとして、有用性の観点から人間と動物の関係性を整理すると、有用な動物と有害な動物に分けることができる。しかし、ほとんどの動物種はそのどちらでもない「ただの生き物」である。このことを踏まえて、人間と動物、さらには人間と植物との相対的な関係を論じる場合は、二つの観点がとりわけ重要であると主張したい。その第一は、生き物との共生に関するとらえ方であり、第二は共生の思想とも関連したコモンズの視点である。以下、共生とコモンズ論が人間中心主義を超える議論を喚起する可能性について検討してみたい。

（1）共生とはなにか

自然と文化を対立するものとしてではなく、たがいに共生して生存していくべきとする考えはこれまでにも提起されてきた。この思想は、少なくとも従来のキリスト教的な、自然を文化（人間）へ従属させるという発想とは決別する画期的な意味を内包していた。しかし、この共生の概念をいま一度精査する必要がありそうだ。何をもって共生と考えてきたのかが提示されないままに、あいまいな科学用語の借用がはびこる中で、共生を隠れ蓑にした経済優先主義の言説が席巻しているとしたら、世間に与える誤謬は計り知れない。直ちに却下すべきである。

共生という概念は、本来的には生態学の用語でありながら、政治学、哲学、教育学、社会学まで広範囲におよんで言及されている。私は本論で共生概念を取り上げるに当たり、自然界の資源を利用する人間が、動植物をどのように認識しているかについて思索を深めるべきと考えた。

共生は英語でシンバイオーシス（symbiosis）と称される。シンバイオーシスはギリシア語由来の言葉で「共に生きる」ことを表し、異種が相互作用を通じてともに生きることを意味する。ただし、この中には、双方が利益を得る相利共生（ミューチュアリズム：mutualism）、一方が多くの利益を得るが、他方は利益とは無関係の片利共生（コメンサリズム：commensalism））、一方のみが利益を得て、他方はマイナスの影響の下に従属的で他者に依存する関係をもつ寄生（パラサイティズム：parasitism）に類別できるいくつかのかたちがある。このほか、片害共生（アンタゴニズム：antagonism）があり、一時的に一方が利益を得るが、そのうち自らの利益も台無しになる例を指す。つまり共生は二種間の関係性に注目した一般概念であり、かつては相利共生のみを真の共生とする主張があったが、生態系全体を考慮すると、前記のさまざまな共生関係が一つの種の中に複合的に見られる場合があり、また生物の進化や変異を考えて生態系にまで拡張すれば、相利的関係だけが重要なわけではないことも分かっている。

人間と生物との共生関係について考える場合、シンバイオーシスの概念ではなく、より平易な概念であるが、共存、つまりコ・エクジステンス（co-existence）の用語も使われることが多い。共存は「共に存在する」の意味ではシンバイオーシスと類似するが、利害関係を明確にした上で意味づけされた概念とは言えない。いずれにしても、そのあいまいな意味のまま、共生の概念が広く社会科学の分野で恣意的に使われてきた可能性は大きい。その背景にはいわば「漁夫の利」の発想がある。

哲学の分野では、I・イリイチがコンヴィヴィアリティ（conviviality）の概念を、共生を包含するものとして提示している（イリイチ 2015）。この用語は本来、「酒宴」、「陽気」、「宴会気分」を表すが、個人が周囲の環境や共同体と主体的にかかわる中で創造性と主体性を維持しながら集団と共生するさまを指している。イリイチの概念は人間の共生を個人レベルで考えるのではなく、個人と集団との相互作用としてとらえ、個人が集団の犠牲になるのではなく、相互理解、相互協調などのプロセスが重視される点で、人類集団における共生の実態に迫るものと言えるだろう。ただし、イリイチは人間の個人と集団における共生を論じており、人間以外の生物種との共生に言及したものではない。

もちろん、人間以外の生物種間における共生関係においては、エネルギー・物質・情報に関する何らかの相互作用が介在する。とくに情報の交換、すなわちコミュニケーションは共生の重要な要素である。人間が人間以外の生物種とコミュニケーションをおこなおうとするさいには、言語を媒介とすることや動作や身体表現を媒介とする場合がある。たとえばペットや家畜に対しては、言語や身体表現によるコミュニケーションが多少なりとも実現されるが、ふつうには自然界の生物と人との間にそうした関係は発現しない。では、共生とは人間の思い込みにすぎないのだろうか。そこで思い至るのが、儀礼や祈りを通じて異種とのコミュニケーション、たとえば霊的な交感・交流をすることの積極的な意義について考えてみることである。相手となる霊的存在や生き物との相互交渉を実体化することはできないとする唯物主義からすると、交感、すなわちシンパシー（sympathy）は否定される。しかし、シャーマンやイタコの口寄せなどとして知られる霊媒者の存在は、異種や霊的存在との交流がまったく無為な行為であるわけではないことを教えてくれる。アニミズムやトーテミズムが信仰の対象とされている地域や文化はもちろんのこと、そうした形の信仰が主流になっていない地域においても、死霊を含む人間以外の存在との交渉はむしろ広く存在するといって良い。

霊媒者による超自然世界との交流は儀礼の中で実践されるが、こうした位相以外に人間と異種間の交流を示す素材は数多く存在する。神話、物語などの口頭伝承の分野と、彫像や絵画などとして表象される一群のモノの分野である。どの民族においても、神話の中では、超自然的存在と人間との関係が如実に語られ、祖先となる動物の彫像が祀られることが、何よりの証左であろう。人間と異種間の共生思想が世代を越えて伝承され、彫像や絵画などのモノとして人びとの記憶とイメージの世界に定着する。共生論を神話・伝承、造形物、儀礼の三つの位相に敷衍して考察することで、新しい地平を拓くことができるのではないだろうか。

（2）コモンズ論と生き物

コモンズ（the commons）は共有財産を意味し、具体的には共有地や入会地における共同的な利用慣行を指す。コモンズが世界で広く育まれてきたことは論を待たない（秋道 2016b）。コモンズにはそれを遵守する人間の範囲から、ある地域の成員にのみ限定されたローカル・コモンズ、都市や公園などにおけるように一定のルールを遵守すればだれもが利用できるパブリック・コモンズ、地球規模で人類が共有して保全し、あるいは利用上の調整を図るべきグローバル・コモンズに分けることができる。従来はローカル・コモンズに関する研究が主流を占めてきた。地域の共有林や入会漁場など、管理と運用主体が地域共同体の成員に限定されるものであり、途上国における比較研究からもローカル・コモンズの重要性は現代においてその重要性を失っていない（Feeny *et al.* 1990）。

共有は複数の利害関係者が資源をたがいに分かち合う制度ないしは慣行を意味する。しかし、人間間だけにかぎらず、人間以外の異種間での資源の分かち合いを視野に入れて議論すべき時代になっている。たとえば、国内各地ではシカ、クマ、サル、イノシシなどの野生動物による獣害の報告が相次いでいる。人間の側からすると、野生動物は農作物や樹木に被害を与える有害な存在である。クマが人間を襲い、死亡させる例も見られる。ツキノワグマの場合、餌となるブナ・ナラの実の豊凶によって、餌を求めて里山に出没すること、木炭製造などの里山における人間活動が過疎化・燃料転換により衰退し、クマが出没しやすくなったことなどが獣害の主な要因である。シカの場合、人工林における植栽木や天然の幼樹木の枝葉・ヒノキなどの樹皮・下層植生の食害や、高山植物群落の減少などが起こっている。シカによる獣害は森林全体の被害の七割以上に相当し、土壌流出や森林の保水機能の低下など生態系の劣化に深刻な影響を与えている。イノシシやサルは農作物、果樹、シイタケなど、直接人間の利用する作物への食害が顕著である。こうした中でも、野生の生き物と人間の共生を探る地道な活動が続けられている（大泰司・平田 2011；北海道新聞野生生物基金編 2011）。

北海道アイヌにとり、ヒグマは重要な食料となる野生動物であり、キムン・カムイ（山の神）とされる神性をもっている。クマを食用・毛皮用に利用したあとは、クマの骨を神の国に送り返すイオマンテの儀礼がおこなわれたが、他方でエゾシカはそうした儀礼の対象とはならなかった。エゾシカはアイヌ語で食料を表す「ユク」と称され、ユクコロカムイ（シカを司る神）がアイヌの人びとの祈りに応じて地上にシカを放すと見なされていた。また、サケを海や川から人間に放すチェプコロカムイがいる。コロは「司る」、チェプは「魚、とくにサケ」、カムイは「神」を意味する。つまり、クマ、シカ、サケなどの自然界の生き物を人間中心に考えるのではなく、神の世界を媒介とした存在と見なす世界観があることになる。

私は本書の第1章でクジラ論を肉食との関連で論述し、日本の歴史の中で肉食禁止の令が趨勢となる状況でも、イノシシやシカ、クジラが食用とされてきたことの意味について述べるつもりだが、ここでは別の問題を取り上げよう。

岩手県上閉伊郡にある大槌町では、沿岸の沖積平野部に一八〇ケ所もの湧水井がある（谷口編 2016）。大槌のまちは二〇一一年三月一一日に発生した地震津波により壊滅的な被害を受けた。復興まち作りの過程では土地を嵩上げして盛土を造成する工事が進められてきた。当然、湧水井の一部が盛土の下に埋められてしまうことになった。また、河口部では水門を建設する工事の影響で地下が掘削され、地下水位が大きく下がることとなった。一方、大槌の湧水地帯には河川型のイトヨ（トゲウオ科）が生息している（森 2011）。イトヨは貧栄養の湧水にのみ生息することが知られている。復興にさいして、地域の自然、歴史、文化などを考慮したまちづくりが重要と思われるが、行政サイドはそのことをほとんど認識してはいない。湧水は、人びとの飲料水、生活用水、あるいは産業用に広く使われてきたが、自然の恩恵である湧水は人間だけが独占して利用してよいものではない。湧水環境にのみ生存することのできるイトヨも含めて湧水を共有する発想が不可欠と思われる。

大槌の湧水は、山、川、地下を通じて海へと循環するものであり、人間がそのすべてを支配することはできない。湧水の恩恵を受けているのは、人間やイトヨだけではない。海底に湧出する湧水のおかげで豊かな藻場が沿岸に形成されることで、多様な海の生き物の生命を維持してきたとも言える。湧水を「地域の宝物」あるいは「郷土財」として保全していくことは、多くの恩恵をもたらすに相違ない（秋道 2016a）。地域のコモンズとして湧水をとらえることにより、新しい復興の形が見えてこないだろうか。

以上述べてきたように、狩猟者人口の減少、中山間村の過疎化と疲弊などにより、野生動物と人間との距離が近くなってきた。本来、距離をおいた「棲み分け」をおこなってきただけに、単に共存とか共生という文言で片付けられない課題がある。先述したイトヨは人間にとり有用・有害な生き物ではないが、害獣とされる大型獣と人間との付き合いには異なった観点からの議論が必要だろう。すくなくとも、コモンズの思想を人間だけでなく非人間的な存在や環境をも含めて考えることがまさに現代的な課題であることを明記しておきたい。

5　新しい知の構築にむけて

本章の最後に、本書の構成とその意義についてふれておこう。本書は、二〇一四年度に「コスモス国際賞」（公益財団法人 国際花と緑の博覧会記念協会）を受賞したフィリップ・デスコラによる一連の論考に触発された、日本人を中心とした研究者たちが、人間存在を自然と文化をつなぐものとして論じようとしたものである。デスコラ自らが選定した氏の主要論文四篇を参照しながら、自然と文化の二元論を超えた新たな人文知の構築に向けて八篇の論文が書き下ろされた。

本書は序章、終章と四部構成からなる。ここまでに示したように、序章（秋道智彌）では、西洋における自然と文化の二元論的な思考を相対化し、人間中心主義からの脱構築を目指すための見通しを示した。非人間中心主義の立脚点として、人文知の中における自然崇拝とカミの思想に光を当て、さらに、人間と自然の関係性に注目し、これまで生態学と哲学にまたがって取り上げられてきた共生概念と、共有思想としてのコモンズ論を再検討した。

第Ⅰ部から第Ⅳ部まで、自然と人間とのかかわりをそれぞれ問題提起となる主題を設定した。第Ⅰ部「自然は人間に復讐するか」、第Ⅱ部「自然は人間の友達か」、第Ⅲ部「自然は主体性をもつか」、第Ⅳ部「自然は境界を超えるか」とした。この視点は、人間と自然を相対する存在としてではなく、たがいに交流し、捕食・被捕食、相克、互酬性、贈与などのかかわり合いを実現してきたものと位置づけたものである。

第Ⅰ部では、デスコラの「親切な動物たち」(1999)を参照しつつ、日本および世界の具体的な事例に基づきながら、「動物と自然観」について考察する。一つは、クジラをめぐる問題から、カミ観念を媒介とした日本人の自然観の特質を指摘する(秋道智彌)。もう一つは、鳥と人間の属性を合せもつ鳥人(バードマン:birdman)の形象を、日本を含む世界の諸事例から取り上げたい。これらの論から、自然が人間に復讐するのか、人間が罪悪感をもちながら動物を殺めることの意味について考えたい(秋道智彌)。

第Ⅱ部では、デスコラの論文「「野生のもの(le sauvage)」と「馴化されたもの(le domestique)」」(2004)を元に、人間によるドメスティケーションの中での共生関係や自然の操作可能性・不可能性について、生態人類学の立場(波佐間逸博)と、臨床医学の立場(池田光穂)から考察する。ここでは、自然が人間にとって友達としてあるのか、野生生物と栽培化・馴化された生き物、実験に供される生き物について包括的に考えたい。

第Ⅲ部では、デスコラの「自然は誰のものか」(2008b)を踏まえて、デスコラの説く自然観を哲学の分野から多面的に考察する。まず、神話学の立場から存在論におけるアニミズムの位置を明らかにし、自然への観念について再考する(山田仁史)。その上で、自然と文化の二元論が二〇世紀以降の科学の発達によって歪曲されてきたことを論じる(オギュスタン・ベルク)。第Ⅲ部では、自然が主体性をもつかどうかについての議論が主題となる。

第Ⅳ部では、デスコラの「形象化のアトリエ」(2006) を元にして、美学と芸術人類学の観点から、イメージとして表象された自然像がいかなる意味とメッセージを与えてきたかについて論じる。芸術人類学の観点からは、仮面に見られる自然の表象を（吉田憲司）、西洋と非西洋社会における形象化・表象化の齟齬について美学的な観点から明らかにする（下山大助）。ここでは、形象化の問題から、自然は人間の世界に境界を超えて働きかけるものとされているのかが主題となる。

私は、以上の考察から、いくつもの新しい知見が生み出されることを期待している。

デスコラはかつての大理論の盛行した時代をほうふつとさせる普遍性の高い「存在論」を提示した。科学の発展を通じて発達し、支配的となった西洋の偏向した自然主義への疑問と相対化の主張は、本書でもA・ベルクが指摘しているとおり、人文・社会科学全般への現代的傾向に反省を促すこととなった。ただし、デスコラの主張する内面性は動植物に対する「擬人主義」ともとらえられがちであり、哲学でいう即自性（アン・ジッヒ an sich）と対自性（フュール・ジッヒ für sich）を峻別したものではない。この点でベルクの主張する「主体」概念は今西錦司による『生物の世界』論と通底する（今西 1972）。もっとも西洋ではユクスキュルによる環世界概念としてのウムヴェルトがある。これらの比較も含めて、本書は世界における自然観の見取り図を提示することになるであろう。これが第一の意義である。

第二の意義は、自然と文化の二元論の克服という議論に、日本や中国など東洋の自然思想からの視点を加えた点である。もともと、デスコラの議論には東洋の自然思想についてほとんど言及がない。クジラをめぐる信仰や供養の意味、鳥人の形象をめぐる世界の諸事例の中の日本の鳥人信仰には、いわゆるアニミズム論、トーテミズム論だけには吸収されない、日本人の豊かな自然観がある。本書で提示される東洋や非西洋社会の事例には、自然と人間の関係性をとらえる、より広がりのある地平を拓く可能性が秘められているのである。

第三に、本書で示される議論の多くは、文献研究によるのではなく、野外調査に基づく専門分野からの現代的な課題に対する問題提起であると言うことだ。クローン技術の現場に見る自然の操作可能性、ドメスティケーション論を軸とする新たな自然と文化の意味論など、現実の出来事に基づいた多くの新機軸を背骨に自然と文化の越境性が組み込まれた本書の議論は、多くの知的な刺激を多分野に与えるであろう。

デスコラは最近、美術と自然・文化のかかわりに興味を抱いており、二〇〇八年のハーバード大学における講演では「イメージの創生—人類学的アプローチ」を演題としている。人類学と美術史、芸術との関連分野として、形象化とアイコン（記号）を考察したその議論は、率直に言って彼の存在論に適合する事例のみを扱ったきらいがある。つまりそれだけでは、人類学を美術史のジャンルに挿入しただけに過ぎず、広大な表象学への方法としては未熟とさえいえる。むしろ、検証すべきはそれぞれの時代的、文化的な背景の中で、凝縮したコードとメッセージを読み取ることではなかったか。この点で、本書第I部の鳥人論と第Ⅳ部の仮面と絵画に注目した歴史的、民族学的な考察は、今後のこの分野における学問的な発展に大きな刺激となることが期待される。これが本書の第四の意義である。

最後にもう一つ。デスコラの論考では、人類学の歴史をたどる論述が方々にあり、とくにR・ブラウン、E・デュルケム、B・マリノフスキー、M・フォーテス、C・レヴィ＝ストロースなどの業績を、哲学、論理学などの文脈で論じており、学史的な意義は高い。しかし、ここ十数年の間に、いわゆる大理論こそ輩出しているとは言い難いが、自然と文化の相互作用に関する人類学的研究は、決して放棄されたわけではなく、今後の研究の大きな展開の契機となるいくつもの素材が提示されている。本書の各論文には、そうした最新の知見が豊かに埋め込まれている。それらの宝庫を探り当て、未来への研究を進めることは、とくに若い研究者にとって大きな刺激となると言えるだろう。

世界を構成するさまざまな存在物のもつ特性と同一化のメカニズム、存在物間の関係性に焦点を当てたデスコラの分析は、たしかに我々の自然認識と世界観の大転換を促す基本作業となりうるものであることは間違いない。では彼から投げかけられた問いに、人類学のみならず哲学、美学、心理学、思想史、社会学、コモンズ論を含めた多様な人文・社会学の領域はどう応えるべきなのか。本書がその営みの契機となることを期待したい。

文献

秋道智彌（1981）「〝悪い魚〟と〝良い魚〟：Satawal島における民族魚類学」『国立民族学博物館研究報告』六三：六六一一三三頁。

秋道智彌編（1999）『自然はだれのものか―「コモンズの悲劇」を超えて』昭和堂。

秋道智彌（2016a）「大槌のローカル・コモンズ」『大槌町の自然と文化・歴史―復興からの提言』谷口真人編、一二五一一五三頁、昭和堂。

秋道智彌（2016b）『越境するコモンズ―資源共有の思想をまなぶ』臨川書店。

今西錦司（1972）『生物の世界』講談社。

イリイチ、イヴァン（2015）『コンヴィヴィアリティのための道具』（渡辺京二・渡辺梨佐訳）（ちくま学芸文庫）筑摩書房。

エンゲルス、F（1965）『家族・私有財産・国家の起源』（岩波文庫）岩波書店。

大泰司紀之・平田剛士（2011）『エゾシカは森の幸　人・森・シカの共生』（近藤誠司監修）、北海道新聞社。

カーソン、レイチェル（1974）『沈黙の春』（青樹簗一訳）新潮社。

脊古真哉（1992）「模造獣狩猟儀礼の分布―三河・信濃・遠江国境地域のしかうちを中心に―」『歴史地理学』一五七：八五一九七頁。

米家泰作（1997）「前近代日本の山村をめぐる三つの視角とその再検討」『人文地理』四九（六）：二一一四一頁。

北海道新聞野生生物基金編（2011）『特集 エゾシカ今、問われる共存の知恵』〈モーリーNo. 25〉財団法人北海道新聞野生生物基金。

櫻井徳太郎（1986）「山岳信仰の構造―山宮と里宮の成立をめぐって」『山岳修験』二：一一一九頁。

佐々木高明（2006）『山の神と日本人―山の神信仰から探る日本の基層文化』洋泉社。

田口洋美（2014）「マタギの狩猟とカミの世界」『秋道智彌編日本のコモンズ思想』三一一五〇頁、岩波書店。

谷口真人編（2016）『大槌町の自然と文化・歴史―復興からの提言』昭和堂。

野本寛一（2008）『生態と民俗―人と動植物の相渉譜』（講談社学術文庫）講談社。

友田重信（2016）「鰻」と「鯰」の禁食傾向．秋篠宮文仁・緒方喜雄・森誠一編『ナマズの博覧誌』一五八―一六一頁、誠文堂新光社。

日髙敏隆（1988）『動物という文化』（講談社学術文庫）講談社。

ベルク、オギュスタン（1992）『風土の日本―自然と文化の通態』（ちくま学芸文庫）（篠田勝英訳）筑摩書房。

モーガン、ルイス・H（1958）『古代社会』（上下）（青山道夫訳）（岩波文庫）岩波書店、東京。

森誠一（2011）「郷土力を培う淡水魚の保全―大槌町のイトヨから」秋道智彌編『大槌の自然、水、人―未来へのメッセージ』二七二―二二三頁、東北出版企画。

柳田国男（1969）山宮考．『定本　柳田國男集』（第11巻神樹篇）。

ユクスキュル、ヤーコブ・フォン（2012）『動物の環境と内的世界』（前野佳彦訳）みすず書房。

レヴィ＝ストロース、クロード（2000）『今日のトーテミズム』（仲澤紀雄訳）みすず書房。

和辻哲郎（1979）『風土―人間学的考察』（岩波文庫）岩波書店。

Codrington, R. H. (1891) *The Melanesians: Studies in their Anthropology and Folklore*. The Clarendon Press.
Descola, Philippe (1994) Pourquoi les Indiens d'Amazonie n'ont-ils pas domestiqué le pécari? Généalogie des objets et anthropologie de l'objectivation, In Bruno Latour et Pierre Lemonnier (dir)., *De la préhistoire aux missiles balistiques. L'intelligence sociale des techniques*, pp. 329–344. La Découverte.
Descola, Philippe (1999) Des proies bienveillantes. Le traitement du gibier dans la chasse amazonienne, In Françoise Héritier éd., *De la violence II*, pp. 19–44. Odile Jacob.
Descola, Philippe (2004) Le sauvage et le domestique. *Communications*, 76: 17–39.
Descola, Philippe (2005) *Par-DelàNature et Culture*. Gallimard.
Descola, Philippe (2006) La fabrique des images. *Anthropologie et Sociétés*, 30(3): 167–182.
Descola, Philippe (2008a) Human natures. *Social Anthropology*, 17(2): 145–157.
Descola, Philippe (2008b) A qui appartient la nature?. *La vie des idées*, 21 janvier.
Descola, Philippe (2013) *Beyond Nature and Culture*. The University of Chicago Press.
Feeny, D., F. Berkes, B. McCay, and J. Acheson (1990) The tragedy of the commons: twenty-two years later. *Human Ecology*, 18(1): 1–19.
Ingold, T. (1987) *The Appropriation of Nature: Essays on Human Ecology and Social Relations*. University of Iowa Press.
Imgold, T. (1996) Hunting and gathering as ways of perceiving the environment. In R. F. Ellen and K. Fukui (eds)., *Redefining Nature: Ecology,*

Culture, and Domestication, pp. 117–155, Berg.

Ingold, T. 2000. *The Perception of the Environment: Essays on Livelihood, Dwelling and Skill*. Routledge.

Leach, E. R. (1964) Anthropological aspects of language: Animal categories and verbal abuse. In Eric H. Lenneberg (ed.) *New directions in the study of language*, pp. 23–63. Bobbs-Merrill.

Malley, Robert C. O, William Wallauer, Carson M. Murray, and Jane Goodall. (2012) The appearance and spread of ant fishing among the Kasekela chimpanzees of Gombe. A Possible Case of Intercommunity Cultural Transmission. *Current Antropology*: 53(5): 650–663.

Strathern, M. (1980) 'No nature, no culture: the Hagen case'. In C. MaCormack and M. Strathern (eds.), *Nature, Culture and Gender*. pp. 174–222. Cambridge University Press.

第Ⅰ部　自然は人間に復讐するか

人間は自然から恩恵を受けるとともに、さまざまな災禍を蒙ってきた。これを生態系サービスと位置づける視点は、現代科学の成果であろう。だが、自然は人間がすべて操作可能な存在ではけっしてない。自然は受け身の親切な存在のこともあるが、ときには人間に復讐する。供養と供犠、両義的な存在である鳥人の考察から、自然に潜む闇の世界を読み解く。

I

親切な獲物たち
――アマゾニアの狩りにおける狩猟鳥獣のあつかい

フィリップ・デスコラ

動物に対して振るわれる暴力は、西欧諸国の世論においてますます非難を巻き起こすようになってきた。だが、その非難はと言えば、たいがい、犠牲となる動物が馴染みのないものであればあるほど激しさを増すものだ。辻馬車の馬やロバが日常生活の一部をなしていた時代には、飼育動物や愛玩動物への手荒な扱いに対する憤慨から、動物への同情心が生まれたものである。しかし今や、その同情心を引き起こす残酷さが向けられているとされる動物と言えば、動物愛好家ら――ほとんどの場合それは都市生活者であるが――がまったく身体的接触をもたない類のものだ。たとえば、屠殺される家畜、小型ないし大型の狩猟鳥獣、闘牛の雄牛、実験室のモルモット、毛皮の材料となる動物、クジラやアザラシ、密猟や生息域の劣悪化などによって生存が脅かされている野生種、などといった具合である。動物に対する同情的態度は、言うまでもなく、その国の文化的伝統により違ったものともなってくる。[1] ラテン諸国においては、無用な

［1］ たとえば、南仏における狩り（Dalla Bernardina 1996）と、ゲルマン的伝統における狩り（Hell 1994）の間での狩猟鳥獣のあつかいの違いを見よ。

苦しみに対する正当な恐れ、ひいては、人類がともに惑星を共有する存在の幸福を保障すべきだという道義的責任の意識が、エコロジー的傾向の動機として支配的なものである。逆に、北部ヨーロッパ諸国や米国では、自然界のすべての構成員を人間と同等の権利主体であると見なす、よりラディカルな「ディープ・エコロジー」のテーゼが勢いを増しつつあるようだ。

だが、実践上においては、動物への同情の表明の仕方は、ある価値の序列にしたがっておこなわれている。この序列は一般的には無意識のものだが、一部の「動物哲学者」(Singer 1989 あるいは Regan 1983）においてはまったく明示的なものであり、その頂点を占めているのは、その行動様式、生理学、認知能力、あるいは感情を有するとされる能力などのゆえに、人間に最も近いと見なされる種である。哺乳類は、もちろんこの関心度のヒエラルキーにおいて最も高い位置を与えられているが、それは、これらの動物が動き回る環境とはまったく無関係に、なのである。たとえば、ニシンやモンツキダラの運命を気にかける者は誰もいないと思われるのに対し、しばしばそれらと一緒にトロール網にかかることのあるイルカの方は、国際条約によって厳正に保護されている。クラゲやサナダムシなどとなると、動物解放運動の最も戦闘的な運動家ですら、哺乳類や鳥類に付与されているほどの品位は与えていないに違いない。

人間中心主義、つまり、非人間に対して、その人類に近いと思われる度合いに応じて自己を重ね合わせる能力は、こうして現代のさまざまなエコロジー運動、それも、最もラディカルなアンチヒューマニズム理論を説く人びとの間においても同様に、その自然な傾向となっていると思われる。このような態度は、前近代人がその環境に対する関係を自ら表象する仕方を思い起こさせる。自然の崇敬、動植物に対する好意的態度、あるいは、生態系のバランスを危険にさらさないようにする気遣いなどは、部族社会の属性としてわざと分かりやすく仕立て上げられたものであり、たいていは、彼らに対する共感の理由づけとされている。一方、多くのエコロジー団体は、アマゾニアや北米の先住民の世界観をその発想の源としており、それがメディアによって、脅かされつつある自然との調和的共存のシンボルへと転換されているのだ。「母なる大地」や「聖なる森」は、民族の知恵を示す類概念となっているわけだが、実際のところ、この種の概念が帰されているほとんどの民族において、その正確な対応物を見つけることは至難のわざであろう。このような二重の意味にとれる言葉の転用には、思い違いがつきものである。というのも、先住民の指導者たちの一部が用いるエコロジーのレトリックは、伝統的なコスモロジー概念を表しているというよりは、むしろ、わかりやすい言説によって影響力を強めた国際機関の協力を取りつけ、それによって領土の権利要求闘争を推し進めたいという欲求を表しているからだ。伝統的なコスモロジー概念とは、そもそも複雑かつ多様なものであり、したがって我々のもつ、自然の政治経済学の図式的コードで表現するのが難しいものなのである（Descola 1985; Albert 1993）。人は「未開人」に「自然の子」らとしての言葉を語ることを一方的に期待する。だが、それによって土地の簒奪を防げるのならば、彼らは喜んでその言葉を語るのではなかろうか？

もっとも、このような利害の一致はたちまちその限界に突き当たる。とりわけ、地元の狩りの形態の中には、動物の幸福を害するとあらば、およそ文化的独自性を寛容に受けとめるつもりなどないエコロジー主義運動家たちの感性に抵触するものが出てくる。そうなると、イヌイットたちのアザラシ猟やマーサイ族の大型獣狩りなどは野蛮の名残りと見なされ、みっちりと環境保護教育をおこなうことによってしか撲滅できないものとされるのである。もっとひどい例になると、部族住民らが実践してきた生活の技術は、自然保護を掲げる非妥協的保守主義（intégristes）の運動にとって、保護対象地域の平衡を乱すものとして受けとめられる。そして、先住民族が幾世紀にもわたってそこで生活してきたことで、生態系を微妙に変えてしまったという理由で、彼らが「自然」保護区というおかしな名をつけられた地の資源に手を出すことを禁じられてしまうケースもめずらしくない。というのも、我々の環境が大部分人間の影響を受けて（anthropisé）いるということを近代の人間中心主義はたいてい意識しておらず、したがって、たとえアマゾニアのようにその原初性を保っているように見える地域においてすらそうであるという考えに、甘んじることができないからなのだ（Balée 1993）。

少数部族民とエコロジー運動との間での食い違いは、たしかに、ときに生産的であることもある。だが、それがどこから生ずるかというと、両者それぞれの自然に対する姿勢が、たとえ表面上は似ており、共通の戦術的利益をもっているにもかかわらず、じつは何から何まで違っているということに起因するのである。動物に諸権利を与えること、あるいは人間に、動物に対する義務を課すことによってこれらを守るということは、自然と社会の近代的区別を根本的に問い直すことをせずに、単に人間を支配する法的原則を別な生物種に拡張するということでしかない。社会は法の源泉であり、人間は社会を統治する。そして、動物に対する暴力行為が非難されるのは、人間に対する暴力行為が非難されるからである。多くの前近代社会においては、事情はまったく異なる。というのも、そうした社会では、動物を法的後見を受ける主体ではなく、完全に自律的な精神的・社会的人格と見なしているため、人間による保護を彼らにもたらしてやることよりも、遠い隣人が幸福であるよう意を用いることの方が必要だと判断するのである。好意と尊敬をもって自然を扱おうとすることは、自然が虐待されている、またおそらくは、かつて虐待されていた、ということを暗黙の前提とする。自然が自律的圏域という形で存在していないのであれば、動物に対する関係は、我々のそれとは必然的に違ってくるし、動物を死に至らしめる問題は、必然的に、我々の親しんでいるそれとはきわめて異なる概念で表されることになる。アマゾニアの観察を経ることで主張が可能となるのは、まさにこのことである。

1　動植物の「人格」と意思疎通

人間と非人間とを、ほぼ相互浸透のない二つの存在論的領域に区分するという近代的二元論とは異なり、アマゾン地方のコスモロジーは、人間、植物、動物の間に、性質ではなく程度の違いを見る。たとえば、エクアドル領アマゾニアのアチュアール族の言うところによると、動植物のほとんどは人間のそれと似た魂（ワカン、*wakan*）、すなわち、反省的意識や意図性をもつことを可能にしてくれる能力をもっているがゆえに、彼らは「人格」〔personne〕（アエンツ、*aents*）に類するものと見なされる。この能力はまた、感動を感じることや、彼らの仲間同士、および人間のような他の種の成員との間でメッセージを交換することを可能にしてくれるのだ（Descola 1986; 1993）。この言語外コミュニケーションが可能となるのは、「ワカン」（*wakan*）が有するとされる、音声を媒介とせずに相手の魂に考えや望みを伝える能力によってであり、この能力はこうして、ときには相手の知らぬ間に、その精神状態や行動様式を変えてしまうのである。人間はそのための実にさまざまな魔法の呪文「アネント」（*anent*）をもっており、それによって彼らは離れたところにいる肉親のみならず、植物や動物、そして、超自然的存在や一部の工芸品にも、働きかけることができる。夫婦円満、親族や隣人たちとよい関係を保つこと、狩りの成功、美しい陶器や効果的なクラーレ〔毒矢の毒〕を作り出すこと、多様かつ実り豊かな栽培農園、こういったものはすべて、さまざまな人間および非人間の対話者との間の暗黙の了解の関係に依っているのであり、こうした関係は、アチュアール族が「アネント」(*anent*)を用いてこれらの対話者に好意的な気持ちを生じさせることで築くことのできるものなのだ。

確かにアチュアール族は、世界に住む存在同士の間を区別する。だが、その区別に起因する、生命をもつものともたないものにおける序列は、存在としての完成度や、外見上の違い、あるいは内在的な特徴をどれだけ併せもっているかに基づいているのではない。それは、コミュニケーション方式の多様さに基づいているのであり、そのコミュニケーションとは、それらの存在に不均等に割り振られた、知覚可能な資質を理解することによって可能なのである。「人格」のカテゴリーに、精霊や動植物といった、魂をもつ存在が含まれている以上、このコスモロジーは人間と非人間との間で差別をしない。それがもち込むのは、存在間で可能とされる情報交換のレベルに応じた秩序階梯のみである。アチュアール族は、しかるべくピラミッドの頂点を占めている。彼らはおたがいに付き合い、同じ言語で話をする。彼らの周囲にいるヒバロ族のメンバーとの間でも対話は可能であり、その方言もお互いに大体の理解が可能だが、それでも偶然あるいは故意の誤解を排除することはできない。スペイン語話者の白人や、ケチュア語を話す近隣の住民、また民族学者とも、共通の言語さえあれば、付き合うし、話もする。だが、この共通言語も、それを母国語としない者にとっては十分に使いこなせないことがある。そうした場合には意味上の齟齬が生ずる可能性があり、そのため、現実の同一平面上に二つの異なる存在が共存することを認知する、それぞれの能力同士の対応関係が、疑わしいものとなってしまうのである。存在者同士の差異は、「完全な人格」(ペンケ・アエンツ、*penke aents*)の領域から遠ざかるほど拡大するが、この「完全な人格」はそもそも、もっぱらその言語能力によって定義されている。たとえば動植物は、それが魂をもっているときは、彼ら自身、人間を知覚することができると見なされ、人間は彼らと付き合うことができる。だが、アチュアールが彼らに呪文「アネント」を用いて話しかけるときには、その返答は即座には得られない。というのも、その返答は夢の中においてしかもたらされないからだ。精霊や、神話の英雄の一部についても、事情は同じである。これらの存在は、彼らに話しかけられることの内容に気を配ってはいるが、ふつうその本来の姿で目にされることはなく、そのまったき姿においてとらえられるのは、夢の中や、幻覚剤によって引き起こされたトランス状態においてのみである。

意思疎通の能力をもった「人格」もまた、それらの能力が振り分けられているさまざまな共同体を支配するとされる社会的規範の完成度に応じて序列化されている。非人間存在の中には、アチュアール族と同様の婚姻規則を守っているとされるがゆえに、彼らと非常に近いものがある。たとえば、川の精霊たちである「ツンキ」(Tsunki)や、さまざまな狩猟鳥獣の種(ウーリーモンキー(singe laineux)、オオハシ(toucan)など)、さまざまな栽培植物種(マニオク(キャッサバ)、ラッカセイなど)がそうである。反対に、性的な奔放を好むことから、一貫して族外婚の原則を無視する存在もある。それは、ホエザル(singe hurleur)やイヌなどだ。社会統合の最下層を占めるのは、孤立した存在たち、たとえば、森の中を独りでさまよう、死者の魂の化身である精霊イウィアンチ(iwianch)や、ジャガーやアナコンダといった大型の捕食者たちである。しかし、いかに通常の市民性の法則から遠ざかっているように見えたとしても、これらの孤独な存在たちは、シャーマンらとは親しい関係にある。シャーマンは、これらの存在を使って不幸の種をまいたり、敵と戦ったりするのだ。文化の辺境に棲んでいるこれらの有害な存在は、彼らの仕える主人が社会の埒外にいるわけではない以上、何ら「野生」のものではないのである。

南米の低地の森林地域における同種のコスモロジーについては、多くの記述がなされてきた(Weiss 1975; Viveiros de Castro 1992; Van der Hammen 1992; Jara 1991; Århem 1996; Grenand 1980; Renard-Casevitz 1991;

Reichel-Dolmatoff 1976)。その内的構造は異なるとはいえ、これらのコスモロジーにはすべて、人間だけの独占的な専有物である文化宇宙と、世界を構成する他の全存在が含まれる自然宇宙とを分離しないという共通の特徴がある。動物たち、そしてごくまれに植物たちも、そこでは、人間のそれとまったくそっくりな制度や行動様式をもった社会的主体とみなされる。さらに、宇宙の全存在は、抽象的な本質、あるいは特定の能力（たとえば、言語の有無や、反省的意識・感情の有無など）といったものよりも、彼らがおたがい同士に対して占める位置によって定義される。たとえば、その代謝の特徴、とりわけ摂取する食物の種類であるとか、あるいは、彼らが取り交わすことができるとされるコミュニケーションのタイプにしたがってである。彼らのアイデンティティを基礎づけているのは、彼らの関係が形作る場であり、これらの関係は、そこに存在する生物がもつとされている、双方向的あるいは一方向的な知覚のタイプによってさまざまに異なってくる。したがって、それぞれのアイデンティティは変化や変形を蒙ることがある。というのも、それぞれの種は、広い意味で、他の種をその固有の基準に照らして理解しているとされるからである。例えば、ある狩人は通常、その獲物である動物が自分で自分のことを人間だとおもっているか、または、狩人をジャガーとして見ているか、判断がつかない。同様に、ジャガーは自分が舐めている血がマニオク（キャッサバ）のビールだとおもっており、ムクドリモドキ（oiseau cassique）が狩っているつもりのクモザル（singe-araignée）は人間にとってはバッタにすぎず、ヘビが自分の主な獲物だと考えているバクは、実は人間なのである。動物たちが、自分たちは人間と同じ文化的属性を有していると心底思い込んでいるのは、こうした視点の移動が引き起こす、絶え間ない外見の交換によるものだ。たとえば、彼らの冠羽は羽でできた冠であり、毛皮は衣服であり、くちばしは槍であり、かぎ爪はナイフなのだ。彼らは庭で栽培し、狩りをし、料理をし、彼らの首領や、彼らのシャーマンたちの教導の下で考案された儀礼に没頭するのである。

アマゾン地方のコスモロジーにおける知覚の超相対主義（hyperrelativisme perceptif）は、しばしば「パースペクティヴィズム」（perspectivisme）（Viveiros de Castro 1996）の名で呼ばれるオントロギー（存在論）を生む。このオントロギーは、人間が現実を超越した高みの視点をもつことを拒み、複数の世界観がたがいに矛盾することなく共存し得ることを主張する。このことは重大な倫理的帰結をもたらす。というのも、もし動物たちが文化活動に従事する人格として自分自身を見ているのならば、彼らがその権化であると主張する人間性を、彼らに拒むわけにはいかなくなるからだ。万古不易の自然を背景に、文化的差異の複数性を標榜する近代的二元論とは逆に、アメリカ・インディアンたちの思想は、宇宙全体が一つの同じ文化的制度によって動かされていると考える。そして、この制度を多様なものにしているのは、多種多様な自然的性質ではなく、異なる相互理解の仕方なのである。ここで、人間のそれに非常に近い能力、すなわち、感受性、利他心、母性愛といったものをもつゆえに、一部の動物が保護されるべきだとする、西欧人間中心主義との違いは明白だ。アマゾニアにおいては、そうしたものはまるで見当たらない。なぜならそこでは、世界に棲まう存在たちに共通の参照項とは、種としての人間ではなく、条件としての人間性であるからだ。たしかに、動物たちは、その形態においてもその行動様式においても我々とは異なっている。しかし、彼らが我々の知らないところで送っている社会生活は、我々のそれと同じなのだ。その上、これは神話がふんだんに証明しているところであるが、それぞれの存在の原初の状態とは、文化的なものであって、自然的なものではない。人間が動植物と区別されることのない原初の連続体においては、おたがいが話をしたり、音楽を奏でたり、陶芸をしたりしていたが、一連の破局的なできごとが起きて、外見やものの見方における不連続性が生じ、それが、宇宙の住民たちに一種の幻想の中で生きることを余儀なくさせたのだ。すなわち、もはや例外的な状況を除いて、人間は動物を共通の運命を生きる同類として見ることができない。もはや感覚によっては認知できなくなった連続性を回復できるとすれば、それは口頭伝承の助けを借りた、記憶の働きによってのみとなる。感覚能力の差異化から帰結する人間の独我論もまた、儀礼的行為によって制することができる。狩りや造園の儀礼、狩猟鳥獣や魚たちの運命を司る精霊たちとの関係におけるシャーマンの執りなし、夢占いなど、これらすべてが、日頃、動植物が人間の正当な対話者であることを物語っている。彼らは、見かけでは視る者の目を欺くとはいえ、実際は、人間と異なる存在論的地平に存在しているわけではないのだ。

2　動物を死に至らしめること

さて、アマゾニアの諸民族は、狩猟や漁をしてその食料の一部を得ている。したがって、羽や毛やうろこに覆われてはいるが、あらゆる属性において自分たちと似通っているこれらの存在の命を奪う必要に、男たちはほぼ毎日直面しているわけである。こうした生命奪取の諸々の状況を知らぬ者はいない。今日の我々の世界とは違い、動物の死とその加工は、衆人の目を逃れた区画へと隠蔽されてはいないのであり、アマゾニアにおいては、誰もが物心ついたときから、料理のために皮を剥がれ、内臓を取り出され、四肢を切り離されるまだ生温かいこれらの死骸に親しんでいる。また、男たちが好んで延々と語り続ける狩りの物語のおかげで、死ぬ前の狩猟鳥獣の振る舞いや、その恐れ、観念するまでの逃走の試み、その苦しみ、その仲間たちの悲嘆の表現がどのようなものだったのかを、誰もが知っている。要するに、生き物がいかにして食料になるのかを、誰も知らずには済まされないのだ。では、これらの人びとは、動物に対して日頃振るっている暴力と、これらの存在はある意味で変装した人間たちであるという考えとの間で、どうやって折り合いをつけているのであろうか。生き物が生き物を同化することを、カニバリスムの一形態のように見せることなく、どうやって同胞のごとき存在を殺め、食料としているのであろうか。こうした矛盾は、我々自身、肉を消費するさいにときおり感ずるそれよりも、はるかに強烈なものだ。生命破壊の共犯者たることを拒む菜食主義者らですら、彼らが食べることを控えている動物のことを、自分自身の同類であるとは見ていない。最右翼の動物解放運動家たちも、たしかに、ミシュレが我々の「格下の兄弟」(frères inférieurs)と呼んだこの動物たちに、固有の権利を認めている。だが、彼らのうちの一人として、雌牛や豚やモルモットが二重の生を生きているとは、そして、その動物という仮の姿の裏に、我々と同じ文化を備えた存在が隠れているとは、想像だにしていないのである。

このジレンマの解決策は、たびたび道徳的表現で表されてきた。すなわち、狩人は、その同類の一人におよぼすことを余儀なくされている危害のことを意識しているため、あらゆる種類の象徴的補償に取り組んでいるに違いない、というものだ。この補償によって、罪悪感(mauvaise conscience)を和らげるとともに、その行為が引き起こさずにはおかない結果に対して予め備えるのである。この機能的説明は歴史が古いだけあって、実に多くの説がある。たとえば、すでに今世紀(二〇世紀)初頭にフレイザーは、狩られた動物に対する贖罪の儀礼と呼ぶものの説明としてこの考え方を提起している(Frazer 1922 第五三章および第五四章)。大戦前のロシアの民族誌もまたこの説を援用して、シベリアの狩りの儀礼、とりわけ、人間が「オンゴン」(*ongon*)を養わなくてはならないという義務を説明している。この「オンゴン」という存在カテゴリーには、飼い馴らされた野生動物のみならず、動物や人間の形をした小像までもが含まれる。家庭に引き取られたこれらの狩猟鳥獣の代用物を養うことによって、狩人は、狩猟鳥獣に振るう暴力が原因で蒙る恐れのある復讐を免れるのである（Zelenin 1952）。Ph・エリクソンは、シベリアにはっきりと言及してはいないが、同じような着想に基づいて、アマゾニアにおける野生動物の馴化を補償的慣習行為として見ることを提唱している。すなわち、狩猟鳥獣の子どもを引き取り、面倒を見ることによって、それらの親に加えた危害を象徴的に補償しているわけである（Erikson 1984）。たしかに、同地域の民族はすでに、必要以上の動物を殺さないこと、狩猟鳥獣に対して敬意をもって振る舞うこと、それらを不必要に苦しめないこと、といった狩りの倫理に従っている。また、彼らのうちの多くが、彼らを代表する動物や精霊たちへの儀礼的対価を、タバコや、食物や、場合によっては魂の供物という形で捧げている。しかしながら、互酬性が中心的な価値であるような文化宇宙において、そうした措置は、狩人が一方的な生命の奪取を前にして感ずるであろう「観念的気まずさ」（malaise conceptuel）を完全に解消するには至らないのだと言う。そこで登場するのが、順化のもつ免罪機能である。エリクソン曰く、孤児となった動物たちを受け容れるとともに、彼らが生き延びるために必要な世話を惜しみなく与えることで、インディアンたちは、この受け容れが必要となった当の原因たる暴力行為を、水に流そうとするのだ[2]。

3　「罪悪感」のテーゼ

S・ヒュー＝ジョーンズは、アマゾニア先住民たちの獣肉に対する両義的態度を解釈するために、やはり狩人の罪悪感をもちだしている。つまり、彼らにとって、狩猟鳥獣の肉はぜひ手に入れるべきものではあるが、それを過度に、あるいは無差別に消費するとき、それは危険なものとなる。したがって、食物における禁止や禁忌、汚染除去のための儀礼的手続き、そして、隠蔽のための意味論的手法、これらのきめ細かい体系が、人びとが自らの命を再生産するために動物の命を奪わなくてはならないという悲しい定めの結果を和らげてくれるべきものなのだ。ヒュー＝ジョーンズによると、動物の命を奪い、それを消費することに対するこの妥協と表裏性の混交は、アマゾニア先住民たちだけに固有のものではない。それは人性の、ある普遍的特徴を反映しており、西洋人が肉屋の肉に対して感ずる罪悪感とまったく同質のものであって、その意味で、アメリカ先住民たちは何らエキゾチックでもアルカイックでもない、とする（Hugh-Johns 1996）。

筆者は、食料とするために動物を死に至らしめることの必要性が、両義的な感情を引き起こすということを何ら否定はしない。筆者自身、アチュアール族の村での滞在当初、生まれて初めて動物を撃ったとき、それをきわめて強く経験した。私は、民族学者の出で立ちの一部として身につけねば、という突飛な考えから、小銃を携行していたのだが、そのとき私は、武器を持たないアチュアールの同行者にせっつかれてその銃を撃ったのである。彼は、せっかく私が小銃を身につけているというのに、なぜそれが、低い木の枝の上で私たちをおちょくっているサルを殺すのに役に立たないのか、理解できなかったのだ。生き物のカテゴリーの個体発生的な形成に関する認知心理学的諸研究を考慮に入れれば、こうした両義性が普遍的な現象であるということも、非常にうなずける。というのも、子どもは非常に早くから心的状態の素朴な理論のようなものを作り上げるとおもわれるからであり、それは、意図性や感情察知能力といった、彼ら

［2］　エリクソンの立場は、のちの論文（Erikson 1997）がそれを示しているように、それ以来変化している。そこにおいてエリクソンは「罪悪感」の議論をはるかに慎重に考察しており、それを現代西欧に当てはめることを批判している。

が生き物に付与するいくつかの属性に応じて、それらの行動や態度を解釈することを可能にする、暗黙の知なのである。S・キャリーの研究は、とりわけ、何かが動くこと（アニメーション）自体が、こうした属性に基づくものとして知覚されていることを指摘している。したがって、ごく小さい子どもは、人間や動物を同じ存在論的カテゴリー、つまり、我々が一個の人格として定義できるようなものと、形式的に同等のカテゴリーに属するものとして考えているのである（Carey 1985; Carey & Spelke 1994）。動物というカテゴリーが出現するのはそのずっと後であり、それはおおむね、子どもが人間活動から連想する特徴を元に編成されている。生き物の観念の形成は、植物の領域を動物の領域に統合することで最終段階となるが、この過程は、生物学的機能の素朴理論の構築という大きな枠組の一部となっている。

このように、もともと人間と動物の区別が観念的にあいまいであることについて、我々はおそらく、大人になってもその痕跡を保っている。動物たち、とりわけ、我々にじつに多くの点で似通っていながらも、これほどに異なっている高等哺乳類の両義的な地位を、認めないわけにいかないのではないか？　たとえ束の間であっても、身近な動物に、感情や、感受性や、意図性があると考えたことのない者があるだろうか？　動物に与えてしまうことのある苦しみそのものが、我々が彼らの性質を本質的に両義的なもの、すなわち、人間性と、世界の他の生物や非生物との中間点にあるものと見ていることの徴なのではなかろうか？　このことは、L・フェリーがモーペルテュイを論じつつ、いみじくも指摘していることである。すなわち、快感を覚えるか否かにかかわらず、動物が苦しんでいるさまを見ることは人を無関心なままではおかない、なぜならそれは、我々自身の苦しみを喚起することで、たとえ我々が多大な努力を払って想像してみても植物にはとても喚起できないような根本的類似性を、我々に想起させるからだ、と（Ferry 1992: 90–91）。

まさにアマゾニアにおいて、狩りの対象となる動物に対するアンビバレントな態度を物語る徴候が多数見られる。たとえば、狩猟鳥獣に対して振るう暴力を隠したり和らげたりするような婉曲語法が、ごく一般的に用いられることだ。動物を殺す、という言い方をすることはめったになく、狩りの行為は、獲物を死に追いやることを直接喚起しないような隠喩で表現される。獲物を追い詰める狩出しの段になると、動物をその名前で示さず、紋切り型の代用表現の方を用いることも非常に多い。さらに用語の面で言えば、吹き矢を用いた狩りは、つねに、槍やこん棒（今日では銃）を用いた狩りとははっきりと区別される。アチュアール族においては、「鳥を吹く」と言い、トゥカノ（Tukano）語族では「鳥獣を吹く」、ウァオラニ（Huaorani）族では「吹きに出かける」とすら言う。このように、道具を用いた換喩（メトニミー）によって、狩人の行為とその結果の間の因果関係を和らげるのである（Hugh-Johns 1996; Rival 1996）。しかし、忘れてはならないのは、多くの場合、こうした狩りにまつわる婉曲語法は、少なくとも、死に至らしめることに対する両義的意識と同じくらい、表裏があること（つまり動物をだますこと）の意識をも反映しているということである。最後に、狩られた動物たちの復讐というテーマも、ごく一般的なものだ。もっとも、動物たちがおこなうとされる復讐の規模や、それを予防するための方法はそれぞれの文化によってじつにさまざまである。もし、狩猟鳥獣が何らかの復讐心をおぼえるというのであれば、そのことは、アメリカ・インディアンたちが、彼らが獣に背負わせる運命が尋常ならざるものであるということを、かなりはっきりと意識しているということを意味している。

（1）「罪悪感」テーゼの問題点、その一

したがって、これらの理由はすべて、アマゾンの狩人が動物を殺すときの態度の両義性を考慮に入れね

ばならないことを、疑問の余地なく示している。だが、そこから、狩人が罪悪感をもっていると考えたり、さらにそこから、その地域における狩猟鳥獣のあつかいを特徴づけている、実際のところ多様きわまりない行動様式を導き出したりするとなると、筆者にはどうしても踏み越えたくない一線がある。というのも、いかに絶妙な定式化をおこなったとしても、罪悪感のテーゼには、利点よりも不都合な点の方が多いからである。第一にこのテーゼは、我々が動物に対しておそらくは自然に感ずる感受性の一形式を、我々のそれとはきわめて異なる文化に投影することにほかならないためである。この感受性とは、R・ドゥロールやK・トーマスといった歴史家が、そのまったき複雑さのままに描き出しているように、慣習行動や心性の特定の変遷の産物であることが分かっている（Delort 1984; Thomas 1983）。我々は動物の苦しみに直面したときにいつも罪悪感を覚えてきたわけではないし、闘牛の野蛮さに憤慨するイギリス人観光客の多くは、つながれた雄牛にモロッセ〔大型の番犬〕をけしかけること（ブル＝ベイティング）が、一八世紀イギリスのあらゆる社会階級にとくに好まれた見世物であったことを、おそらく知らないのである。

（2）「罪悪感」テーゼの問題点、その二

さらに、罪悪感は道徳的ジレンマを、したがって、多少とも明示的な権利、義務、価値の体系が展開するための倫理的枠組みを前提とする。したがって、この倫理的枠組みが普遍的なものであること、そして、動物を死に至らしめるときには、いつでもどこでも同じタイプのジレンマがあるということを想定しなくてはならないだろう。それは、人間と動物を区別する根拠についての我々の考え方自体が、一八世紀末に根本的に変化したことを認めないことである。当時、ルソーやカントといった思想家は、人性を自由によって、言い換えれば、本能の支配から身を引き離す能力によって定義した。ところで、近代ヒューマニズムは、動物に対する我々の義務を定義するのに、まさにこの思想に依拠している。植物やバクテリアと違い、動物の中には意識的な目的のため行動する能力を持ったものがいるからこそ、そして、この能力が、我々を固有の存在として特徴づけている自由裁量と類似しているからこそ、我々は動物を大事にする必要があるのであり、つまりは、我々に我々自身を大事にさせるところのものを、彼らにおいて大事にする必要があるというわけだ[3]。したがってここでは、動物の死が引き起こす罪の意識とは、生きる権利の否定と、自由をもつ権利の否定とが、困ったことによく似ている、という意識によって支えられている。アマゾニア先住民がこのような道徳的思考をもっているとは、筆者には考えがたい。

筆者にはまた、どのような倫理的性向についてもそれが普遍的だと言うことができるという考え方は、疑わしくすら思われる[4]。なぜならこの分野（＝人類学）における規範性とは、文化的選択に依存しているものだからだ。たとえば、「ユダヤ・キリスト教的道徳」と言うような場合と同じ意味で、ある「アマゾン的道徳」を考えてみるとき、そこに含まれる基本的な掟の性質はどのようなものかを問うてみればよい。そのうち、同地域全体において異論の余地なく見られるものは、貪欲の忌避と、自制心の必要性、この二つのみである。前者の掟がよってきたるところは、互酬性へのこだわりというよりも、近親者に対して寛容であるべきだとの考え方や、物質的財産の蓄積に対する一種の軽蔑である。後者の方は、自制のための行為の至ところにその痕跡を見ることができる。たとえば、性的な節度、質素さの称揚、寝ずの番をする

［3］　このヒューマニスト的立場の表現はL・フェリーから取ったものである（Ferry 1992: 100–101）。
［4］　もちろん、このことは、普遍的道徳人類学が望ましくないという意味ではない。ここで挙げている相対主義は、経験的観察に基づいたものであり、積極的な価値観の表明に基づいたものではないからである。

能力や身体的耐久力、鞭打ちや冷水浴などの習慣、あるいは、下剤や催吐剤の使用などである。この掟は、他者を支配したいという抑圧された欲求の自己に対する転移よりも、むしろ、次のような必要性を物語っている。すなわち、いついかなるときにも、自由な同意に基づく自己規律の方が、受動的にこうむる社会的管理に比べて勝っていることを主張しなくてはならない、という必要性だ。一部の個人的または集団的な振舞いに対する寛容さについては、アマゾニアの各文化によって実にさまざまな違いがある。策略、嘘、隠蔽といったものは、目的に到達するための正当な手段と見なされることもあれば、逆に非難すべきものと見なされることもある。肉体的暴力を行使する能力は、男性的徳（*virtù*）の一側面として取られることもあれば、逆に、心底、人をぞっとさせることもある。残酷さ、あるいは少なくとも我々にそう見えるところのものは、激しい非難を受けることもあれば、一部の通過儀礼に不可欠な構成要素と見なされることもある。要するに、この地域の人びとに、まるごと共通の道徳的性向を帰すことは、かなり難しいということだ。では、我々に生ずるような後ろめたさ、つまりは道徳的葛藤の産物が、同じ状況下で彼らにおいても生ずると主張することは正当なのだろうか？　たしかに、動物を消費することに対する罪悪感の普遍性を否定すると、不都合なことに、アマゾニアの先住民が我々とまったくかけ離れた存在のように見えてしまう。だが、彼らが実際にそうであると考えることは、行き過ぎた文化相対主義に身を委ねることではない。というのも、結局のところ、我々は動物を、そのごく少数に認められた法的人格以外の人格とは見なしていないのだし、我々の人間中心主義は、すでに見たように、彼らのそれとはきわめて異なる起源をもっているからである。

（3）「罪悪感」テーゼの問題点、その三

最後に、ヒュー＝ジョーンズがいみじくも指摘しているように（Hugh-Johns 1996：147）、部族社会内部においてすら、食べ物の好みや動物に対する態度には大きな個人差が存在する。罪悪感の説にしたがえば、この行動様式の多様性は、めいめいがその感受性や気質に応じて自分のために作り上げた道徳へと帰せられることになってしまうだろう。もし実際にそうであるとすれば、人類学という分野を完全な恣意性が支配することになる。ところで、個人差は否定しがたいとはいえ、それはやはり、ある文化のすべての成員によって共有される行動様式の全体的スキームの内部で現れるものであり、このスキームはある文化と他の文化では異なるものである。たとえば、アチュアール族は、伝統的に食べることが禁じられていた動物を、今日では食べている、ということがある。だが、こうしたルーズさにも限度があり、一部の動物種については、それを食するという考え自体が、今だに露骨な嫌悪を引き起こしている。ケチュア族の村を訪れた若いアチュアール族の青年の経験したできごとが、それをよく示している。彼は、アグーティ（オオテンジクネズミ）の肉だと言って振る舞われた肉を舌鼓を打って食べていたのだが、突然気分が悪くなり、食べたばかりの料理を吐き出しに行く羽目になった。というのも、隣の部族の食習慣をよく知っていた、いたずら好きの主人が、何とも気味の悪いことに、実はそれがオポッサムの肉だと彼に打ち明けたからなのだった。規範の力というものは、我々の元においても同じくらい、そして思いのほか大きいものだ。確かに、イギリス人が我々に付与した「トーテム属性」にもかかわらず、フランス人の中には決してカエルを食べない者もある［イギリス人はフランス人を、そのカエルを食べる習慣を揶揄して「カエル食い」と呼ぶことがある］。もっとも、ヘビをふつうに食べるという者も、聞いたことがない。カエルを食べるか食べないかは、

受け容れられた規範内部での、個人的な選択の差異、あるいは、動物の入手しやすさに基づくものである。ヘビを食べないのは文化的な禁忌に基づいているのであり、この禁忌は、暗黙裏にではありながらも、やはり我々の決定を方向づけている。行動様式が道徳的かつ個人的に決定されていることを強調することで、おそらく、現実の複雑さをそのままによみがえらせることができるだろう。それはまた、てんでんバラバラな行動様式に意味を与えるという人類学的な野心を困難に、ひいては不可能なものにすることでもあるが、これらの行動様式は、それをある共同体内部において全体としてとらえたとき、やはりある種の一貫性を示すのである。

アマゾンの狩人の精神状態を表すのにエリクソンが用いている「観念的気まずさ」(malaise conceptuel) の語は、少なくとも上記で確認したような認知論的根拠に基づくならば、「罪悪感」(mauvaise conscience) よりは好ましいように思われる。とは言え、アマゾニアにおいていつどこでも、狩猟鳥獣の子どもを引き取ることがこの心理的葛藤を払拭するための補償の一形態であると見なし得るとの考え方には、私は賛同できない。というのも、人間についても同じ扱い方がふつうに見られるからである。たとえば、部族内または部族間の戦争においては、殺された敵の妻や子どもたちは、ほとんどの場合、無条件に、別け隔てなく捕虜とされ、勝者の家族に組み込まれる。ところで、ヒバロ語族の例から判断すると、こうした慣行は、敵に対しその命を奪ったことへの対価を払いたいとの欲求から発したものではまったくない。それとは正反対に、子どもたちを攫《さら》うことは一つの捕食の哲学 (philosophie de la prédation) の表現なのであって、この哲学は、他者の実質や、アイデンティティや、人格を専有することを、自己の永続のために必要な条件と見るのである (Descola 1993a および 1993 第一七章も見よ)。敵を殺すことは、象徴的にも社会的にも利益となるにもかかわらず、両義的な感情を引き起こし得るということをヒバロ語族たちは否定しないだろう。というのも、彼ら曰く、勝利した戦士は、その行いゆえに、彼自身、ある意味死んでいるのであって、仲間たちの間にあっても危険な存在だからである。こうした理由のために、彼は、ふつうに生きる者たちの間に再び戻る前に、長く厳しい儀礼的処置を受けねばならない。ヒバロ語族の例は、特異なものでも何でもない。なぜなら、アマゾン社会の多くが、殺人者には犠牲者の血もしくは魂が浸み込んでいるため、すみやかに適切な儀礼を実行しなければ、死に至るほど危険な身体的変容を蒙ると考えているからである[5]。これらのケースではすべて、他者に対して振るった暴力の帰結は自身へとはね返ってくるものであり、いかなる意味においても、負債を招きかねないというような考え方が前提となってはいない。人間の死について言えることは動物の死についてもなおさら当てはまるはずであろうから、アマゾニアの大多数の社会においては、そのこと自体、狩猟鳥獣を飼い馴らすことが補償の一形態に類し得るということとは相容れないように思われる。

4　親族としての動物

狩りの対象となる動物に対する関係を、道徳的ジレンマの一般化の上に基礎づけることは、アマゾニアにおいて狩人とその獲物との関係が取り得るきわめて多様な様態を理解しようとしないことである。と

[5]　たとえば、ヤノマミ（Yanomami）族についてはAlbert 1985, アラウェテ（Araweté）族についてはViveiros de Castro 1992、クラホ（Krahó）族についてはCarneiro da Cunha 1978, アピナィエ（Apinayé）族についてはDa Matta 1976を見よ。

いうのも、動物たちに文化的特性を付与するや否や、彼らとの間に築かれる関係は、何よりもまず人格（personne）対人格の関係、すなわち社会関係になるからである。分析において最優先すべきだと思われるのは、まさにこの社会的側面である。[6]ところで、アマゾニア全体でみると、その全体枠組み（cadre général）は比較的均一であるが、その内部における動物に対する関係は、さまざまな形で社会学的に記述することが可能である。かなり前から指摘されてきている通り、この全体枠組みとは、人間と動物、場合によっては動物の代表とを取り結ぶ、契約的姻戚関係（alliance contractuelle）の枠組みのことだ（Zerries 1954）。より最近になって分かったことは、この関係（alliance）は大抵、姻族〔つまり親戚〕（affins）同士の関係という形で観念化されていること、そして、婚姻連帯による親族（parents par alliance）を特徴づけているのとまったく同じ、さまざまな義務の網の目がそれを特徴づけていることである。[7]

狩りの対象となる動物を姻族（affins）として表象することはアマゾン社会においては何ら驚くべきことではない。同地域における非単系出自主義（cognatisme）とドラヴィダ型親族システムの優位は、結果的に社会的カテゴリーの全体を、一つの大きな二元論、すなわち、〔父系〕血族関係（consanguinité）と〔婚姻による〕姻戚関係（affinité）とを隔てる軸を中心とする二元論へと帰すことになる。この二つのカテゴリーは、それらが用いられなくてはならない状況の多様さゆえに、多少なりとも抽象的な論理演算子（opérateurs logiques）となっている。局所集団の内部で実際に確認された血族関係や姻戚関係といったつながりを具体的に示すカテゴリーよりも、むしろ、より包括的な諸関係をこれらの演算子は外示して（dénoter）くれるのである。したがって、まさに姻戚関係こそは、不安定で、ときに紛争的な関係であるだけに、外部との関係、特に、近隣もしくは遠方の敵たちとの関係を表現するための、格好の隠喩の材料となる。さらに、ドラヴィダ型システムによって生ずる二元論は、次のようなごく一般的な傾向によって緩和されている。すなわち、ある理想的な血族関係を重んずるために、局所集団の内部における姻戚関係上のつながりを軽く見るような態度・用語をうまく用いたり、他方では逆に外部との関係においてそうしたつながりを強調したりする傾向である。結果として、家庭という、姻戚関係が結婚による連帯を実際に方向づけている場から遠ざかるにしたがって、姻戚関係は次第に抽象的で図式的なものになってゆく（Viveiros de Castro 1993; ヒバロ族についてはTaylor 1983 およびDescola 1993a も見よ）。狩猟鳥獣との関係を概念化するための心的物差しとなるのが、この姻戚関係という類的カテゴリーではないかということが予想されたが、一方では、拉致された後、両親を殺した者の家庭に組み込まれる敵の子どもたちと同じく、ペットがむしろ血族（consanguins）と見なされているのではないかということもまた予見できたのである。こうしてアマゾニアにおいては、狩猟鳥獣は、狩られるさいに、外化された自己の分身（*alter ego*）として現れるか、飼い慣らされるさいに、食料とするにはあまりにも自己に等しいものとして現れるか、のどちらかとなる。このあり方の違いについては、筆者は最近の論文（Descola 1994）において、古典的な構造的相同性（ホモロジー）の形で次のように表したことがある。

狩猟鳥獣：ペット：：敵：捕虜とした子ども：：姻族：血族
(gibier : animaux familiers : : ennemis : enfants captifs : : affins : consanguins)

［6］　抽象的な語で表現するならば、ある社会関係は一連の情動（affects）によってもやはり養分を得ているということである。このことは分析が進行する中でたやすく知られ得ることであるが、かといって、この側面に識別的または説明的な役割を与える必要に駆られることもないだろう。

［7］　Descola 1983: 61–89; Erikson 1984. R・アマイヨンはシベリアに関して同様の結論に達している（Hamayon 1990）。

この枠組みはきわめて一般的なものであるが、その内部には、より個別化された関係のシステムが複数共存している。そうしたシステムとして、少なくとも三つが認められる。これを互酬性、捕食、贈与と呼ぶことにするが、これらは、自己と他者との普遍的な区別を統合する、論理学的かつ社会学的な三つの様式を成している。互酬性は、いかなる動物の命も補償されねばならない（ときには何らかの形を取った人間の生命によって）ことを示す。また、捕食は、動物の命に対して、人間によるいかなる対価ももたらされないことを示す。そして贈与は、動物が意図的に、また何の見返りも期待せずに、その命を人間に差し出すことを示している。[8]

（1）「互酬性」モデルの例

アマゾニア北西部のトゥカノ語グループであるデサナ（Desana）族は、「互酬性」モデルの民族誌的実例として最も典型的なものだ（Reichel-Dolmatoff 1976）。この互酬性は、ここでは、ホメオスタティック（環境に変化が生じた場合に、常に平衡状態を保とうとする生体の機能（ホメオスタシス）から）な閉回路として想定されたコスモスの内部での、人間と動物の同等性の原則に基づいている。生物圏に存在する類的な生命エネルギー量が有限である限り、その内部における交換は、人間によって収奪されたもの、とくに狩りにおいて収奪されたものが回路に再び注入されるような仕方で、組織されねばならない。エネルギーの「フィードバック」は、もっぱら、死者（動物）の魂を「動物たちの主《あるじ》」（Maître des Animaux）へと返還することでおこなわれ、「主」はそれをまた狩猟鳥獣へと変換するのである。したがってデサナ族においては、人間と動物はたがいに代替可能なものとしてあり、双方とも生命のエネルギー共同体における同等の地位をもっている。すべての者が一丸となって流れの均衡を維持することに寄与しているわけだが、それは、この完全なホメオスタシスの追求において、彼らの機能が逆転可能なものであるからなのだ。

（2）「捕食」モデルの例

「捕食」モデルは、狩猟鳥獣の命に対して何の補償もおこなわないヒバロ語諸族のケースにおいて、とりわけ顕著である。たしかに、行き過ぎた狩りは罰されることがある。というのも、狩りにふさわしい節度というしきたりを守らなかった者に対しては、ヘビに噛まれる、あるいは森で事故に遭う、といった形で、「動物たちの主《あるじ》」らが復讐することがあるからである。だがそれは、いかなる場合においても、人間と動物の平等性に基づいた自発的な交換という規則的プロセスであることはない。トゥカノ語族とは異なり、ここには、狩猟鳥獣に対するこの「捕食」的態度に同等性の見かけを与えるような、いかなるエネルギーの循環という思想も存在しない。その「捕食」的態度は、人間と獣の連帯関係という象徴体系によってさりげなく隠蔽されているのだが、その連帯関係とは、当事者の一方がその約務を決して果たすことはないものなのだ。

［8］　エリクソンはまた、アマゾニアにおける狩人の「観念的気まずさ」を解決する方法を三つに分けている。すなわち、「贈与」、「交渉」、「連帯」（alliance）である（Erikson: 108–113）。エリクソンによれば、こうした試みによっても若干の罪悪感は残ることになるため、これらはとても満足のいくものとは言い難い。そこから、狩猟鳥獣の子どもを飼い慣らすことが必要になるという。筆者が提唱する三つの様式とは異なり、エリクソンの解決策は同じ分析的次元にはないように思われる。なぜなら、「互酬性」は「交渉」の実践的条件であることから、「交渉」は「互酬性」に含まれる一方、「連帯」は狩猟鳥獣の姻戚関係の全体的枠組みをなすため、より包括的なものとなるからである。

（3）「贈与」モデルの例

最後に、「贈与」モデルは、ペルーの中央アンデス山脈のアマゾン山麓地帯に住む、アラワク（arawak）語諸族が、それを最もよく示している（Weiss1975; Renard-Casevitz 1972）。狩猟の対象となる種、とりわけ鳥類は、基本的に、アラワク語族が「我らが仲間」あるいは「我らが同胞」と呼ぶ、善き精霊の種族に属しており、先住民たちに対して好意的な態度を示すとされている。鳥たちを死に至らしめることは、輪廻を引き起こすことに喩《たと》えられる。たとえば、狩人が鳥にその「服」を要求すると、鳥はその肉の覆いを意図的に矢にさらすが、その非物質的な分身の方は取っておき、それがたちまち同一の身体へと生まれ変わるのである。したがって、鳥はなんら損害を蒙ることはないため、この善意の行為は見返りを必要とはしない。というのも、善き精霊やその化身である動物たちは、存在論的には動物と変わるところがないからだ。それらは非常に近い親類（parents）か、種によっては血族（consanguins）や姻族（affins）と見なされているため、その亡骸を差し出すことは、緊密な親縁関係にある者たちの間で課される寛大さの義務の、単なる証として解釈されるのだ。

動物に対するこれらの行動様式モデルが社会学的次元を物語るものであるとすれば、それはいかなる点においてであろうか？　それは、これらが、人間・非人間を問わず、他者に対するより一般的な態度を明らかにしている点である。この態度は、ここで取り上げている文化のいずれにおいても、実に典型的なものだ。筆者が積極的に同意することは、ある社会の慣行（praxis）がただ一つの図式には還元できないものであること、また、行動様式が供物や捕獲によってのみ律されているような共同体とはユートピアに過ぎないということである。とはいえ、ある文化の中に長期間身を投じた観察者は、次のことに気づかないではいない。すなわち、その文化の構成員が自らの行為を方向づける際にしたがっている価値観はごく限られた数のものであり、それらはたいてい、言葉に表現されないままであるということだ。こうした価値観にレッテルを貼ることはつねにリスクを伴うが、それはあらゆる分析手続きにつきものの束縛でもあり、ある社会を識別する様式、ないしは「エートス」と呼べるものを明らかにするための条件でもある。

たとえば、デサナ族の社会組織は、バウペス（Vaupés）県の他のトゥカノ語族と同様、動物との間の諸関係を支配しているそれときわめて類似した、同等性のロジックに基づいている。言語的外婚制（exogamie linguistique）や、工芸品の流通網は、各部族や各局所集団が、地域全体のメタシステム内部の一要素として見なされるような状況を生む。この要素とは、その物質的・観念的な永続性を、全体の他の部分との規則的な交換に負っているような要素である（Jackson 1983; Hugh-Johns 1993）。逆にヒバロ語族のグループでは、戦争状態の常態化が示しているのは、あらゆる死が他者のアイデンティティの奪取によって補償されねばならないという必要性である。その補償は、あるときは現実のアイデンティティ、すなわち女性や子どもの拉致、またあるときは仮想的なアイデンティティ、すなわち首級の奪取によってなされる。首級は〔さまざまな仮想的・象徴的意味において〕子どもを産出するための儀礼装置の中心的道具なのである（Taylor 1993; Descola 1993a）。復讐の義務は、たしかに、平衡を回復することによって終わる。しかし、敵による復讐とは、彼らに対して振るわれた暴力行為の、予想された結果ではあるが、積極的に求めた結果ではない、ということはたやすく理解できるだろう。このように、相互的な捕食というものは、交戦を通じた人間の生命の意図的な交換というよりも、むしろ互酬性を全般的に拒絶したことの意図せぬ結果なのである。最後に、贈与のロジックは、社会生活の日々の変転の中でそれを一貫して実現することがさらに難しいものであるにもかかわらず、アンデス山麓のアラワク語族の諸集団が、その内部で、自己と他人との間の対立を最小限にとどめるようどれほど努力しているかを見るのは驚きだ。これは、アムエシャ（Amuesha）族においてとりわけ顕著に見られる。彼らは、アリストテレスよろしく、愛が万物の源泉であり存在原理であると考えているのだ。そこでは、次のような二種類の愛が区別されている。「ムエレニェツ」（*muereñets*）は、生命の創造において自己を差し出すことであり、神々や宗教的指導者が非対称的関係において示す態度を特徴づけるのに対し、「モルレンテニェツ」（*morrenteñets*）は、あらゆる社会的結合（sociabilité）に不可欠な相互的愛を示し、下心がなく見返りを期待しない、不変の寛容さによって表現される（Santos Granero 1994）。ここにおいても、狩猟鳥獣の扱いと人間の扱いとの間の密接な対応に驚かされずにはいられない。

互酬性、捕食、贈与は、人間と動物の間の関係の三つの形式であり、その少なくとも二つについては、自由な同意に基づく社会関係という形で、狩人が狩猟鳥獣に実際に振るう暴力を隠蔽するもののように思われる。とはいえ、そこに、あらゆる点で我々に近い存在を死に至らしめるという考えを耐え得るものとするための、野生の理性の狡知を見ることは誤りであろう。あるいはそれが、結局のところ、生命を滅し自己に同化することの必要性を、その加担者と犠牲者との間で共有される幻想へと変える、集団的かつ無意識的な偽善の一様式に過ぎない、と考えることも間違っている。なぜそれが誤りかといえば、まず、ヒバロ語族をはじめとする一部のアマゾン社会は、彼らの狩猟鳥獣に対する関係の非対称性を、自分たちに対して隠す必要を何ら感じてはいないからである。彼らが狩猟鳥獣と、姻族としての対等な関係にあるように装うとき、それは決して、そうした関係が前提とする互酬性の義務を満たすものではない。だが、そこで彼らがなぜ自分を誤魔化そうとするのかと言えば、それは何らかの罪悪感といった感情よりも、むしろ獲物に逃げられてしまうことへの恐れがそうさせるのである。[9] ここにおいて暴力の存在は明白であり、自由な意志によって引き受けられている。

さらに、なぜ前記の考え方が誤りかと言えば、そうしたものの見方は次のことを疑ってかかることになるからである。すなわち、アメリカ先住民たちが言うところは、彼ら自身が十分に信じていることであり、そして、彼らはその考えるところにしたがって行動している、ということである。ところで、もしデサナ族、アシャニンカ（Ashaninka）族、マチゲンガ（Matsiguenga）族、あるいはアムエシャ族が言うことを文字通り受け取るならば、直ちに生まれ変わると自分が信じている動物を殺すこととは、殺すことではなく、自分がその変身の要因（l'agent d'une métamorphose）となることであると認めなくてはならない。同様に、いずれは人間の魂によって置き換えてやることができると自分が信じている動物を殺すことは、殺すというよりも、命の前借り（l'avance d'une vie）を受け入れるということである。閉鎖系として考えられたコスモロジーにおいては、生物や事物の動きを保持するために、当事者が絶え間なく位置を入れ換えることが要求される。ここにおいて暴力が消失するのは、暴力が抑圧されるためではなく、こうしたコスモロジーの中では、暴力はおそらく有効たり得ないためなのだ[10]。

文献

Albert, B. (1985) *Temps du sang, temps des cendres. Représentation de la maladie, système rituel et espace politique chez les Yanomami du Sud-Est (Amazonie brésilienne)*. Thèse de doctorat, Paris-X.

［9］　人間の分身としての動物を狩ることに、遠方の共同体に対する一種の捕食を見るヤノマミ族（Albert 1985: 326–335）、あるいは、狩りと戦争を同じ好ましい活動のカテゴリーに含めるアラウェテ（Araweté）族（Viveiros de Castro 1986: 208–209）についても、同じことが言えるだろう。

［10］　本報告の最終版の執筆のために、セミナー「暴力について」の参加者のさまざまな指摘、およびPh・エリクソンによる批判的コメントを活用させて頂いた。ここに記して感謝したい。

Albert, B. (1993) L'or cannibale et la chute du ciel. Une critique chamanique de l'économie politique de la nature (Yanomami, Brésil). *L'Homme*, 126–128: 349–378.

Århem, K. (1996) The Cosmic Food Web: Human-Nature Relatedness in the Northwest Amazon. In Descola, P. and G., Pálsson (éds.) *Nature and Society: Anthropological Perspective*, pp. 185–204. Routledge.

Balée, W. (1993) Indigenous Transformations of Amazonian Forests: an Example from Maranhão, Brazil. *L'Homme*, 126–128: 231–254.

Carneiro da Cunha, M. (1978) *Os Mortos e os Outros. Uma análise do sistema funerário e da noção de pessoa entre os indios Krahó*. Editora Hucitec.

Carey, S. (1985) *Conceptual Change in Childhood*. Bradford Books for the MIT Press.（邦訳：S・ケアリー『子どもは小さな科学者か—J. Piaget 理論の再考—』小島康次・小林好和訳、ミネルヴァ書房、一九九四年）

Carey, S. & Spelke, E. (1994) Domain-specific Knowledge and Conceptual change. In Hirschfeld L. and S. A., Gelman (éds.) *Mapping the Mind. Domain Specificity in Cognition and Culture*, pp. 169–200. Cambridge University Press.

Dalla Bernardina, S. (1996) *L'Utopie de la nature. Chasseurs, écologistes et touristes*. Imago.

Da Matta, R. (1976) *Um Mundo Dividido. A estrutura social dos índios Apinayé*. Editora Vozes.

Delort, R. (1984) *Les animaux ont une histoire*. Seuil.（邦訳：ロベール・ドロール『動物の歴史』（桃木暁子訳）、みすず書房、一九九八年）

Descola, P. (1983) Le jardin de Colibri. Procès de travail et catégorisations sexuelles chez les Achuar de l'Equateur. *L'Homme*, 23(1): 61–89.

Descola, P. (1985) De l'Indien naturalisé à l'Indien naturaliste: sociétés amazoniennes sous le regard de l'Occident. In Cadoret, A. (éd.) *Protection de la nature. Histoire et idéologie*, pp. 221–235. L'Harmattan.

Descola, P. (1986) *La Nature domestique. Symbolisme et praxis dans l'écologie des Achuar*. Maison des sciences de l'homme.

Descola, P. (1993) *Les Lances du crépuscule. Relations jivaros. Haute Amazonie*. Plon.

Descola, P. (1993a) Les affinités sélectives. Alliance, guerre et prédation dans l'ensemble jivaro. *L'Homme*, 126–128: 171–190.

Descola, P. (1994) Pourquoi les Indiens d'Amazonie n'ont-ils pas domestiqué le pécari? Généalogie des objets et anthropologie de l'objectivation. In Latour, B. and P., Lemonnier (éds.), *De la préhistoire aux missiles balistiques. L'intelligence sociale des techniques*, pp. 329–344. La Découverte.

Erikson, P. (1984) De l'apprivoisement à l'approvisionnement: chasse, alliance et familiarisation en Amazonie amérindienne. *Techniques et Cultures*, 9: 105–140.

Erikson, P. (1997) De l'acclimatation des concepts et des animaux. *Terrain*, 28, mars.

Ferry, L. (1992) *Le Nouvel Ordre écologique. L'arbre, l'animal et l'homme*. Grasset.（邦訳：リュック・フェリー『エコロジーの新秩序：

樹木、動物、人間』（加藤宏幸訳）、法政大学出版局、一九九四年）
Frazer, J. G. (1992) *The Golden Bough. A Study in Magic and Religion*（簡略版）. MacMillan.（邦訳：『初版金枝篇』上・下（吉川信訳）、筑摩書房、二〇〇三年）
Grenand, P. (1980) *Introduction à l'étude de l'univers wayãpi: ethno-écologie des Indiens du Haut-Oyapock (Guyane française)*. SELAF/CNRS.
Hamayon, Roberte (1990) *La Chasse à l'âme. Esquisse d'une théorie du chamanisme sibérien*. Société d'ethnologie.
Hell, B. (1994) *Le Sang noir. Chasse et mythes du Sauvage en Europe*. Flammarion.
Hugh-Jones, S. (1993) Clear Descent or Ambiguous Houses? A re-examination of Tukanoan social organisation. *L'Homme*, 126–128: 95–120.
Hugh-Johns, S. (1996) Bonnes raisons ou mauvaise conscience? De l'ambivalence de certains Amazoniens envers la consommation de viande. *Terrain*, 26: 123–148.
Jackson, J. (1983) *The Fish People. Linguistic Exogamy and Tukanoan Identitiy in the Northwest Amazon*. Cambridge University Press.
Jara, F. (1991) *El Camino del Kumu: ecología y ritual entre los Akuriyó de Surinam*. ISOR.
Regan, T. (1983) *The case for Animal Rights*. University of California Press.
Renard-Casevitz, F. -M. (1972) Les Matsiguenga. *Journal de la Société des Américanistes de Paris*, 61: 215–253.
Renard-Casevitz, F. -M. (1991) *Le Banquet masqué. Une mythologie de l'étranger chez les Indiens Matsiguenga*. Lierre & Coudrier.
Reichel-Dolmatoff, G. (1976) *Amazonian Cosmos. The Sexual and Religious Symbolism of the Tukano Indians*. The University of Chicago Press.
Rival, L. (1996) Blowpipes and Spears: the Social Significance of Huaorani Technological Choices. In Descola, P. and G., Pálsson (éds.), *Nature and Society: Anthropological Perspective*. Routledge.
Santos Granero, F. (1994) *El poder del amor. Poder, conocimiento y moralidad entre los Amuesha de la selva central del Perú*. Ediciones Abya-Yala.
Singer, P. (1989) *Animal Liberation*. Random House.（邦訳：ピーター・シンガー『動物の解放』（戸田清訳）、改訂版、人文書院、二〇一一年）
Taylor, A. -C. (1983) The Marriage Alliance and its Structural Variations in Jivaroan Societies. *Social Science Information* 22(3): 331–353.
Taylor, A. -C. (1993) Les bons ennemis et les mauvais parents. Le traitement de l'alliance dans les rituels de chasse aux têtes des Shuar (Jivaro) de l'Équateur. In Copet-Rougier, É. and F., Héritier-Augé (éds.), *Les Complexités de l'alliance: IV. Economie, politiques et fondements symboliques*, pp.: 73–105. Archives contemporaines.
Thomas, K. (1983) *Man and the Natural World. Changing Attitudes in England (1500–1800)*. Allen Lane.（邦訳：キース・トマス『人間

と自然界：近代イギリスにおける自然観の変遷』（中島俊郎、山内彰訳）、法政大学出版局、一九八九年）

Van der Hammen, M. C. (1992) *El Manejo del mundo. Naturaleza y sociedad entre los Yukuna de la Amazonia colombiana*. Tropenbos.

Viveiros de Castro, E. (1986) *Araweté. Os deuses canibais*. Jorge Zahar/ANPOCS.

Viveiros de Castro, E. (1992) *From the Enemy's Point of View. Humanity and Divinity in an Amazonian Society* (tr. C. V. Howard). The University of Chicago Press.

Viveiros de Castro, E. (1993) Alguns aspectos da afinidade no Dravidianato Amazônico. In Carneiro da Cunha, M. and E., Viveiros de Castro (éd.), *Amazônia: etnologia e historia indigena*, pp. 149–210. NHII-Universidade de São Paulo.

Viveiros de Castro, E. (1996) Os pronomes cosmológicos e o perspectivismo ameríndio. *Mana*, 2(2): 115–144.

Weiss, G. (1975) *Campa Cosmology. The World of a Forest Tribe in South America*. American Museum of Natural History.

Zelenin, D. (1952) *Le Culte des idoles en Sibérie*. (tr. fr. G. Wetter) Payot.

Zerries, O. (1954) *Wild- und Bushgeiter in Südamerika. Eine Untersuchung jägerzeitlicher Phänomene im Kulturbild südamerikanischer Indianer*. Studien zur Kulturkunde 11(2).

第1章　クジラと人——日本人の自然観を解体する

秋道智彌

1　野生動物と人間

一九六八年に出版された『マン・ザ・ハンター』（*Man the Hunter*）という書で指摘されているように（Lee and DeVore 1968）、人類史の九割以上の時間、狩猟・採集生活がいとなまれてきた。家畜化が達成されて以降も、世界中のすべての人間が家畜に食料を依存し、狩猟を放棄したわけではない。しかも、乱獲と環境変化により、多くの野生動物種は絶滅した。たとえば、一八世紀、ベーリング海に生息するステラーカイギュウ（*Hydrodamalis gigas*）は、ドイツ人でロシア帝国の探検家であるゲオルク・ステラーによる発見後、毛皮を求める商人たちに狙われ、その肉や脂肪は越冬した人びとに食料として利用され、乱獲の果てに発見後わずか二七年で絶滅した。その後も多くの野生動物への狩猟圧が肥大化し、いくつもの種は絶滅し、少なくない生物が存亡の危機に瀕している。

最近の例で言えば、中国・長江の固有種であるヨウスコウカワイルカ（白鱀・バイジー：*Lipotes vexillifer*）は、経済発展と河川の汚染、網による混獲などで激減し、二〇世紀終末に一〇頭も確認されず、二〇〇七年に絶滅と評価された。アフリカやアジアでは違法な狩猟により入手されたブッシュ・ミートが市場に出回り、象牙や角、毛皮が、贅沢な衣料素材や装飾品、薬品の材料として密かに取引の対象とされるトラフィッキング（trafficking）が蔓延している。

英国の人類学者であるT・インゴルド（1987, 1996）は、野生動物の狩猟が自然を文化に取り込むアプロプリエーション、つまり自然を文化的な装置とイデオロギーに都合よく変換する過程であると位置づけた。狩猟は人間が野生動物を殺して利用する、一元的で単純な性格のものではけっしてない。狩猟が自然物である野生動物を文化へと転換する行為であるとすれば、そのさいにどのような観念や思考が介在したのか議論されねばならないだろう。

現在、人間の人権と同様に野生動物の生存権がアニマル・ライツ（animal rights）として主張されている。しかし、野生動物の権利があたかも人間存在とまったく同格のものであるとする動物愛護団体やディープ・エコロジストが主張している現状は、疑ってかかる必要がある。本書の第Ⅰ部の論文でデスコラが主張するように（Descola 1999）、動物の権利主張論やディープ・エコロジー運動の基盤には現代的な人間中心主義の裏返しと言って良い思考があり、正当な議論をへたものではけっしてない。

2　デスコラの野生動物論とクジラ

これまでの狩猟に関する議論では、おもに陸上の野生動物が取り上げられてきた。デスコラの論文や著書でも南米アマゾンの先住民であるアチュアール族、ヒバロア族、ツカタ族、ファオラニ族など、吹き矢で狩猟をおこなう民族が考察の対象とされてきた（Descola 2013）。多様な動物種との間で多元的なかかわりをもつアマゾン諸族の野生動物観は新鮮で目をみはるものがあるが、アフリカや北米、オーストラリアの狩猟に関する事例は取り上げられていない。もちろん、デスコラ以外にも狩猟民を論じた研究は数多いが、そうした研究では食物の分布やバンドの離合集散、食物の分配原理、平等論などの生態人類学的な側面や人類進化上の意義に主な関心が寄せられ（田中編 2001; 市川・佐藤編 2001）、思想史的な側面はあまり論じられてこなかったきらいがある。

それはそれとして、ここで指摘したいのは、陸上とは異なる海中の鯨類、海牛目のジュゴン、アザラシ・オットセイなどの鰭脚類、あるいはウミガメなどの狩猟に関する考察がデスコラの議論からはスッポリと抜け落ちている点である。周知のように、鯨類は地球上の高緯度から低緯度に偏在し、多くの民族や国家が歴史的に捕鯨を通じてかかわってきた。現在、国際捕鯨委員会（ＩＷＣ）で商業捕鯨のモラトリアム（一時的全面禁止）が決議され、南氷洋における日本の調査捕鯨も商業捕鯨の隠れ蓑であるとの烙印をおされ、二〇一四年三月に国際司法裁判所における豪州の提訴による裁判で違法との判決を受ける事態に至った。このように国際法の枠組みで捕鯨が否定される一方、世界の伝統社会ではクジラとの多面的なかかわりあいが歴史的に醸成されてきたことを軽視する風潮のあることは遺憾である。先住民による捕鯨については、人類学、民族学、考古学の調査・研究が多くの蓄積を挙げ、その文化的意義を主張してきた（秋道 1994, 2008; 岸上 2012; 谷川編 1997）。わが国における沿岸捕鯨は先住民捕鯨ではないが、縄文時代以来の長い伝統をもつものであり、鯨油や鯨ひげだけを産業目的に利用する欧米諸国の商業捕鯨とはまったく異なった性格をもつ（フリーマン 1992 小島 2009）。地域の文化とも密接なかかわりあいをもち、先住民社会と同様、クジラを余すところなく利用する伝統を継承してきた。日本政府はクジラ資源の減少が叫ばれる今日、資源管理を徹底しておこなう政策を堅持している。

捕鯨が国際的な政治問題として扱われる中で、ともすれば捕鯨の是非論は人間不在のまま偏向する事態にある。多くの欧米諸国が反捕鯨の立場をとっている中で、クジラが環境保護のシンボルとされ、地球の危機を救うとの言説がまことしやかに語られているが、問題とすべきは、そうした主張が、温暖化防止にさいしての大国の主義・主張や経済優先の政策が地球の生態系を脅かしてきたことの隠れ蓑となっていることである。一方、日本は国として捕鯨推進の立場をとるが、クジラと人間とのかかわりについて包括的な意義を議論する論者が多いわけでもない（大隅 1980）。こうした問題意識から、本章ではクジラと人間との本源的・包括的なかかわりを明らかにすることで、野生生物と人間の関係を問い直してみたい。

以下では、第3節でクジラと人との多様な関係性を類別化する。第4、5、6節でこうした類別化のもつ意味を日本人のクジラ観、自然観に依拠して事例検討する。第7節ではデスコラの挙げた野生動物と人間とのかかわりを超越した視点にたち、カミ観念に言及しながら日本人のクジラ観と自然観の特質を明らかにしたい。

3　クジラと人の多様な関係性

デスコラは自然と人間とのかかわりを考察するさいに、自然界の生物と人間を身体性と内面性のふたつの観点から参照することで、両者の異同性に着目した存在論のパラダイムを提起した。クジラを例としてみれば、デスコラの提起するアニミズム、トーテミズム、自然主義、類推主義についてすべての場合が当てはまるかどうか。その妥当性を批判的に検証しよう。とくに注目したのは、身体性と内面性においてクジラと人間は程度差があるにせよ類似のものと考えられてきたのか、あるいは異質な存在とみなされているのかという点である。デスコラの問題提起にしたがえば、クジラに人間と同じ、あるいは類する「人格」を認めるのかという点が焦点となる。デスコラは人格にたいして、フランス語でペルソネ（personnes）という用語を用いている。以下、クジラと人間のさまざまなかかわりあいを世界の諸事例に即して、（1）から（12）に類別化して考えてみよう。

（1）被捕食

クジラが人間を襲う場合。厳密には人間が餌としてクジラに食べられる場合を指すが、人間が海洋でクジラに船ごと攻撃されることや呑みこまれる話が当てはまる。古代のキリスト教世界では、布教上の教訓譚として動物の寓話が用いられた。これは一般にベスティアリ（動物寓話譚）と呼ばれるものであり、クジラが人間を呑み込む寓話が語られている。たとえば、『旧約聖書』の「ヨブ記」四一章一節には、海に棲むもっとも大きな怪獣であるリバイアサン（Leviathan）のことが書かれている。リバイアサンはウロコと恐ろしい歯をもち、鼻から煙を出すこと、通過した後に強い脂が残るという記述からして、ウロコはないがクジラを指すものと思われる。中世期にも、クジラが人間を呑み込む寓話がある。神の命令に背いて布教をしなかったヨナ（Jonah）が船で航海中、嵐に遭遇し、ヨナはその責任を取らされて海に投げ込まれる。ヨナは大海で大きな魚に呑み込まれ、その腹の中で三昼夜過ごし、陸に連れていかれて吐き出される。ヨナの逸話はキリストの死と復活を暗示するものである。

古代のケルト社会でも、聖ブレンダン（Saint Brendan of Clonfert）の航海譚で聖人ブレンダンが大西洋を越えて幸せの国を求めて航海していたさいに、ある島に上陸する。じつはその島はヤスコニウスという怪物であり、

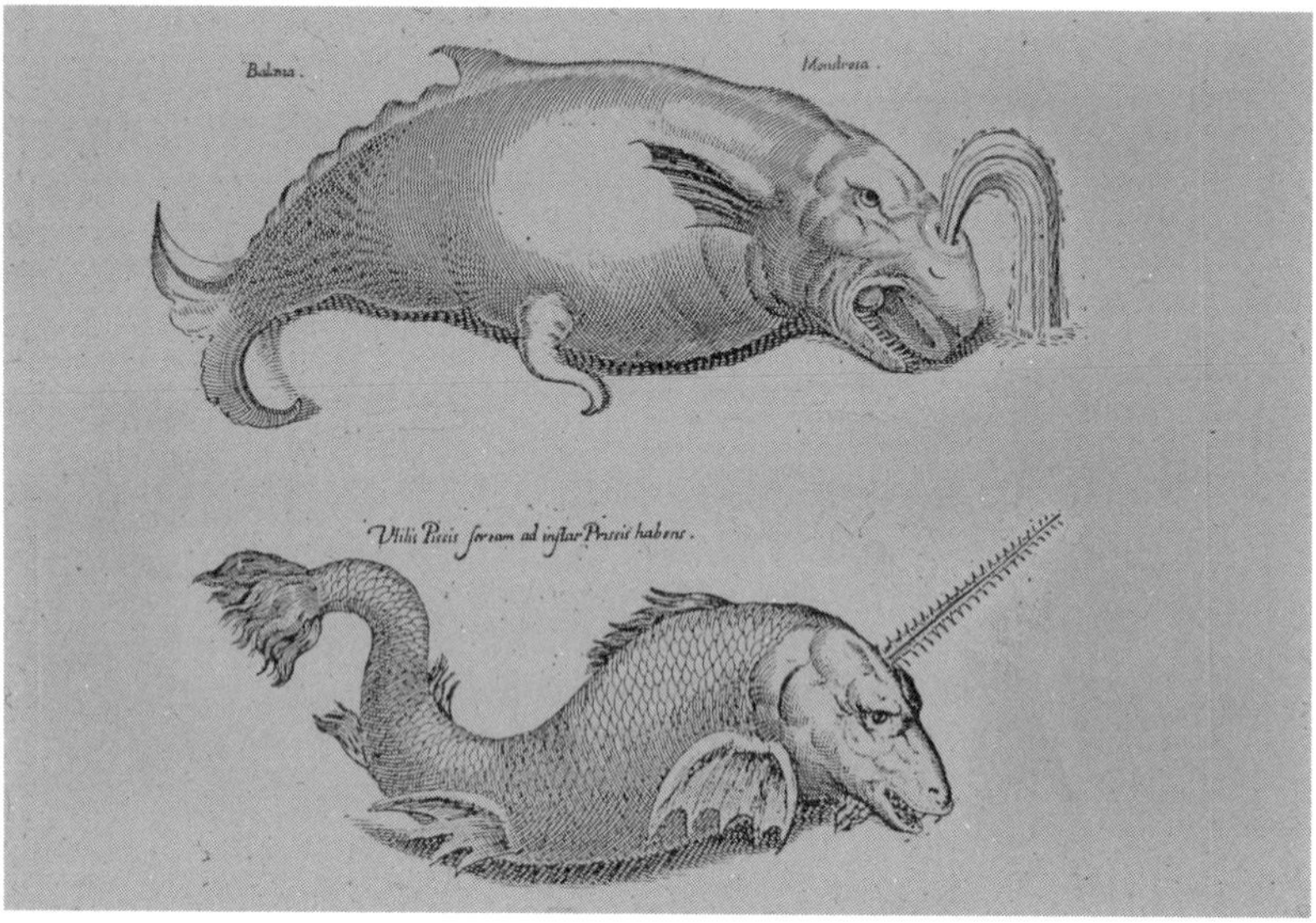

図 1-1　ヨンストンの怪物クジラ

鼻から泡を吹き、人間を食べようとした。ブレンダンは怪物の背中でミサをおこない、その怒りを鎮めた。

古代から中世にノルマン人がイベリア半島のバスク人に捕鯨を伝え、バスク人は北海や北大西洋で捕鯨に従事した。その後も航海者や捕鯨者が外洋において遭遇したクジラは一様に怪物と見なされていた。海の怪物は、当時作成された各種の地図に描かれている。海は何もない空間ではなく、さまざまな怪物が出現するとする世界観があった。一五九〇年のA・オルテリウス（Ortelius）による「アイスランドの地図」には、さまざまな怪物が描かれている。スイスのC・ゲスナー（Gesner）による『動物誌』（ヒストリア・アニマリウム：*Historiae animalium*）やJ・ヨンストン（Jonstonus）の『動物図譜（禽獣魚介蟲図譜）』（一六六〇年）にも、牙があり、噴気を出す怪物や、角をもつ珍しい動物（イッカク）が描かれており、これらの怪物がクジラであることに相違ない（秋道 1994）。クジラを表す学名のケタセアン

(cetacean) は「海の大きな動物」を意味するセトスに由来し、この語もギリシャ語のケトス、つまり「海の怪物」をもともと意味した(図1-1)。

クジラが人間を呑みこむ話は、西洋だけにかぎらない。ベトナムの主要な民族であるキン人の創世神話にも、海の怪魚であるクジラに呑みこまれた人間がクジラの体内から腸を切って脱出する話がある。時代は下るが、日本の江戸時代における本草学の書『本朝食鑑』巻之九には、中国のクジラ観を引用し、「長鯨呑レ航。脩鯢吐レ波」とある(島田 1980)。以上の例では、クジラは霊をもたない存在であり、外見上も人間とは異なる怪物とされている。

(2) 捕食

人間がクジラを捕獲して食用その他の目的に利用する場合。クジラの食用部位には、鯨肉、鯨脂、鯨皮、蕪骨、内臓などがある。日本の文政・天保期に九州平戸で捕鯨をおこなった益富組の五代目益富又左衛門正弘の著した図録『勇魚取絵詞』の付録『鯨肉調味方』には、最上の尾身肉から、食べる価値のない部位まで七〇数種類もの部位別の調理法が記載されている(吉井編 1980)。インドネシアのレンバタ島ラマレラ村でおこなわれる突き漁で獲得されたマッコウクジラの肉や脂は、村民の重要な食料になるとともに、島の先住民であるトゥアン・タナへの贈与品や市における農民との間の交易品となった(小島・江上 1995; 江上・小島 2011; Barnes 1996)。クジラは自給用、交易用、贈与用に利用される食料資源であり、鯨体の分配についても銛を打ちこんだ人やその親族、用いられた漁船の建造者などにおうじて詳細な規則が決められている。このことは鯨肉の分配ルールがラマレラ村の社会構造を反映していることを如実に示しているが、彼らがクジラそのものをどう見ているかは明示的ではない。ただし、捕鯨にさいしては、ふつうマッコウクジラを意味するコテクレマ（koteklema）という用語ではなく、イアラル（関節をもった魚）と称している。クジラを単なる資源とのみとらえるだけではないようだ。

また、クジラは食用以外に、工業用（鯨油、石鹸、ろうそく、骨粉、脳油）、衣服の素材（クジラひげを使った西洋女性用の下着の芯、日本の武士が身に着けた裃の肩衣の芯）、道具（クジラヒゲを用いた傘、からくり人形のゼンマイ仕掛け、鵜飼のウ縄）など多様な実用目的に利用されてきた（秋道 1994）。

（3）漂着クジラの利用

海岸にクジラが漂着することは世界中で知られている。漂着クジラはどのようにあつかわれたのだろうか。たとえば、ニュージーランドのマオリ族の場合、海岸に漂着するクジラはタンガロア（Tangaroa）、すなわち「海のカミ」が人間にもたらしたものとされ、それが見つかった場合、浜は立入り禁止となり、さまざまな禁忌が適用された。そうしたクジラは、海のカミが人間に贈った宝物、タオンガ（taonga）と呼ばれた。マオリは一九世紀当時、先住民として生存のためだけに漁業やカキの採集をおこなえると法律的に規定されていた。一九九二年になって、ワイタンギ漁業会議条約の発効により、先住民に対する漁業権の返還が部分的にせよ達成された。しかし、ニュージーランド政府はマオリのおこなう捕鯨や漂着クジラの利用は、「栄養学的な必要」によると見なしている。マオリが、クジラを神話やカミの世界と結びつけ、社会生活や文化的な伝統に裏打ちされた存在であると考えているのとは対照的で、両者の考えは決定的に矛盾している。

ハワイ諸島では、クジラはコホラないしパラオア、イルカはナイ・イと称され、食用とはされなかった。マッコウクジラもパラオアと称される（Titcomb 1972）。漂着したマッコウクジラを利用する権利は、その地域の首長にかぎられていた。首長はマッコウクジラの歯を舌状に加工したものと人間の髪の毛を束ねて作られた胸飾りをつけ、自らの威厳を示した。舌を出す行為はポリネシア社会で威厳を表すとされている。この胸飾りはレイ・ニホ・パラオア（lei niho palaoa）と称される。レイは「胸飾り」、ニホは「歯」を意味する（Cox 1967）。ハワイ以外にもポリネシアのマルケサス諸島や、ミクロネシア（ヤップ諸島）、メラネシア（ソロモン諸島、フィジー）などでイルカ・クジラの歯を威信財、交換財とする風習が広く分布している（秋道 1992）。日本の漂着クジラの利用例は次節で取り上げよう。

一方、漂着したクジラを排斥する事例もある。辺境ポリネシアにあるソロモン諸島のティコピア島では、クジラはタフォラ（tafora）と称され、海岸に漂着した場合、島民が槍や斧でそのクジラを打ちのめす儀礼的なしぐさをする。これは海の霊であるアトゥア（atua）が島に災いとなる病気などをもたらすとして忌避することを示す行為である（Firth 1930, 1931）。この儀礼的行為はファカヴェヴェ（fakaveve）と称される。隣接するアヌタ島も辺境ポリネシアの離島であるが、この島では漂着クジラを恩恵として享受することが知られており、同じ文化圏にあっても漂着クジラへの対応は島により異なる。

（4）娯楽と馴化

人間がクジラやイルカを娯楽や観賞の対象とする場合。これには、水族館や動物園におけるイルカショー、クジラショーなどが当てはまる。餌をあたえ、訓練することによりクジラやイルカが「芸」をすることで、観客はクジラ・イルカが人間の所作や笛のシグナルに反応し、行動することに感動と親しみを覚える。しかし訓練された結果とはいえ、クジラ・イルカが人間との間でコミュニケーション能力をもつことを認めるとして、そのことをもって人間との距離が近いと帰結してよいのだろうか。訓練による野生動物の馴化は、サーカスに登場する野生動物やイヌのような家畜、あるいは鷹狩におけるタカ、鵜飼におけるウ、河川漁撈におけるカワウソの例でも観察することができる。クジラ・イルカが特殊というわけではない。

一方、自然状態にあるクジラを観察するのがホエールウォッチング（観鯨）であり、世界にはさまざまな鯨種を対象としたウォッチングがある。たとえば、ザトウクジラのブリーチングはそれを観察している人間を意識しているわけではない。コククジラのように人間に接近してくる種も、カリフォルニア沖でホエールウォッチングの対象とされている。コククジラの親しみある行動は、人間とクジラが平和的な関係にあると思わせがちである。しかし、一九世紀中葉、カリフォルニアではコククジラを対象とした捕鯨がおこなわれ、捕鯨船に無防備で接近するコククジラを絶滅寸前までに追いこむという愚行があったことを忘れてはならない。一九世紀、隆盛をきわめた米国捕鯨はヤンキー・ホエーリング（Yankee Whaling）と呼ばれた。南北戦争とペンシルヴェニアにおける石油発見（一八五九年）以降、ヤンキー・ホエーリングに影が落ちる中、北太平洋でのホッキョククジラの捕鯨にサンフランシスコが新たな基地とされた。高緯度におけるホッキョククジラとともに、産仔期に高緯度からカリフォルニアに南下するコククジラが標的とされたいきさつがある。

（5）トーテミズム

人間の祖先がクジラであるとする観念や関連するタブー、またそうした動物を祖先とする神話や儀礼の体系を総じてトーテミズムと呼ぶ。オーストラリアの先住民社会では、クジラやイルカがトーテムと見なされることがある。豪州・クインズランド中部のケッペル島に住むウォッパブラ（Woppaburra）族はザトウクジラをムガムガ（Mugga mugga）と呼び、神聖なトーテムとしている。ゴールドコースト周辺のバイロン湾に居住するアラクワル族（Arakwal）は、カーペットニシキヘビを部族のトーテムとし、女性はハンドウイルカを、男性はウミワシをトーテムとしている。バイロン湾には一〇〇〇頭余りのハンドウイルカが生息しているが、彼らはイルカとのコミュニケーションを通じて祖先のことを語り、またイルカとともに漁をして、イルカと資源を分け合うと見なされる。ほかにも、クジラをトーテムとする部族があり、バイヤミ（Baiyami）族はクジラをギアン（Gyian）と呼ぶ。また、バルディ（Bardi）族はミン・ニム（Min nimb）、南オーストラリアのラミンジェリ（Ramindjeri）族もコンディリ（Kondili）とそれぞれクジラのトーテム名をもっている。

北米の北西海岸に居住する先住民は、クジラの仲間であるシャチに特別な価値を見出している。彼らは自然界の魚や動物を表象する特徴的な造形物やデザインをもつことでよく知られている。たとえば、トリンギット族（Tlingit）にとり、シャチは食料となるクジラを沿岸に追い込んでくれる存在であり、人間を守ってくれると考えられている。トリンギット族の捕鯨者の男性がかぶる帽子はシャチを表すもので、背びれの部分にはシャチの守護霊となる人間の女性が表現されている。このほか、ヌーチャヌール族（Nuu-chah-nulth: かつてのNootka）やハイダ族（Haida）の間でもシャチをトーテム的な存在と見なしている。

（6）両義的な存在

クジラが人間的な存在でもあるとされる場合。ミクロネシアのサタワル島では、クジラ、イルカ、サメ、エイ、ウツボなどは、「悪い魚」（イキンガウ：yikinngaw）と称され、食用とはされない（秋道 1981）。もともとクジラ・イルカやサメなどは、人間と魚の両方の属性をもつと考えられている。サタワル島の伝承に次のようなものがある。イルカの姉妹が島の浅瀬で水浴をしたさい、皮を脱ぐと人間と同じ姿であった。島の男がその皮を盗もうとしたところ、それに気付いた姉は海に逃げたが妹は逃げ遅れ、皮を失って悲しんでいた。そこへ男が近づいて女性を慰めて家に連れて帰り、その男はイルカの娘と結婚した。生まれた子どもが家の中で遊んでいる時、体が柱にぶつかった。そのはずみで屋根裏に隠してあったイルカの皮が床に落ちた。それを見たイルカの女性は自分が騙されたことを知って悲しみ、その皮を身につけて海に戻った。またサタワル島と同じカロリン諸島にあるチューク（トラック）諸島のファーナッカル島では、サメやイルカが人間（アラマス）として分類されている（Caughey 1995）。

他にも人間が死後、シャチに変身するという例が北米の北西海岸にあり、人間とシャチは本来的に両義的な意味をもつものと考えられている。クワァクワァカワク（Kwakwaka'wakw）族は海の狩猟者が死後、シャチに変身すると考えていた。クワァクワァカワクの社会では、シャチを表す造形物は大型の歯と長い背びれが強調して表現され、背びれの内部に女性の人間の霊が表現されている。シャチは内面で、人間的要素をもつとされていることが分かる。

（7）聖なる魚とカミ観念

イルカやクジラなど特定の水生動物に神聖な意味を与えている例や、クジラがカミ観念と関係すると考える例がある。

香港の水上生活者は聖魚（san yu）と称して、ノコギリエイ（鋸魚）、シロイルカ（白忌魚）、ウミガメ（水魚亀）、チョウザメ（沈龍）などを食用とはせずに信仰の対象としている（Anderson 1969）。しかしこのように、クジラ・イルカ以外の分類群の動物にも神聖性が与えられている例はあまりなく、以下に示すようにとくにクジラ・イルカに特化した場合が多い。

縄文時代の北海道には、鯨類に対するカミ観念が認められる例がある。たとえば、函館の桔梗二遺跡（四五〇〇年前）から六・三センチの小さな土製品が出土した。この土製品は噴気孔と長い背びれ、水平の尾びれをもっており、シャチとされている。伊達市北黄金（きたこがね）貝塚や八雲町コタン温泉貝塚、北斗市館野２遺跡などの縄文時代の遺跡からもシャチか海生哺乳類とおもわれる土製品が出土している。オホーツク文化期（七～八世紀）の知床半島にある羅臼町松法川（まつのりがわ）北岸遺跡から出土した熊頭注口（くまがしらちゅうこう）木製槽は、ヒグマの頭部を掘り込んだ容器だが、口縁部にシャチの背びれの文様が施されていた。三角形状の装飾は、後代のアイヌにおける「レプンカムイ・イトクパ」つまり「沖の神であるシャチの紋章」であるとされている。松法川北岸遺跡からはシャチの土製品も出土している。おなじオホーツク文化期の礼文島香深井（かぶかい）A遺跡からも、クジラの頭骨を放射状にならべて、上に礫や小石を積み、さらにその上にイヌの骨を大量にのせた遺物が出土している。こうした事例は、人びとがクジラに神性を認めていたことを推測させる。

アイヌの社会では、カムイと呼ばれる神の世界から動物に扮装（ハヨクペ）したカミの分身が人間世界へと現れ、人間に肉や毛皮などを与える。クジラはカミの国から人間社会にもたらされたものであり、人間がクジラの肉や脂を消費したのち、その骨をふたたびカムイの世界にもどす送りの儀礼がおこなわれた。その儀礼は「フンペ・サパアノミ」と称され（児島 2000）、人びとは利用したクジラの骨を海岸に安置し、酒や供物をそなえた。さらにいくつもの種類のイナウ（祭具）を立て、クジラの霊をカムイの元へと返す送り儀礼をおこなった（名取 1945）。人間はシャチのおかげでクジラを捕獲することができたわけで、シャチはレプン・カムイ、すなわち「沖の神」とされた（名取 1945）。北海道の噴火湾アイヌにとり、シャチは「カムイ・フンベ」、すなわち「神のクジラ」とも見なされていた。宇仁義和は、シャチが追い込むクジラについて、名取裕光が噴火湾アイヌの捕鯨について詳述した七種類の鯨種を参照して検討し、そのほとんどがミンククジラであるとしている（宇仁 2012）。

また日本では、クジラがカツオ、マグロ、イワシなどをともなって発見されることから、恵比寿（エビス）と呼んで崇拝する信仰が発達している（大隅 2003）。たとえば、北海道の日本海沿岸一帯ではかつてニシン漁がさかんであり、シャチ、ザトウクジラ、ミンククジラ、イワシクジラ、ネズミイルカ、マイルカなどがニシンの群れを沿岸に追い込んでくれることから、クジラをエビスと呼んだ。石川県鳳至郡の宇出津（うしつ）（現在の能登町）でも、江戸期から捕鯨がおこなわれていたが、明治以降は富山湾一帯でクジラの網漁がさかんとなった。宇出津では、シャチが捕鯨対象のクジラを追い込んでくれるのでシャチを「神主」と呼んでいた（勝山 2016）。

（8）恩恵をもたらすクジラ

（7）とも関連するが、クジラを縁起物、感謝すべき対象とする場合であっても、かならずしもカミ観念が明示されない場合がある。ベトナム中部ではクジラをカー・オン（cá ông）、すなわち「魚の主、魚の翁」と称し、漂着したクジラの骨を鯨廟に祀る習慣がある。これはクジラがイワシなどの魚群を追いかけ、人間がそのイワシを獲ることで恩恵を受けることに由来している。北ベトナムのナム・ハ県ハイ・チュオン村の地下一・二メートルから、体長一八メートル、体重一〇トンと推定されるザトウクジラの完全骨格が発見されている。その場所が海岸から四キロの内陸部にあることから、クジラが人手を通じて埋葬されたものとおもわれる。ベトナムでは、クジラを手厚く葬る観念のあったことが分かる。

このように、クジラは魚群をともなっているので、大漁の前兆となることがある。漁業ではクジラ付群と呼ばれる。クジラ以外にもジンベエザメ、流木などが豊漁の目安とされることがあるが、ノルウェーでは、サイ（sei）と称されるシロイトダラの魚群がイワシクジラとともにプランクトンの餌を求めて集まってくることからイワシクジラはサイ・ホエール（sei whale）と呼ばれる（加藤 2000）。

米国西海岸のワシントン州にあるオリンピック半島に住むマカー（Makah）族の人びとの間には、クジラを追いかけて殺す生態をもつシャチを名捕鯨者に比定する考えがあった。マカーの人びとの祖先が残したと思われるオゼット遺跡（紀元前六〇〇年から一五一〇年までの複合遺跡）からは、ザトウクジラとコククジラを中心として三四〇〇数点もの鯨骨が出土している。鯨骨以外の遺物の中に、奇妙な形の木製遺物が発見されている。これはアカシダの木片を張り合わせて作られた背びれの形をした木製品で、表面にはラッコの歯が七〇〇本以上も埋め込まれていた。J・クックが太平洋探検のさい、バンクーバー島にあるヌーチャヌール族の村を訪問した一七七八年、同行した絵師のJ・ウエーバーが描いた先住民の家屋内部の水彩画に、オゼット遺跡出土の木製品と同一とおもわれるものが描かれている。これはクジラを仕留めた人に与えられるシャチの背びれを模したトロフィーであり、オゼット遺跡のころにもこれに類似した観念があったと推定できる（図1-2a、1-2b）。

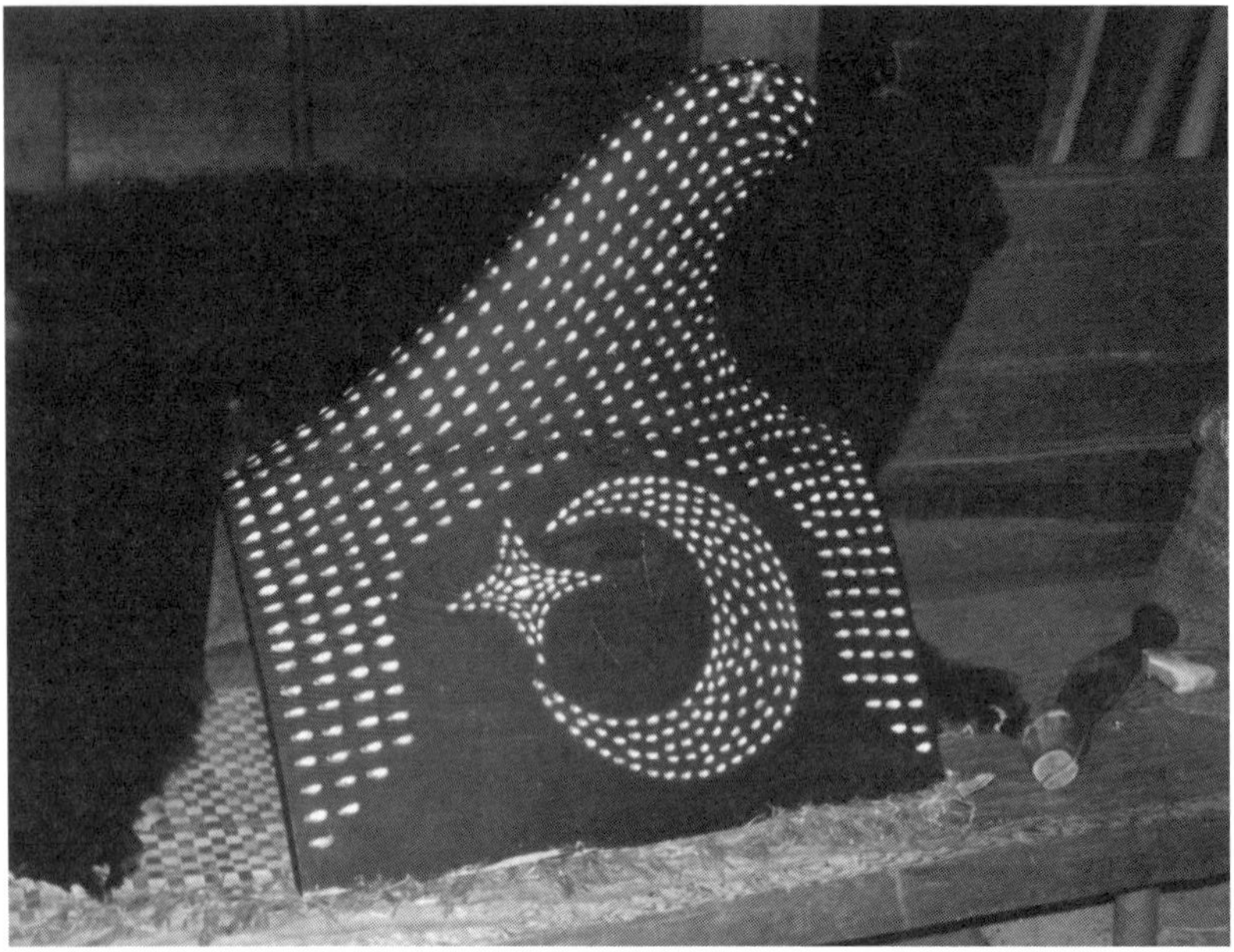

図 1-2a　シャチのトロフィー（複製：Victoria Museum, Vancouver）

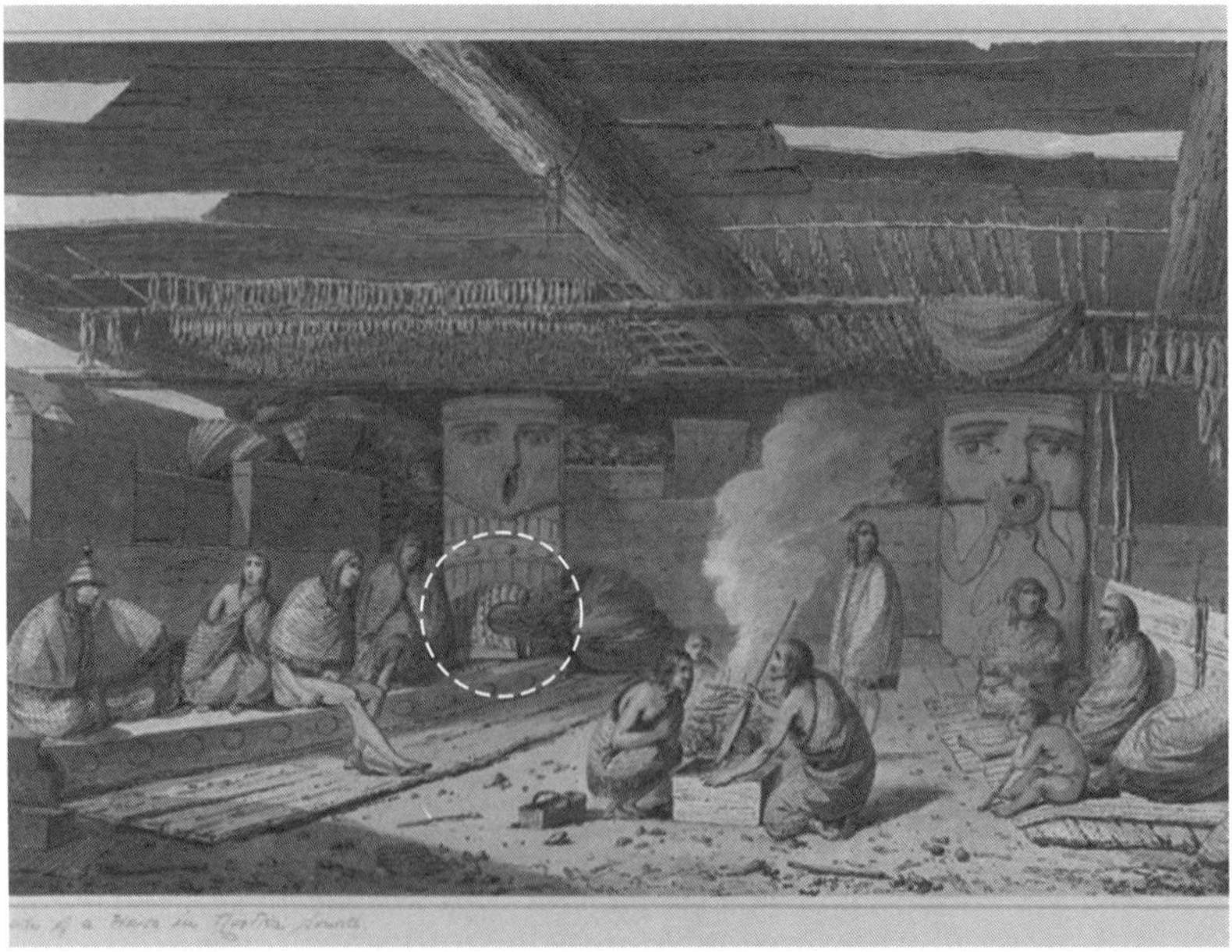

図 1-2b　ヌーチャヌール族の家屋内部の水彩画（1778 年）。James Cook 探検隊に同行した John Webber による。真ん中奥にシャチのトロフィーが描かれている。

(9) 恐怖の対象

クジラやイルカを恐れて忌避の対象とする場合。海の幸と見なす観念とはぎゃくにクジラを恐ろしい存在と見なす考え方もあった。たとえば、江戸末期の加賀国石川郡金石（かないわ）近海では、クジラを「沖の殿様」と呼んでいた。とくに沿岸の人びとはクジラの群れに対して恐怖心を抱いており、中には合掌してその害を免れたいと祈る人もいたようだ。

南米ペルーのナスカの人びとは、クジラをも殺すシャチに特別の観念をもち、地上絵にシャチやクジラを表現した。ナスカの人びとは土器にも人間の首をぶら下げたシャチの図柄を描いている。つまり、戦闘のさいに敵の首を取る行為とシャチの残虐性を重ね合わせ、どう猛性をもつ恐ろしい存在と見なしていたと考えられる。

(10) イルカと人間の協同

イルカと人間が漁業を協同でいとなむ例がわずかではあるが知られている。天草上島にある通詞島周辺では、地元の漁業とミナミハンドウイルカが共存している。イルカの餌となる小魚を地元の漁業で獲ることはない。約二〇〇頭のイルカは定住型であるため、年中この地域に生息しており、イルカウオッチングを通じた観光振興に一役かっている。

アフリカ西海岸のモーリタニアでは、イムラグエン（Imraguen）と呼ばれる漁民はボラやニベを追って遊動生活をおこなう。イムラグエンの人びとはボラ漁を一〇～一月におこなう。このボラ漁は七〇〇年以上の歴史をもち、アフリカウスイロイルカがボラの追い込みに参加することで人間とイルカが協同して漁をおこなうことになる。

ブラジル南部のラグナ（Laguna）では、沿岸域のハンドウイルカのうち約二〇頭は地元のボラ投網漁に従事する漁民と協同して漁をおこなうことが、少なくとも一二〇年前から知られている。もっとも、すべてのイルカが人間と協同するのではない（Daura-Jorge *et al.* 2012）。

⑾ 祟り

人間がクジラの祟りを受ける場合。日本では全国にイルカやクジラが参詣すると考える伝承が各地に残っている。たとえば、青森県青森市栄町では、イルカが堤川を遡上して町内の諏訪神社に参詣するという。佐賀県唐津市呼子町には、町にある大宝山参りにきたクジラが夢枕で命乞いをしたが、そのクジラを捕獲した祟りで鯨組の漁師が全滅した話がある。長崎県佐世保の宇久島では、捕鯨で莫大な富を築いた鯨組の頭領の夢枕に、五島の大宝寺参りに行く親子鯨が命乞いをしたが、それを無視して出漁してその親子鯨を捕ろうとしたところ、嵐に巻き込まれた七二人が命を落とした。これが契機となって宇久の鯨組は捕鯨を中止したという。岩手県大船渡市の赤崎では、湾内にイルカの群れが来遊し、湾内にある小島の周りを三回まわって外海に出ていくとされている。イルカの来遊は死んだ仲間の霊を弔うためのものと考えられている。新潟県佐渡島に伝わる盆踊りの歌詞には、イルカを殺したので当事者の伝次が死んだとする下りの節がある。三重県四日市市の富田では、地元の鳥出《とりで》神社にお伊勢参りをするためにやってきた親子鯨を殺した祟りが不漁の原因になったという話が伝わる。なお、鳥出神社でおこなわれる鯨船行事は、二〇一六年に「山・鉾・屋台行事」の一つとしてユネスコ無形文化遺産に登録された。

イルカやクジラ、サメなどが人間と同じように海沿いの霊地に参詣するという内容の「海豚参詣」伝承に関して、柳田国男は海のかなたから来訪する異界の存在に対する信仰が基礎にあると考えた（柳田 1978）。

(12) 癒しとドルフィン・スイム

イルカを重度の障害者に接触させることによる治療行為を、ひろくドルフィン・セラピー（dolphin therapy）と呼ぶ。どのような生理的・行動学的なメカニズムが関与しているのかについての定説はないが、セラピー効果があるとすれば、人間とイルカのコミュニケーションが部分的にせよ成立していることを意味する。効果がないとする意見もあり、臨床例を積み重ねても仮説を検証したことにはならない。私はこの問題に対して特段の意見をもっているわけではないが、陸上でも馬を介在させるホース・セラピーがあり、動物介在療法（AAT：Animal-Assisted Therapy）の可能性を強調しておきたい。デスコラが指摘するように、人間中心主義的な観点ではなく、動物に人格や人間とのコミュニケーション能力を認めうる可能性は否定できないと私は考えている。

ドルフィン・スイムは海中でイルカと人間が一緒に泳ぐことでたがいに交流する試みを指す。日本では、東京都御蔵島で約一二〇頭の定住性ミナミハンドウイルカとともに遊泳する試みがある。イルカが人間に興味をもって一緒に泳ぐ例は決してまれなことではない。「イルカに乗った少年」の映画は有名だが、古代ギリシャの説話でも海に投げ出されたアリオンをイルカが無事に岸に届ける話があり、古代からイルカと人間とは特別な関係にあるとする信仰や観念がはぐくまれてきたといえるだろう。

以上の事例でみたように、クジラと人間との関係はさまざまであるが、それが時代とともに変化してきたものなのか、一貫して持続してきたものなのか、考え方の違う立場がある。とくに、クジラを殺めることがどのように受容され、あるいはどのような観念と実践を生み出してきたのか（シンジルト・奥野 2016）。この問題を日本の例を踏まえて洗いだしてみよう。

4　長州捕鯨と鯨墓

山口県長門市は、近世期に長州捕鯨の町としてさかえた。なかでも通浦（かよいうら）はその中心地であった（徳見 1971; 多田 1978）。長州捕鯨は山口県沖の日本海一帯で近世以降に発達したもので、一六七三（延宝元）年ころに鯨組を核として手漕ぎ船による網取り捕鯨が創業された。捕鯨により莫大な富が当地にもたらされたが、数多くのクジラを犠牲にしたことに変わりはなかった。

捕鯨による恩恵の半面、クジラを殺めたことへの慚愧と憐憫の入り混じった感情に地元の漁民はどう対処したのか。事の端緒は定かでないが、通浦の浄土宗向岸寺のすぐ近くにある隠居所には、一六九二（元禄五）年建立の鯨墓がある。時代からすれば、「生類憐みの令」を発した第五代将軍徳川綱吉の代のものである。この触れは一三五回にわたりたびたび発せられており、イヌだけでなく生きた状態の魚貝類や鳥類を殺すことや販売すること、ウナギ・ドジョウの売買を禁止するなど多岐にわたっていたが、クジラについての言及はない（秋道 1995）。

この墓には母鯨の胎内にいた七〇数体の胎児が埋葬されているという（図1-3）。クジラは少産であることからすれば、尋常な数ではない。碑には「南無阿弥陀佛」と刻印されている。向岸寺はもともと一四〇一（応

図1–3　青海島・通浦の鯨墓　1692（元禄5）年（約70の仔鯨の胎児が埋葬されている）

永八）年に西福禅寺という禅宗寺院として開創され、一五三八（天文七）年、浄土宗忠誉英林上人により再興され、海雲山般若院向岸寺となった。伝承によると、向岸寺五世の讃譽春随上人がクジラの成仏を祈念して、一六七九（延宝七）年に鯨回向法要をはじめたとされている。この法要は現在でも毎年四月下旬におこなわれている。

鯨碑の「南無阿弥陀佛」の下には「業尽有情（ごうつきしうじょう）雖放不生（はなつといえどもしょうせず）故宿人天（ゆえににんてんやどし）同証仏果（ぶっかをしょうせしめん）」と刻まれている。その内容は「前世の因縁で人間に捕まった生き物は、自然に放置しても長くは生きられない。だから、成仏できる人間に食べられてその体の一部となって成仏できる」という意味である。鯨墓に即していえば、胎児まで殺すことはなかったが、運悪く母鯨を殺すことになった。このまま自然界で生きていっても長くは生きられない。人間に食べられて体の一部となり、人間とともに功徳を積んで成仏するのがよかろう、というほどの意味になるかもしれない。とすれば、墓の中味はおそらく頭骨だけか一部の骨ということになる。

鯨碑にある四句の偈（げ）は、信州の諏訪神社に伝わる「諏訪の勘文」に由来する。仏教の伝来以来、肉食は殺生に反する罪悪としてこれを禁じる触れが何度も発せられてきた。武士階級の隆盛する中世以降、諏訪神社では狩猟を尊び、狩猟神を信仰する諏訪信仰が興った。狩猟によりシカやイノシシを殺すことは獣類を救済して成仏させるためのものであるとする狩猟神の託宣として、諏訪の勘文が全国的に展開した（千葉 1975、三浦 2002）。成仏できるから、人間に食べられるのが良いとする考えは人間を中心においた傲慢な考えであるとか、狩猟肯定論ではないかとも言える。捕鯨についても人間に食用とされ、成仏するのだとする思想が日本の捕鯨地に受け入れられた経緯については、今後ともに史料を踏まえた研究が必要だろう。

商業捕鯨の時代、クジラを殺戮する方法についての記述が『本朝食鑑』の「鯨」の項にある（島田 1994）。つまり、親子クジラを発見した場合、まず仔鯨を先に射とめると、母鯨はわが子が傷つき、命を落としたことを察知し、けっしてその場を離れようとしない。そこで捕鯨者たちは母鯨に銛を打ちこみ、親子とも殺戮した。こうした方法が近世の捕鯨において用いられ、書物にまで記されていたことから、捕鯨の残虐性を示す例として挙げられることがある。捕獲前にクジラが妊娠していることを事前に知ることはできなかったが、胎児が供養の対象となったことは明らかだろう。

鯨回向法要を執りおこなう向岸寺には『鯨鯢過去帖』が残されている。この過去帖は一八〇四（文化元）年～一八三七（天保八）年に捕獲された胎児とともに母鯨の戒名も添えてある。戒名数は全部で二四二体分あり、戒名、鯨種、捕獲された年月日、場所、大きさ（体長ないし体重）、鯨組の名前などの関連情報が記述されている。その一部には以下のように記されている（秋道 2009）。

泰誉秀海　ザトウ　文化二年十二月　五ヒロ　黒川長兵衛
西屋浄念　セミ　文政十年亥正月　九メ目　早川権右エ門
円覚大然　ザトウ　天保五年十二月　十一ヒロ　沖浦　黒川長兵衛

西屋浄念のクジラは九メ目（＝三四キロ足らず）で、仔鯨であろう。ザトウクジラは五ヒロと一一ヒロ、つまり七・五メートル、一六・五メートルであり、前者は若いクジラ、後者は成獣であろう。また、『鯨鯢過去帖』でいう「鯨」はオス、「鯢」はメスを指す。

現代においてもクジラを弔う過去帖が向岸寺にあり、大型定置網に掛かったミンククジラを弔うための鯨の「過去帖」が現住職により継続されており、調査当時二例が記載されていた。

値遇妙心　ミンククジラ　平成一八年五月二五日　メス　四・六メートル
離誉観心　ミンククジラ　平成一八年一一月二一日　オス　六メートル

ミンククジラのオスは成獣であるが、メスは若いクジラとおもわれる。なお、戒名の「妙」はメスのクジラに、「誉」は成獣に当てはめられる。

捕獲され、利用されたクジラに戒名をつける例は少ないがほかにもある。新潟県佐渡市両津の大字片野津には一八六〇（万延元）年に漂着したナガスクジラを供養する卒塔婆がある。このクジラには「海王妙應信女　鯨戒名　村中」と過去帖に記されている。この卒塔婆は鯨骨製のものである。新潟県佐渡市の椎泊《しいどまり》にある願誓寺には、一八八八（明治二一）年旧暦二月一三日に体長一四・四メートルの流れ鯨を争論の末、椎泊が取得する権利を得て鯨魚塔を建立するとともに、そのクジラに「釋震聲能度鯨魚」という戒名を付けた位牌がある。

5　金子みすゞと生命観

通浦からほど近い長門市仙崎に金子みすゞ記念館（二〇〇三年開館）がある。当地で生まれ育った金子みすゞは、五〇〇編以上の心に響く詩を残した詩人である。二六歳に若くしてこの世を去った金子みすゞは、地元の仙崎で慣れ親しんだクジラへの思いを、強烈でしかも優しさにあふれたメッセージとして残した。

鯨法会

鯨法会は春のくれ、
海に飛魚採れるころ。
浜のお寺で鳴る鐘が、
ゆれて水面をわたるとき、
村の漁師が羽織着て、
浜のお寺へいそぐとき、
沖で鯨の子がひとり、
その鳴る鐘をききながら、
死んだ父さま、母さまを、
こいし、こいしと泣いてます。

この詩の表題にある鯨法会は、向岸寺で四月下旬におこなわれる鯨回向法要を指すものだろう。鯨法会に参加する通浦の漁民が羽織姿で寺に集まるさなか、寺の梵鐘の音が響く。それを海で聞いた仔クジラが両親を失った悲痛と慟哭の念に打ちひしがれる。そのような情景を詩にした金子みすゞには、クジラへの憐憫と生き物へのあふれる愛情があったに相違ない。この思いは、殺生を戒め、生き物の尊厳への思いを提唱する仏教思想とは、似てはいるが違った情念に裏付けられたものだろう。人間により利用される弱者としての生き物へのまなざしと「優しさ」で満ち満ちている。

金子みすゞは、人間による捕鯨行為のもつ残虐性だけを批判することも、人間がクジラから受ける恩恵のみを強調することもなかった。動物愛護主義や人間中心的な経済合理主義とも距離をおいて、日常生活の中にある捕鯨の問題を見つめていた。ここには、自然と文化（この場合は捕鯨）の対立図式を超えて自然と人間がたがいにその思いを共有し、交流する地平が浮かび上がってくる。

以上の事例からは、第3節で試みたようなクジラと人間とのかかわりを超克した形で、胎児を殺した慙愧の念を鯨墓として建立してクジラの成仏を願う思想を知ることができる。それでもクジラが弱者として人間の前で苦しみ、悲しむさまを詩の世界で取り上げた、近世から近代における海の狩猟が内包していた日本人のクジラ観が、長州捕鯨の基地仙崎に凝縮していたことが読み取れるのである。

6 鯨墓からモニュメントへ

以下では仙崎以外の、クジラを殺めたことへの弔いや懺悔、クジラによる恩恵を人びとがどのような形で伝承してきたのかについて検討しよう。日本の鯨墓については、吉原友吉の網羅的な研究や宮脇和人・細川隆雄の研究がある（吉原 1985、宮脇・細川 2014）。

漂着クジラに関して言えば、飢饉や食料不足のさい、そのおかげで村人が生命を長らえた例や、漂着クジラの肉を売却して得られた資金を元に神社を建立し、あるいは学校の建設資金として利用した類の話が全国に伝わっている。たとえば、伊豆諸島の三宅島で飢饉があった一八三二（天保三）年、大きなクジラが浜に漂着した。島の役人が検分し、島の五村で鯨肉を分配した。クジラのおかげで島民が一時的にせよ救済された。その後、島は大豊作になった。これを受けて島の南西部にある阿古地区の錆ヶ浜に鯨神社が建立され、そこにクジラの骨が祀られた。現在もこの鯨神社の鯨骨を見ることができる。

新潟県下の中頸城郡柏崎町三ツ屋浜に、一九一二（明治四五）年三月一三日、体長三〇メートルのシロナガスクジラが打ち上げられた。折しも新設されたばかりの柏崎町立上下浜《じょうげはま》小学校が一九〇九（明治四二）年の暮れに来襲した暴風雨で損壊していた。この小学校は上下浜、三ツ屋浜、板田地区の住民が共同で建設したこともあり、三ツ屋浜地区の住民は協議の末、鯨肉をそれらの地区に配慮して分配し、さらに鯨肉を方々で販売し、その売上金で学校の再建費用を捻出した（松崎 1999）。

現代でも、漂着クジラや定置網に入ったクジラの恩恵を受けたとする事例がある。たとえば、宮城県牡鹿町では一九九六年九月八日に定置網に入って捕獲されたマッコウクジラの肉は牡鹿町民に販売され、その代金は網の修理代にまわされた。いずれも地元に還元する形で漂着したクジラの利用がなされた。

捕鯨により村が救済された例が和歌山県東牟婁郡太地にある。江戸中期の一七五六（宝暦六）年、捕鯨の村であった太地浦は不漁のため困窮していた。その折、臨済宗の瑞光寺（大阪市東淀川区上新庄）の四世住職であった潭住（たんじゅう）がこの地方を行脚していた。潭住は太地浦の漁師から豊漁祈願を嘆願されたが、殺生をおかすことへのためらいからその申し出を断った。しかし、村人の困窮を見かねて祈禱した結果、クジラが多く獲れた。村人はそのお礼として、三〇両と鯨骨一八本を寺に寄贈した。潭住はクジラを供養し、境内の弘済池（こうさいち）に鯨骨を使った橋をかけた。この橋は雪鯨橋（せつげいきょう）と命名された。その後も五〇年ごとに鯨骨を寄進する慣行が現代まで継承されている（秋道 1994）。先代の住職と話をした一九八五年、「私の存命中は橋の建て替えはないでしょう」と述懐されていたが、はからずもそれから三〇年後の二〇一五年、ご子息の現住職とお会いして話を聞くことができた。

最初の雪鯨橋は宝暦六年のことで、現存するものは六回目にあたる二〇〇六（平成一八）年に付け替えられたものだ。住職によると、江戸期は太地産の鯨骨であったが、現在のものは北西太平洋産のミンククジラのあご骨と、南氷洋産のイワシクジラの扇骨を使ったという（図1-4）。

人命を救助したクジラに感謝する例もある。宮城県気仙沼の唐桑半島御崎（おさき）には、船が沖合で遭難したさい、白い二頭のクジラが現れて両方から漁船を抱えるようにして御崎神社沖まで無事に運んだとする伝承がある。このことから、御崎神社すぐ近くには鯨塚がある。また、御崎神社の氏子はクジラを食べない。気仙沼は周辺に鮎川、石巻などの捕鯨基地があり、むしろこの地域で鯨肉はふつうに消費されてきたが、人命を救助してくれたから食べないとする伝承である。

二〇一一年の津波で大きな被害をこうむった鮎川（宮城県石巻市）には、小型沿岸捕鯨基地がある。鮎川の観

図 1-4　大阪市東淀川区上新庄にある瑞光寺にかかる雪鯨橋。

音寺にはクジラの位牌が仏壇右側に安置されている。それには「鯨霊魚霊畜霊各諸精霊」と記されており、鯨の霊、魚の霊、家畜の霊、諸精霊の順になっている。ちなみに大阪の瑞光寺に安置されている位牌には「鯨亡魚鱗各々霊位」とある。

通浦の向岸寺には、『鯨鯢過去帖』とともにクジラの位牌が安置されている。これは一六九二（元禄五）年に鯨墓とともに作られたとされる。この位牌はかつて鯨墓横の清月庵にあったが、現在は向岸寺に移された。位牌には鯨墓と同じく「南無阿弥陀佛」と印されている。

このほか、鯨骨製の鳥居をもつ神社が国内にはいくつかある。最古のものは和歌山県太地にある恵比須の宮の鳥居である。井原西鶴が『日本永代蔵』の中で、「其魚の胴骨立しに　高さ三丈ばかりも　有ぬべし」と記述しており、現在のものより大きなものであった。太地は網掛け突き取り捕鯨発祥の地であり、捕鯨のカミである恵比須社に奉納されたことは当然かもしれない。

九州では長崎県新上五島町有川郷にある海童（かいどう）神社に一九七三（昭和四八）年、鯨骨の鳥居が日東捕鯨株式会社により奉納されている。有川は江戸初期より有川捕鯨の基地としてさかえた。魚目は漁、有川は地方（じかた）、つまり農業に従事するような取り決めがあり、のちに前者が富江藩、後者が福江藩に分かれる事態が生じた。このさい、有川の江口甚右衛門正利が江戸表に出向き、有川捕鯨の認可を幕府に直訴し、その権利を獲得した。途中、鎌倉の弁財天に勝訴を祈願し、その願いがかなったことから鎌倉の弁財天の本尊（八臂弁財天像）を分霊してもらい、有川の鯨見山に弁財天宮として祀った。鯨見山には鯨鯢供養碑がある。正利は一六九一（元禄四）年、有川鯨組を創業した。現在も有川では一月一四日に「弁財天祭り」がおこなわれ、鯨唄が披露される。なお、戦前は台湾や樺太、色丹島にも鯨鳥居があったようだ。

神社の鳥居ではないが、シベリアのチュコート半島にはホッキョククジラの頭骨を直立した形で二～四体分ずつ五五〇メートルにわたって並べた遺跡が一九七六年に発見された。さらに、一九八一年にチュコート半島中央部でホッキョククジラの頭骨三〇体分、コククジラの頭骨一五〇〇体分をならべたマシク遺跡が発見された。クジラのあご骨は柱状に林立し、まさに日本の鳥居を集合したような壮大な遺跡が形成されていた。捕鯨をおこなってきたチュクチ族の先祖たちが残したものとされている（秋道 1994）。

ベトナムの南シナ海沿岸域では、魚群を沿岸に追いこんでくれるクジラの骨を祀る廟がある。この廟はヴァンチャイ（van chai）と呼ばれ、地域の漁業を管理する漁民組織の中核的な存在でもある（Ruddle1998; Nguyen and Ruddle 2006）。

鯨碑やモニュメントとしてではなく、クジラの名前が地名として残されている例がある。岩手県大槌町吉里吉里（きりきり）にある鯨山（六一〇・二メートル）の名前の由来にはいくつかの説がある。①かつて、この地域で疫病がはやった折、漂着したクジラの肉を食べてその病が治ったので、人びとがクジラの肉を求めて殺到した。②昔、大津波のさい、親子の鯨が漂着し、雄の親が鯨山、雌の子が小鯨山となった。③凶作の時、浜でクジラが多く獲れ、人びとが鯨肉を求めてこの山を目印に集まったとする伝承がある。①と③では、クジラを食して村びとが救済された筋書きになっている。

7　クジラ論から考えるデスコラの存在論

クジラと人間との多様な関係性を整理し、さらに日本におけるクジラの扱い方をめぐる事例を紹介してきた。第1節でふれたとおり、デスコラは人間と自然界の生き物を、身体性と内面性の異同性に注目した（Descola 2013）。しかし、問題となるのはクジラを含めた自然（この場合は野生動物）と人間との関係で、両者が類似しているか、異なるかの判断基準とその背景となる「隠された」論理である。デスコラはあくまで、人間を基準とした二元論、つまり現地の住民ないし分析者による価値判断により、類似か非類似かに二分する見方に立脚している。

たとえば、クジラやイルカが霊場に参詣するという伝承の場合、クジラ・イルカは人間と外見上異なる存在であるが、参詣の行為は内面的に人間によるものと同じと見なしてよい。海豚参詣はデスコラの存在論のパラダイムでは、アニミズム的な範疇に属することになる。しかも、クジラ・イルカの命乞いを無視して殺めることがあると、人間はその祟りを受けると伝承されている。つまり、人間はクジラ・イルカからの報復を受けることを意味する。こうした観念をアニミズムとして整理することができるだろうか。

また、イルカ・クジラとして現れる来訪神が身体的に人間と類似した存在であると見なしてよいかどうか。

来訪神が人間世界に可視化された存在、つまりクジラ・イルカとして表出されたとしても、来訪神自体が人間と身体的・内面的に類似ないし非類似である点は明示されていない。かりに明示されているとして、それは身体性で類似するか類似していないかにより、前者がトーテミズム、後者がアニミズムであると言うことはできようが、それでもカミ観念のあり方は依然として明確ではない。つまり、デスコラのパラダイムでは来訪神を位置づけることができない。

ソロモン諸島のティコピア島において、漂着クジラを威嚇して槍を突き刺す行為は、海の霊的な存在であるアトゥアからの悪影響を逃れたいとする人間の儀礼的ないとなみであり、アトゥアに対する挑戦である。ティコピア島でクジラは来訪神とは考えられていないが、アトゥア自体は身体的に人間と類似したものと考えられているのか。アトゥアが遣わしたクジラが身体的にアトゥアと類似し、同時に人間とも類似するものであるかどうかは明示されていない（Firth 1930, 1931, 1967）。

アイヌの世界では、カムイの国から扮装したクジラが人間世界に現れる。この場合、クジラは人間とは身体的にも内面的にも異質な存在と見なされている。この点で言えば、人間とクジラの関係性はデスコラにしたがえば類推主義の範疇に属することになる。しかし、アイヌにとってのシャチは「カミのクジラ」であり、カミの意図を明確にもって人間世界とかかわりをもつ存在と考えれば、シャチはカミと同じ性格をもつ。また、シャチが追いこんでくれるクジラはカムイの扮装した姿であるとすれば、カムイが人間と同じように内面性をもつのかそうでないのかによって、クジラやシャチの位置づけは異なってくる。ここでも、デスコラのパラダイムでは扮装した存在やカミの使者、来訪神の具現化としてのクジラ・イルカの位置づけが「ゆらぐ」ことになる。

ところが、北米の北西海岸ではシャチ自体が人間的な要素をもつ存在と見なされている。ここでもっとも重要な論点は、北西海岸におけるシャチが人間的な要素をもつことを身体性と見なすのか、内面性として理解す

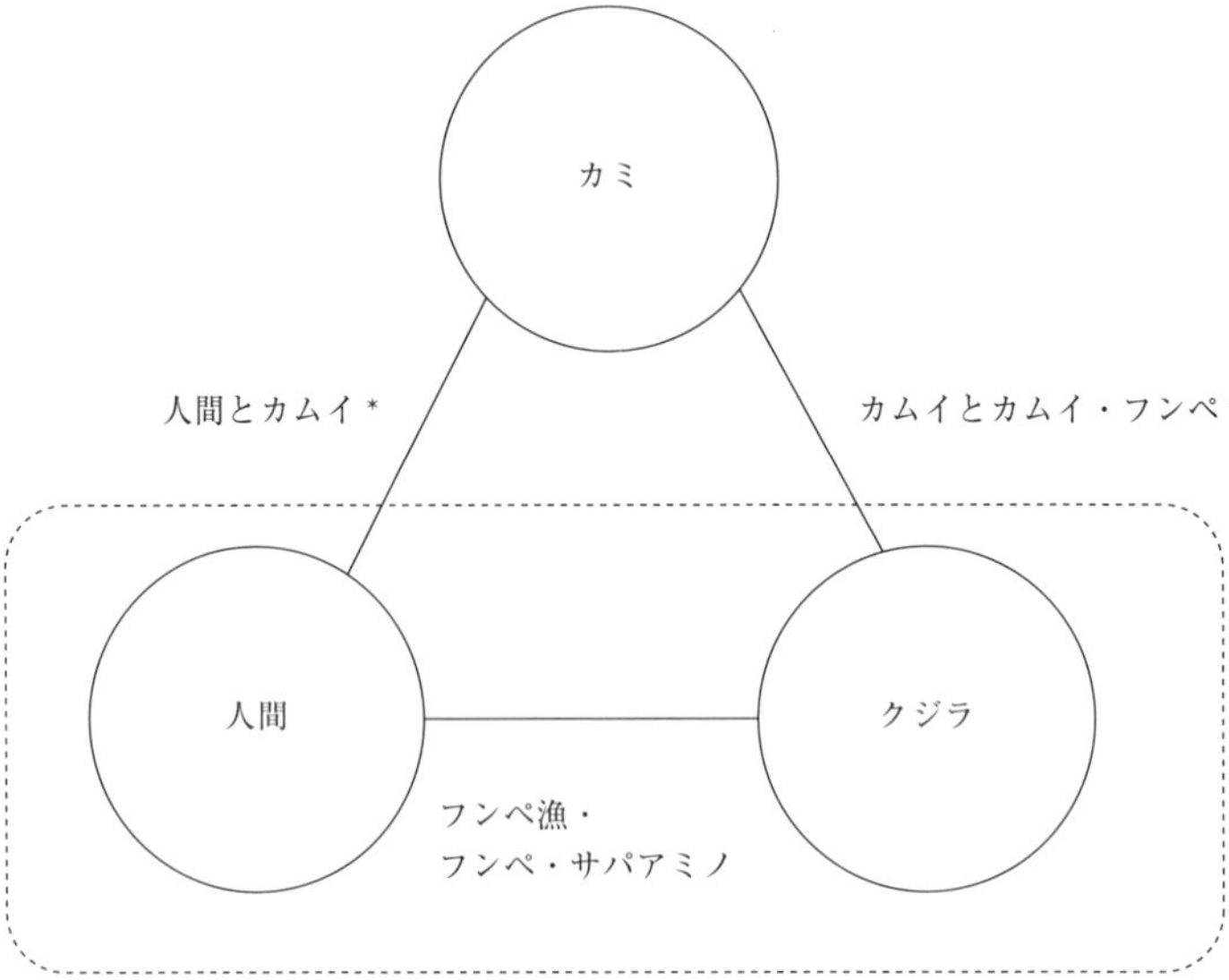

図 1–5　人間・クジラ・カミの三極関係（アイヌの例）

破線内は、従来の自然・文化の二元論的世界観を示す。カミの存在を入れると、破線内（アニミズム・トーテミズム）に当てはまらない世界が理解できる。

*：アイヌモシリ（人間界）とカムイモシリ（カミの世界）

**：カムイの扮装、使者、権化と解釈は異なる。

るのかが決定的な意味の違いを生み出す。したがって、身体性と内面性以外に第3の弁別要素としてカミがいったいどのような性格をもつものと考えられているのかが重要な切り口になる。

日本の例に注目すると、近世日本の沿岸捕鯨では親子鯨をしとめて、無垢な胎児をも殺めることになった。漁業者の慙愧の観念においては、クジラも人間と同じように類似した身体性をもつものと十分に認められていた。しかも、親子の情愛は金子みすゞが詩の中で吐露したように、人間も海の生き物も同じような愛情と仲間思いの内面性をもつものとしている。このことをデスコラのいうトーテミズムと位置づけることにはためらいを覚える。

日本では鯨墓をはじめとするさまざまな墓標がある。その建立の意図はさまざまである。単なる構築物であるというだけでなく、感謝の念や供養の意味が込められており、仏教的な色彩をもつものもあるが、生き物のいのちを貴ぶ精神に貫かれたものが多い。一連の鯨墓・鯨碑・鯨塔にはクジラに対する日本人の思いが多重的に凝縮している。デスコラの挙げたパラダイムに当てはめれば、クジラは人間と同じ霊的な側面をもち、身体面でも生き物としての人間と類似したものと見なされている場合が多く、トーテミズムということになるが、前記の諸事例は、日本の生命観がトーテミズムとは異なった位相のものであることを如実に示している。

日本では、仏教的な世界観以外に自然物にカミ観念を見出す例が豊かに存在する（野本 2006, 2014）。こうした点に立脚すれば、身体性と内面性から構成されるパラダイムではなく、カミ観念を軸として人間と自然を対比することができるのではないだろうか。カミの世界は人間世界と対極的関係にある。カミの権化あるいは使者、扮装した姿としての自然物は人間と具体的なかかわりをもつ。アイヌのクジラ観を例としてこのことを図1-5として示した。本章の結論をひと言で言うならば、クジラに関する事例から考えると、かならずしも身体性と内面性の異同から二元的に世界を切る方法が適切ではなく、カミ観念を媒介として自然と人間をとらえる新しい自然観が拓けるのではないかということである。

文献

秋道智彌（1981）「〝悪い魚〟と〝良い魚〟：Satawal 島における民族魚類学」『国立民族学博物館研究報告』六（一）：六六–一三三頁。

秋道智彌（1994）『クジラとヒトの民族誌』東京大学出版会。

秋道智彌（1995）『なわばりの文化史』小学館。

秋道智彌（2009）『クジラは誰のものか』（ちくま新書）筑摩書房。

市川光雄・佐藤弘明編（2001）『森と人の共存世界（講座・生態人類学）』京都大学学術出版会。

宇仁義和（2012）「アイヌの鯨種認識と捕獲鯨種」『北海道民族学』八：一六–二六頁。

江上幹幸・小島曠太郎（2010）「インドネシア、ラマレラ16年間の捕鯨記録と分析（1）–1994年～2009年」『社会文化研究』

一二（一）：一-三二頁。

大隅清治（2003）『クジラと日本人』岩波書店。

勝山敏一（2016）『北陸海に鯨が来た頃』桂書房。

加藤秀弘（2000）『ニタリクジラの自然誌―土佐湾に住む日本の鯨―』平凡社。

岸上伸啓編著（2012）『捕鯨の文化人類学』成山堂書店。

児島恭子（2000）「アイヌの捕鯨文化」『国際常民文化研究機構シンポジウム報告書Ⅰ』一一四-一二一頁。

小島曠太郎・江上幹幸（1999）『クジラと生きる』（中公新書）中央公論新社。

小島孝夫（2009）『クジラと日本人の物語―沿岸捕鯨再考』東京書店。

島田勇雄（訳註者）（1980）『本朝食鑑4』平凡社。

シンジルト・奥野克巳編（2016）『動物殺しの民族誌』昭和堂。

多田穂波（1978）『明治期山口権捕鯨史の研究―網代式捕鯨とその他の鯨とり』マツノ書店。

田中二郎編（2001）『カラハリ狩猟採集民―過去と現在（講座・生態人類学）』京都大学学術出版会。

谷川健一編（1997）『鯨・イルカの民俗』（日本民族文化資料集成18）三一書房。

千葉徳爾（1975）『狩猟伝承』（ものと人間の文化史14）法政大学出版局。

徳見光三（1971）『長州捕鯨考』長門地方史料研究所。

名取武光（1945）『噴火湾アイヌの捕鯨』北方文化出版社。

野本寛一（2006）『神と自然の景観論』講談社。

野本寛一（2014）「コモンズと自然」秋道智彌編『日本のコモンズ思想』一二一-一三〇頁、岩波書店。

フリーマン、M・R・M編著（1989）『くじらの文化人類学―日本の小型海岸捕鯨』（高橋順一他訳）海鳴社。

松崎健三（1999）鯨鯢供養の地域的展開―捕鯨地域を中心に：日本常民文化紀要
三浦寿美子（2002）「中世・近世の肉食に関する思想史的考察―諏訪の勘文の伝播を中心に―」『岩手大学大学院人文社会科学研究科研究紀要』一〇：三九-四八頁。

宮脇和人・細川隆雄（2014）『鯨塚からみえてくる日本人の心―豊後水道海域の鯨の記憶をたどって―』農林統計出版。

柳田国男（1978）『海上の道』岩波書店。

吉井始子編（1980）「鯨肉調味方」『翻刻　江戸時代料理本集成』第八巻、二七五-二九二頁、臨川書店。

吉原友吉（1977）「鯨の墓」『東京水産大学論集』一二：一五-一〇一頁。

Akimichi, Tomoya (1992) The surviving whale-tooth-cultural significances of whale products in Oceania. *Bulletin of the National Museum of*

Ethnology, 17(1): 121–142.

Anderson, E. N. Jr. (1969) Sacred fish. *Man* (n.s.), 4: 443–449.

Barnes, R. H. (1996) *Sea Hunters of Indonesia: Fishers and Weavers of Lamarera*. Clarendon Press.

Caughey, J. L. (1977) *Fáánakkar Cultural Values in a Micronesian Society*.University of Pennsylvania Publications in Anthropology No. 2. The Department of Anthropology, University of Pennsylvania.

Cox, J. H. (1967) The lei niho palaoa. In G. A. Highland, R. W. Force, A. Howard, M. Kelly and Y. H. Sinoto (eds.), Polynesian Culture History. *Bernice P. Bishop Museum Special Publication* 56, B. P. Bishop Museum, pp. 411–424.

Daura-Jorge, F. G., M. Cantor, S. N. Ingram, D. Lusseau, and P. C. Simöes-Lopes (2012) Bottlenose dolphin cooperation with fishermen and how earning enhances social behavior. DOI: 10.1098/rsbl. 2012.0174 The Royal Society Biology Letters

Descola, Philippe (1999) Des proies bienveillantes. Le traitement du gibier dans la chasse amazonienne. In Françoise Héritier (éd.), *De la violence II*, pp. 19–44. Odile Jacob.

Descola, Philippe 2013. *Beyond Nature and Culture*. Chicago: The University of Chicago Press.

Firth, Raymond (1930) Totemism in Polynesia. *Oceania*, 1(3): 291–321.

Firth, Raymond (1931) Totemism in Polynesia. *Oceania*, 1(4): 377–398.

Firth, Raymond 1967. Sea creatures and spirits in Tikopia belief. In G. A. Highland, R. W. Force, A. Howard, M. Kelly and Y. H. Sinoto (eds.), *Polynesian Culture History*. Bernice P. Bishop Museum Special Publication 56, pp. 539–564.

Ingold, T. (1987) *The Appropriation of Nature: Essays on Human Ecology and Social Relations*. University of Iowa Press.

Ingold, T. (1996) Hunting and gathering as ways of perceiving the environment. In R. F. Ellen and K. Fukui (eds.), *Redefining Nature: Ecology, Culture, and Domestication*, pp. 117–155. Berg.

Lee, Richard and Irven DeVore eds. (1968) *Man the Hunter*. Aldine.

Nguen, Duy Thieu and Kenneth Ruddle (2010) Vietnam: The *van chai* system of social organization and fisheries community management: pre-existing aquatic management systems in Southeast Asia In Kenneth Ruddle and Arif Satria (eds.), *Managing Coastal and Inland Waters*, pp. 129–160, Springer.

Ruddle, K. (1998) Traditional community-based coastal marine fisheries management in Viet Nam. *Ocean & Coastal Managemen*t, 40: 1–22.

Titcomb, Margaret 1972. *Native Use of Fish in Hawaii*. The University Press of Hawaii.

第2章　鳥人の形象論 ―― 扮装と変身

秋道智彌

鳥人は、鳥と人間の両方の属性をもつ存在である。英語ではふつうバードマン（birdman）と表現される。鳥人は現実には存在しないが、古今東西の文化の中で仮想的な存在であるはずの鳥人が堂々とその地位を獲得して闊歩し、死者の葬式や作物の豊穣を祝う祭り、さらには祖先崇拝儀礼の中で、主役ないし脇役として登場する。序章でふれたように、デスコラが提起した存在論のパラダイムからすると、鳥人は外見、内面ともに人間と類似した存在であり、トーテミズムの範疇に属するものとなる。だが、鳥人をすべてトーテミズムの論理と思考様式に帰着するものと位置づけることができるだろうか。本章は、鳥人の多様な形象についての議論を、デスコラの存在論への挑戦と考えている。なお、ここでの話題はA・ジェルの形象論に関する議論とも通じるものであり、第Ⅳ部の内容と連動することを付記しておきたい。

1　鳥人の形象論――象徴・アイコン・儀礼

まず取り上げたいのは、太平洋の最東端に位置するイースター島（ラパヌイ）の鳥人の例である。イースター島では、モアイと呼ばれる巨石像がよく知られている。なぜ巨大な石像が一千体も造成され、突然、その建造が中断されたのか、その目的は何であったのかが世界史の謎として語られ、多くの仮説が提示されてきた。モアイ像ほどの知名度はないが、本章にとり重要なテーマがある。それが島に流布していた鳥人信仰である。

（1）イースター島の鳥人

ポリネシア文化に属するイースター島の住民はポリネシア人であり、ポリネシア語の話者である。ここで取り上げる鳥人は、ポリネシア語でタガタ・マヌ（tangata manu）と表記される。タガタは「人間」、マヌは「鳥」を表す。タガタ・マヌは、イースター島に点在するペトログリフ（岩面陰刻画）やレリーフ（浮き彫り）、ロック・ペインティング（岩絵）、木彫品、タブレット（木版画）に刻まれたロンゴロンゴ（rongorongo）と呼ばれる絵文字などとして残されている。

いくつかの実例を図2-1に示しておこう。ペトログリフの鳥人は頭部が鳥で、胴体は人間である。ロンゴロンゴの木版画には、頭部がイースター島の創造神であるマケマケで、翼をもつ鳥のような図像や、翼をもつ鳥の図像が刻まれている。鳥人の図像学的な表現様式にはヴァリエーションがあるが、鳥人のイメージ像が時代的に変化したことを実証した研究はない。つまり、島民の誰もが鳥人の可視的なイメージを共有し、伝承してきたのではないと考えられる。

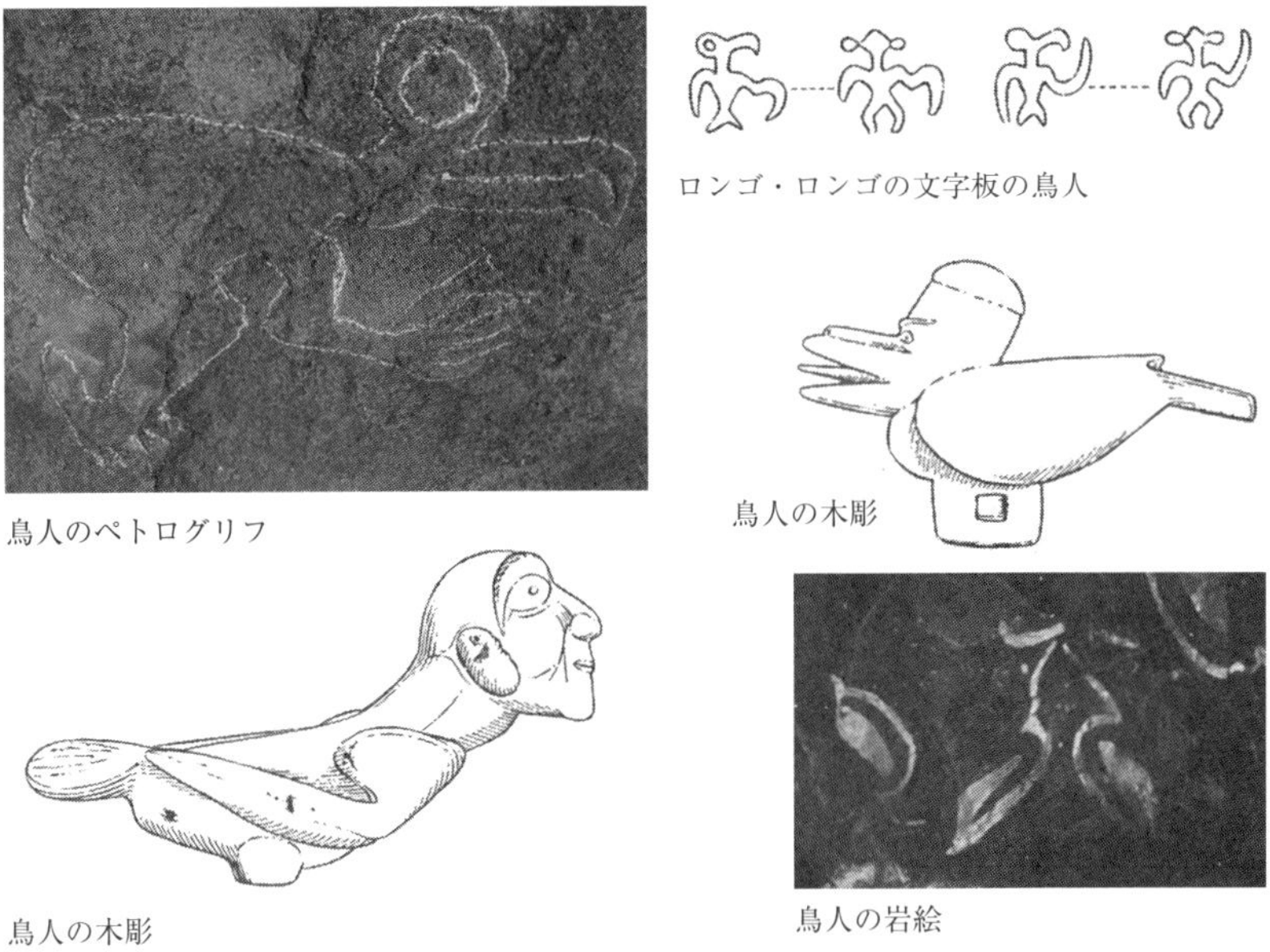

図 2–1　イースター島の鳥人の図像

異なった生物種を組み合わせた図像的表現は、古代文明でもよく知られている。その代表がギリシャ神話時代におけるキメラ（Chimera）である。キメラは頭がライオン、胴体がヤギ、尾部がヘビからなる。もともと、中東のヒッタイトの人びとが聖獣としていた存在で、ライオンが春、山羊が夏、ヘビが冬を表すとされた。

では、イースター島の鳥人は人びとの生活や文化の中でどのように位置づけられていたのであろうか。イースター島では、一六世紀ごろ人口増加や集団間の内戦、森林の過剰伐採による食料不足が顕在化し、モアイ信仰が瓦解した。戦争は、モアイ像のもつような長耳の集団と短かい耳をもつ集団間で繰り広げられたとされている。長い耳は、耳朶に装飾品をつける習俗をもつことを表していると考えられている。

いずれにせよ、モアイ信仰に代わり、最初にイースター島にやってきた始祖であるマケマケ神（Makemake）への信仰が復活した。

マケマケの化身は鳥人であり、空を飛ぶ鳥に従って最初の植民者が島に移住してきたとする神話が鳥人信仰のきっかけとなった。こうしてマケマケ信仰に関連した鳥人儀礼がおこなわれるようになった。

島の南西部にあるオロンゴ岬沖のモツ・ヌイ島に、島の部族から選ばれた男たちが食料を持参して葦船で渡り、島に滞在して儀礼をおこなった。そして、その年に産卵のために来遊するクロアジサシ（イースター語でマヌタラ）を待ち続けた。クロアジサシが産んだ最初の卵を島にもち帰ったものは、自らが属する集団の長に卵を献上した。じっさい、卵を手にする鳥人を描いたレリーフが残されている。卵を受け取った長はその年のタガタ・マヌの栄誉を獲得し、島全体を差配する政治的長としての役割をもつこととされた。選ばれたタガタ・マヌはオロンゴ岬にあるアナ・カイ・タガタ（食人の意味）と呼ばれる洞窟で人間を生贄としてマケマケ神に捧げた。そののち、タガタ・マヌはラノララク（モアイの石切り場）などに居住し、一年間の禁欲的な生活を送った。家から出ることはせず、運ばれる食事のみを食べ、沐浴や断髪、性的な行為は禁じられた。この儀礼は一六世紀以降おこなわれ、来島する白人の勢力が肥大化して島を支配するようになる一八六六年まで持続した（秋道1996）。

（2）象徴・アイコン・儀礼

ここで、鳥人をめぐる表象（manifestation）、ないしデスコラの言う形象（figuration）が重層的な位相をもつ点に注意を喚起しておきたい。イースター島の例に即していえば、鳥人は言語的に人間（タガタ）と鳥（マヌ）の合成語タガタ・マヌとして表される。図像学の領域では、鳥人は人間と鳥の属性をもつものとして可視的に表現される。描かれた図像は鳥人の実物ではなく、アイコン（icon）にほかならない。アイコンのもつ属性（attribute）

とそのメッセージが図像学の根底にある。儀礼の中での鳥人は、禁欲的な生活を送るマケマケ神の化身にほかならず、鳥人の称号をもつ人物はエンブレム（emblem）としての意味をもつ（秋道 1984）。

以上の点から、イースター島における鳥人は、言語によるシンボル化、図像によるアイコン、儀礼を通じた鳥人のエンブレムとしての三つの位相から構成されていることがわかる。これらを統合的に理解してはじめて鳥人の形象についての意味を理解することができる。デスコラはこうした複合的な形象のあり方を形象転換ないし形象変容（transfiguration）と呼んだ。残念ながら、象徴、アイコン、儀礼のすべての位相を総合的に知ることのできる民族誌の事例はそれほどない。しかし、あきらめることはないのであって、鳥人に関する他地域の例を重層的に検討することで、鳥人の形象論についての議論を積み上げていきたい。

2　鳥人の実像

（1）鳥人の鳥とは

イースター島で鳥人信仰が隆盛した時代、タガタ・マヌとして表象された鳥は島へと人びとを導いたグンカンドリである。イースター島でグンカンドリはマコヘ（makohe）と称される。このことは、オロンゴ岬に数多く残されているレリーフや島内にあるペトログリフの鳥人が特徴的な曲がった大きなくちばしをもっていることから確認することができる。種類では、オオグンカンドリ（*Fregata minor*）を指す。ちなみに、クロアジサシ（*Anous stolidus*）はグンカンドリのように体躯は大きくはなく、特徴的な長くて大きなくちばしをもたない。また、

図 2–2　ボリビアのティワナク遺跡の「太陽の門」にある鳥人の浮き彫り

グンカンドリやクロアジサシの雌が産む卵は一個である。

イースター島の鳥人をほかの地域の例に照らし合わせて考えてみよう。より直接的な対象としては、南米ボリビアのティワナク遺跡にある「太陽の門」に描かれた鳥人がある。ノルウェーの人類学者T・ヘイエルダールは両地域の文化接触を仮説として提示したが（ヘイルダール 1992）、残念ながらボリビアの高地文明とイースター島の文化を結び付ける直接的な事実はそれほど多くはない。新大陸原産のサツマイモ、ワタなどの伝播に関する論文はあるが、これらの栽培植物もポリネシア人が南米にわたりもち帰ったとする意見が想定されており、南米からの民族移動の証拠はない。

ティワナクの太陽の門に刻まれた鳥人は羽をもち、頭部に王冠のような装飾品をかぶり、長くて太い杖をもつ（図 2–2）。太陽の門の上部中央にある神像はヘビのいる台座上に配置され、両手に鳥を表現した杖をもっている。しかも、この神像の顔や体部には二つ眼の獣の頭部が表現されている。鳥、ヘビ、獣をセットとして図像として表現する様式は、ペルー北部でさかえたチャビン文化（紀元前九〇〇～紀元前二〇〇年前）の影響があると指摘されている。とすれば、この鳥は南米において象徴的な意味を付与されたコンドルである。しかも、太陽の門に表現された図像は単なる鳥人ではなく、アンデスの至高神ということになる。海鳥のグンカンドリは海抜三九〇〇メートルの高地には生息しない。

(2) オセアニアのグンカンドリと人間

オオグンカンドリは世界の熱帯・熱帯に広く分布する海鳥である。世界にはグンカンドリの仲間には五種類があり、英語でフリゲト・バード（frigatebird）、別名でマン・オブ・ウォー（man-of-war）、つまり「軍艦」を意味する。C・コロンブスは一四九二年、西インド諸島を航海中、この鳥を見つけ、ラビホルカド（rabiforçado）、つまり「二又に分かれた尾」と名付けた。空中を高く飛び、獲物の魚を見つけると急降下し、水面スレスレでくちばしを使って捕食することを西欧の航海者が記録したわけだ。

グンカンドリは類まれな捕食能力をもつ。上空から猛速度で水面に急降下し、魚をくちばしでくわえて魚を摂食するだけでなく、ほかの海鳥が捕食した魚を奪い取ることさえおこなう。ハワイ語でグンカンドリはイヴァ（'iwa）と呼ばれ、その意味は「泥棒」である。ただし、これには悪い意味だけがあるのではない。ハワイを統一したカメハメハ一世は、カ・イヴァキーォウモク、つまり「（ハワイ）諸島を一気に釣り上げたグンカンドリ」としての栄誉ある称号をえた。カメハメハ一世はまさに言語的、儀礼的な意味での鳥人であった。

ハワイには、人間がグンカンドリやその他の動植物に変身するモ・オレロ（Moʻolelo）の神話がある。カマプア・ア（Kamapuaʻa）という少年は、生まれつき何にでも変身することができた。ある日、彼はイヴァ（グンカンドリ）になってタヒチからマウイ島まで飛んだ。そこでマノ（サメ）に出会って島のことを聞いた。その島のシンボルが「谷の島」ロケアニであると聞いた。次に、オアフ島に飛び、雄ブタに出会い、島が「採集の場」イリマであると告げられた。さらに、少年はカウアイ島に飛び、クジラに出会った。そして島が「畑の島」モキハナであると聞かされた。少年はほかの島じまへ次々と飛んで島の様子を聞いた。最後に、カマプア・アは元の島に戻り、聞いた話を友人や家族にその冒険を語った。

この話では、少年がグンカンドリに変身し、タヒチからハワイ諸島をくまなく調べてその情報をタヒチに持ち帰った下りになっている。この神話はタヒチからハワイへのポリネシア人の移住と深くかかわっている。ちなみにハワイ神話では、カマプア・アはハワイの農耕神であるロノ神と関係が深い半神半人の男神で、ブタ、雑草、フムフムヌクヌクアプア・アというモンガラカワハギに変身することができた。グンカンドリではないが、カマプア・アが変身することのできる点が共通している。

グンカンドリはカツオなどの魚群が群れている場所を人間に知らせるので、漁民にとっては魚の居場所を知る重要なインデックスとなる。メラネシアのソロモン諸島では、グンカンドリをかたどった装身具や木製食器がマライタ島、ウラワ島、ガダルカナル島、サン・クリストバル島などで知られている。グンカンドリのデザインは、長い翼と二又の尾が特徴となっている。シンジュガイやシャコガイの盤の上にベッコウをグンカンドリの形に細工した胸飾りや、シンジュガイにグンカンドリの外形を彫ったものなどがその例である。

（3）グンカンドリと入墨

オセアニアでは、体に入墨をほどこす習慣をもつ地域・文化がたいへん広く分布している。入墨のデザインの中で注目したのが、グンカンドリを示す文様が特別な意味をもっている地域である。ソロモン諸島では、人の死後、その人の土地の守護霊が死者を調べ、もしその人がグンカンドリの入墨をしていない場合は、冥界に来ることを拒んだとされていた。

グンカンドリの入墨は、その類まれな飛翔能力が、死んだ人間を冥界に運ぶとされたのであろう。注目すべきは、人間の死後、守護霊が人間の霊魂ではなく入墨をチェックする点である。グンカンドリの入墨をもつことは、人間とグンカンドリを合わせた鳥人としての表象を示すものと考えられていた。

ソロモン諸島東部にあるウラワ島では、成人式で男女ともにグンカンドリの翼を表すM字形の入墨が施された。この文様はグンカンドリのアイコンであり、宗教的な建造物や各種の装飾品にも用いられた。ウラワ島に隣接するサン・クリストバル島では、戦闘用の木製こん棒の握り部分にM字形の文様が彫り込まれた。特別な呪術をともなう儀礼では、グンカンドリはマヌ・エプ（manu epu）、つまり「聖なる鳥」と称された。

ソロモン諸島にある辺境ポリネシアのオントンジャワ環礁では、グンカンドリを放し飼いのペットとしていた。グンカンドリは洋上で島の位置を教えてくれる重要な存在であり、ギルバート諸島やツバル諸島でも飼育されていた。

デスコラの調査したアチュアール族が野生動物の幼獣を村落に持ち帰って育てるものの、その動物を食料とは見なさない。それは狩猟獣が人間にとり完全に外的な存在であるが、飼育される獣は人間にとり身近な存在である。持ち帰った狩猟獣を食べないことで、野生獣が人間と同じように「人格」をもつとする価値観は失われないとデスコラは解釈している（Descola 1994）。

3　鳥人と変身の世界

鳥の仮面は世界に広く分布しており、鳥の仮面をかぶった人間は鳥人を体現する。儀礼や舞踏などの場面でも、鳥の行動をマイムとして表す儀礼的な行為がある。

（1）鳥の仮面舞踏

パプアニューギニアのニューブリテン島北部のガゼル半島に居住するバイニング族（Baining）はパプア語族であり、周辺のオーストロネシア語族であるトーライ族（Tolai）よりも古くからこの地に居住してきたとされている。バイニング族は根栽農耕と狩猟・採集・漁撈をおこない、主要な三集団（Chachet, Kairak, Uramot）に分かれて居住している。彼らは異彩を放つ仮面舞踏をおこなう（Corbit 1982）。

バイニング族の仮面は、籐と竹を枠として樹皮布を張り付けた点が特徴である。仮面はさまざまな種類の生き物の霊を表すものとされ、丸い大きな目をもち、その周囲に描かれた文様は赤と黒で彩色される。儀礼で使用後に焼いて破棄される。このことが霊的な存在との持続的な関係を維持することになる。

森に棲む生き物の霊はカヴァット（kavat）と呼ばれ、普段は鳥類のように樹上に棲むとされている。森の霊は、さまざまな動物の霊として村人の前に登場する。男性が頭からかぶるヘルメット式の仮面の多くは、狩猟・

図2-3　バイニング族の樹皮製仮面

漁撈の対象となる獲物の霊を表すものである。そのなかには、野ブタ（blamdi）、サイチョウ（merangga）、淡水魚（serikka）、コウモリ（lowengi）、森の鳥（quanki）などの動物が含まれる。これら以外に、ヒクイドリ、フクロウ、野ネズミなどの仮面がある（図2-3）。

サイチョウの仮面はくちばしが突き出ており、淡水魚の仮面は魚の形をしている。両方とも実物にも類似していることが分かる。ニワトリとヒクイドリの仮面部分にはトサカがある。ヒクイドリの目の部分は赤く彩色されている。フクロウの仮面には耳状のものがついている。仮面の口の下から長い舌状の突起をもつ部分は、バイニング族の重要な栽培作物であるココヤシを象徴している。特殊な仮面は家ネコであり、ネコは夜に獲物を探す狩猟者とされているが、比較的新しく導入された考えによるとおもわれる。

バイニング族の舞踏儀礼のうち、昼間におこなわれるものは農作物の成熟と豊作を祈願するためや、新生児の誕生を祝い、死者を弔うためのものである。

舞踏をおこなうのは男性であり、女性の腰蓑をつけた女装姿で登場し、女性陣が周囲で歌を合唱するなか、村人の衆目の前でゆったりとした流れの舞踏儀礼をおこなう。昼間の舞踏儀礼は共同体全体とのかかわりを示すものと言って良い。

これに対して、男性による舞踏儀礼はファイア・ダンスとして知られるとおり、夜間におこなわれる。森における狩猟や採集・漁撈の成功を祈願するためのものである。女性や子どもは森の霊を恐れており、舞踏が開始される前に家々にこもって身をひそめ、ファイア・ダンスを観ることはできない。暗がりのなかで大きなかがり火がつけられると、仮面舞踏者の男性たちが踊り、火の中に飛び込むなどの激しくダイナミックな舞踏を演じると、あたりは絶叫と騒然の渦で包まれる。男性の踊り手はほぼ全裸で体をスミで黒く塗り、背中やくるぶしに植物の飾りをつける。また、男性の霊を表すために陰部に突出した飾りをつけ、女性の霊を表す踊り手は陰部に大きな花の飾りをつけ、霊の性的な区別を明確にする。バイニング族の仮面には、男性・女性、昼と夜、栽培作物と野生動物の二元的な対立区分があることになる。

狩猟・漁撈の対象となる野生動物の仮面をかぶり、その動物の靈を人間が儀礼の中で演じることで、たとえば鳥人の姿に扮した男性は、鳥の霊を具現化する存在として登場する。かつて、G・ベイトソンと、のちにJ・プールが「バイニング族は研究に値しない」と評してから、J・ファージャンが一九七〇年代に三年にわたる調査をおこない、バイニング族の社会について新たな光を当てた（Faajan 1997）。

ファージャンの指摘では、バイニングの人びとが明確な規範や社会構造をもたない反面、人びとはきわめて意識的に社会生活をとらえていることが、彼らが優先的に養子慣行によって子どもを養育することからも理解できるとしている。しかし、バイニング族は仮面の製作や舞踏の活動を「遊び」と位置づけており、無意識的な行為が社会規範と結び付くとするブルデューの言うハビトゥス（habitus）的な考えは当てはまらないとしている。

(2) ヒクイドリと人間

バイニング族とおなじパプアニューギニアのカラム族(Karam)について詳細な研究をおこなったのは、ニュージーランドの人類学者R・N・H・ブーマーである。ブーマーはカラム族の民族動物学的研究をおこない、一九六〇年代以降、精力的に論文を発表してきた

カラム族は、狩猟対象のヒクイドリを特殊な存在と考えている。人びとによると、鳥は総称でヤクト(yakt)と呼ばれ、コウモリを含めて約一八〇種類が区別されている。ただし、コブティー(kobtiy)と称されるヒクイドリは別格であり、ヤクトには含まれない。つまり、ヒクイドリは民俗分類上からも鳥とは区別され、むしろ人間の親族組織における交差イトコに相当する存在と考えられている。ヒクイドリは人間的な存在ということになり、ブーマーは、これをシュード・ヒューマン(pseudo-human)(偽性の人間)という表現を使って説明している(Bulmer 1967)。なぜ、ヒクイドリだけが人間のイトコ関係に当たると考えられているのであろうか。この点をニューギニアにおける他地域の事例から考えてみよう。

ニューギニア高地に住むバルヤ族(Baruya)も、焼畑農耕と狩猟・採集をおこなう人びとであり、フランスの人類学者M・ゴデリエにより詳細な調査がおこなわれた(Goderier 1986)。ヒクイドリ猟やそのハンターは、カヤレウマラ(kayareumala)と呼ばれる。カヤリエ(kayarie)はヒクイドリ、マラ(mala)は戦闘や殺すことを指す。バルヤ族が対象とするのは、低地のヒクイドリ(*Casuarius casuarius*)ではなくコヒクイドリ(*Casuarius bennettii*)である。ヒクイドリの狩猟方法としてワナ猟がある。ヒクイドリの好物の果実のなる木の下か、ヒクイドリが

よく通る道沿いで、近接した位置にある二本の木の下にワナを仕掛け、ハネワナでヒクイドリの首にからませて獲る。ワナにかかった獲物をこん棒でたたいて絶命させることもある。

バルヤ族によると、ヒクイドリは鳥ではなく人間の女性であると考えられている。空を飛ぶことがない上、木にとまることさえできない。人間と同じように二足歩行するからと考えられている。もちろん、ヒクイドリの性差は認知されているが、押しなべて女性であると見なされている。しかも、成長段階に応じて少女期、思春期、老年期のヒクイドリを区別している。ヒクイドリ猟をおこなうことのできるカヤレウマラは特別な呪術的能力をもち、その霊を自らに取り込んでヒクイドリを惹きつけることができるとされている。捕獲された獲物は、男性のみが食べることができる。しかし、ハンター自身や成人式前の少年や女性はけっして食べることができない（Godelier 1982）。

カラム族、バルヤ族ともにヒクイドリを人間に近い、あるいは人間の女性と見なす点ではおおむね共通しており、ヒクイドリは概念的に鳥人的な存在と見なされている。ただし、ニューギニアのあらゆる集団がヒクイドリを人間と見なしているわけではもちろんない。私の調査した西部州低地のギデラ族（Gidra）の場合、ヒクイドリはグウィギ（gwigi）と称され、野ブタやシカとともに重要な狩猟対象であるが、人間にちかい存在とする観念は見出せなかった。

（3）サイチョウと首狩り

サイチョウの仲間は世界に六〇種ほどが分布するが、東南アジアのスマトラ、ボルネオではサイチョウ（*Buceros rhinoceros*）が生息する。英語でヘルメッテッド・ホーンビル（helmeted hornbill）と称されるように、くちばしの上にかぶと状の突起（casque）をもつ。サイチョウは、尾羽に白と黒の特徴的な模様をもっている。

ボルネオ島のダヤク族（Dayak）はロングハウスに居住する民族で、かつて首狩りの風習をもっていた。ダヤク族はサイチョウをケンヤラン（kenyalang）と呼び、自分たちの祖先が住む天界と、人間界をつなぐ使者と位置づけている。現在、首狩りはおこなわれていないが、かつては、首狩りの遠征に出かける前にガワイ・ケンヤラン（Gawai Kenyalang）と呼ばれる儀礼をおこなった。ガワイは「祭り」を意味する。首狩りでロングハウスに持ち帰った捕虜を殺し、その首は埋葬される。ダヤク族は、相手の首には特別な力があり、ロングハウスに繁栄をもたらすと信じている。首を埋葬後、その場所に高さ一〇メートルほどのトーテムポールが建てられる。頂上部にサイチョウの木彫がすえられ、その頭は敵地の方角に向けられる。この柱は、首狩り前に戦闘のカミであるサイチョウ神（Sengalang Burung）にささげられた祈りを呼び起こすためのものである。

首狩り戦士は、籐製ヘルメットの後頭部と前頭部にサイチョウの尾羽を何本もつける。額の金属製飾り板には、おどろおどろしい悪魔のモチーフが刻まれている。また、ダヤク族独特の文様を刻み込んだイアリングは、サイチョウのクチバシの部分を加工したものである。サイチョウのクチバシ製の儀礼用ヘルメットが、成人式や階級昇進の儀礼において使われることもある。ただし、このヘルメットを身につけることで、その人が鳥人と見なされるかどうかは分からない。

北東インドのミャンマー国境地帯で、一般にナガランド（Nagaland）と呼ばれる地域には、アンガミ・ナガ（Angami Naga）、ロタ・ナガ（Lhota Naga）、アオ・ナガ（Ao Naga）、コンニャック・ナガ（Konyak Naga）、レングマ・ナガ（Rengma Naga）以下、二〇あまりのナガ諸族が居住している。ナガ族にも、かつて首狩りの習慣があった。彼らの間では、オオサイチョウ（*Buceros bicornis*）は祖先と考えられている。サイチョウの好む赤い実を樹上に仕掛けたワナの上においてサイチョウを獲る猟法があるが、サイチョウを狩猟の対象としない部族もある。また、セマ・ナガ族などはサイチョウの肉を食べない。いずれにせよ、サイチョウはナガ族にとりナガランド最大の鳥であり、悠々と空を飛び、姿が見えずとも声でその存在が分かる。サイチョウは勇敢さを象徴する鳥であり、畏敬の対象とされている点では共通している。

ナガ族の間では、敵の首をとった戦士だけがサイチョウの尾羽を身に着けることができた。首をとったことのない者は、代用品や紙製の尾羽しか着けることができなかった。また、殺した人物の全身を持ち帰り、儀礼をおこなった。サイチョウの尾羽は勇気を表す勲章とされていた。ある地域では、雑穀の播種期とイネの収穫時期にサイチョウの羽根を身に着けることは禁じられていた（Hutton 1920）。

アオ・ナガの伝統的な死生観では、人間の死後、その霊はタカの姿になるとされていた。人の死後、すぐにタカが見えるとそれは吉兆とされ、人間の霊がタカに変身したことを表すとされた。儀礼の祈りをささげるなかで、子どもが空を舞うタカを見つけ、墓所の土盛の上をこの世のものと思えない声で鳴いていれば、その子の祖母が子どもに、「空をごらん。あれがお前の母親だよ。最後の別れを言いなさい」と告げた。さらに、死者の霊がタカとなって家の上空を舞い飛んでいると、肉親を失った人びとが天に向かって水をふりまいた。このふるまいは、タカとなった死者の霊が最後の別れを告げるものとされていた（Temsula 2007; Sebastian 2009）。

以上のほか、やはり首狩りをおこなってきたインドネシア・スラウェシ島高地のトラジャ族、スマトラ島沖のニアス島民、フィリピンのルソン島のイフガオ族でも、サイチョウが戦士の頭部の飾りに取り入れられている（Waterson 1989）。以上の民族は異なる地域に居住しているが、首狩りの習慣とサイチョウに対するかかわりではたいへん類似した観念をもっていることが分かる。

（４）鳥人と鳥の変換

アジア・太平洋地域から北米大陸に目を転じよう。北米の北西海岸に居住する先住民社会では，人間とかかわる神話的な存在をトーテムポールに彫り込んだ独特の造形物をもつことでよく知られている。造形物には，クマ，アザラシ，サンダーバード，カエル，サケ，ビーバー，ワタリガラス，カワウソなど，架空の存在を含めてさまざまな動物が見られる。

鳥類に絞ると，たとえばトリンギット族（Tlingit）では，ワタリガラス，カモ，フクロウ，ワシ，ウミスズメ，カモメ，アメリカチョウゲンボウ（sparrow hawk）が含まれる。ハイダ族（Haida）では，ワシ，アビ，キツツキ，サンダーバード，タカ，フクロウの報告がある。中でも，ワシ，ワタリガラス，サンダーバードなどは，神話やトーテム動物としてよく知られた鳥類である。

先住民にとってのワシは空の主であり，大地と天をつなぎ，現世と霊の世界を結ぶ存在である。天には先祖と創造主が住んでいるとされ，儀礼の中でワシの羽を贈られることは最高の栄誉と見なされている。ワタリガラスは英語でレイヴェン（raven）であり，北西海岸のハイダ，トリンギット，クワァクワァカワク，サリッシュなどの諸集団にとり創造主であり，トリックスターともされている。サンダーバードは雷を起こすとされる架空の鳥であり，トーテムポールでも最上部に位置している。これらの鳥は，北西海岸の人びとにとりどのような観念で把握されてきたのだろうか。クワァクワァカワク族の例を元に考えてみよう。

クワァクワァカワク族の社会では，「変身仮面」が知られている。英語ではトランスフォーメーション・マスク（transformation mask）と称される。北西海岸の諸社会では，部族の指導者が誕生・成人式・結婚式・葬式などの人生儀礼のさい，家に客を迎えて祝宴を開き，自らもつ富と財を惜しげもなく再分配するポトラッチ

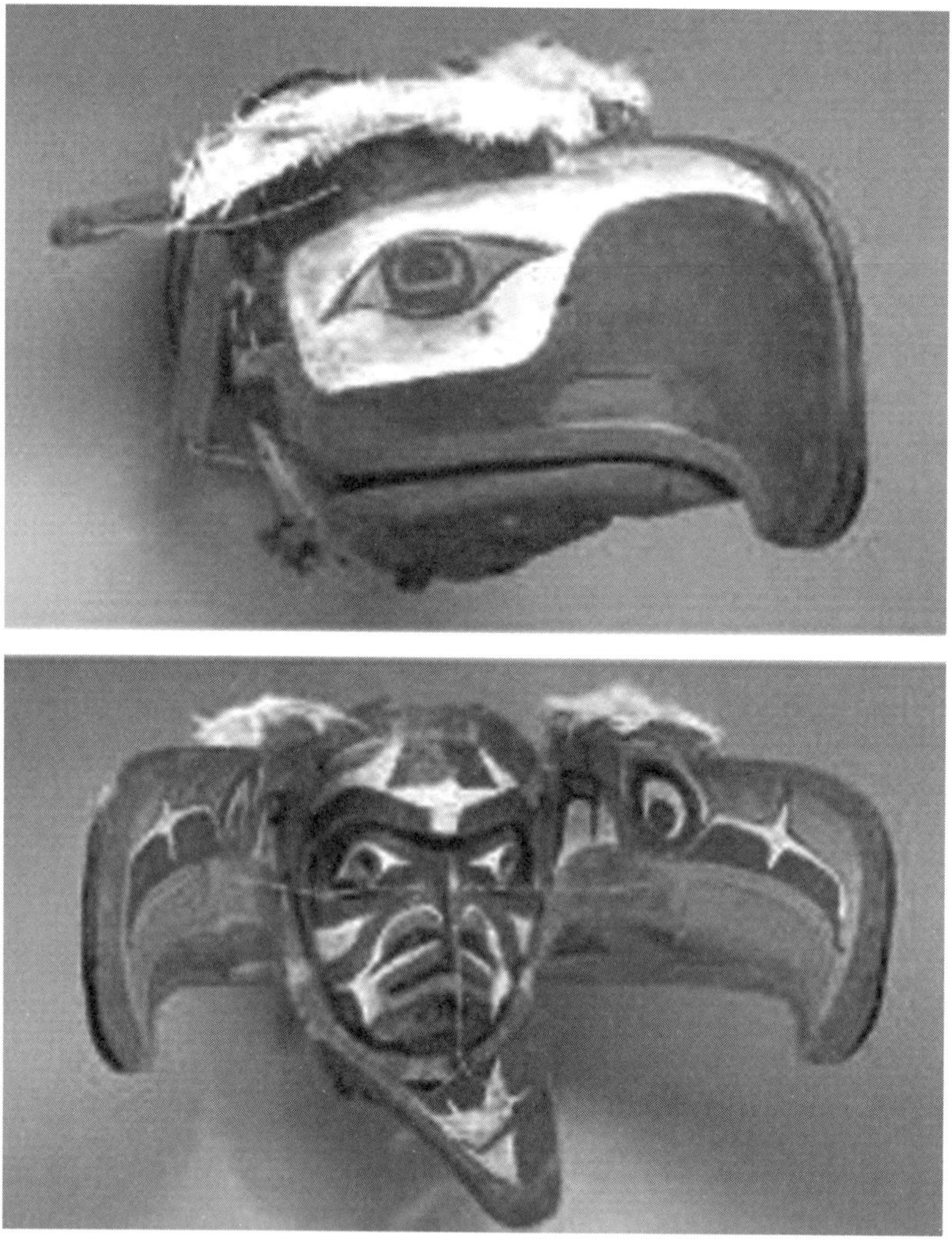

図 2-4　北西海岸先住民におけるワシの変身仮面
上は閉じた状態で、下は開いた状態で、内部中央に人面が現れる。

(potlatch)の儀礼をおこなう。冬季におこなわれる成人式儀礼の仮面舞踏では、ワシの仮面を着装し、アカシダの樹皮製マントを着けた仮面舞踏者が登場する。この人物は、祖先のトーテムであるワシにほかならない。踊りの中で仮面のひもを外すと、ワシの頭部が開き、中から人間の顔面が現れる。この時点で仮面をつけたワシは人間に転換、ないし変身する。頭部がワシで、胴体が人間の存在は鳥人と言えるが、仮面を開くと、祖先であるワシの精霊が人間に転化される。このことは、仮面舞踏者の属するクランの始祖であるワシから人間が生成する過程を儀礼の中で再現することを意味する(図2-4)。

クワァクワァカワク族は、シャチ、ワシ、ワタリガラス、オオカミの四氏族からなり、それぞれの動物をトーテムと見なしている。氏族は一般にヌマユン(numayn)と呼ばれる。四つのヌマユンは、サケ漁の漁業権、祖先とかかわる聖なる場所の占有権、トーテム動物を使う仮面舞踏についての権利を有している。

サンダーバード(雷鳥)をトーテムとするハイダ族の神話によると、鳥が翼をバタバタさせると雷が発生し、稲妻はその目から発せられる光であると信じられている。しかも、天界に棲むサンダーバードがその衣を脱ぐと人間の姿になると考えられている。ハイダ族にとり、サンダーバードはもともと人間と同じような姿をしているとされている。一方、彼らは、この鳥を祖先とするトーテム信仰をもっている。仮面舞踏で用いられる変身仮面で、仮面の下から現れる人間の顔は、サンダーバードの本質を示すものである。二〇一七年の二～八月、大英博物館で北西海岸の先住民と現代における先住民文化とサンダーバードの意義を問う企画展示が開催された。大英博物館における展示としては初であり、激動する現代社会において、文化伝統としてのサンダーバードが九〇〇〇年以上にわたり持続してきたことをレジリエンス(resilience)と位置づけ、注目された。

4　鳥人と扮装・変換

これまでは日本以外の地域における鳥人について検討してきたが、ここからは日本を中心として東アジアにおける鳥人の問題に迫ってみよう（佐原・春成 1997）。

（1）『山海経《せんがいきょう》』の鳥人

古代中国の『山海経』は幻想的かつ異界の生き物を描いた怪奇書であり、戦国時代〜秦・漢代（紀元前四世紀–三世紀頃）に成立した。この中には、人間と鳥や魚、あるいは獣の属性を合せもつキメラ的な存在が数多く記述されている。『山海経』を誇大妄想の世界として一蹴する前に、人間と鳥を合成した存在がどのような思考から生まれ、そして後代に継承されたのかを探るうえで興味ある書である（松田 1995）。

たとえば、『山海経・大荒南経』には「大荒之中……有卵民之国、其民皆生卵」とあり、卵から生まれる人間がいたとする記述がある。また同書の『海外四経』の一つである「海外南経典」の羽民（うみん）国についての記載で、羽民人は「長い頭と白い髪をもち、目は赤い。口は鳥のようにとがり、翼をもち、少しだけ飛ぶことができて、卵から生まれる」とある。

讙頭《かんとう》国の人びとも人面であるが、魚を獲るためのくちばしをもつ。そして、「翼はあるが、それを杖の代わりにするだけで空を飛ぶことはできない」と記載されている。このほかにも、畢方《ひっぽう》は一本脚で人面の鳥であるとか、數斯《すうし》は人間のような脚をもつ鳶（トビ）に似た鳥であり、食べると首の瘤を癒す。英招《えいしょう》は槐江（山の名）

を司る神であり、人面で馬身、体に虎の模様がある。また鳥の翼を持ち、四海をめぐり、榴（詳細不明）のような声を発す。人面鴞《じんめんきょう》は、鴞（フクロウ）のような姿の鳥であり、人面で猿の体、犬の尾をもち、自分の名前で鳴く。これが現われた国は大きな旱魃に見舞われる。鵥䳟《ばんもう》は人面の鳥で、夜飛んで昼は隠れる。食べると暑気当りを癒す。鵹鶘《りこ》は沙水（水辺）に棲み、人の脚をもつ鴛鴦《えんおう》（オシドリ）のような鳥である。これが現われた国では土木工事が多くなる。畢方《ひっぽう》は一本脚で人面の鳥である、などと記載されている。

『山海経』の鳥人はいずれもキメラ的な特徴をもつものとされているが、先史・古代の日本ではどのような性格の鳥人が歴史上現れたのだろうか。

（2）鳥と穀霊《こくれい》

稲作の開始された弥生時代に、栽培作物の稲に霊が宿るとする観念が生まれた。稲の穀霊を運ぶ媒体を鳥とする信仰は、弥生時代の鳥形木製品や鳥に扮装したシャーマンを描いた土器の線刻画から推定されている。たとえば、鳥取市の青谷上寺地《あおやかみじち》遺跡から出土した鳥形木製品は、五穀豊穣を祈る穀霊信仰の祭りに使われていたと考えられている（井上 2005）。鳥は稲の害虫を捕食するシンボルであったに相違ない。

では、その鳥とはなにか。『豊後国風土記』逸文では、冒頭で「景行天皇の頃、豊国の長として派遣された菟名手《うなて》が豊前国の中臣村に宿ったとき、翌日の明け方に多くの白鳥が飛来して村に舞い降りた。見ているうちに餅となり、さらに数千株の芋草（イモ）となった」とある。また同逸文の速見郡田野の条には、「長者が餅を的にして矢を射たため、その餅が白鳥となって飛んでいき、長者は没落した」とある。『山城国風土記』逸文の伊奈利（伏見稲荷）の社条には、「秦氏・中家忌寸《なかついえのいみき》等の遠祖・伊侶具《いろぐ》は稲や粟などの穀物を積んで豊かに富ん

図 2–5　弥生時代の池上・曽根遺跡出土の鳥形木製品（大阪府立弥生文化博物館提供）

でいた。ある時、餅を使って的として弓で射たら、餅は白い鳥になって飛び去って山の峰に留まり、その白鳥が化して稲が成り出でたので、これを社名とした」とある。ここで登場する白鳥と餅の観念連合が重要な意味をもつ。

　結論から言えば、白鳥が餅、あるいは稲になることは白鳥が稲や餅に変身することから、稲魂と見なされていたことを象徴的に示している。稲荷神社の由来も稲に変身した白鳥に依る。京都の伏見稲荷神社は、イネの穀霊に由来する宇迦之御魂大神《うかのみまのおおかみ》を祭神としている。つまり、白鳥が稲の穀霊とされていたことが理解できる。

　ただし、弥生時代当時は、出土する鳥形木製品を白鳥とする根拠はそれほどない。たとえば、滋賀県野洲川下流部の下之郷遺跡、大阪府池上・曽根遺跡、山口県阿東町徳佐の宮ケ久保遺跡、静岡県沼津市雌鹿塚《めがづか》遺跡、佐賀県千代田町詫田《たくた》の詫田西分《にしぶん》遺跡などをはじめとする多くの弥生遺跡から、鳥形の木製品が出土している。薄い板で翼と胴体部分を組み合わせて孔をあけ、棒で固定して立てる形式と、頭部と胴体を加工した立体的な木製の鳥埴輪がある（図2-5）。また、奈良県田原本町の唐子・鍵遺跡と清水風《しみずかぜ》遺跡から大量に出土した絵画土器には、鳥に扮した人が両手を挙げている姿や、戈《ほこ》を右手に、盾を左手にもつ鳥に扮した人の姿が描かれている。鳥装の人は、頭部に鳥の羽根の被り物や矢羽を飾りとして着けていることがうかがえる。

時代は下るが、米子市にある古墳時代の井手挾《いでばさみ》3号墳からは水鳥の形をした埴輪が出土しており、死者を黄泉《よみ》の国へいざなう役を務めたと想定されている。また、鳥型木製品が二〇〇五年一一月二四日、奈良県高取町の市尾墓山《いちおはかやま》古墳（六世紀前半の前方後円墳）の周濠から出土した。弥生期のものと連続するもので、木製の鳥形埴輪の胴体部分で、翼の部分は見つかっていないが、棒が三本出土している。胴体と翼を合せて棒を孔に差し込んで突き立てたものであろう。尾羽が大きいことから、タカやワシなどの大型猛禽類と推定されている。鳥型の木製埴輪はコウヤマキ製で、全長一一〇センチ、胴幅が二七センチ、尾羽の幅は四〇センチと大型のものであることが分かる。

穀霊を運ぶのが鳥であるとする観念は、アジア地域に広く分布する。鳥形を竿の先につけたもの（蘇塗）を地面に立てかけ、稲の播種期に当たる五月に鬼神への祭りがおこなわれたことが『魏書』東夷伝馬韓条に記述されている。鬼神は祖霊や穀魂を指す。祭りでは、人びとが夜通し酒を呑んで歌い踊る饗宴が催された。蘇塗の道具立ては鳥竿《ちょうかん》、鳥杆、朝鮮半島でソッテ、中国東北部でソモ（索莫）と称される。秋の収穫期には、大きな柱を建て、鼓や鈴を掛けて鬼神への祭りをおこなったとも記載されている。日本でも弥生時代の吉野ケ里遺跡をはじめ多くの遺跡から鳥杵が出土しており、銅鐸が楽器として使われたと推定されている。鳥竿は穀霊を招く依り代の役割を果たすものであった。

図 2-6　ハニ（哈尼）族の村の入り口にある門と鳥型
（中国雲南省・西双版納傣族自治州の南糯山）

(3) 鳥居と鳥

鳥居は「鳥が居る」場所を指す。日本各地にある鳥居は、日本固有のものなのか。奈良時代にはすでに建築様式として鳥居があったとされているが、『古事記』のなかで天照大《あまてらすおお》神《みかみ》が天岩戸に隠れたことで、世界が闇になった。そこで天岩戸から神を誘い出すため、八《や》百万《およろず》神が常世長鳴鳥《とこよのながなきどり》を鳴かせ、天鈿女命《あめのうずめのみこと》に舞わせた。神前で鶏の止まり木を置いたことから、その止まり木を鶏居としたとする説がある。ただし、鳥居に鳥がとまることを示す証拠はじつのところ何もない。神社の鳥居は俗界と聖域の結界であるとしても、それ以外のさまざまな例を説明するものではない。

中国雲南省南部からタイ北部、ラオス北部には、チベット・ビルマ語族のアカ族（Akha）、ないし中国ではハニ（哈尼）族と呼ばれる人びとが居住している。雲南省の西双版納傣族自治州の南糯《なんねい》山で調査をおこなったさい、ハニ族の村の入り口に門があり、その上部に木製の鳥がいくつも置かれていた。その鳥は日本の弥生時代における木製鳥形と非常によく似ている（図2-6）。また、門の端には木製の刀剣や槍、銃などが置かれていた。この門は「精霊の門」と呼ばれ、村の中に外部の邪悪な霊を入れないための結界である。たとえば、森に棲む野鶏がこの門から村に入ると、村に火災や疫病などが蔓延すると信じられている。野鶏は鬼（ニェ）が飼っているとされ、野鶏を媒介として災いを村にもたらすと考えられている（秋道 2010）。

（4）東アジアの鳥人と船

鳥人の表象ないし形象は、弥生時代や古代日本における天の鳥船、東南アジアのドンソン文化期における銅鼓に描かれた鳥人などに見出すことができる。たとえば、弥生時代中期の稲吉角田《いなよしすみた》遺跡（鳥取県米子市）出土の土器に描かれた線刻画の中に、高床式建築物や櫓型の高台とともに船と人が描かれている（図2-7）。船に乗る人間は櫂（ないし舵）をもち、その頭部には細長い飾りが描かれている。この土器の図像は、米子の西部にある島根県松江市から出土した田和山遺跡（弥生時代前期末～中期後半）でおこなわれた祭祀を元に描かれたと想定されている。三重の環壕で囲まれた高台の遺跡には五本、九本の柱が建てられていたとされ、何らかの祭祀がおこなわれた可能性が示唆されている。

古代出雲における鳥人や、天の鳥船と関連するとおもわれる古代朝鮮の習俗が注目されている。『三国志』「魏書弁辰伝」（巻三〇）には、弁韓（紀元前二世紀末～四世紀に朝鮮半島南部にあった国で、馬韓の東、辰韓の南にあった）では、人が死ぬと大きな羽根をもって送るとある。これは死者の霊魂を飛揚せしめるための習俗である。

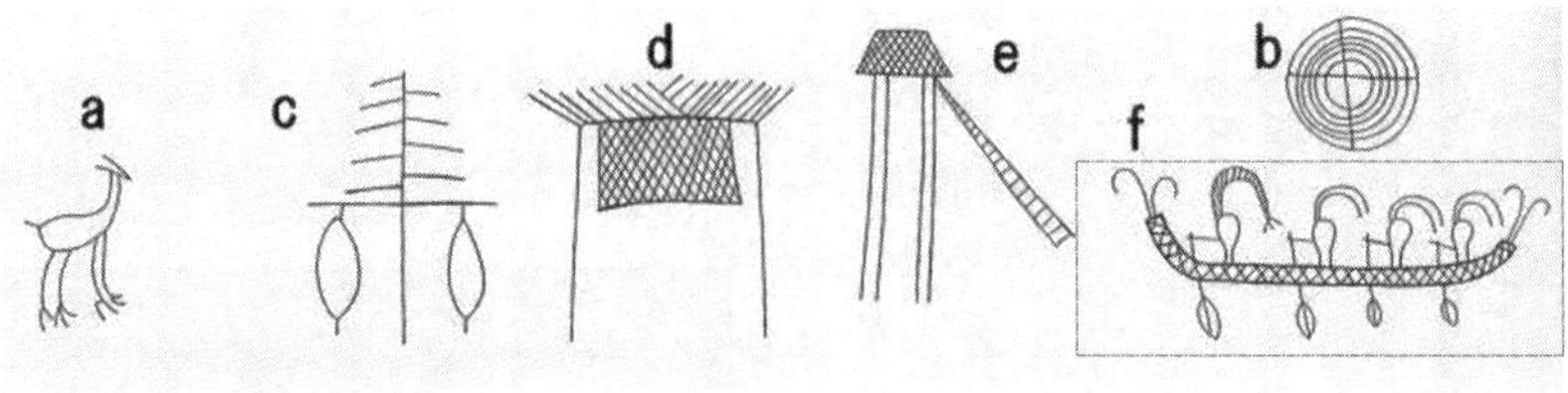

図 2–7　弥生時代中期の稲吉角田《いなよしすみた》遺跡（鳥取県米子市）出土の土器に描かれた線刻画の鳥人。

また、伽耶（かや）国の慶尚北道達城県玄風《ひょんぷん》にある古墳から出土した船形土器の後部に、鳥の仮面をかぶって舵をとる人の像がある。この土器にある人物は船上で鳥の仮面をつけたシャーマンであり、霊魂を天界もしくは太陽の国に送る葬送儀礼の媒介者であると考えられる（松本 1971; 金・韓・岡崎 1979）。

稲吉角田遺跡出土の土器にある船と人の図像のモチーフは、ドンソン文化におけるド銅鼓の文様と関連する。ドンソン文化は、中国雲南省からベトナム、東北タイ、インドネシアにかけて紀元前五世紀から前二世紀にかけて栄えた。中国では、雲南省昆明市の滇池《でんち》南部にある石寨山《せきさいざん》遺跡がその代表である。石寨山出土の銅鼓の鼓面中央には大きな星型・放射状文様があり、その周囲には鳥の羽を付けた人間や飛ぶ鳥のモチーフが描かれている（大林 1997）。銅鼓ではないが、桶型青銅器に鳥人と船、銅鼓の上に座る人、捕虜などが描かれているものや、武器をもった人間が描かれているものがある。この点から、銅鼓は戦闘に勝利して得た戦利品や威信財としての意味があったとも解釈されている。

（5）日本の古代神話と鳥人

高天原の神がみである天津神《あまつかみ》は、葦原中国《あしはらのなかつくに》を統治するのは天照大御神の子孫であるとして神がみを出雲に派遣した。そして、国津神《くにつかみ》であった事代大主神《ことしろぬし》、建御名方神《たけみなかたのかみ》、事代主神の父である大国主神が国を譲るくだりがある。『古事記』では、天津神の中に天鳥船神（別名、鳥之石楠船神：とりのいわくすふねのかみ、天磐橡樟船《あまのいわくすふね》）が降臨するとある。『日本書紀』には、三穂之岬（美保関）に使者の稲背脛命《いなせはぎのみこと》を乗せていく熊野諸手船《くまののもろたのふね》を別名で天鳩船《あまのはとふね》とある。この神話の背景として、死んだ人間の霊魂を天界や太陽の元に鳥船によって届けるとする観念が発達していたとする指摘がある（松本 1966）。

『日本書紀』神代上巻に、大国主命の前に現われた少彦名命《すくなひこなのみこと》は「白斂《かがみ》の皮を以て舟に為り、鷦鷯《さざき》の羽を以て衣にして、潮水の隨に浮き到る」とある。シロカガミはガガイモのことで、サザキはミソサザイという鳥である。少彦名命はガガイモの蔓製の舟上で鳥の羽根を着ていたことになる。これも鳥人、鳥とカミの合体した存在ということになる。

『古事記』には、天照大御神《あまてらすおおみかみ》と高御産巣日神《たかみむすひのかみ》が豊葦中国《とよあしはらなかつくに》に天若日子《あめのわかひこ》を派遣したが、地上から帰ってこなかったので天照大御神と高御産巣日神は鳴女《なきめ》という雉（キジ）を派遣した。天若日子が死んだことを知った天《あま》津国玉神《つくにたまのかみ》とその妻子が地上に降りたって嘆き悲んだ。地上で殯屋《もや》を作り、川雁（カワカリ）を死者に食べ物をささげる役とし、鷺（サギ）を殯屋の掃除係とし、翠鳥（カワセミ）を神に供える食物を用意する役とし、雀（スズメ）を碓女（＝米をつく女）とし、雉（キジ）を哭女（泣き女）して葬式を準備した。そして、八日八夜間、踊り食べて飲み遊んで、死者の霊を弔った。神がみが鳥に扮装して葬儀をおこなったことから、鳥が天上界と地上界をつなぐ使者とみなされていたことが示唆されている。

『古事記』では、神武東征のさい、前述した高御産巣日神は、「天から八咫烏《やたがらす》を派遣するので、八咫烏の道案内に従っていけばよい」と告げた。高御産巣日神が雉を遣わした例と同じく、この八咫烏は、賀茂氏の祖である賀茂建角身命《かもたけつのみのみこと》である。八咫烏は黒色をしている。福岡県珍敷塚《めずらしづか》古墳の後室奥壁や、福岡の鳥船塚古墳の玄室奥壁、熊本県山鹿市の弁慶ガ穴古墳の側壁は、船首に黒い鳥がとまった壁画が描かれている。これは太陽の黒点を象徴する鳥、カラス（烏）だと推定されている。

古代日本の神話で登場する鳥の種類には、前述した『古事記』の川雁、鷺、翠鳥、雀、雉、『日本書紀』のミソサザイなどがある。鳥形木製品のうち、長い首をもつものはサギに、大型のものは猛禽類と考えられている。また、イカル（鵤）というスズメ目アトリ科の鳥は、聖徳太子が六〇一（推古九）年に斑鳩宮を造営した現斑鳩町（奈良県生駒郡）の名前の元になったとされている。のちにふれる白鳥処女伝承では、白鳥、雁、鶴などの水辺の鳥が多いことに注目し、北ユーラシア地域の重要性が指摘されている（Hatto 1961; 山田 2016）。古代韓国で出土している鳥形土器の多くはカモ類、ガンなどと考えられ、祭祀用に使われたと想定されている（東 1979）。

5　鳥人イメージの伝播と変容

（1）古代文明と鳥人

古代エジプトでは、人間は肉体であるアク、精霊をあらわすカァ、霊魂をあらわすバーからなると考えられていた。このうち、バーは人間の死後も生き続け、墓から飛んで来世でカァと合体するとされた。そして、バーは頭が人間で鳥の姿をした鳥人とイメージされていた（図2-8）。

古代エジプト神話では、太陽神のラーは頭部がハヤブサで、胴部は人間とされた。ラーは太陽と同じように一日の間に姿を変え、日の出のさいにラーはケプリ（Khepuri）、つまりスカラベ（フンコロガシ）として現れた。

図 2–8　古代エジプトの鳥人。左がバー（Ba)、右がホルス（Horus: ハヤブサと人間の鳥人)。

スカラベが球体の糞を転がすさまと太陽の動きが隠喩的に結びつけられた。日中はハヤブサとして天空を飛翔し、夜はアメン神（Amen）となって夜の世界を回った。アメン神はダチョウの二枚の大きな羽根を頭部にいただく姿で描かれていたが、中王国時代以降には頭部が渦を巻いた角をもつ牡羊の姿に変化した。スフィンクスはエジプトで元々、ファラオ（王）の人面とライオンの体躯をもつ存在とされていたが、ルクソール宮殿のアメン像は頭部がヒツジのスフィンクスである。

ホルス（Horus）はラー神の息子であり、やはり天空とハヤブサの神とされている（図2–8）。ホルスは、ヒエログリフでハヤブサの象形文字で表されている。ホルスのイメージで注目すべき点は、太陽神であるラーが各神殿に翼のある太陽円盤を置かせたことから、上エジプトのホルス信仰者はホルス・ベフデティ（中心地のエドフ）と称され、太陽円盤の姿で表現された。エドフ（ホルス）神殿には、均整のとれた勇壮なハヤブサの彫像が残されている。ハヤブサは猛禽類で強力な捕殺能力をもち、王権にふさわしく、また昼間に天空を舞飛ぶ姿が太陽神のモデルとされた。

メソポタミアの神話に登場するスフィンクスの実体は、アンズー（anzu）と呼ばれる存在である。アンズーはエジプトにおけるような神聖な神ではなく、最高神を裏切り、神と対決する。アッカド・シュメール時代（紀元前二三五〇～二二〇〇年）の神話では、シュメールの最高神エンキのもつ万能の書板をアンズーが盗んでわがものにしようとした。エンキがこれを取り戻すために神がみを遣わして対決し、アンズーを負かして無事、書板を取り戻す。当初、アンズーは頭部がライオンで、体躯はワシの姿として描かれていた。ただし、アッカド時代の円筒印章には、エンキの前に連行されたアンズーがすでに戦いに敗れて翼を失い、神ではなく尾羽のみをもつ人間として刻まれている。アンズーは鳥人であった。古代バビロニアの「パビルサグ Pabilsag」という神はニヌルタ（Ninurta）と呼ばれ、上半身が鳥で、胴体が人間のような姿をしていた（柴田 1998）。

古代西アジアの紀元前六世紀以前に興ったゾロアスター教は、主神をアフラ・マズラーとする一神教で、人間に宿るもっとも重要な霊をゾロアスター教の守護霊でもある善神の「プラヴァシ」とした。プラヴァシは、翼をもつ人間の姿をしていた。ペルセポリスには、プラヴァシのレリーフが残されている。これは横を向いた人間の姿で、下半身の部分に翼と尾羽が彫り込まれている。また主翼の中央部には円環がある。このモチーフは、エジプトにおける太陽円環の伝統を引くものであろう。プラヴァシにおける有翼人の図像学的な特徴は、のちに世界各地へと拡散したことが分かっている。

ギリシャ神話にも、スフィンクスが登場する。体躯はライオン、顔面と乳房のある胸は人間の女性、背中にワシの翼をもつ怪物として表現されているものや、頭部が牡羊やハヤブサのものがある。ライオンの尾の部分がヘビとして表現されることもある。一般に英語でグリフィン（griffin）、フランス語のグリフォン（griffon）と呼ばれるのは、ワシの頭部と翼をもち、下半身がライオンの合成獣を指し、そのモチーフは紋章や戦闘機、自動車会社をはじめ広範な分野でエンブレムとされている。

のちにキリスト教が広まる過程で、人間で鳥の翼をもつ存在は天使として宗教絵画で広く描かれてきた。天使はふつうエンジェルス（angels）と英語で呼ばれ、キリスト教、ユダヤ教、イスラーム教において認められている。天使たちは肉体をもつのか、それとも完全に霊的なものなのかについては論争がある。この点は、デスコラの身体性と内面性の類別化ともかかわっている。また、図像として描かれる天使には翼があるが、すくなくとも聖書には天使の翼に関する記述はない。しかも初期の絵画にある天使に翼は描かれなかった。翼が描かれた最古のものは、テオドシウスI世の治世（三七九～三九五年）に作られたものである。

（2）迦陵頻伽《かりょうびんが》と鳥人

インドに興った仏教が東方に拡大するなかで成立した諸宗派のなかで、阿弥陀如来を本尊とする浄土宗は『浄土三部経』を経典とする。鳩摩羅什《くまらじゅう》（三四四～四一三年）がサンスクリット語の経典を漢訳した『阿弥陀経』（四〇一年）や『妙法蓮華経』（四〇六年）に鳥人の図像を見出すことができる。『阿弥陀経』に「極楽浄土」に棲む六種類の鳥が記述されている。これらの鳥は色鮮やかで、朝と夜の六時になると美しい声でさえずり、その声は仏の教えを説くものとされている。この中には、迦陵頻伽《かりょうびんか》、共命《ぐみょう》鳥《ちょう》、白鵠《びゃっこく》、孔雀《くじゃく》、鸚鵡《おうむ》、舎利《しゃり》が含まれる。迦陵頻伽はサンスクリットのカラヴィンカ（kalanvinka）の音訳で、頭が人間、体が鳥の鳥人である（図2-9）。迦陵頻伽については、勝木言一郎によるまとまった書がある（勝木

図 2-9　敦煌莫高窟《ばっこうくつ》第 321 窟西壁　迦陵頻伽（初唐 618～712）（勝木信一郎 2006）

2006）。

　共命鳥は双頭の鳥で、頭部は人面ないし鳥の場合があり、前者の場合は鳥人ということになる。共命鳥は「命命鳥」とか「耆婆耆婆」とも呼ばれた。双頭の鳥は『山海経』でもルイと呼ばれる、頭が二つで脚が四本で火を防ぐのに良いとされている。ルイは漢字で鸓と書き、ムササビを意味するが、カササギのような鳥とある。白鵠は白い色の水鳥、舎利は九官鳥であり、孔雀、鸚鵡とともに現存する鳥である。

　迦陵頻伽の図像はその後、仏教の伝播とともに寺院の天井画や工芸品のモチーフとして描かれてきた。日本では、京都の大徳寺・金毛閣《きんもうかく》に長谷川等伯筆によるものがある。東福寺三門楼上の天井画、知恩院三門の天井画、妙心寺の三門楼上の天井画、方《ほう》広寺《こうじ》（大仏殿）の鐘楼の天井画にも迦陵頻伽が描かれている。また、世界遺産の中尊寺金色堂・堂内具として六枚の金銅華鬘《こんどうけまん》（迦陵頻伽文）が国宝となっている。変相図《へんそうず》は、仏教絵画で浄土や地獄を描いたもので曼荼羅と呼ばれることもあるが、かならずしも整然とした仏教の世界観を示したものではない。日本では、前述した天井画のように阿弥陀如来が住む極楽浄土を描いた浄土変相図（浄土変・浄土曼荼羅）が知られている。

図像や工芸品のデザインだけでなく、雅楽の世界では「迦陵頻」と呼ばれる中国伝来の舞楽が仏教行事として、あるいは神社で稚児四人によっておこなわれてきた。番舞《つがいまい》は胡蝶舞である。迦陵頻はまさに鳥人による演目である。

（3）敦煌の飛天と鳥人

古代の西アジアにおける鳥人の意匠が東方に伝播し、大きく展開した著名な例が敦煌や雲崗の石窟寺院に残された多くの彩色壁画である。たとえば、西魏時代（五三五～五五六年）の敦煌莫高窟《ばっこうくつ》第285窟の天井壁画には、如来の周囲に飛天が数多く描かれている（東山 1997）。飛天は天衣をまとう形で表現されており、古代オリエントからシルクロードを通じてもたらされた鳥人を表現したものである。興味があるのは、飛天だけでなく兎耳（ウサギの耳）の羽人や飛廉（獣頭鳥身の神獣）、烏荻（人身で烏の爪を持つ怪人）が合わせて描かれていることである。つまり、人間と鳥の属性をもつ多様な鳥人が集合しているさまを見ることができる。また、敦煌莫高窟の220窟南壁は全体が阿弥陀浄土経変図となっており、ここに迦陵頻伽が描かれている。北壁株と東壁門上に六四二（貞観一六）年の紀年銘がある。北魏時代後期の六世紀前半にも迦陵頻伽が出現していた。甘粛省荘浪県出土五層四面塔にある壁画がそうである。

インド起源の鳥人である迦陵頻伽は、インドには現存しない。中国において迦陵頻伽の概念が受容された背景には、五世紀はじめに鳩摩羅什など西域出身の僧による仏教経典の漢訳活動があり、その後、初唐時代の七世紀前半には定着していた点を挙げることができる。

（4）羽衣伝説と扮装・変換

敦煌の壁画には多くの飛天が優雅に天を舞い、楽器を奏でる姿が描かれている。飛天は天女として描かれている。天女が翼をもたずに空中を飛んでいるのは、身に着けた羽衣が翼の役割をもつからである。

本書で執筆している山田仁史は、世界における羽衣説話について総括している（山田 2016）。羽衣伝説は、日本では風土記逸文が初見である。すなわち、『近江国風土記』と『丹後国風土記』があり、天から地上に降り立った天女と一人の男性が伝説の主役となっている。羽衣を脱いで裸で水浴びをしている八人の天女の一人を見そめた男がその女性を自分のものとするため、羽衣を隠す。そのために天に戻れなくなった女性と男は結ばれて暮らす。隠してあった羽衣を見つけた女性はふたたび天にもどる（『近江国風土記』逸文）。

一方、『丹後風土記』では、水浴中に老夫婦が羽衣を隠し、天女はその老夫婦の家にとどまる。酒作りにたけていた天女のおかげで老夫婦は裕福になるが、自分の子ではないとして天女を追い出す。放浪の末、天女は鎮まり、豊宇賀能売神《とようかのめ》（トヨウケビメ）となる（『丹後国風土記』逸文）。

以上のことを受け、古代神話の天女は白鳥と同一視され、白鳥処女説話に相当するもので、人間と白鳥の異類婚姻譚の例とされている。

白鳥処女説話はトーテミズム的な思考に裏づけられたものとして、羽衣伝説の中で異類との婚姻が破たんする筋書きになっているが、角木純は大林太良（大林 1998）や三品彰英（三品 1973）の議論を踏まえ、白鳥が霊魂を運ぶ霊鳥であるとともに穀物神としての役割を担ったと考えた。

さらに、『近江国風土記』逸文では白鳥の「毛衣《けころも》」であるのに対して、『丹後国風土記』逸文では「衣裳《ころも》」とあり、羽衣が白鳥の羽根から布や機織物に変化している。アイヌの世界でカムイ（＝カミ）がクジラやクマ、シマフクロウなどの毛や皮で扮装（＝ハヨクペ）して人間界に現われるとする観念と通底している。敦煌の壁画に描かれた鳥人の迦陵頻伽は当初、鳥であったが、白鳥が変態し、仙女として空を飛ぶことができるようになった。日本では三保の松原やかぐや姫伝説に登場する羽衣のように、鳥が変態して細長い布をまとった姿として登場する。

前述した山田は、狩猟民における羽衣伝説では動物は本来、人間と同じ姿・形をしており、人間世界に衣をまとって現れる。しかし、農耕民社会における仮面仮装や羽衣説話は、中身よりも外被が重要と考える傾向のあることを指摘した大林太良の説（大林 1998）に疑義を唱えている（山田 2016）。

古代インドにおける鳥人のうち、翼のない飛空、仙女、天女のような布を翻して空を飛ぶ羽衣に対して、人面で胴体が鳥の翼をもつ鳥人のイメージは西方へと広がっていった。

6　おわりに

鳥人を言語、図像、儀礼の三つの位相から分析し、古代文明や民族誌の例を元に図像と儀礼の側面を中心に検討した。本章では、鳥人の考察からえられた結果から二つの新しい到達点を示したい。

第一に、鳥人は鳥と人間とが合体しただけの存在ではなく、さまざまな意味づけがなされていた。鳥が人間

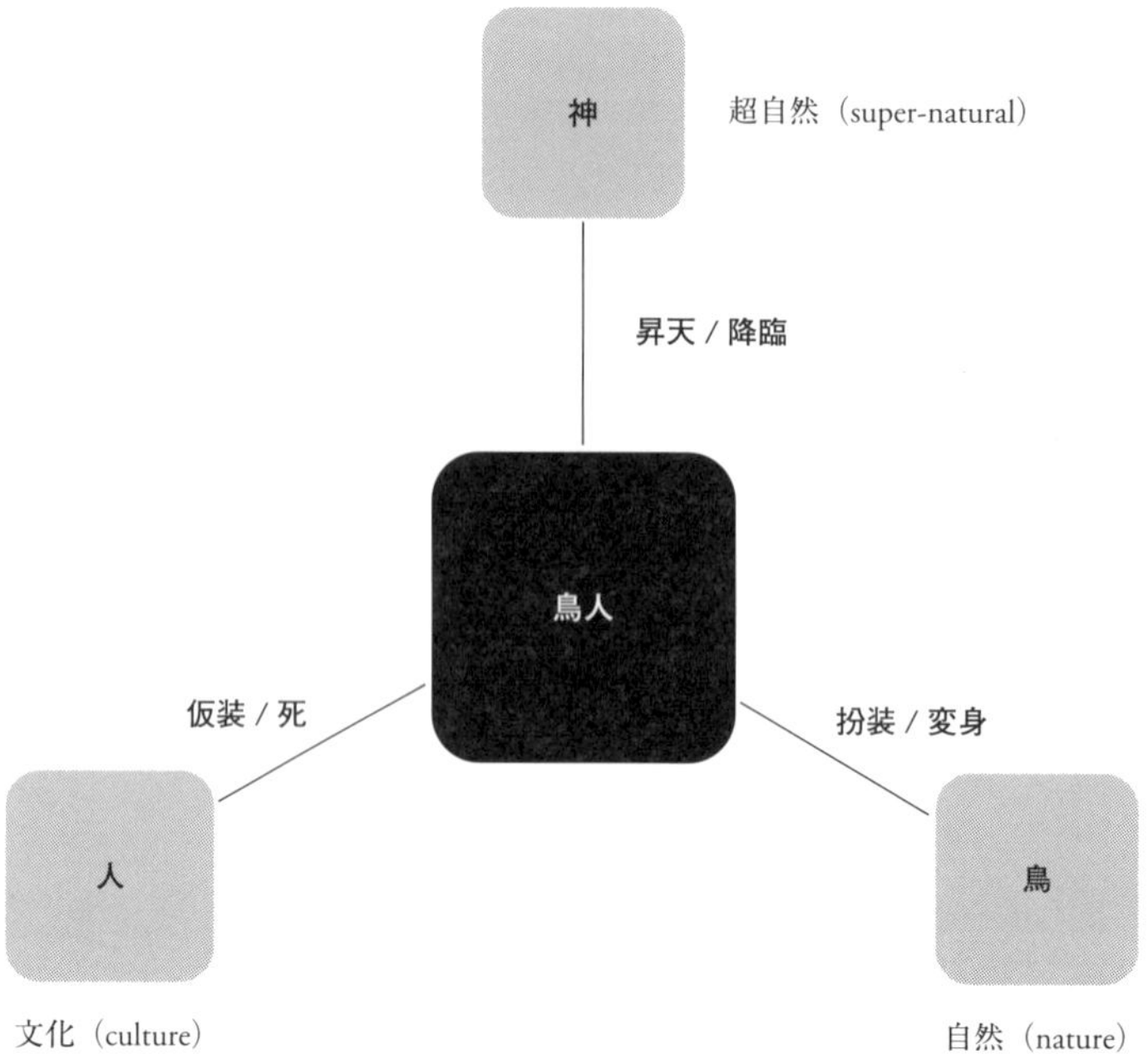

図 2-10　人・鳥・神の形象変換（transfiguration）と鳥人

の霊魂を天界に運ぶとする古代日本の例、人間の霊が鳥に変容して天に昇るとするナガ諸族の例、鳥を穀霊や祖先霊と同一のものとみなす古代日本の事例などは、鳥人の外面が鳥で、内面が人間の霊と考える思考と位置づけることができる。鳥を人間の女性ないし人間のイトコとする観念や異類婚姻の対象とする発想では、外見も内面も鳥と人は同一のものと考えられている。

バイニング族や北西海岸のクワァクワァカワク族の場合のように、鳥の仮面は人間が鳥に変身するさいに用いられる。また、本来、人間と同じ姿・形をもつ鳥が扮装して人間の前に現われるとする狩猟民の羽衣伝説と、敦煌の壁画にある鳥人の迦陵頻伽は当初、鳥であったが、白鳥が変態して仙女になった例や、日本のかぐや姫伝説に登場する羽衣のように、鳥が変態して天女の姿となった例がある。

このように、鳥人のイメージと形象は多様であるとともに、歴史的に変化してきた。とくに、東西文明の拡散と伝播の過程や、農耕の開始とそれ以前とでは鳥と人とのかかわりは大きく変化してきた。これが第一の結論であり、デスコラの存在論に関するモデルに時間軸を挿入して今後検討する必要性を指摘しておきたい。

第二は、デスコラの存在論のパラダイムに対する反証である。本論で扱った鳥人はデスコラにしたがえば、鳥と人間は身体性で異なるがともに内面性で霊魂をもつトーテミズムの範疇に帰着することになる。しかし、鳥が本来、人間と同じであるとする観念がニューギニア、アイヌ、北西海岸の例にあり、いずれも身体性と内面性を二元的に峻別するデスコラの前提に当てはまらない。以上の点を統合的に示すため、図2-10のような人間・鳥・神（ないし霊）の形質転換と鳥人の関係を示した。人が鳥人に、鳥が鳥人になる過程は扮装と仮装、ないしは死と再生の繰り返しを指す。鳥人と神との関係は超自然観と神話的世界観として具体化される。このモデルは人間と自然、超自然を統合的にとらえることのできる点が汎用性と統合性をもつものといえる。

このモデルで自然界の鳥に魂があるのかが疑問点として浮上する。この点については哲学者の金森修が人間と非人間の境界論から議論を進めてきた（金森 2012）。さらに、フランスの作家であるJ・C・バイイは動物が思考するのかとする問題を提起し、デスコラの扱ったアチュアール族が自然との対話を可能としている点にも問いかけを発している（バイイ 2013）。動物に魂の存在を認めるアニミズム的な思考様式について、日本の文化人類学者である岩田慶治が晩年に「木が人になり、人が木になる」とするアニミズム論を展開している（岩田 2005）。鳥と人が　鳥人として相互に変換する事例を踏まえると、身体性と内面性を二元化する発想とは相いれない。「鳥が人になり、人が鳥になる」視点を理解すれば、自然と文化の枠組みを新しく塗り替える契機になると結論づけたい。

文献

秋道智彌（1988）「自然の文化表象」『文化人類学へのアプローチ』（伊藤幹治・米山俊直編）二〇五–二三〇頁、ミネルヴァ書房。

秋道智彌（1989）『ハワイ・南太平洋の謎』（グラフィティ・歴史謎事典10）光文社。

秋道智彌（2010）「共有の森―モンスーン地域の野鶏とチョウ」秋道智彌『コモンズの地球史』二三〇–二五〇頁、岩波書店。

東潮（1979）「古代朝鮮の祭祀遺物に関する一考察―異形土器をめぐって」『国立歴史民俗博物館研究報告』七：四五三–五二一頁。

井上貴央（2007）『青谷上寺地遺跡の弥生人と動物たち』鳥取県教育委員会。

岩田慶治（2005）『木が人になり、人が木になる。：アニミズムと今日』人文書館。

大林太良（1997）『葬制の起源』中央公論社。

大林太良（1998）『仮面と神話』小学館。

勝木言一郎（2006）『日本の美術481　人面をもつ鳥　迦陵頻伽の世界』至文堂。

金森修（2012）『動物に魂はあるのか　生命を見つめる哲学』（中公新書）中央公論新社。

金元龍・韓炳三・岡崎敬 責任編集（1979）『世界陶磁全集一七・韓国古代』小学館。

佐原真、春成秀爾（1997）『歴史発掘⑤　原始絵画』講談社。

柴田大輔（1998）「古代メソポタミアにおける混成獣グループ（ティアーマトの被造物）マルドゥク神学構築と転用の為の戦略的手段」『東京大学宗教学年報』一六：七三–九五頁。

角木純（1971）「羽衣伝説研究―発生理解のための一仮説」『日本文学』三七：一七–二九頁。

バイイ、ジャン＝クリストフ（2013）『思考する動物たち―人間と動物の共生をもとめて』（石田和男・山口俊洋翻訳）出版館ブック・クラブ。

東山健吾（1996）『敦煌三大石窟　莫高窟・西千仏洞・楡林窟』（講談社選書メチエ74）講談社。

ヘイエルダール、T（1992）『アク・アク―孤島イースター島の秘密』（山田晃翻訳）（現代教養文庫）社会思想社。

松田稔（1995）『『山海経』の基礎的研究』笠間書院。

松本信広（1966）『日本の神話』至文堂。

松本信広（1971）『日本神話の研究』（東洋文庫 180）平凡社。

三品彰英（1973）『古代祭政と穀霊信仰』（三品彰英論文集第5巻）平凡社。

山田仁史（2016）「羽衣伝承にみるミンゾク学と文学の接点」野田研一・奥野克己編『鳥と人間をめぐる思考―環境文学と人類学の対話』二七一–二九二頁、勉誠出版。

Bulmer, R. N. H. (1967) Why is the cassowary not a bird? a problem of zoological taxonomy among the Karam of the New Guinea Highlands.

Man (N. S.) 2(1): 5–25.
Corbin, George A. (1982) Chachet Baining art. *Expedition* 24(2): 5–16.
Fajans, Jane. (1997) *They Make Themselves. Work and Play among the Baining of Papua New Guinea*. The University of Chicago Press.
Godelier, Maurice. (1982) Social hierarchies among the Baruya of New Guinea. In A. Strathern (ed.) *Inequality in New Guinea Highlands Societies*, pp. 3–34. Cambridge University Press,
Godelier, Maurice. (1986) *The Making of great Men-Male Dominationa and Power among the New Guinea Baruya*. Cambridge University Press.
Hatto, Arther Thomas. (1961) The swan maiden of northern Eurasian origin? *Bulletin of the School of Oriental and African Studies*, 24(2): 326–352.
Hutton, J. H. (1920) *The Angami Naga*. Macmillan Co.
Mille, James Philip. (1926) *The Ao Naga*. Macmillan Co.
Sebastian, A J. (2009) *Naga Folktales*. Muse India Archives Issue 24.
Temsula, Ao. (2007) *Songs From The Other Life*. Grasswork Books.
Waterson, Roxana. (1989) Hornbill, Naga and cock in Sa'dan and Toraja woodcarving motifs. *Archipel*, 38(1) : 53–73.

第Ⅱ部　自然は人間の友達か

野生は自然で、栽培化・家畜化は文化とする言説は、陳腐な二元論でしかない。文化的な存在であれば、友達だと甘く考えない方が良い。農耕や牧畜を営む社会の人びとは、自然と文化は相互に影響をおよぼし合うものと認知し、生活の中で実践している。愛玩動物や実験動物の扱いにも、人間による支配だけで論じることは危険だ。野生と馴化の思想を横断する地平を切り拓く。

Ⅱ 「野生」と「馴化」

フィリップ・デスコラ

周知のように、自然的現実世界と社会的現実世界との区別が普遍的なものであるという考え方は、人類学者、哲学者、地理学者らにより、ますます痛烈な批判を浴びるようになってきた。我々とはまったく異なる仕方でコスモロジーを構築する民族や文明に対して、近代的思考に基づく二項対立を押しつけることはできない、というわけである。だが、それに対して次のように異議を唱えることはできないだろうか。すなわち、「野生のもの」(le sauvage)と「馴化されたもの」(le domestique)〔le domestique は厳密には「馴化」や「馴化されたもの」を意味しないが、ここでは便宜上このように記述することとする。本書第8章(下山論文)註(4)を参照のこと〕との対照は、世界のあらゆる場所で認められる。とすれば、それは自然と文化を二項対立として区分する考えと部分的に重なり合うものであり、むしろ歴史の偶然性(contingence)に耐えて生き残ってきた思想ではないのか、と。

人間は、自分自身の存在の痕跡が残されているか否かによって、その環境の基本的分別をおこなわずにはいられない。庭園と森林、畑と荒れ地、南仏の石積み壁で仕切った段々畑と灌木地帯、オアシスと砂漠、村とサバンナ、といったように、その組合せの実例には事欠かないであろう。これらは、地理学者がエクメーネ（écoumène）とエレーメ（érème）、つまり人間がふだんよく足を運ぶ場所と、めったに足を踏み入れることのない場所との間におこなう区別に対応している[1]。

そうなると、多くの社会において、近代的自然観に類比できる観念が存在しないということは、意味論上の問題でしかなくなる。なぜなら、人はどの時代のどの地域においても、馴化と野生との間、つまり、きわめて社会化された空間と、人間活動とは独立して展開する他の空間とを区別することを知っていたはずだからだ。人間により変更が加えられた部分を文化的、そうでない部分を自然的と見なしさえすれば、自然と文化の二元性は民族中心主義の咎《とが》を免れるであろうし、ひいては、誰にでも原則として平等に開かれた世界経験に基づいているがゆえに、その根拠はより強固なものともなるだろう。多くの民族にとって、おそらく自然（la nature）は自律的な存在論的領域としては存在しないかもしれないが、彼らの下では野生（le sauvage）こそがその役目を果たしているはずであり、我々同様、彼らは人間に属するものと、そこから除外されるものとの間に、少なくとも地形上の区別をつけることは心得ているに違いない。本章の目的は、この問題にレトリック上の反論の形で答えようと試みることである。

1　環境・土地の認識の仕方

常識ほど相対的なものはない。それが居住空間の知覚と使用にかかわる場合には、なおさらだ。まず、新石器革命に先立つ時期、すなわち、人類の歴史の大部分であるが、その間、野生（sauvage）と馴化（domestique）の区別が意味をもったかどうかは疑わしい。だが、旧石器時代の我々の祖先の心性を知ることは難しいとしても、少なくとも、今日の狩猟採集民が、環境へ適応するためいかに生きているのかを考察してみることは可能だ。その繁殖や個体数を完全に管理できない動植物から生活の糧を得るために、人びとは資源量の変動に応じて移動する傾向がある。天然資源は、ときに豊富に存在するが、場所や季節によって分布は不均等になりがちだ。たとえば、ハドソン湾の北西数百キロにわたって遊牧生活を営むネツリク（Netsilik）エスキモーは、一年を少なくとも五つまたは六つの段階に分けて生活する。すなわち、冬の終わりから春にかけてはアザラシ猟、夏には内地の川で簗《やな》漁をし、秋の初めにはツンドラでトナカイ猟、一〇月には凍ったばかりの川で穴釣りをする（Balikci 1968: 78–82）。したがって移住は広範囲にわたり、定期的に新しい場所になじむことや、かつて定住した地においてあちこち足しげく歩き回ることによって記憶にとどめられた習慣や、古い目印を思い出すことが必要となる。気候的に対局の地に暮らす、南アフリカ・ボツワナのサン・クン（San! Kung）族の選択肢はさらに狭くなる。というのも、カラハリ砂漠の乾燥した環境においては、彼らは住居設営のため、水場に依存せざるを得ないからだ。エスキモーのような集団的移動は彼らには許されておらず、各集団は恒常的な給水ポイントの近くに定住する傾向にある。だが、個人個人は絶えず居住拠点の間を行き来するのであり、それゆえ、その人生の大部分を、それまで立ち入ったことのない、また、その地形の隅々まで覚えねばならないさまざまな土地の中を移動して過ごす（Lee 1979: 51–67, 354–359）。イトゥリ（Ituri）の森に住むムブティ（Mbuti）ピグミーの場合もそうである。それぞれの集団は、全員がその境界を認識している同じ領域内に住居を設営するが、各集団や狩りのチーム

［1］「エクメーネ」と「エレーメ」の区別については、Berque（1986: 66以降）（邦訳：『風土の日本自然と文化の通態』筑摩書房、一九八八年）を参照。

の構成や規模は、年間を通じて常に変化する（Turnbull 1965）。

赤道地帯や北極圏の森林、アフリカ南部や中央オーストラリアの砂漠は、これまで長きにわたって誰も狩猟民たちとその領有権を争うことなど考えもしなかった「周縁」と呼ばれる地域であるが、これらの地域の人びとの生活形態は、もっぱら、場所に対する関係の取り方が同じであるという点で共通している。そこでは、空間の占拠とは、一つの定点から放射状に広がるのではなく、ほぼ点状の、ほぼ反復的な逗留地点をつないだネットワークとして展開する。たしかに、エスキモーに関してM・モースがすでに二〇世紀初めに気づいていたように、狩猟採集民のほとんどは、その年間サイクルを二つの局面に分けている。一つは、動的な小集団による拡散の時期であり、いま一つは、ある一定の地点におけるかなり短い集住期間である。こうした地点では、より密な社会生活を営み、集団での大規模な儀礼をおこなうことが可能でなくてはならない[2]。だが、この一時的な集住を、村落形態として、すなわち、周囲の領域を接収することで定期的に更新されていく中心点として理解するのは、あまり現実的ではない。というのも、その周辺部は彼らにとって馴染み深い場所であり、いつも喜びをもって再発見されるものではあるが、そこを何度も訪れることでそれが「馴化された」空間、すなわち、一年の他の時期に訪れる場所の野生的な無規律状態と対照的な空間となるわけではないからだ。

移住型狩猟採集民（chasseurs-cueilleurs itinérants）の環境は、絶え間なく踏査されることでくまなく社会化されており、かつてそこで起こった出来事の痕跡を至るところに留めている。こうした出来事が、今日に至るまで、古来の連続性を繰り返し活性化させているのである。まず、各人の人生が、それに結びついた多数の思い出によってできあがっているような、個人的痕跡がある。たとえば、ほとんど目に見える形では残っていないことも多い、放棄された居住地の名残り。動物を追ったり待ち伏せしたりした場所を思い起こさせる、背斜谷や、変わった形の木立、地形の屈曲。通過儀礼を受けたり、結婚したり、子どもを産んだりした場所の再発見。そして、親の一方を失った場所など、避けなくてはならないことの多い土地だ。だがこれらの徴表は、空間の目印となる不変の標識のごとく、それ自体として存在するわけではない。それらはせいぜい、自伝的な軌跡が残していったはかない署名に過ぎず、それを残した本人か、近い過去の私的な記憶を彼とともに共有する者らのグループによってのみ、読み取れるものでしかない。

たしかに、環境において際立った特徴をもつ場所の中には、それが誰にとっても同じ意味をもつような、自立的なアイデンティティを帯びたものもある。中央オーストラリアにおける例がそうであり、ワルビリ（Warbiri）のような部族はそこで、丘、岩塊、塩田、小川といった、土地の起伏の輪郭や、特定の凹凸部分に、風景の構成要素へと変身を遂げた彼らの先祖的存在の活動や巡礼の痕跡を見るのである[3]。だが、これらの場所は、化石化した神殿でもなければ、文明の一大中心地というわけでもなく、「ドリーム・タイム（夢の時間）」〔オーストラリア・アボリジニたちが、民族全体やこの世界そのものが生まれた起源と考えている神話的「夢」の時間のこと〕において、生物や事物の創造者たちが辿った道筋の痕跡なのである。それらが意味をもってくるのは、アボリジニたち自身の行程において、それらがたがいに結びつけられたときのみだ。彼らは、自分たちがそこを通るさいのはかない痕跡を、先祖たちの残したよりはっきりとした痕跡に重ね合わせることで、その道筋を果てしなく再現していくのである。北極圏カナダにおいてイヌイットが積み上げるケルン（積石塚）がもっている機能も同じものだ。これらの石の小塚は、かつて人が住んだ場所や、

［2］ Mauss（1904–1905）。今では、世界のどの地域の狩猟採集民たちにおいても、このサイクルはかなり一般化していることが分かっている（たとえば Lee & DeVore 1968 を参照）。

［3］ Glowczewski（1991）; ピントゥピ（Pintupi）族における類似の概念については、Myers 1986 を参照。

場合によっては墓の場所を示したり、あるいは、トナカイ猟の待ち伏せゾーンの目印としたりするためのものであり、遠くから、立った人間のシルエットに見えるような形に築かれる。その機能は、風景全体を馴化することではなく、古《いにしえ》の道のりを想起させ、現在の移動のための目印とすることなのである。

狩猟と採集で暮らしている民族について、彼らがその環境を「野生」――対する「馴化」を定義することもそう簡単ではないが――ととらえていると言ってしまうと、彼らがその食料獲得の技術によって、時間の経過とともにその地域の生態を変化させているということを、見て見ぬふりすることにもなる。たとえば、アボリジニたちは数年前から、彼らが住む土地を「荒野」(*wilderness*)と呼ぶことに対してオーストラリア政府に抗議している。というのも、たいがい、この呼称が、彼らの意図に反してそこに自然保護区を作る口実となるからである。「荒野」の概念は、「無主の土地」(*terra nullius*)、生のままの自然、人間の活動による破壊から守るべき生態系、といったその含意ゆえに、アボリジニたちが自分で作り上げてきた環境の観念や、彼らがその環境との間に取り結んでいるさまざまな関係を否定するものだ。また何よりも、それは彼らがそこに加えてきた巧妙な変形を無視するものである。「ノーザンテリトリー」(オーストラリア北部)のジャウォイン(Jawoyn)族のある指導者は、彼らの土地の一部が自然保護区へと変えられてしまったとき、こう語っている。「ニトゥミルク(Nitmiluk)国立公園は未開(sauvage)の領域じゃない(……)人間活動の産物なんだ。それは、何万年もの間、わしらの儀式や親族のつながりを通して、また、火入れや狩りによって、わしらが作り上げてきた土地なんだ。(Langton 1998: 34による)」。

捕食をおこなって暮らす他の民族同様、アボリジニにとって、野生と馴化の区別はたいして意味をもたない。なぜなら、そこには飼い馴らされた生物種がいないばかりでなく、彼らが歩き回る環境全体が、広大かつ馴染み深い住居のようなものとなっていて、彼らはそこに住んでいるからなのだ。その住居には、あたかも代々の入居者によって加えられた修繕がほとんど目に留まらないものとなるかのように、各世代の好みにしたがって控えめに改変がなされている。

もっとも、移動という側面が存続している限り、ドメスティケーション（domestication）はものの見方（perspective）そのものががらりと変わることを含意しているわけではない。それをよく示しているのが、移動牧畜民（pasteurs itinérants）らによる空間のとらえ方である。彼らはその点で、ほとんどの定住牧畜民（éleveurs sédantaires）とよりも、狩猟採集民（chasseurs-cueilleurs）との間に、より多くの類似点を示している。たしかに、本当の意味での遊牧生活（nomadisme）はめずらしいものとなったことは事実である。それほどまでに、ここ一、二世紀の間、牧畜民（éleveurs）を押しのけて拡大する定住民（sédentaires）の勢いが顕著だったためだ。しかしながら、ナイジェリアのサヘル（サハラ砂漠南縁部のステップ、サバンナ地帯）を家畜の群れとともに一年中移動するプール・ウォダーベ（Peuls Wodaabe）はその稀な例の一つである（Dupire 1962）。彼らの移動の規模は、たしかに可変的である。乾期にはそれは縮少し、彼らは農耕民たちの未開墾地で家畜たちに草を喰ませながら、ハウサ（Haoussa）地方の井戸や市《いち》の周りを回る。越冬期にはそれは拡大し、アザワク（Azawak）やタデス（Tadess）〔ともに地名〕の豊かな牧草地を求めて、大移住を試みるのである。固定した住居もなく、彼らはいつの季節にも、棘のある植物でできた半円状の垣根に囲まれた、屋根のない囲い地に住むことで甘んじるのだ。このかりそめの宿は、地平線上に見ると、ステップのまばらな茂みとほとんど区別がつかない（Dupire 1962: 63）。

この年間移牧モデルは、世界の多くの地域で標準的なものとなっている。たとえば、イラン南部のバセリ（Basseri）族は、夏の間、クー＝イ＝ブル（Kuh-i-Bul）の高地夏期牧場にテントを設営するため、春には北へ向かって大挙をなして移動する。秋には、ラール（Lar）の町の南の砂漠地帯の丘陵で越冬するためそこから戻るのであり、それぞれの行程には二、三ヶ月を要する（Barth 1961）。移住のさいには、キャンプ地はほぼ毎日変わるのに対し、夏と冬の間は、テントの集団はそれほど動かない。それが分裂することがあるとすれば、主に家族間のいさかいが起こる場合である。およそ一万五〇〇〇の人びとと、主に羊と山羊からなる数十万頭の動物たちが、長さ五〇〇キロメートル、幅六〇キロメートルにわたる一帯の内部で、こうして移住をおこなうのだ。「イル＝ラー」（*il-rah*）と呼ばれる移牧の道を、バセリ族らはその所有物と見なしており、それは地元住民や当局によって、遊牧民に譲渡された一連の権利として認められている。たとえば、道路や非農耕地の通行権、草原以外の場所での牧畜権、そして、私有の井戸以外からならばどこからでも水を引いてよい権利などである。

　こうした空間の占拠形態は、遊牧民であれ、定住民であれ、異なる社会が同じ一つの領土を共有する例として解釈されてきた（Godelier 1984: 118–119）。だが、「イル＝ラー」のシステムをオーストラリア式に、すなわち、皆が領有することを求めない環境の内部における、特定の経路の占有として理解することもできる。その場合、集団の生活や、そのアイデンティティの記憶は、全体としてとらえられた広がりよりも、毎年毎年その道行きを跡づけている、数々の個別の目印に結びついたものといえるだろう。アフリカのサヘル地方とナイル川流域、中東や中央アジアの多くの遊牧民たちによって共有されているこうした姿勢は、人間化された拠点と、人間の介入の外で永続する環境との間を画するいかなる対立をも否定しているように見える。つまり、動物の扱いや分類において、それらを人間に依存しているか否かによって区別することとは、場所の認識や使用における野生と馴化の間の区別を、かならずしも伴わないのである。

　しかし、こうした二元論が、遊牧民に対して外から押しつけられたこともあり得る、と言う向きもあるだろう。というのも、彼らが飼育用の家畜を所有しているかどうか、また、彼らが生活の糧を主に狩猟から得ているか、採集から得ているかにかかわらず、じつに多くの遊牧民たちが、彼ら独自の空間の占拠の仕方と明らかな相違を示す土地や村をもつ定住民共同体と、折り合いをつける必要性に駆られているからである。こうした恒常的な定住地は、牧畜民たちにとって商取引をおこなうための経由地点、あるいは市場町となることもある。たとえば、自分たちの獲物の狩猟鳥獣を近隣の農耕民の農作物と交換するピグミーにとっては、そうした地点は周辺的な資源供給地帯となる。また、ティエラ・デル・フエゴ（「火の土地」）のヤーガン（Yaghan）族や、オナ族の元への初期の調査団の折に見られたように、そうした居住地は一時的な集合場所となることもあれば、カナダ北極・亜北極圏の民族にとっては、交易所の役目を果たす[4]。しかしながら、こうした場所が、移動地域の端に位置していようと、あるいはその内部で飛び地のようになっていようと、それらは遊牧民たちにとって、馴化された生活のモデルとはなり得ない。それほど、そこで支配的な価値や規則は、彼らのそれとは相容れないものだからである。そしてもし、こうしたケースにおいて野生と馴化の対照を是が非でも維持したければ、ばかげた逆説ではあるが、語の意味を逆転させる必要があるだろう。すなわち、それらの辺境の定住地は、遊牧民が常に歓迎されるとは限らない、また、安定してはいるが居心地が良いとは言いがたい場所であるのに対し、逆に、森林、ツンドラ、ステップといった「野生」の空間は、生家のようにすみずみまで知り尽くした住処なのであって、実際には「馴化」の側にあるということになるのである。

［4］　ティエラ・デル・フエゴについてはBridges 1988を参照。また、カナダについてはLeacock（1954）を参照。

2　アチュアール族における植物の「野生」と「馴化」

では、野良仕事のおかげで相対的定住（sédentarité relative）を余儀なくされている人びとの下でも、この二つの語の対比は妥当するであろうか。それを見るため、栽培農地へと踏み入ってみることにしよう。アマゾニア内陸部の栽培農民であるアチュアール族には、この相対的定住が当てはまる。彼らは、遊牧民（peuples nomades）や移牧民（peuples transhumants）と異なり、平均して一〇から一五年というかなり長い期間、同じ所にとどまる。彼らが新しい土地へと移動することを余儀なくされるのは、土地が痩せるからではなく、周辺の狩猟獣の減少や、使用期限の限られた家々を再建する必要性からである。アチュアールは明らかに植物栽培の長い経験をもっている。それを物語っているのは、多いところでは一〇〇種にもおよぶ、彼らの農園に生い茂る種の多様性であり、また、主要な種の内部で安定して存在する変種の数の多さである。たとえば、サツマイモには二〇種類前後、マニオク（キャッサバ）やバナナにも同じだけの変種がある。さらに、神話や儀礼の中で栽培植物が重要な位置を占めていること、また、誰もが認める農園生活の主である女性たちが繰り広げる農学的知の精緻さなどもまた、その栽培経験の長さの証左である[5]。

同地域での植物栽培がはるか古代までさかのぼることは、考古学的に実証されている。というのも、アマゾン盆地でトウモロコシの痕跡が最初に発見されたのは、アチュアールの現在の居住地に近い、山麓の湖の中だったからだ。その起源は五〇〇〇年以上前までさかのぼる（Piperno 1990）。そこが独立した馴化の拠点であったのかどうかについては、誰も知る者はいない。だが、今日広く用いられている熱帯性の根栽植物の多くが、南米の低地地方に起源をもっており、そこに最初に住み着いた人びとが、その栽培種の管理を数千年にわたり実践してきたのである。[6]したがって、あらゆる点から見て、現代のアチュアール族は植物に関する実験の長きにわたる伝統の継承者であると言ってよい。それらの栽培植物の外見や遺伝的性質は、その森林中における祖先を識別することがもはや不可能なところまで改変されているのである。さらに、これらの園芸エキスパートらは、お馴染みの「馴化」と「野生」の対比を直ちに連想させるような同心円上の区分によってその生活空間を組織する。住居はきわめて分散しており、それぞれの家は広大な焼畑開墾地の真ん中にぽつんと座している。開墾地は実に入念に耕されて草取りがなされ、その周りを、狩りと採集の領域である鬱蒼とした森が取り囲んでいるのだ。森林という「周縁」に対する整備された「中心」、粗放的な（extensif）捕食に対する集約的な（intensif）農園栽培、偶然にたよった森林中の資源に対する、馴化された環境での安定した豊富な食料供給、といったような、昔ながらの二元論的要素がすべて、ここには存在しているかのように見える。

しかし、そのような見方は、アチュアール族の言説や実践を詳細に検討しようとするや否や、まったくの幻想に過ぎないことが分かる。たとえば彼らはその農園で、馴化された種、すなわちその生産を人間に依存している種と、果実やヤシの木をはじめとする植え替えされた野生種とを栽培しているが、彼らの植物学的分類はこれらを区別しない。というのも、雑草を除き、焼畑開墾地にあるすべての植物は「アラム」（*aramu*）（「地に植えられたもの」）の部類に分類されるからである。この語は人間により操作された植物

［5］Descola（1986: pp. 198–209）。アチュアール族の南に隣接して暮らすアグアルナ（Aguaruna）族は、アチュアールと同じ物質文化を共有するが、二〇〇種類近くのマニオクの変種を扱っている点で、さらにその上を行く。Boster（1980）を参照。

［6］サツマイモ、マニオク、アメリカのヤムイモはおよそ五千年前に、また、タロイモ（*Xanthosoma*）はおそらくそれよりずっと早く、馴化されたと推測されている。Roosevelt（1991）を参照。

を意味し、馴化された種と同様に、単に根付かされただけの種にも用いられる。この後者の種については「森林の」（イキアミア *ikiamia*、「森の」）と呼ばれることもあるが、それは、それらが元々の生息場所（ビオトープ）において見つかった場合だけに限られる。それゆえ、「アラム」（*aramu*）という付加形容詞は、「馴化された植物」（plantes domestiquées）を意味するものではない。この語は、植物の起源がどのようなものであれ、農園において人間と植物の間に結ばれる特有の関係を指すものなのである。形容詞「イキアミア」（*ikiamia*）も、「野生の」（sauvage）の同義語ではない。なぜならまず、ある植物はそれが見つかった状況によりこの述語を失うことがあるからであり、また何よりも、実際のところ、「森の」植物たちも同様に「栽培された」（cultivées）ものであるからなのだ。「森の」植物が栽培されるのは「シャケイム」（Shakaim）という名の精霊によってであり、アチュアール族たちはこの精霊を森の正式の庭師として思い描くとともに、新しい焼畑開墾地を作る前には、その厚意と助言を乞い願うのである。ところで、高木、ヤシの木、マニオクの茂み、地面を覆う植物たちが巧みな無秩序さをもって混ぜ合わされていることで、高さが段階的に異なる農園の植生は、森の生態系構造をミニチュア化したものを想像させる。[7] この構成は熱帯地域における同時栽培の焼畑開墾地では典型的なものであり、痩せた土地に注ぐ滝のような雨や強い陽射しの悪影響を、少しの間耐えることを可能にしてくれる。こうした保護の有効性はおそらく過大評価されてきた。とは言え、アチュアール族が、庭を作るたびにその植え付けた植物を「シャケイム」（Shakaim）のそれに代替していることに、十分意識的であることに変わりはない。[8] したがって、「アラム」（aramu）／「イキアミア」（ikiamia）という一対の語は、「馴化」と「野生」の間の対比に対応するわけではまったくなく、人間によって栽培された植物と、精霊によって栽培されたそれとの間の対比に対応しているのである。

3 動物の「野生」と「家畜化」

アチュアール族は動物の世界においても同様の区別をおこなっている。彼らの家は、狩人がその母親を殺したさいに連れてこられた、巣から取り出された小鳥や狩猟鳥獣の子といった、飼い馴らされた動物の大集団のおかげで、いつもにぎやかだ。これらのペットは女性の世話に任され、一口ずつ餌を与えられたり、まだ自力で食べることのできない動物は乳房から直接乳を与えられたりして、あっという間に新しい生活環境に適応する。ネコ科の動物に至るまで、人間との共生を本気で嫌がる種はほとんどない。これらの愛玩動物に足かせをしたりすることはめったになく、虐待するようなことはさらにまれである。これらの動物は、自然死で死んだ時ですら、決して食べられることはない。彼らのことは、「タンク」(tanku)であると形容される。これは、「飼い馴らされた」または「人間に手なずけさせた」というほどの意味だ。この語はまた名詞としても用いられ、その場合、英語のペット(*pet*)が最も近い意味である。家のそばをうろついている若いペッカリーがいれば、「あれは誰々のタンクだ」、というふうに言う。「タンク」の語が「馴化されていること」、すなわち家の中における社会化を想起させるとはいえ、これは我々がふつう「ドメスティケーション」で意味するところのものには対応していない。というのも、アチュアールはそのなついた動物たちを、安定した子孫を残していけるように繁殖させようとは、けっしてしないからだ。それが

[7] C・ギアツはおそらくこの類似を強調した最初の一人である。インドネシア列島における多種類作物の焼畑農地について、ギアツはそれらが「ミニチュアの熱帯林」であると書いている(Geertz 1963: 24)。

[8] 焼畑開墾による多種作のもつ生態系上および農耕上の有効性に対する批判的評価については、Vickers(1983)を参照。

表しているのは過渡的な状態であり、「野生」と呼べるような状態と対照的なものではさらにない。なぜなら、動物たちの元の環境においても、彼らは聖霊によって同様に「飼い馴らされて」いるからだ。事実、アチュアールは森の獣たちは聖霊たちの「タンク」であると言う。聖霊たちは、獣たちが幸福であるよう気を配り、行き過ぎた狩猟から彼らを守っているのである。したがって、森に棲む動物と、先住民たちが自らの元にその群れを留めおいている動物とを区別しているのは、「野生」性と「馴化」の間の対比ではまったくなく、一方は精霊によって、他方は一時的に人間によって育てられているという事実なのである。

人間の仕事によって変形させられたか否かによって場所を区別することについても、それ以上に根拠のあるものとはいえない。たしかに筆者自身、アチュアール族の下での滞在当初は、さっぱりした家々の居心地のよさと、人を寄せつけず繁茂し放題の森とのギャップに驚かされたものである。あまりにも近くにあるこの森は、一人ではなかなか歩き回る気になれなかった。だが私はそこに、都市生活者の遺伝的特性により作り上げられた眼差しをもちこんだだけだったのであり、当地の慣習を観察することで、まもなく私はその見方を変えることを覚えたのだった。というのもアチュアール族は、一方では家と農園、他方では森、というような、真っ向からの対照を通してではなく、ほとんど気づかないような、同心円状に並んだ一連のわずかな非連続性にしたがって、その空間に目印をつけているからである。

住居にすぐ接している踏み固められた土地の区画は、さまざまな家事がおこなわれるところであり、住居の自然な延長部分となっている。だがそこにはトウガラシ（piments）、ベニノキ（roucou）、ゲニパ（genipa）や、薬草の大部分、毒草が、別々の茂みとして植えられるため、それはすでに農園（jardin）への移行部分でもある。本当の意味での農園（jardin）の方は、誰もが認める女たちの領域であるが、そこ自体、森としての用途が部分的に入り込んできている。というのも、そこは少年たちのお気に入りの狩場であり、彼らは鳥を待ち伏せて、小型の吹き矢で撃つからである。また、男たちも、夜な夜な根栽類を掘り起こしにやってくるパカ（paca）やアグーティ（agouti）、アクーチ（acouchi）といった、肉の柔らかな大型げっ歯類を捕らえるための罠を、そこに仕掛けるのだ。焼畑開墾地の境界から歩いて一、二時間の圏内ならば、森は大きな果樹園のようなところだとも言える。女たちや子どもたちはいつでもそこを訪れ、摘み取りをしながら散歩したり、ヤシオオサゾウムシの幼虫を集めたり、小川や小さな湖で、魚用の毒を使って釣りをしたりする。そこは、果実をつける樹木やヤシの木の一本一本を季節ごとに訪れるような、親しく見知った領域だ。その先からは、本当の狩りの領域が始まり、そこでは女たちや子どもたちは、男たちと一緒でなければ行動しない。だが、この最後の圏域を、未開の外地と同じようにとらえることは間違っているだろう。というのも、狩人は、ほとんど毎日のように訪れるこの領域のすみからすみまで知り尽くしており、数多くの思い出が、彼をそこにつなぎとめているからである。彼がそこで出会う動物たちは、彼にとって野生の獣ではなく、彼と同じ魂をもった人格なのであり、彼らを守る精霊の影響力から彼らを解き放つためには、誘惑したり、あやしたりする必要がある、そういう存在なのだ。アチュアールはまた、シャケイム（Shakaim）によって栽培されているこの大農園に、狩りのための小屋や、簡単な避難所を建てることもある。そして、時にはその周りにいくらか植物を植え付けて、定期的に家族でやってきては数日間をそこで過ごしたりするのだ。私はいつも、これらのキャンプ地が、喜びに満ちた、くつろいだ雰囲気に包まれていることに驚かされた。それは、危険に満ちた森でのビバークというよりも、田舎の保養地での滞在を思わせるものだ。こうした比較に驚かされるという人には、次のように言っておかなくてはなるまい。すなわち、先住民たちも我々と同じように、あまりに馴染み深くなった環境には飽きがくるのであり、われわれが田舎に求めるようなちょっとした気分転換を、彼らは、森の真ん中で見出すことを好むのだ、と。深い森も、家やその周囲の植え付けがなされた部分以上に社会化されていないわけではないことが見て取れる。すなわち、そこを訪れる仕方においても、そこでの生活の規範においても、それはアチュアール族の眼に少しも「未開」とは映っていないのである。

4　「森」と「庭」

森を庭のようなものと考えることは、アマゾニアのいくつかの民族が、自身の耕作慣行が野生植物の分布と再生産に直接影響を与えていることに完全に意識的であることを思えば、何も奇妙なことではない。人間活動が森林の生態系に与える間接的な影響という、長い間知られていなかったこの現象は、W・バレ（William Balée）がブラジルのカポール（Ka'apor）族の歴史生態学（écologie historique）を扱った研究の中で実に見事に記述されている（Balée 1989, 1994）。バレは、入念な同定作業と集計作業によって、四〇年以上前から放置されている焼畑開墾地には、隣接する原初林の区画にくらべ、有益な森林種が二倍も豊富に存在することを明らかにしたのである。もっとも、それらは一見、原初林からほとんど区別できないものであった。というのは、アチュアール族と同様、カポール族も、馴化されていない多くの植物をその農園に植え付けるからであり、それらは放置された農園で栽培種を押しのけて繁茂し、手入れされない栽培種はあっという間に消えてゆくからである。使用中の、あるいは放棄されたばかりの焼畑開墾地は、捕食者である動物を引きつけ、動物らはそこに糞をすることで、彼らが摂食する森林植物の種を撒くのである。カポール族曰く、農園にコーパルノキやさまざまな種のヤシの種子をばらまいた張本人は、大部分がアグーティ

（agouti）であるが、野生のカカオやさまざまな種のインガ〔マメの一種〕をもちこんだのは、ノドジロオマキザル〔*Cebus capucinus*〕だという。世代とともに、また、焼畑開墾地が新しく入れ替わってゆくサイクルの中で、森の中の無視できない部分が菜樹園へと変わるが、カポール族はその人工的性質を認めるものの、そうした結果をあえて求めたわけではないのである。先住民たちはまた、休耕地再生林（jachère forestière）が狩りに及ぼす影響を実によく計算に入れている。というのも、食用の森林植物が高度に集約されている区域は、動物たちがより頻繁に訪れるため、長期的にはそれが、狩猟鳥獣の総数や分布に影響するからである。アマゾニアの大部分で数千年にわたって実行されてきた、この森林生態系の改造は、おそらく、ジャングルは農園と変わらないくらいに馴化された空間であるとの考え方を正当なものとすることに、少なからず寄与するに違いない。たとえ偶然であったとしても、森を栽培するということは、環境にその痕跡を残すことであるのはたしかである。しかしそれは、風景の構成において人間が遺したものを直ちに読み取れるように、環境を整備するということではない。現代アマゾニアにおいては、定期的に移動する住居、巡回する農園栽培、低い人口密度、これらすべてが協働して、ある場所が占拠されたことを示す最も明白な徴候も、まったく残らないようになっているのだ[9]。

ニューギニア高地のいくつかの農園栽培民族においては、かなり異なる状況が支配している。たとえば

［9］南米の低地地方において、どこでもつねにこれが当てはまったわけではないことを認めなくてはならない。ボリビアのリャノス・デ・モホスのサバンナや、エクアドル国内アマゾン河上流域あるいはアマゾン河口のマラホ島の森林には、（高くなった）土手道、土手に挟まれた（低い）道、高台に作った畑地、住居のための小丘、運河、といった大規模な遺構が存在し、栽培農民たちが現在のアメリカ・インディアンたちの間にもはや等価物をもたないような土地整備をおこなっていたことを示している（Deneva 1991; Rostain 1997）。

マウントハーゲン地方では、土地が肥沃なため、休閑地の集約的な活用と、住居の高度な集積が可能となっている。アチュアール族においては、一〇平方キロメートル当たりの人口は二人に満たないが、メルパ族においては、一平方キロメートル当たり一二〇人に達する（Strathern 1971: 231）。谷底やその側面は、囲い込まれた農園が格子状に配置され、延々と続くモザイク模様に覆われている。切り立った斜面にだけ、わずかに森の部分が残る。四、五軒の家からなる小集落同士は、だいたいすべてが、おたがいに眼で確認できる距離にある（Strathern 1971: 8–9）。そこに見られるのは、適切に区分けされ、隅々まで整備された区域であり、その内部では、明確に区切られた氏族間の領地が複雑にからまりあっている。その様子は、一言で言えば「ボカージュ」〔フランス西部に見られる畑地、牧草地、農家の境界などを生け垣や林で区切った風景〕のような配置であり、山肌で波打つ残存萌芽林との明らかな対照が自然と目に飛び込んでくる。

だが、ハーゲン地方の住人たちはこうして風景を読み解くことには無関心であるように見える。それは、M・ストラザーンがその誤解の余地のない題名の論文「自然がなければ、文化もない」で示している通りである（Strathern 1980）。たしかにこの地方では、「馴化」と「野生」の対比を思わせる一対の語を用いている。「ムボ」（*mbo*）は栽培された植物を表すのに対し、「ルーミ」（*rømi*）は、人間の介入する領域の外、とりわけ聖霊たちの世界にあるものすべてを意味する。だが、この意味的区別は、アチュアール族における「アラム」（*aramu*）と「イキアミア」（*ikiamia*）の違い以上にはっきりとした二元論に対応しているわけではない。アマゾニアにおいてそうであるように、聖霊「ルーミ」の中には、森の植物や動物たちにその気遣いや保護を惜しみなく与えるものがあり、条件によっては人間にもその動植物の使用を認めるのである。「野生」の植物相や動物相もまた、マウントハーゲンの住民たちがその主な食料にしている、ブタ、サツマイモ、ヤムイモと同じように「馴化」されている。ところで、「ムボ」（*mbo*）の語が植物栽培にかかわるものであるのは、この語がその側面の一つ、植え付けの行為を意味しているからである。土に植えること、根付かせること、ひいてはその土着性（autochtonie）の具体的なイメージと結びついたこの語は、人間の管理の下に生物を変形させたり再生産したりすることを何ら示唆しない。「ムボ」（*mbo*）と「ルーミ」（*romi*）の対比にも、空間的な次元は含まれていない。氏族の領地のほとんどには森の複数の区画が含まれ、これらは、全員が認める使用法のしきたりにしたがって社会的に専有されている。家畜のブタたちが餌を求めてうろつき回るのは、まさにそうした場所なのであり、それを、その安全に気を配っている一部の聖霊たちが、善意に満ちた眼で見守っているのだ。つまるところ、彼らがその環境に及ぼす影響力の大きさにもかかわらず、マウントハーゲンの住民たちは、自分たちが「自然の環境」に取り巻かれているとは考えていない。彼らの空間のとらえ方は、いかなる意味においても、その生活の場が「未開」の領域の上に打ち立てられたものであるという考えを示唆はしないのである（Strathern 1980: 193）。

5　「サト」と「ヤマ」

ニューギニアの民族は、環境の完全な馴化の例として最も説得力があるとは言えないと、人は考えるかもしれない。というのも、いかに集約的であるとしても、焼畑開墾による農園栽培は、森林の植生がいっとき農園に定着するための比較的長い休耕期間を要するからである。人間の影響を受けた空間と、森林の隣接部位とを分ける境界が、この定期的な侵入によってぼかされるのである。野生と馴化のよりはっきりした極性が示されるためには、おそらく、いかなる点においても非農耕区画の無秩序を思わせるようなところのない、恒常的な田畑の広く濃密なネットワークが必要となる。アジアの大陸または半島の多くの地域では、それが見られる。事実、東洋の大文明の言語は、人間が管理をおこなっている場所と、その影響を受けていない場所との違いを、かなりはっきりと示している。日本の例は、とりわけA・ベルクの見事な研究によってよく知られている。たとえば、そこでは「人の住む場所」である「サト」(*sato*)と、「山」を意味する「ヤマ」(*yama*)との明白な対比が見られる。この「ヤマ」は、平地と対比して起伏の高くなった場所というよりは、人の住まぬ空間の原型として受けとめられており、その意味ではフランス語の「砂漠」が最初に想起させるところのものに近い(Berque 1986: 69–70)。したがって、人が住む場所と住まない場所との区別ははっきりなされているのだが、この区別はいかなる意味においても、相互に排他的な、二つの環境タイプ、二つの存在カテゴリー、二つの価値システムを峻別するというものではない。

日本では、山は優れて平野部と対照をなす空間である。火山の切り立った円錐形の峰々、森で覆われた山脈、鋸歯状の稜線は、どこでも谷や盆地から見ることができ、平板な畑や土手に対する垂直な背景となって立ちはだかっている。しかしながら、山を意味する「ヤマ」と、人里を意味する「サト」の区別は、相互に排除し合うものというよりは、季節ごとの入れ替わりや、霊的な意味での相互補完性を意味するものである(Berque 1986: 73–74)。というのも、神々は一方から他方の領域へと定期的に移動するからである。すなわち、春には山から下りて田の神となり、秋には「奥の神殿」へと帰るために逆の道をたどるのだ。この「神殿」は、たいていは地形的に変わったところが神々の出づる場所となり、彼らの真の住処とされる。地元の神(カミ)は山をその起源とし、毎年、聖なる櫃〔＝神輿〕に収まって、田の聖域と山の聖域との間を去来する大往還をするが、これは移動式の家の守護神信仰〔古代ローマではペナーテースと呼ばれるものであり、そこでは村家の守護神に対する信仰がおこなわれたが、それを指していると思われる〕のようなものであり、そこでは村の領域の内部と外部との境界があいまいとなる。すでに一二世紀には、山中の静謐さのもつ神聖さゆえに、山々は仏教の修験者たちにとって特別な場所となっていたが、それは、「山」を意味する文字が僧院自体のことをも指すようになっていたほどである（Berque 1986: 89）。また、同時期に西洋では、聖ベネディクトゥスが、長い間、世を捨てて人里離れた場所に隠棲していたが、それは、祈りによって神の高みへとより近づくためだけではなく、森を切り拓き、労働によってその野蛮を追い祓うためでもあった。[10] 日本ではまったくそのようなことは見られず、修道生活とは、山を変形させることが目的ではなく、その地を歩き、じっくりと眺めることで、風景から感じ取られるものと一体化することが目的であって、それが救いの保証の一つともなっていたのである。

征服すべき空間でもなく、不気味な他性のよって来《きた》る地でもない日本の山は、したがって、本当の「未開」（sauvage）の地であるとは言えない。それはたとえ、その植生があらゆる面で馴化されたときに、逆説的にそうであったと言いうるとしても、である。というのも、日本列島のたいがいの地域では、山を覆う原始林は、第二次大戦後、おもにヒノキやスギといった、この国に自生する針葉樹の工業的な植樹によって置き換えられてしまったからである。高地に住む村人たちにとって、葉に光沢のある木や落葉性の木からなる古くからの森は、文明的〔＝馴化された〕（domestique）生活のための有益な資源が得られる場所であるだけでなく、そこにいます神々によってその調和や美しさがもたらされるところであったが、それに続いた針葉樹の植林が喚起するものは、無秩序、陰鬱、無規律以外の何ものでもない（Knight 1996）。

［10］ J・ル・ゴフはこう書いている。「東洋ではヤシの木陰に生まれた宗教は、西洋では木を押しのけて生まれるのである。異教の天才たちが拠りどころとした木々を、修道僧、聖人、伝道師たちは容赦なくなぎ倒したのであった」（Le Goff 1982: 106）。

ろくに手入れもされず、野原や空地を覆いつくし、その商品価値のほとんどを失ってしまった、これらのびっしりと単調に整列する「黒々とした木々」は、もはやその植樹者たちの社会的・技術的管理の手をも免れてしまっている。山としての「ヤマ」、森としての「ヤマ」、人住まぬ場所としての「ヤマ」、これら三つの語は重なり合っている。だが、その全体が馴化されたにもかかわらず、山の人工林は心情的にも経済的にも砂漠と化し、結局は、それが取って代わったところの自然林に比べ、はるかに「未開」の状態になってしまったのである。

6　「森」と「家」

周知のように、「野生＝野蛮」(sauvage) とは、「森」(シルワ、*silva*)〔ラテン語〕、すなわち、ローマ帝国の植民が少しずつ浸透していったヨーロッパの大森林に属するもののことを言う。それは、開拓すべき未開の地、そこに棲まう獣や植物、そこに住まう粗野な諸民族、都市の法を遠く逃れて避難場所を求める者たち、転じて、社会生活の規律に決して従おうとしない、手に負えない気質のことを指している。しかし、「野生＝野蛮」のこうしたさまざまな属性は、確かにきわめて特殊な環境に帰せられる性質に由来するものかもしれないが、それらが全体として一貫性をもつのは、文明的な＝馴化された (domestique) 生活においてて主張されるさまざまな肯定的な価値に、それが逐一対立するためなのである。これらの肯定的価値が発揮されるのは、「家」(ドムス、*domus*) の中においてであり、この「家」とは、もはや「森」(シルワ) のような地理的一体性ではなく、元来「農場」であったところの、一つの生活圏を指すものだ。それは、家父長の権威と、世帯の守護神たちの庇護の下、女たち、子どもたち、奴隷たち、動植物が、その本来の性質を実現するのにふさわしい条件を見出すための場所だ。野良仕事、教育、厳しいしつけ、役割や責任の分担、これらすべてが協働して、人間と非人間は、同じ一つの階層化された従属関係の下に組み込まれるのである。この従属関係の最も完成されたモデルは、大家族内部の諸関係に見ることができる。古代ローマ人たちは、この意味的対比を表す用語とともに、そこに結びつけられた諸価値をも我々に残してくれたが、その一組の対義語そのものは人口に膾炙する一方である。なぜなら、別な地域に別な森を見つけることとは、その意味圏を変質させることなく、当初の二元論を補強することになるからだ。ブラジルのトゥピナンバ族、あるいはニューギニアの先住民たちは、タキトゥスが記述したゲルマン族やブルトン族に取って代わることになるし、その一方で、「馴化されたもの」(domestique) は、規模を変えて、「文明化されたもの」(civilisé) として花開くことになる。[11] こうして意味や時代が徐々に変化してゆくことで、モンテーニュやルソーが利用しうる転倒が生ずる可能性が開けるのだ、と言う向きもあろう。今や、「野生=野蛮」は正義の味方、「文明」は悪者であり、前者は太古の素朴な美徳を体現しているのに対し、後者は道徳の退廃によってそれを失ってしまった、というわけだ。だがそれは、次のことを忘れることにもなるだろう。すなわち、タキトゥス自身それを認めている通り、こうしたレトリック上の人工物がそれほど新しいものではないということ、また、それは「野生」と「馴化」がたがいにその構成要素となるような相互決定の仕組みを、いささかも疑問に付すものではないということである。

［11］ 英語あるいはスペイン語が採り入れたこの語が、後に「野生」の反意語となる(英語では〝wild〟と〝civilized〟、スペイン語では〝salvaje〟と〝civilizado〟の対比)。

論者の中には、一方を考えることなしに他方を考えることができないというこの性質をおそらく度外視しているためか、「野生」を精神現象の普遍的な側面として見なす人びともいる。人類は、非人間に対する支配が進むにしたがって、この一種の原型を少しずつ抑圧ないし、別方向へ誘導してきたというわけだ。環境哲学者M・エールシュレーガーがその浩瀚な「野生性」(*wilderness*)の観念の歴史において提示するシナリオは、その例である。すなわち、当初、そのあらゆる性質を備えた「未開」(sauvage)の環境との調和の下に生きていた旧石器時代の狩猟採集民は、それを自律的領域へと実体化し、「トーテミズム」宗教という形で崇拝するようになるのに対して、新石器時代の地中海沿岸の農民たちはこのすばらしい調和を破棄し、人間の支配を受けない空間を下位へとおとしめることで、「未開」(sauvagerie)を隷属させようと試み、その名誉回復は一九世紀のアメリカ哲学・絵画によってやっとおこなわれる、というのである(Oelschlaeger 1991)。そうかもしれない。だが、「未開」(sauvagerie)の観念自体が、対立概念のない農耕時代以前にいかに存在し得たのか、また、それが肯定的な価値を体現していたのだとすれば、それが意味していたところのものを排除する必要性がなぜ生じたのか、が見えてこない。

I・ホッダーは、この種のアポリアを回避して、「未開＝野生」の象徴的観念の構築は、後期旧石器時代(le paléolithique supérieur)のヨーロッパにおいて始まり、それが文化的秩序の出現のため必要な背景となった、と説く。この新しい英米系解釈考古学の旗手にとって、「未開＝野生」の馴化は、石器の改良というソリュトレ文化〔フランスのソリュトレ遺跡を標準遺跡とする後期旧石器文化〕の特徴とともに始まったのであり、この改良こそは、狩猟技術の洗練というかたちで表れた「文明」への「欲求」の証拠なのである。捕食者からよりうまく身を護り、より確実に食料を確保することは、過酷な環境に対する本能的な恐怖に打ち克つことを可能にしてくれるし、それはまた、狩りを「未開＝野生」の制御の象徴的な場とすると同時に、それに秀でる者の威光の源とすることを可能にするというのである。ヨーロッパおよび近東〔アジア南西部、アフリカ北東部の地中海東岸諸国の総称。中東、極東に対して用いられる〕における農業の起源は、単に、この動植物に対する支配欲の広がりによって説明され、これら動植物はその元の環境から次第に引き離されて、馴化された（domestique）圏域に組み込まれるのだという（Hodder 1990）。

だが、事実が本当にこのようであったかどうか、また、ホッダーが想像力に任せて、ずっと後代になってからその存在が証明されたような心的カテゴリーに基づいて、古代の遺物を解釈していないかどうかについては、知る術はない。依然として、そうした動きがいかなる理由で、世界のある地域では生じて他の地域では生じなかったのかという問題は、やはり残る。というのも、ますます高まる非人間に対する支配欲の起源としてホッダーが挙げる心理的性向はあまりに一般的に過ぎ、なぜこの過程が至るところで完結しなかったのか、理解しにくいからである。ところで、動植物の馴化とは、ただ技術的障害ゆえに、方々でそれに遅れが生じたというような、歴史的運命などというものではない。なぜなら、世界中の多くの民族はそのような革命の必要性をほとんど感じていないように見えるからだ。カナダ西海岸やフロリダ南部の文化のような洗練された文明の発達が、むしろ野生資源の「上がり」を徴収することを優先することによっていたと、再度指摘する必要があるだろうか？　少なからぬ現代の狩猟採集民が、彼らの生活領域の周辺でおこなわれている農耕や牧畜に対し、一種の無関心、ひいては率直な嫌悪を示していることを、あえて言い直す必要があるだろうか？　馴化することとは、彼らにとって強迫（compulsion）なのではなく、はっきり理解可能な選択なのであるが、それでも彼らはそれに異を唱え続けているのである。

B・ヘルは、さらに巧妙に、次のような仮説を示している。それは、未開の集合的想像力はユーラシアのいたるところに存在しており、狩りや大型の狩猟鳥獣の扱いに関する信仰、儀礼、伝説の中に、その痕跡を認めることができる、というものだ（Hell 1994）。

この象徴システムの基礎にあるのは、一つの中心的モチーフ、すなわち「黒い血」のモチーフである。盛りのついた牡鹿や単独性のイノシシなど、危険であると同時に性的アピールに満ちた動物の、この濃い血は、生殖力を秘めており、野生の力の源なのである。というのも、この液体は、秋に「狩猟熱」（*Jagdfieber*）によって熱くなった狩人たちの血管にも流れているものなのだからである。この血は、村の社会的結合（sociabilité）を逃れてきた森の住人、密猟者、はぐれ者たちに取りついているのであり、彼らは狂犬病患者や狼男とほとんど変わるところはない。たしかに、ヘルがその例のほとんどを引いているゲルマン圏においては、「野生」の世界が、いわく言い難い魅力と同時に、一種の自律性を獲得してきたように見える。それはあたかも、耕作された土地に対する否定的な対照物としてよりは、生命の源、また男性的な充足の場として、それ自体独立して存続すべく、一つの空間がそこに与えられたかのようである。[12] しかし、「野生」（*Wild*）〔ドイツ語〕の領域が農耕による土地支配のまったく逆の面を意味しているのではなくとも、それはやはり、高度に社会化された領域なのだ。この領域は大森林と同じものと見なしうるとしても、それは植民を妨げる不毛な「森《シルワ》」（*silva*）のことではなく、狩りの獲物を囲い込むための巨大な猟園、「戸外《フォレスタ》」（*foresta*〔ラテン語〕）のことである。九世紀以来、カロリング王朝は王令によって林間放牧権や開墾権を制限することで、この庭園を作り上げることに腐心してきた（Hell 1994: 22–23）。

したがって、それはこの上なく文化化（cultivée）された野生なのである。なぜならそれは、きわめて古くからおこなわれてきた狩猟場の整備と管理の実践と結びついているからであり、また、それをおこなうエリート層は、大型の狩猟鳥獣の待ち伏せや追跡に、勇気の涵養と人格形成の場を見出していたからだ。だが、まさにB・ヘルが、ゲルマン世界において「野生」の想像力が形成された歴史的コンテクストを入念にたどり直しているがゆえにこそ、その立場に同意することはいよいよ難しくなる。なぜならヘルは、あたかも人間が、いついかなる場所においてもこの「野生」という謎めいた両義的な力を文明の利器によって手なずけなくてはならないと考えていたかのように、地球上の他の地域においても同種の現象を見出そうとするからである(Hell 1994: 349–353)。

7 「エクメーネ」と「エレーメ」

自民族中心主義には用心するようにしよう。というのも、近東〔一七七頁訳註を参照〕の「新石器革命」は、その発現の条件や物質的・観念的結果がそのまま世界の他の部分に適用できるような、普遍的なシナリオではないからだ。他の農業の発祥の地においては、植物の馴化や管理が発達することとなった技術的・心的背景は、すでに見たように、人間の活動領域と、人間にとって不要な残滓の区域、ないしはいずれ人間の支配下に収まることとなる区域との間に、相互排他的な区別を生むようなものでは到底なかったように見える。たしかに、西洋においてのみ「エクメーネ」と「エレーメ」の差異が認められ、表明されたな

〔12〕もっとも、他のヨーロッパ諸語とは異なり、ドイツ語では“*wild*”(「野生の」)の語の決まった反意語は存在しない。この語は文脈によってさまざまな語に対立する。たとえば、子どもや動物については“*zahm*”(「飼い馴らされた、おとなしい」)、人間については“*gebildet*”または“*gesittet*”(「教養のある、文明化された」)など。そして、“Kultur”の語にも次のような多くの派生語があることは言うまでもない。たとえば、その文字通りの意味では“Kulturboden”(「耕された空間ないし土地」)、あるいはその比喩的意味では“kultiviert”(「洗練された」)、“Kulturvolk”(「文明化された民族」)、などである。

どと主張するのは馬鹿げているだろう。むしろ筆者には、「野生」と「馴化」の対比に結びついた価値や意味は、特定の歴史的経緯に固有のものではないか、またそれらは、一万年と少し前に「肥沃な三日月地帯」で胎動し始めた新石器化のプロセスの特徴に、部分的には基づくものではないか、と思われる。というのも、地中海東部からイランに至る地域において、植物の栽培と動物の馴化とは、一〇〇〇年を超えるか超えないかくらいの期間に、ほぼ同時に生じたものだからだ。[13] 小麦、大麦、ライ麦の栽培は、ヤギ、ウシ、ヒツジ、ブタの飼育と同時におこなわれ、そうして、非人間存在を、それらが共存できるよう整備された環境で管理するための、複雑で相互依存的なシステムが構築されたのである。ところで、こうした状況は、他の大陸で生じたこととは対照的である。というのも、他の大陸では、ほとんどの場合、大型哺乳類が馴化されたとすれば、それは植物のずっとあとだったからである。アフリカにおいて、またアメリカの大部分やオセアニアにおいても、農業は牧畜を排除するかたちで、あるいは、他所ですでに飼い馴らされた動物を、後からそこに導入し統合するかたちで発達したのである。

こうしてヨーロッパの新石器時代には、たしかに、耕作された土地をそうでない土地に対置する大きな区別ができたが、それはまた、とりわけ、馴化された動物を野生動物に、厩舎と放牧地の世界を、狩人と狩猟鳥獣の王国に対置する区別でもあった。農地という高度に管理された領域の中では、戦争でもない限りもはやはけ口を見つけられなかったさまざまな資質、たとえば、狡猾さ、身体的持久力、征服の快楽、などが活躍できる場を整えるために、おそらくそうした対比が、積極的に求められ、維持されすらしたのであろう。というのも、ヨーロッパの新石器時代の民族は、好みの狩猟鳥獣として取っておくために、とくにシカ類のようないくつかの種を馴化することを控えていたということもあり得るからだ。したがって、一部の動物の馴化は、他の何種類かの動物のいわば「狩猟化」（cynégétisation）と対称的におこなわれたと見ることもできる。「狩猟化」のための動物を自然状態に維持することは、技術的障害によるものではなく、むしろ、文明化された領域とは区別された猟のための領域を作り出そうという意志によるものであったのだ[14]。

地中海世界において、「野生」と「馴化」のアンチノミーが狩猟と牧畜の対比から成立してきたことは、古代ギリシアの例がじつにはっきりと示している。周知のように、ギリシア人は、供犠に用いられた肉、それも、理想的には耕作用の牛、もしくは狩りで得られた動物の肉しか食べなかった。食料摂取と社会的位置づけ（statuts）の象徴的経済において、農耕と狩りとは、相互補完的でありつつ対立する二つの活動である。生贄を焼くことによって、人間と神がみとは、近づけられると同時に区別される。なぜなら、人間は動物の焼かれた肉を受け取るが、神がみは骨と焚火の煙しか受け取る権利がないからである。逆に、P・ヴィダル＝ナケが書いているように、「狩りは［…］、野生の自然に対する人間の関係を規定する」（Vidal-Naquet 1972: 138）。

人間はそこで捕食性動物と同様に振る舞うが、狩猟術を身につけていることによって、それらの動物とは異なっている。狩猟術は、戦争の技術に、より一般的には政治の技術に結びついた、「テクネー」（technè）なのである。人間、獣、神という三つの極をもつシステムにおいて、馴化された動物（「ゾーオン、zoon」）は人間の最も近くに配されているが、その集団生活の能力ゆえに――アリストテレスの「ゾーオン・ポリティコン（*zoon politikon*）」としての人間の定義を思い起こそう――、奴隷や異邦人（*Barbares*）よりやや

［13］　動物の馴化については、Digard（1990: 105–125）；近東における新石器革命についてはCauvin 1994: 55–86を参照。

［14］　これはVigne（1993）が展開している仮説である。

下に位置するにすぎず、野生動物（テーリア、*theria*）とは一線を画している（Vidal-Naquet 1975）。

供犠の生贄となる動物は、人間と神とが交わる点を表象しているが、それを死に至らしめる前に、あたかもその動物が、国家（cité）の市民生活・儀礼生活においてそれに担わせている役割に賛同したかのごとく、その同意のしるしを得ることが絶対に必要である。他方、狩りにおいては、勝利は狩猟鳥獣と張り合うことによって得られるのであるから、そうした気遣いは無用である。そこでは、若者らは敏捷でずる賢いところを見せ、成熟した男らは矛《ほこ》一本だけを身につけ、その肉体的な力や技量を試すのである。農業、牧畜、供犠は、たがいに密接に結びついていることを付け加えておこう。というのも、生贄とされた動物を食べるときは、農作物や、焼いた大麦〔古代ギリシアの主食「マーザ」のこと〕、ブドウ酒がなくては始まらなかったからだ（Vidal-Naquet 1972: 139）。

野生の獣たちの生息地は、こうして、文明にとってそれが発展するために必要不可欠な、非文明的周縁をなしている。それは、飼い馴らされた動物の世話や政治生活のため必要となる妥協の美徳とは対極にある、雄々しい気質を発揮することのできる舞台なのだ。

その点、ラテン世界はそれとは対照をなしている。野生化した双子の兄弟によって建設されたとはいえ、ローマは次第に英雄的な狩りのモデルから脱却し、鳥獣を追い込む狩りを、文明保護のための手段としてのみ見るようになる。すでに共和政末期には、ワッロ（Marcus Terentius Varro）が狩りについて、その無意味さと、牧畜に比べてその生産性が乏しいことを非難しているし（『農業論』*Rerum rusticarum*）、一世紀後には、コルメッラ（Lucius Iunius Moderatus Columella）が同じ見方をその農政論で再び述べている（『農政論』*De re rustica*）。小スキピオ（Scipio Æmilianus）が小アジアから持ち込んだ、猟犬を用いた大々的な狩りの流行も、猟の成果より領地の生産高の方を気にかける貴族階級の下では定着するに至らなかった。野生動物たちは何よりもまず害獣なのであって、地方代官（intendants）やプロのワナ猟師らにとっては、その駆除が最重要事項であったのだ（Hell 1994: 22）。というのも、今や、平野地域において田園風景の整備を統括していたのは、大経営組織「ヴィッラ」（*villa*）であったからである。穀物栽培が行われ、ブドウ園やオリーヴ園を擁する広大な四角形の領地の中に小ぢんまりと建つこの館は、灌漑され農耕に利用される土地（アゲル、*ager*）と、家畜の放牧のための周辺区域（サルトゥス、*saltus*）とを明確に分かつ役割を担っていた。巨大な森「インゲンス・シルワ」（*ingens silva*）の方はというと、かつて狩人らを惹きつけていた魅力をすべて失い、農業用地拡張のための障害の一つでしかなくなった。もっとも、少なくとも地方の大農園においては、資源の合理的管理は狩猟鳥獣にまで及んでおり、その個体数は一定に保たれ、制御されていたのである。その目的で給餌所が設置され、冬の間、そこへ野生のシカ類を導くのは、そのために飼い馴らされた同類のシカたちなのであった[15]。

帝政期のローマ人たちは、たしかに、森に対して両義的な見方をもっていた。ほとんど森林が伐採されてしまったイタリア半島では、森が思い起こさせるものとは、帝国創設の神話の舞台であり、また、古代のレア・シルウィア〔ローマ神話で、アルバ王ヌミトルの娘、ロムルスとレムスの母〕の記憶であった。そして、彼女に結び付けられた慈愛と神聖さは、アルテミスとアポローン〔ギリシア神話で、ゼウスとレートーの双子の娘と息子〕に捧げられた森、あるいは、ネミ湖のほとりの森の聖域に、弱いこだまとなって響き続ける。この森の聖域の奇妙な儀式は、フレイザーの『金枝篇』に着想を与えることとなる。だが、木々が神託を語る、このわずかに残された森林は、もはや農地拡大のための開墾によって征服された原始林の縮小

［15］　コルメッラによる。Bodson（1995: 124）による引用。

モデルに過ぎない。本当の「森」とは、S・シャマがそのタキトゥス（Publius Cornelius Tacitus）『ゲルマニア』への註釈においていみじくも強調しているように、ローマの外部、すなわち、国家の法の支配が及ばなくなる境界を指すのである。それは、戦いに負けたエトルリア人が後難を免れるために逃げ込んだ、分け入りがたい鬱蒼たる森を思い起こさせるところであり、より具体的には、未だにヨーロッパ最後の野蛮人たちがローマ軍団に歯向かい続ける、ラテン化されたガリアの東に広がる巨大な森林のことなのである（Schama 1999: 95–102）。

この「形なき地」はローマ人の好みには合わなかった。そこは眺めるにも住むにも心地よいものではなかったのだ。文明化活動によって変形されたときにこそ自然を美しいと感じる人びとの目に、また、ヘルシニア紀〔四億年前から二億三〇〇〇年前にかけて起こった造山運動の時期〕以来の森の鬱蒼としてじめじめとした無秩序よりも、労働や法の刻印が押された田園の牧歌的魅力を断然好むこれらの人びとの目に、その森がいかなる美しさをもち得ただろうか？　ライン川岸やブルターニュ地方に至るまで、都市の近隣への植民活動によって導入されていったこのローマ的風景、そしてそれに結びついた諸価値こそが、今でもわれわれが従属している「野生」と「馴化」の両極性のかたちを素描することになるのだ。この対比は、事物の特性でも、非時間的な人性の表現でもなく、固有の歴史をもつものである。そして、その歴史を条件づけているのは、土地整備のシステムと食習慣の様式なのであって、これらはいかなる意味においても他の大陸へと一般化することの許されないものなのだ。

もっとも、西洋においてすら、「野生」と「馴化」を分かつ線は、ラティウム〔イタリア中部の地方ラツィオのラテン語名。古代ローマ発祥の地〕の田舎においてそうであり得たほど、つねにはっきりと引かれていたわけではなかった。中世のごく初期においては、ローマ文明とゲルマン文明が次第に融合することで、森林や荒れ地がはるかに集約的に活用されるようになり、耕作区域と非耕作区域との対比はさらに弱まった。伝統的なゲルマンの風景の中では、非農耕地は部分的に村に組み込まれている。きわめて分散した小集落は、耕作に適した空き地によって取り巻かれ、さらにその周囲には、村人たちが共同で利用するための広大な森林地帯が広がる。森では、狩りや採集をおこなったり、薪《たきぎ》や、建築・道具製作用の木材を採取したり、ドングリが実る時期にはブタを連れて行ったりするのである。したがって、家から深い森への移行はきわめてゆるやかなものだ。おそらく、耕作地と、田園、森林、放牧地との相互浸透は、G・デュビーが記しているように、「単なる野原」(champ)と、田園、森林、放牧地との相互浸透は、おそらく、「アゲル」(*ager*)と「サルトゥス」(*saltus*)〔放牧区域〕とを切り離して考えていたローマ式システムから、この「野蛮な」農耕システムを最もはっきりと区別する特徴なのである(Duby 1973: 33)。ところで、ローマ式の土地整備は、七世紀、八世紀には、食習慣の変化や、防衛不可能な平野部の治安の悪化により、衰退してゆくことになる。金持ちの家の中でも、豚の脂身や油脂が油に取って代わり、野獣肉が牛肉に取って代わる。大農園の状況が悪化するにつれ、「サルトゥス」(*saltus*)や「シルワ」(*silva*、「森」)の生産物が主流になってゆく。西洋中世の風景が生まれたのは、こうしたローマ式の二分法と、ゲルマン型の同心円的システムとの混合からであり、そこでは、見かけとは裏腹に、「エクメーネ」と「エレーメ」との境界は、数世紀前にそうであったほどには明確ではないのだ。

この境界が新たに有効性をもつようになるには、おそらく、一九世紀を待たなくてはならないだろう。この境界がそれと同時に獲得した美的・道徳的次元は、今日まで、さまざまな地理的場所に対する我々の評価に生彩を与えてきた。それは、周知のように、ロマン主義が「野生の自然」を発明し、それに対する嗜好を広めた時代である。それはまた、R・W・エマーソン(Ralph Waldo Emerson)、H・D・ソロー(Henry David Thoreau)、あるいはJ・ミューア(John Muir)といった、「野生」(*wilderness*)の哲学に基づいた随筆家たちが、アメリカの山々や森林を訪れることの中に、ヨーロッパが長きにわたってモデルを示してきた生活にくらべて、より自由で、より真正な生活を探し求めるよう、同胞たちを促した時代でもある。さらにそれは、神の雄大な御業としてのイエローストーンに、最初の国立公園が創設された時代だった。かつて優しく美しかった自然は、今や野生的で崇高なものになる。天地創造の業が顕《あらわ》れるのは、もはや、コロー（Jean-Baptiste Camille Corot）がその伝統を受け継いだ、ローマの光に包まれた風景の中にではない。ドイツにおいては、C・ブレヒェン（Carl Blechen）、C・D・フリードリヒ（Caspar David Friedrich）、C・G・カルス（Carl Gustav Carus）ら、米国においてはT・モラン（Thomas Moran）やA・ビアスタット（Albert Bierstadt）らが描いた、あの激流が逆巻く断崖や、巨大な岩々が転げ落ちてくる超自然的な山塊、背高くそびえる暗い森の中に、顕《あらわ》れるのだ。[16] 数世紀にわたる無関心と恐怖を経て、旅人たちはアルプスの峻厳な美しさを発見し、詩人たちは恐ろしくも甘美な氷河や深淵を歌い上げ、シャトーブリアン（François-René de Chateaubriand）ですら行き過ぎだと評したあの「山岳作家たちの言う登山の高揚感」に酔いしれたのであった。[17] 産業化のまっただ中で、すでに脅かされつつあり、かつ贖罪の力を秘めた「野生の自然」のうちに、世界の脱魔術化に対する解毒薬を見出した、あの新しい感性については、多くを語る必要はあるまい。こうした感覚は、自明の理として力をもつようになり、その効果は我々の周りの至るところに現れている。たとえば、自然の景勝地や、存続が危ぶまれる種の保護に対する好意的な反応、ハイキングの大流行や異国の風景への嗜好、ヨットレースや南極探検が呼び起こす興味などにおいてだ。だが、この自明の理としての力は、我々が次のことを推し量ることを妨げているのではなかろうか。すなわち、「野生」と「馴化」の対比は、あらゆる時代のあらゆる場所で明白と言えるようなものではなかったということ、そして、それが今日もつ説得力は、他の諸民族がまったく共有することのなかった技術や心性の変遷の成り行きに依るものなのだということを。

文献

Balée, W. (1989) The Culture of Amazonian Forests. In Posey, D. A. and W., Balée (eds.), *Resource Management in Amazonia: Indigenous and Folk Strategies*, pp. 1–21. The New York Botanical Garden.

—— (1994) *Footprints of the Forest: Ka'apor Ethnobotany*. Columbia University Press.

Balikci, A. (1968) The Netsilik Eskimos: Adaptive Processes. In Lee, R. B. and I., DeVore, (eds.), *Man the Hunter*, pp. 78–82. Aldine.

Barth, F. (1961) *Nomads of South Persia. The Basseri Tribe of the Khamseh Confederacy*. Brown and Company.

Berque, A. (1986) *Le Sauvage et l'Artifice. Les Japonais devant la nature*. Gallimard.（邦訳：オギュスタン・ベルク『風土の日本　自然と文化の通態』（篠田勝英訳）筑摩書房、一九八八年）

Bodson, L. (1995) Points de vue sur l'animal domestique et la domestication. In Chevallier, R. (dir.), *Homme et Animal dans l'Antiquité romaine. Actes du colloque de Nantes*. Centre A. Piganiol.

Cauvin, J. (1994) *Naissance des divinités, Naissancede l'agriculture. La révolution des symboles au néolithique*. CNRS Éditions.

Chateaubriand, F.-R. de (1969) [1849–50] *Mémoire d'outre-tombe*, coll. « Bibliothèque de la Pléiade », t. II. Gallimard.（邦訳：シャトーブリアン『墓の彼方の回想』（真下弘明訳）、勁草出版サービスセンター、一九八三年）

Denevan, W. M. (1966) *The Aboriginal Cultural Geography of the Llanos de Mojos of Bolivia*. University of California Press.

Descola, P. (1986) *La Nature domestique. Symbolisme et praxis dans l'écologie des Achuar*. Éd. de la Maison des sciences de l'homme.

Digard, J. P. (1990) *L'Homme et les Animaux domestiques. Anthropologie d'une passion*. Fayard.

Duby, G. (1973) *Guerriers et Paysans. VIIe-XIIe siècle, premier essor de l'économie européenne*. Gallimard.

Dupire, M. (1962) *Peuls nomades. Étude descriptive des Wodaabe du Sahel nigérien*. Institut d'ethnologie.

[16]　アメリカでは、風景に対する新しい感受性への移行は、ドイツにおけるよりも遅かった。一八三二年に、W・アーヴィングは、S・ローザやC・ロランの名を挙げつつ、極西部地方（Far West）の風景を描写し続けている（『プレーリーの旅』*A Tour on the Prairies* における描写。Roger 1997: 43）。

[17]　サン＝ゴタールへの遠征登山のさい、シャトーブリアンはこう記している。「その上、私は山岳作家たちの言う登山の高揚感を得ようとさんざん苦労したが、無駄だった。骨折り損のくたびれもうけだ」（Chateaubriand 1849–50: 591）。

Geertz, C. (1963) *Agricultural Involution: The Process of Ecological Change in Indonesia*. University of California Press.

Glowczewski, B. (1991) *Du rêve à la loi chez les Aborigènes. Mythes, rites et organisation sociale en Australie*. PUF.

Godelier, M. (1984) *L'Idéel et le Matériel. Pensée, économies, sociétés*. Fayard.

Hell, B. (1994) *Le Sang noir. Chasse et mythes du sauvage en Europe*. Flammarion.

Hodder, I. (1990) *The Domestication of Europe*. Basil Blackwell.

Knight, J. (1996) When Timber Grows Wild: The Desocialisation of Japanese Mountain Forests. In Descola, P. and G., Pálsson (eds.), *Nature and Society: Anthropological Perspective*, pp. 221–239. Routledge.

Langton, M. (1998) *Burning Questions. Emerging Environmental Issues for Indigenous Peoples in Northern Australia*. Centre for Indigenous Natural and Cultural Reserve Management, Northern Territory University.

Leacock, E. (1954) *The Montagnais Hunting Territory and the Fur Trade*. American Anthropological Association Memoir 78.

Lee, R. B. (1979) *The !Kung San. Men, Women and Work in a Foraging Society*. Cambridge University Press.

Le Goff, J. (1982) *La Civilisation de l'Occident médiéval*. Flammarion.（邦訳：ジャック・ル・ゴフ『中世西欧文明』（桐村泰次訳）、論創社、二〇〇七年）

Mauss, M. (1904–1905) Essai sur les variations saisonnières des sociétés eskimos. Étude de morphologie sociale. *Année sociologique*, no. 9, 1904–1905: 39–132.（邦訳：マルセル・モース『エスキモー社会――その季節的変異に関する社会形態学的研究』宮本卓也訳、未来社、一九八一年）

Myers, F. R. (1966) *Pintupi Country, Pintupi Self*. Smithsonian Institution Press.

Oelschlaeger, M. (1991) *The Idea of Wilderness: From Prehistory to the Age of Ecology*. Yale University Press.

Piperno, D. R. (1990) Aboriginal Agriculture and Land Usage in the Amazon Basin, Ecuador. *Journal of Archaeological Science*, 17: 665–677.

Roger, A. (1997) *Court Traité du paysage*. Gallimard.

Roosevelt, A. C. (1991) *Moundbuilders of the Amazon. Geophysical Archaeology on Marajo Island, Brazil*. Academic Press.

Rostain, S. (1997) Nuevas perspectivas sobre la cultura Upano del Amazonas, communication au 49e Congrès international d'américanistes.

Schama, S. (1999) *Le Paysage et la Mémoire*. Éd. du Seuil.（邦訳：サイモン・シャーマ『風景と記憶』（高山宏・栂正行訳）、河出書房新社、二〇〇五年）

Strathern, A. (1971) *The Rope of Moka: Big Men and Ceremonial Exchange in Mount Hagen, New Guinea*. Cambridge University Press.

Strathern, M. (1980) No Nature, No Culture: The Hagen Case. In MacCormack, C. and M., Strathern (eds.), *Nature, Culture and Gender*, pp. 174–222,. Cambridge University Press.

Turnbull, C. (1965) *Wayward Servants: The Two Worlds of the African Pygmies.* Natural History Press.

Vickers, William T. (1983) Tropical Forest Mimicry in Swiddens: A Reassessment of Geertz's Model with Amazonian Data. *Human Ecology* 11(1): 35–45.

Vidal-Naquet, P. (1972) Chasse et sacrifice dans l'*Orestie* d'Eschyle. In Vernant, J.-P. et P., Vidal-Naquet (dir.), *Mythe et Tragédie en Grèce ancienne*, pp. 133–158. Maspero.

— (1975) Bêtes, hommes et dieux chez les Grecs. In Poliakov, L. (dir.), *Hommes et Bêtes. Entretiens sur le racisme*. Mouton.

Vigne, J. D. (1993) Domestication ou appropriation pour la chasse: histoire d'un choix socio-culturel depuis le néolithique. L'exemple des cerfs. In Desse, J. et F., Audoin-Rouzeau (dir.), *Exploitation des animaux sauvages à travers le temps*, pp. 201–220. Éd. APDCA-CNRS.

第3章　放牧と世界認識
―東アフリカ牧畜社会の人―動物関係

波佐間　逸　博

1　はじめに

西洋社会では一般に動物は「愛玩」動物、「消費用」動物、そして「野生」動物などと明確に区別され、動物に対する人間のかかわり方はこれらのカテゴリーに強く影響される。我々もその一員である（西洋社会に由来する）先進資本主義社会においては、大抵の人にとって肉を口にする時の「動物」への関心は、その肉の質や量、安全性など消費の観点からの事柄に向けられる。「愛玩」動物や「野生」動物とは異なり、「消費用」動物は個体や身体ではなく断片化された食品として想像され、評価されるのだ。こうしたラベルと動物の対応は単純に一対一の関係ではない。P・デスコラなども指摘しているヨーロッパにおけるシカ類の例のように、同じ種の動物であっても時代が変わればラベルは貼り替えられる。新石器時代には青年男性の雄々しさを発揮するための獣（＝狩猟対象）として意図的に「野生化」されていたシカ類は、ローマ時代には害獣としてあつかわれ、個体数管理のために餌付けされ、群れの誘導のためにその一部が家畜化されたという（Descola 2004）。長期的な社会変容にともなって動物が帯びる意味は変化する。だがこのようなラベリングを実行する世界認識においてはいずれの時代であっても動物は、その存在の意味を人間によって一方的に決定される、受動的な存在にとどまっていると言って良い。

歴史的な変化ばかりではない。現代社会において愛玩動物への「愛」は経済社会的状況の変化におうじて流動的であることが知られている。そしてここでも動物は人間の支配から自由ではない。なるほど愛玩動物は人間と共に生き、日常生活において共に相互行為する。現代のイスラエル社会で人間とペットの種間関係を分析したD・シル＝ベルテシュは、人びとが動物（犬と猫）を「人間の子ども」と知覚して、意識的に動物と人間の境界線を横断すると述べている（Shir-Vertesh 2012）。だが同時に、この「子ども」は実際には人間側の都合で実に簡単に「勘当」することができる。フレキシブルな関係の中で、家族愛は本質化された他者性（ないし隠された硬直性）と併存しているのだ。この相互矛盾の現実は、人間の子どもが家庭の中に誕生した時、鮮明になる。人間にとって都合の良い「感情商品」として愛玩動物を取りあつかう現象がイスラエルに特有であると考える理由はない。欧米では毎年、数万頭の愛玩犬が所有者たちによって捨てられ、子どものいる家庭ではこのリスクがとくに高い。イスラエルと同様、家庭に子どもが生まれ、「家族を代用する」役目と必要性を失った愛玩動物は「無視」から「拒絶」、「放棄」（そして殺処分）に至るライフコースを生き始めるのである。西洋社会における愛玩動物の「人格」のフレキシビリティは、飼い主と絡み合う異種間感情の図式からは想像できないことだが、動物と人間を分け隔てる境界線がけっして揺らいだり、無意味にもなっていないことを示している。「人間」から「他者」としての自然を差別する支配の構造は絶対的なのである。

ここで東アフリカ牧畜社会の牧夫N・メリレムがつくった歌の歌詞を引こう。

おお、ロンゴリアコウ、友よ。
ドドスは「エカレスの父を殺せ」と言った。
息子の父、ロンゴリアコウは「お前たちを殺す」と言った。
ロンゴリアコウ、友よ、アクワンゴロッコの父。
お前たちはお前たちの牛を奪う者を殺せ。
ロンゴリアコウは他者たちの槍がメリレムを奪うのを見なかった。
（二〇〇三年二月作）

東ナイル系牧畜諸集団カラモジョン・クラスターの言語で「エモン」と呼ばれる個人の持ち歌の特徴は、人間の個人を彼／彼女が所有する牛（山羊）の個体と同一視しながら、作者自身が経験した現実の出来事を歌うというものである（波佐間 2015）。この歌においても、作者であるトゥルカナ（Turkana）の牧夫は、自身をメリレム（白と黒の細かな斑点のある無角の牡牛）、息子をエカレス（ダチョウのように黒い牡牛）、ドドス（Dodoth）の友人をロンゴリアコウ（頭から首にかけて大きな褐色の斑点がある牡牛）、その息子をアクワンゴロッコ（白地に大きな黒い斑点がある牡牛）と同一視している。Nはケニアとウガンダの国境を走るエスカープメントを登り、ドドスの友人宅を訪れていたが、そこへドドスの青年たちが駆け込んできて、友人の息子が家畜略奪を企てたトゥルカナの地で返り討ちにあって死んだことを告げた。ドドスの父子はこの前年に牛群をトゥルカナによって略奪されていたのだ。悲報を伝える場にトゥルカナがいるのを知った青年たちは、「あなたの息子を殺したトゥルカナを殺せ」と父に迫った。だが彼はこれを拒み、「お前たちがNを殺せばおれがお前たちを殺す」と言って、異民族であるNを「他者たち（ドドス）の槍」から守った。

ここで興味深いのは、「敵」と「仲間」の間での集合的対決の生起を阻む「顔の見える個」へのアテンションが、民族レベルでのアイデンティティの単位を超え、民族的他者を包括するよう拡張されている点である。かつてW・ゴールドシュミットは東アフリカ牧畜民に特有の社会心理として「行為の独立性」を指摘した（Goldschmidt 1965: 404）。行為に先行する規範や、何か超越的な存在とは別に、あるいはそうした事柄や存在を前提とすることなく、直接の対面的な相互行為を通じて、行為の選択がなされる傾向性である。しかも、そのような表象を介在させず直接的な対面こそを重視する牧畜民に特異な対人関係のあり方は、彼らの語りの中で、家畜を指示する語彙を人間へとメタフォリカルに転用しながら表現されている。このように、東アフリカ牧畜社会には、人間と家畜を同一のカテゴリーに入れる見方がある。このことは人と動物の関係における動物を見る眼が人への眼差しに転用されて世界認識がつくられるということを示している。言い換えれば、種的な他者とのインタースペシフィックな関係世界のパターンが、同種の他者とのイントラスペシフィックな関係世界のパターンとメタフォリカルに同一視され、人間と動物、能動と受動の二元論を乗り超える世界認識が構築されるという可能性があることを示唆している。

本章では、動物という他者を単一化・固定化・カテゴリー化・序列化する西洋社会由来の世界認識とは対照的に、家畜という広い意味での「自然」に強く依存した北東ウガンダ牧畜民の日常生活の中で現象する家畜の人格が、種のカテゴリーを超え、人間の他者認識の流動性を根拠づけている〈生活の論理〉を論じる。人格とは何か？　人格の存在は、人間と家畜が牧畜生活における相互の接点をつくっている主題をリアルであると了解し、行為主体としての個体性と応答性が交錯する脈絡において認めうる。このような意味での人格を備えた家畜は、生物学的、身体的事実として自然存在でありながら、同時に人間文化に深く疎通した複合的な存在である。牧畜民との共在を通じて家畜の一頭一頭が「文化」を身体化し、そのことによって牧畜民自身の生を支えている。動物（家畜）と共に生きる生活実感の中に自己（人間）が包含される事態を確認する時、近代西洋社会に由来する人間例外主義（菅原 2017: 43–59）や他者支配のパースペクティヴを超える世界認識が提示されることになるだろう。これが本章で取り組む課題である。

2　サバンナ牧畜民の日常生活

北東ウガンダに暮らす牧畜民、カリモジョン（Karimojong）、ドドス、ジエ（Jie）といった民族集団は、東スーダン語族・東ナイル語群に属している（Murdock 1959）。東ナイル語群に属する諸民族を含むナイル系の社会集団のほとんどは牧畜民を祖先とし、現在も農牧や遊牧などの牧畜を営んでいる（Smith 1992）。文化人類学者のG・P・マードックが示した図式によれば、東ナイル語群は主に北タンザニア、東ウガンダ、西ケニアの牧畜民集団から構成されている（Murdock 1959）。さらにマードックは、その下位集団として「クラスター」を見出しており、本章で取り上げるカリモジョンとドドスのほか、ジエ、トゥルカナ、テソ（Teso）、トポサ（Toposa）、ニャンガトム（Nyangatom）をカラモジョン・クラスターと纏めている（Dyson-Hudson 1966; Gray 2000; Gulliver 1955; Lamphear 1992）（図 3–1）。彼らはテソを除けばいずれも牛、山羊、羊などの家畜とその生産物に強く依存し、政治体系や社会構造、価値のシステムは生業牧畜の繁栄と調和する形で構成されている。カラモジョン・クラスターの諸民族はかつて単一の集団であったが、二〇〇年前に北西ケニアの高地モルアポロン（Moruapolon）から移住を開始し、以来、相互に同盟と分裂を繰り返しながら、現在の集団の原形が形作られていったと推察される（Lamphear 1976）。今日の彼らは、異なる民族集団に属しながらも、通婚や共住、放牧地の共有、家畜

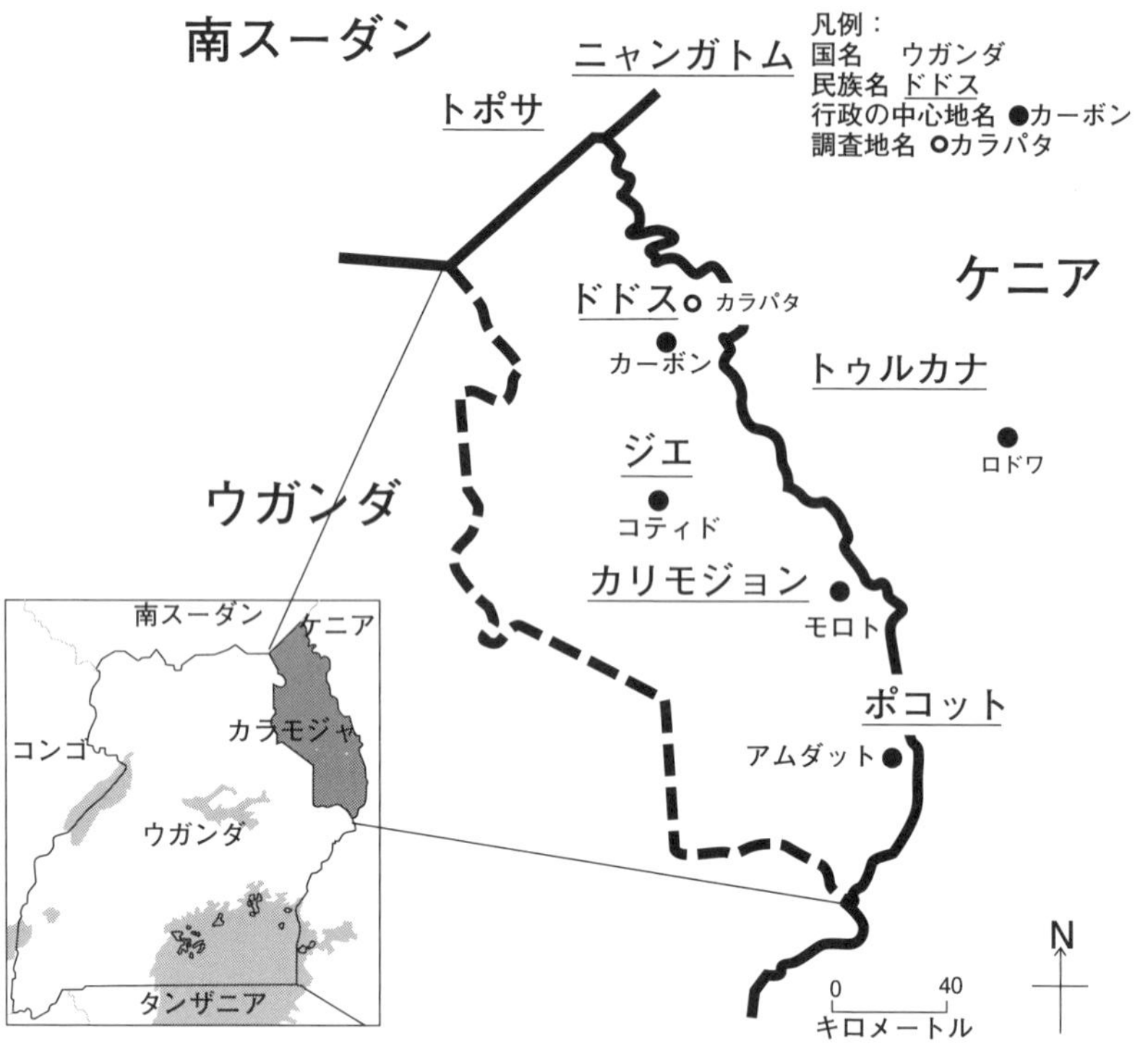

図 3-1　ウガンダ北東部との国境地帯に暮らす牧畜民

交換を通じて、民族横断的な個人間関係を取り結んでいる。

カラモジョン・クラスターを調査対象とする研究者たちは牧畜の重要な定義を提示してきた。「人間が食料に利用できない植物資源を、血やミルクや肉などの家畜の身体に変換することによって成り立つ生活様式」というものである（Dyson-Hudson 1966; Little and Leslie (eds.) 1999）。これはドドスでの観察結果ともよく符合する。ドドスの方名が付与された二六六種類の植物のうち牛、山羊、羊が食べるのは一五五種類であり、そのうち人が食べない植物は一〇九種類である。人が食べない植物一九七種類の約半数を家畜は食べる。家畜は人が食べない植物を旺盛に食べ、人は家畜の身体に頼って生きると言って良い。カメルーンの狩猟採集民バカ（Baka）社会で調査をおこなった服部（2007）によると、植物を熟知している高齢女性が有用植物（食料、建材、物質文化の材料、薬のほか、魚毒や矢毒など生業に用いられるものや交易品）と答えたのは四九七種類、利用率は約七七パーセントだった。ドドスでは人が利用する植物（人の食料や薬、建材）は一六四種類、約六二パーセントだが、家畜を介在させた利用を含めると二二五種類であり、利用率は約八五パーセントとバカを上回る。牧畜民にとってサバンナが多重な利用の可能な生態資源である背景には、牧畜民の延長された身体としての家畜がある。

個々人の社会化に果たす牧畜の役割も決定的である。家畜のホームレンジと人間の居住域が重複し、生まれながら同所的に暮らすカリモジョンとドドスの家畜と人間は、生活空間の随所で、極めて幼い段階からたがいの自生的な好奇心と主体性に基づいた相互行為を交わす。人間は家畜との直接的な相互行為からその行動生態に順応し、身体的な発達段階におうじて日常を送る。たとえば家畜の赤ん坊と共に小屋中央の火の傍で眠る新生児は、「アペリット（小屋の火、子宮の意）でイタナキ（人間・動物の乳児の意）と共に眠る」との慣用表現によりその幼弱さが強調される。二歳前後で搾乳を手伝うようになった男児はエディア、女児はアペゼと呼ばれ、搾乳対象である個体の識別、山羊の赤ん坊の運搬、母牝と赤ん坊を引き合わせる役割が期待される。一〇歳前後でエサパットと呼ばれるようになる男児は、赤ん坊の家畜群を居住地の近場で放牧するための牧童として、牧野に出るとともに朝夕の搾乳をになう（図3-2）。

家畜の存在は人名にも絡む。個人には二種類の名前がある。産後、へその緒を切断して名前の候補を順番に言及し、母親の胸に抱かれた新生児が乳首を口に含むとそれが名となる。この「へその名前」と呼ばれるもののおおくは、親族の名や出生時に見られた特徴的な事象に基づく（たとえば、アプルモン＝野火の煙、アキル＝雨、アペイヨ＝来客、など）。他方、一〇歳前後の男女が名乗り始める「牛の名前」は、自分が「美しい」と感じた

図 3-2　小家畜の世話役を担うドドスの少年

家畜の体色を指示する語彙に基づく（たとえば、イクワボン=純白、イクワナブオ=まるでハイエナのような斑点、など[1]）。

モンゴルの牧畜家畜（Fijn 2011）やフランスの伴侶動物（レヴィ=ストロース 1976）の場合、動物たちには人間とは異なる名前が付与され、存在論的な差異が強調されているというが、カリモジョンとドドスでは、家畜個体の名前は人名としても使用されている。さらに「牛の名前」はそれが「自分の色である」ことを理由にして他者の所有する牛をねだり、贈与を引き出しうるほか、家畜の略奪戦のさいにそれを呼ぶことによって身体を熱し（アキワンガ）、戦闘する身体へ切り替える機能があるなど、家畜を獲得する動因であるとともに、次世代以降の個人名の一部にもなる。彼らの個人の成長とアイデンティティの確立のプロセスは、以上のように日常的な牧畜生活に埋め込まれている。

3　対他関係の独自性——個へのアテンション

家畜略奪（レイディング）はカリモジョンとドドスにとって家畜獲得の主要な方法である。レイディングの対象は隣接集団であるトゥルカナとジエである。レイディングは協働で実行され、獲得した家畜は略奪者集団の内部で一次的に分配される。それぞれの居住地に戻った後はさらに二次的な分配の対象となる。ドドスの家族が所有している家畜群の入手に関する調査によると、レイディングの一次分配で得た個体の数は自然繁殖に次いでおおく、娘の婚資などの贈与や他のモノとの交換といった他者を介して入手した手段の中で最多であった（図3-3）。二次分配はレイディングに参加しなかった者に対する見返りを期待しない贈与である。主な対象は兄弟姉妹、実母、妻方の親族、友人や隣人であり、家畜群をレイディングによって奪われた者にも援助として与える。また、レイディングの成功を祈念して聖なる土を略奪者の身体に塗って祝福し、レイディングの最中も祈り続ける長老や占い師も分配の重要な対象者だ。

民族を跨ぐ同盟と敵対の関係は、個人間の具体的な状況と関係におうじて規定されうる。たとえば放牧地の共有やキャンプ地での共住の経験は同盟関係を基礎づける。第1節で示したドドスとトゥルカナの例のように、周辺の地域で民族間のレイディングが発生しても、別の民族集団と今まさに牧草地やキャンプ地を共有している者たちは「他民族である」ことを理由に敵対したり攻撃し合うのではなく、他民族集団の「仲間」を守り自民族の略奪集団を攻撃する場合もある。目の前の文脈から個人を引き剥がし民族を単位にした「敵」のカ

［1］　男児は牡牛、女児は牝牛の体色語彙を「牛の名前」とする。

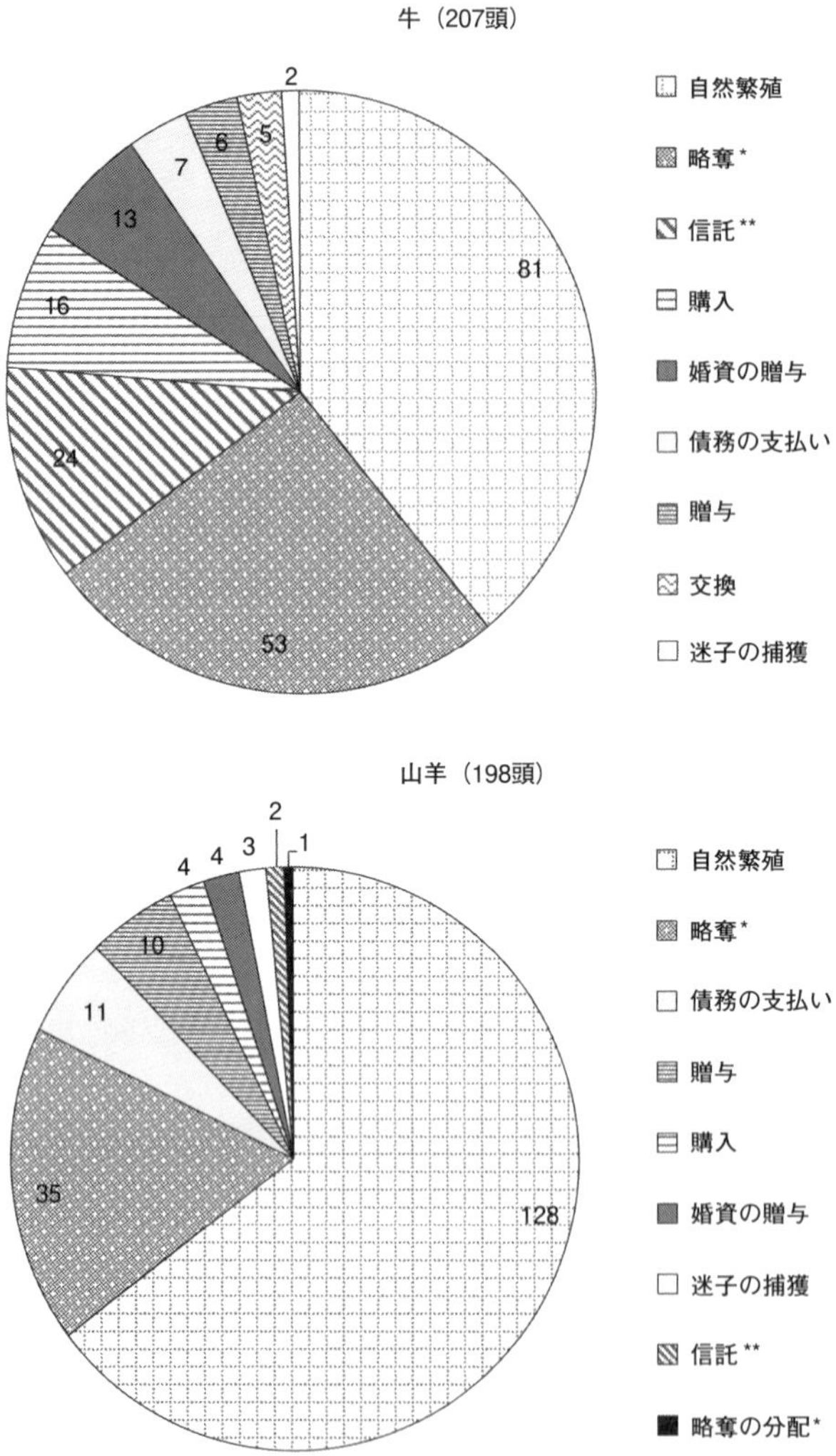

図 3-3　ドドスの家族Aが所有する家畜群の入手方法とその頭数

*略奪を介して家畜を得るには、みずから参与した略奪で得た個体を略奪者集団の間で分配して受け取る場合と、自分は居留地にいたが帰還した略奪者から分配を受ける場合とがある。ドドスはこれらを明確に区別しており、前者を *arem*、後者を *akidier* と呼び分けている。*akidier* は親しい友人や親族のほか、略奪の成功を祈念して聖なる土を略奪者の身体に塗って祝福し、略奪の最中も祈り続ける長老や占い師も分配の重要な対象者だ。

**信託している個体に対して受託側は所有権をもたない。

テゴリーに押し込むことはありえない。このような集合的アイデンティティの単位からの「行為の独立性」は民族集団などの帰属のカテゴリー間での全面対決の発生を阻んでいる。カリモジョンもドドスも近隣民族にレイディングを仕掛けるばかりではなく、家畜を略奪され、家族や友人を殺された経験をもつ。レイディングは自動ライフル銃で武装しておこなわれるため、その過程で生じる交戦で殺人をともなうこともまれではない。だが「敵」の存在は憎悪の感情や復讐の実践には帰結せず、家畜を略奪された者は「奪われた」感覚ではなく、「喪失」の感覚を強く表現する。過去の流血と喪失を引き起こしてきた略奪者である「敵」は、人びとの警戒心と防衛対策の共有を強化するのである。

牧畜民たちは民族間においてレイディング、贈与、交換といった行為が可能である。そのどれを選択するのかは集団間関係と個人の相互関係が擦り合わされ、基本的な生活実践として決定・実行されるのだ。財産と人命の喪失をともなうレイディングが頻繁に発生する牧畜民の隣接集団間関係は、帰属の単位を敵対の単位へと固定化する契機となるように見える。たしかに人びとはいつの時代も家族の生命や家畜をレイディングで失う悲劇を経てきたため他者の受苦への共感は強い。にもかかわらずレイディングが援助行動を触発することはあっても、憎悪や復讐に基づく「敵」と「仲間」への分化や集合的な対決は惹起されない。「顔の見える個」へのアテンションが向けられる範囲はアイデンティティの単位を超え、民族的他者までおよぶからだ。民族関係は個人の関係により徹底的に個別化される。恣意的基準が人びとを分割し、内部の均質性をあがめる集合同士が対決する近代西洋由来の反目の構図はカリモジョンとドドスには当てはまらない。他者の属性を帰属の単位によって固定化せずに行為を決定する〈眼〉のあり方、すなわち、対他関係の表象の介在にではなくその関係の直接性に生きることが、東アフリカ牧畜地域における民族集団間関係の特徴として指摘することができる。

4　異種間の身体コミュニケーションとしての群れ

「放牧をしている時には牛になったように感じる。私の血の中には牛が入っている」（二十歳代男性：二〇一二年七月三〇日聞き取り）

「（お前は「牛と共にいることがどういうことか」と質問するが）牛と共にいる時は心地よい。赤ん坊を抱いている感じだ。とても平静であり、牛たちは草を食べ、糞をし、調和している。彼らはただ彼らだ。その時、私と牛は共にいる」（三十歳代男性：二〇一〇年三月三日聞き取り）

人―家畜関係の内側の経験を語れるのは人間であり、山羊や牛からの「聞き取り」は不可能だ。民族誌記述の中でも種間関係をめぐる民族誌は、表象の問題が極めて深刻である。[2] だが、放牧と搾乳についての牧畜民の語りには、「種の違いを超えた相互性」とでもいうような新しい洞察を含んだ実践が現われる。人間による動物の一方的な対象化は軽やかに乗り越えられ、「物言わぬ」存在であることを止めた動物が登場するのだ。以下では東アフリカ牧畜民のこのような独特の世界認識を理解するために、人―動物関係の人類学の視点を採る。ここでは社会を制度的な規範や構造によって構築されているとは考えない。人間の行為、思考、想像力、感情は身体的基礎に根差し、自然的他者との関わりによってつくりあげている生活環境の中で社会は作動しているという見方を出発点とする。

家畜化の歴史的な過程を探究した松井（1989）は、家畜化以前の野生山羊がどのようにして人びとの接近を受容したのかという問いを立て、くりかえし同じ人間が対象の群れの前に姿を現わし、群れが人間を個体識別し、接近を許すようになったと推測している。現代のカリモジョンとドドスは、家畜による人間の個体識別は放牧の成立に不可欠だと見なしている。たとえば、少年が牧童としてどのようにふるまうべきか最初の手ほどきを受けるさい、「この少年」が「われわれの牧童」であるという個体レベルでの識別を家畜の側に刻印づけようとする。牧童となる少年は兄や父など年長者に付き添われ、群れの先頭に立つこと、その上で群れを水場へ導くよう指導を受けるのだ。家畜たちは移動する先に牧童の姿を見ながら足元の草を食べ、群れを導くエカトゥコン（主）として彼を認識するようになるというのである。水場では、年長者の実演を模倣して、牧童は「ポチュ、ポチュ」と響く両唇吸着音を放つ。「この」牧童は、水場を教えるエカトゥコンとしての認知づけを通じ、放牧される動物の追随対象となるという。また、家畜たちは群れの乳の匂いが浸みこんでいる、牧童がまとっている一枚布を好むという。牝牛はとくに、認識できない人の匂いを嗅ぎつけるとすぐに逃走しようとしたり、深くて低い声を出す。このように家畜によって個体識別された牧童を家畜の社会構造の中に包含することによって、種を超えたコミュニケーションは円滑になるのだろう。

［2］　異種間の呼応関係を読み取る視角は擬人主義、あるいは言語を介して認知世界を調整しあう対人関係のコミュニケーションの濫用と批判される。この批判が前提している発想、人格／非・人格という相互排他的区画への世界分割においては、人間的他者の理解の困難性、コミュニケーションの場における参与者の（意識的ないし無意識的）感受性に対する認識が抜け落ちている。「永遠の愛」を誓い生活を共にしていた者同士が何の前触れもなく相互不信と嫌悪の対象となる事実を考えれば、人間同士ならば意思的なコントロールによって疎通しあえる関係をつくりだせるという想定は現実から浮遊した人間理解だということはすぐに分かる。記号論の観点では、私たちは私たち自身が「ほんとうに」考えていることを確信できない。他者の意図や感覚を確信できないことは、自己の意図や感覚を確信できないことと同じである。自己を顧みる内省と他者の主観を感受する間主観性は共に記号論的に媒介されているからだ。その対象が人間であれ非・人間であれ、自己であれ他者であれ、理解の不可能性は不変である。

家畜の群れに付き添う牧童は自身の存在に常に自覚的であり、自分の身体と動作から家畜に伝わる「身体言語」に注意を払っている。背の低い灌木が続く開けた牧野を食べ進む山羊の群れの中で、牧童は私に「ゆっくりと歩くこと」「手を振り上げないこと」「話す時には小さな声で囁くこと」をたびたび求めた。「山羊が十分に（草を）食べることができるように」という理由である。また、ある牧夫は給水を終えた牛群とともにアカシアの木陰で休憩を取りながら、「私は牛たちの頭を見て、彼らが見つめているものを見るし、彼らの鼻と耳を見て、彼らが（関心を）惹かれるものを見る。感情的になっている牛もいる。私と彼との細かな動きで分かる。私が動き、彼が動く。彼が動き、私が動く。私と牛の血はすべてを知っている」と語った。牧民たちは日々の家畜との相互行為から、群れと共在する自己の身体の動きや配置をコントロールする方法を学んでおり、放牧はそのような実践の知の集積として理解できよう。山羊の群れに同行する私に助言した牧童は、群れの動きに連なる身体のあり方に気付かせようとしていたと考えられる。こうした人間と牛（あるいは山羊）の間の身体を介した疎通の語りは、人間と家畜が身体と感情を相互に調整しあっている可能性を示唆している。実際に、放牧群と牧童はたがいの行為を調整しながら日帰り放牧を円滑な相互作用とするべく「協働」しているのだろうか。調査期間中に観察された放牧の事例から証拠を得ることが出来る。

まず、毎日欠かさず見られるありふれた光景を取り上げよう。ドドスにおいて山羊の日帰り放牧の移動距離は一日約一二キロメートルだが、この間、採食地に向かう移動のさい、山羊たちは身を寄せ合って密集状態になる（図3-4）。採食地に着くと牧童はその場で立ち止まり、各々の山羊が好きに採食できるよう自由に遊動させる。[3] 群れはすぐに個体間の距離を広げて大きく拡散していく。興味深いことに、群れはほかの放牧群と出会った時でも容易には混じり合わない。山羊はどの個体と近接するかを選択しているのであり、そこに現われる集まりは（個体間の関係に基づかない）「集合」ではなく、輪郭のある「群れ」と見なすのが適切である。[4] 群れの輪郭は凝集が形成されるさいに鮮明に可視化される。たとえば放牧群が集落に帰って来る夕方には、別の放牧群も集落の周辺に集まってきており、放牧群の間の距離は近くなる。（群れのメンバーの顔ぶれを熟知している牧民たちには問題ないけれども）私にはどこからどこまでがひとつの放牧群であるか、すぐには見分けられない状態になる。このような雑然とした状態でも、牧童が自身の管理する放牧群に付き添うことで（他の群れの個体を含まない）ひとつの放牧群の凝集がつくられる。放牧群の群れの輪郭や内部の強い近接関係は、牧童の身体が社会的なキューになって表出する。こうした場面で群れに付き添う牧童はただ一緒に歩くだけのことが多く、群れに対する音声や動作がともなう介入はあまり顕著ではない（表3-1）。山羊の感覚は繊細で、牧童の意図や関心を含んだ身体の配置と動きが自然と群れの全体に伝わっていくといった感じである。牧童が放牧に熟達するにしたがって、彼の声は「聞こえず」、動作は「見えない」ようになると人びとは言う。牧童が家畜の「感覚」に自身の身体を調整できるようになるからであり、また家畜の側も牧童の「意図」を学ぶのではないだろうか。

次に、牛群と牧童の相互行為が明確な形で観察された事例を取り上げよう。

【事例】

私が寄宿している家族の牛群（約二二〇頭）が、昼前に北東にある草地で草を食べつつゆっくり移動していた。私は群れの先頭に立ち一緒に歩いていたが、突然、牝牛の何頭かが立ち止まってしまう。周囲の去勢牡と種牡たちもほぼ同時に食べるのを止めて、鼻を前に突き出し、あたりの匂いを嗅ぎ始める。群れはやがて完全にストップし

［3］このような採食地は一日の放牧につき三、四カ所ある。
［4］今西（1951）は、群れと集合（あるいは分散と対立する概念としての集中）を区別する必要性を論じている。

図 3-4　放牧へ出かける二つの山羊の群れと二人の牧童

表 3-1

	2003 年 2 月 9 日	2003 年 2 月 11 日
放牧時間*	9 時間 56 分 40 秒	9 時間 32 分 40 秒
介入時間**	1 時間 19 分 20 秒	1 時間 7 分
（うち一緒に歩くだけの時間）	43 分 40 秒	49 分 40 秒
（うち音声／動作を伴った時間）	35 分 40 秒	17 分 20 秒
介入時間の割合	13.4%	11.6%

*休憩時間と給水時間を除く
**10 秒を一単位として記録した

密集状態になる。泌乳牝の四、五頭が自分の集落の方へ引き返し始める。後方から追いついてきた牧童が私に「ハイエナの匂いだ」と言う（私は牛の匂いとの区別がつかなかった）と、「ツッ」という無声音を発しながら群れの先頭に立ち、牧杖を両肩に渡した姿勢で歩く。すると牛たちは尾を上げ、顔を正面に向けて牧童の後を追い、前方に動き始める。先頭をゆく牧童は時折、上記の高音の音声を発し、太い声で牧歌を歌った。一時間ほど移動した後、牧童は足取りを緩め、「ツツイ」という後部歯茎の摩擦音を数回響かせた。牛たちはその場で頭を下げて草地に顔を埋め、採食を再開した。

この放牧中の出来事においてもっとも印象的だったのは、藪の中に捕食者の存在を知覚し過敏になった牛たちが、音声と歌声を発する牧童の毅然とした身ぶりの下で、臆さず草地を闊歩するように変化したことだ。肉食獣の体臭を感知した群れは怖気づき、その場から退避する素振りを見せた。ハイエナやバブーン（アヌビスヒヒ）などの捕食者に対する牛の感覚は非常に繊細であり、強いストレスがかかる。この日の夕方、私が確認しただけでも二頭の泌乳牝のミルクが赤茶色に濁っていたが、人びとは「恐れのために乳房の中で血液とミルクが混ざった」と説明した。牧童が歯茎の側面を摩擦させて発した「ツッ」という音声と野太い歌声（アキタットゥ）にはハイエナを追い払う効果があるとドドスは言うが、同時に「牛を奮起させる声」であるとも語っていた。群れの先頭を踏み進む牧童の声により、牛の恐れの身構えはあらためられるということだ。乾季が深まると牧草が限られてくるため放牧の距離が長くなり、ハイエナやバブーンと出会うことも多くなる。先に述べた群れの輪郭の表出といい、危険な放牧地における群れの前進といい、放牧は牧童と牛が相互の身体と感情を交錯させるコミュニケーションの上に成り立っているといえるのではないか。

5　重層体としての群れ、生きられる個体性

前節で述べてきたいわば異種間のコミュニケーションとしての放牧は、牧童と群れの全体の間で生起しているといってよい。だが、牧童と家畜は個体のレベルでも呼応する。こうした相互関係が成り立つ背景には、群れを構成する個体という下位の単位に向けられた牧童の目線があるわけだが、ここで個体に呼びかける声の例を挙げよう。

第一に、居住地に残している赤ん坊を求める泌乳期の牝牛が放牧の途中で群れから逸れ、移動を始めようとする場合には、牧童はその牝牛に特定の音声を発して（この場面では「ハァアイ」という声）群れに戻るよう指示する。その一気に息を吐く感じで発する短い大声は逃走反応を引き出す威嚇のようにも聞こえる。だが牧童の目の前にいる他の牛は無反応である。当の牝牛は方向転換をして群れに合流し、牧童に近寄って来て落ち着くということもふつうに起きる。牧童の行為は群れの全体への威嚇行動ではなく、（群れから逸脱する）特定個体に対する指示と見なしうる。

第二に、こうした家畜に呼びかける声は、呼び掛けられる個体の種、性、成長段階によって使い分けられる[5]。「ヤァー」という発語は放牧から戻って来た子牛が囲いへ入るのを促すために使うが、種牛には同じ文脈で「ウラァー」という語を発する。また乳母づけのさいに、乳母牛の頭の脇に牧童が立って、一方の手の平を乳母子の口の中に差し入れて下顎の切歯から臼歯列までの隙間を握り、他方の手で耳の根元を掴んで「コック」と呼び掛ける。これは母牝が落ち着いて子を嗅ぐ行為を促す音声だが、その後、乳母牛が子を舐め始めると、今度は子の耳元で「プチュ」と囁く。すると牧童が手を放しても、子はその場に留まっていることができる。

この二つの例は、牧童が群れの一頭一頭を独自の存在として認識することはなくても成立しうる。第一の例では、群れの全体から一部が離れるというパターン変化を感知しさえすれば、牧童は特定の個体に働きかけることができる。呼びかける対象の個体が他とはどのように異なるかという記憶は相互行為の成立にとって不可欠ではない。第二の例では、呼びかける対象の性や成長段階といった身体特徴をその場その場で判別できれば適切な発語は選択できる。呼びかける対象を特定して、その特徴を類別できれば十分であり、ここでも個体レベルでの識別は必要ない。では、群れの中の一頭一頭の個体を牧童はどのように記憶しているのだろうか。牧童の仕事には群れに付き添い適切な場所（草地や水場）へ誘導するほかに、群れの中に迷子になった個体がいないかを確認する作業がある。このような場面においては群れのメンバーの記憶がなくてはならない。迷子が出た時、仮に群れを数で把握したとしても、群れのメンバーの顔触れが記憶されていなければ、（迷子の事実や何頭がいないかは気づけるが）どの個体がいないのかは特定できないし、そのため探索も不可能だからだ。

ドドスは群れの全個体の有無を確認する行為をアキイット（原義は「思い出す」）と呼ぶ。アキイットは目視によって一頭ずつ、群れのメンバーの存否を確認する形でおこなう。私が寄宿していた家族の牧童は、①朝、群れが囲いを出た直後、[6]②正午過ぎに給水をした後、[7]③夕方、群れが囲いに戻った後にアキイットをおこなっ

[5]　牧童は放牧中、家畜に声を出し特定の行動を引き出そうとするが、人々はこれらの呼びかけを「牛の言語」や「山羊の言語」と呼ぶ。この「発語」は「人間の言語」の命令文に置き換えることができる。そしてこの「家畜の言語」は、本文中での説明にもあるように、家畜個体の側のジェンダーや年齢におうじて使い分けられる。

[6]　山羊は通常自分の群れを識別している。だが、群れに加入したばかりの幼い山羊や贈与されて移籍してきた山羊は、自身の群れの認知が薄い。そのため、囲いの外で異なる放牧群に所属する山羊としばしば混じり合う。朝のアキイットは、このためのチェックという意味がある。

[7]　山羊の給水は二、三日ごとにおこなわれる。給水の日、山羊たちは喉の渇きから水の匂いに敏感になっている。水を求める山羊は群れ

ていた。何を手掛かりに確認しているのかと牧童に質問すると、「エイヤカエから分かる」という答えが返ってくる。エイヤカエ（原義は「存在」）は、家畜の性や成長段階、体色、耳の形、角の形、行動などを包括する概念だが、中でも体色は個体ごとに多様性があり、有力な指標となっている。牧童に群れの個体数を質問しても「知らない」と答えるが、群れを構成するメンバーを「思い出す」ことを求めると、彼は色彩や模様を指示する語彙や比喩表現を用いて群れの全個体を思い起こすことができる。ドドスの牧童は記憶された母系の血縁関係をたどって群れをいくつかの下位の単位に分割し、家畜の欠員の有無を構造的に調べていた。血縁的な同一性を単位とするメンバーの顔ぶれを思い描き、目の前の群れから欠員がないかをチェックし、同様の過程を次の単位のメンバーに繰り返すのである。つまり家畜のエイヤカエは系統図の形で整理されて、個体の有無の確認に活用されている（図3-5）。

牧童は自分が放牧に同行する群れのメンバーのエイヤカエを常に思い起こすと言う。ドドスの人びとは普段の生活で文字を使うことはないし、学校教育を受けた者は少ない。個体の記憶は群れの顔触れを繰り返し思い起こすことによって定着する。このような習慣をもつ牧童は、就寝した後もしばしば放牧の夢を見る。たとえば私は二人の牧童と寝食を共にしていたが、ある晩、先に眠りに就いていた牧童が突然、放牧中の泌乳期の牝山羊を誘き寄せる「コッコッコ」という音声を発し、ミルクを掌から吸い上げて飲むという「寝言」を聞いたことがある（波佐間 2015）。以下は、このような放牧の夢見を通じて迷子の個体を現実に見出すという事例である。[8]

【事例】

二〇一五年一二月三〇日五時、辺りがまだ暗い中、山羊囲いの前でドドスの牧童（十代）が「牝山羊たちが迷子だ」と父親に伝えている（山羊群は二四七頭）。同月生まれで、出産直前でもある二頭の牝、ナキプラット（淡いピンク）とナカペリキリオン（腹に白い縦線がある以外は黒）の姿が見当たらないらしい。さっきまで牛皮の敷物の上で眠っていたが、夢を見て目覚め、アキイットをおこなって迷子に気付いたという。群れからかなり離れた後方で、二頭が近づき合っているのを夢の中で見たと牧童が私に説明する。私が「いつ迷子になったのか」と父親に質問すると、「昨日の昼、放牧中だ」と答える。昨日の朝、放牧に出発する前、父親は二頭の牝が群れにいたのを見たという。父親はすぐにアキサック（「探す」）のために家畜キャンプを出て行った。昼過ぎ、キャンプに戻ったとき、彼はナキプラットとナカペリキリオンを連れていた。足跡を追いながら前日の放牧ルートを辿り、小高い丘の灌木林の中で一緒にいるところを見つけたという。

個体は人びとが記憶している系譜上で特定の位置を占めるばかりではない。事例に示されているように、あるカテゴリーの個体については、群れのどの位置にいることが多いかという配列の規則性が認められる。種牡、去勢牡および泌乳期の牝の多くは群れの先頭にいる個体（エカリコンないしエカロトン）となる。[9] 老齢の個体は群れの後方にいる個体（エカニポン）になりがちだ。もっとも迷子になりやすいのは、群れから孤立しがちな個体（アカセパン）であり、新しく群れに加わってきた若い個体や臨月の牝といったカテゴリーのおおくが該当する。牧童が群れを確認する時にはこの空間配置が助けになる。

から外れ迷子になることがある。

［8］ダトーガ（Datoga）やトゥルカナにおいても牧童は群れのメンバーの「頭数」に頼り迷子の有無を確認するのではなく、体色を手掛かりにして個体の記憶を手繰り寄せながら一頭ずつ存否をチェックしている（梅棹 1990; 太田 1987）。

［9］ただし種牡は季節によって行動が大きく変化する。すなわち、栄養状態の良い時は群れを率いて歩くが、乾季で弱っているときや発情している時期には逆に、群れの最後方を彷徨っている。

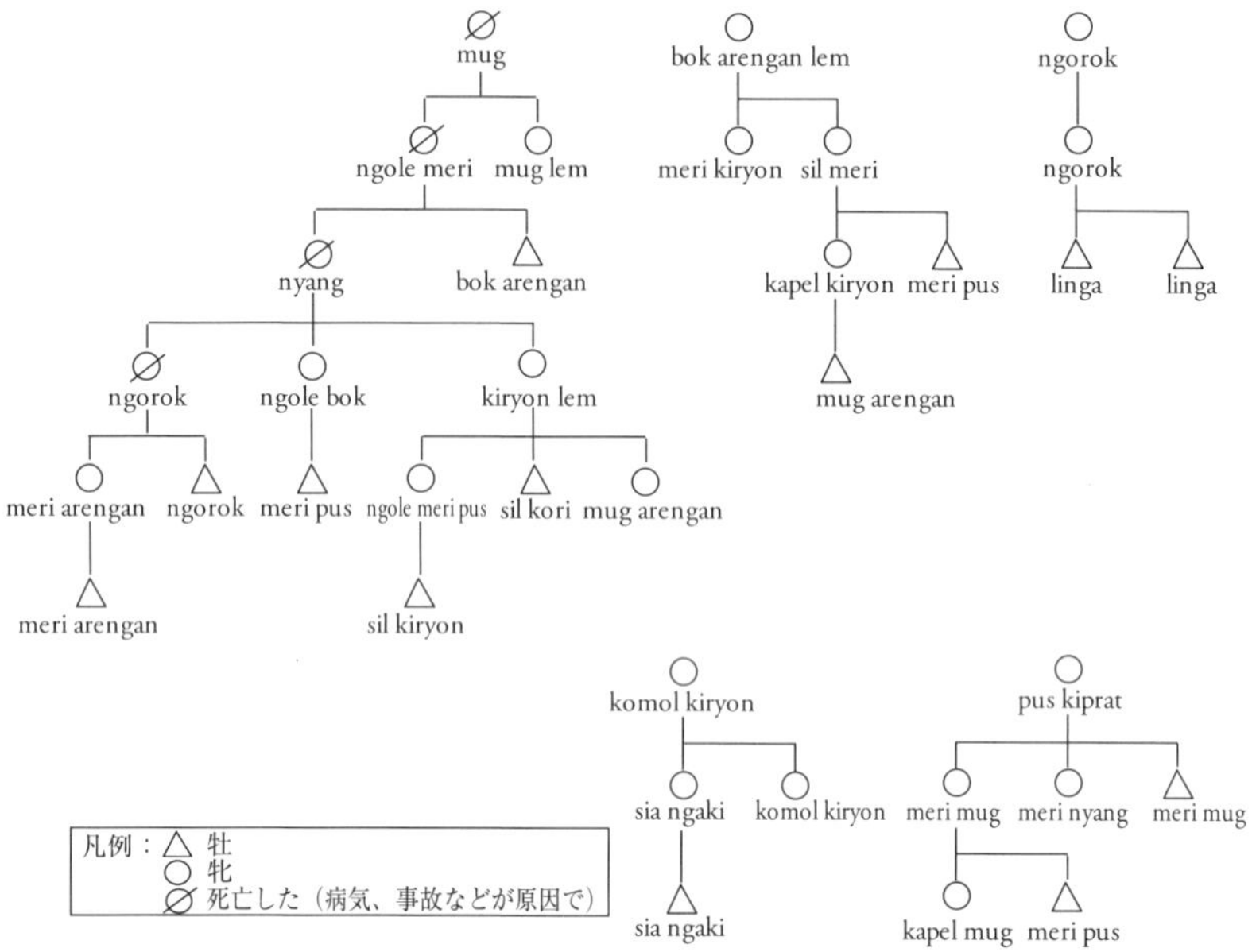

図 3–5　山羊群の牧童が記憶している血縁関係に基づく下位単位の例*

*個体名を指示するために使われる語彙例：*mug*（赤茶、暗い茶紫）、*ngole*（頭部全体が白）、*lem*（無角）、*meri*（微細な斑点）、*arengan*（赤）、*kiryon*（黒）、*sil*（背中から腹にかけて白い縦の細いラインがある）など。

家畜の姿形をあらわす詳細な語には、個体への呼び名としての働きがある。個体には身体特徴を表す語彙を使って名前を与えるのである。その呼び名は、日帰り放牧をしている間、群れをガイドする牧童が言及したり、搾乳の場面で母牝や子に対して用いる。また、放牧中に迷子になった山羊には、牧童が群れに戻るよう名前を呼ぶ。私はカリモジョンで八〇頭の成牛群を対象に、名前呼びへの反応をテストした。牧童に依頼し、日帰り放牧中の草地や牛囲いの中で牛の名前を呼んでもらったのである。呼び名の意味は、「目の周りの黒いブチ」や「角なしの牝」などを意味する類別名称だったが、実際に呼ぶ時にはジェンダーを表示する接頭辞が省略され、日常の発話より音素を短くして、低音で発声していた。つまり、日常会話中に言及するときとはやや違ったモードで呼びかける。図3–6はその結果だが、牛が名前を自覚していることがよく示されている。牧童が名前を呼んだ時、周囲の個体は反応せず対象の個体だけが応答していた。人間だけでなく呼び掛けられる牛の側も名前の対象を特定できるのである。

カリモジョンとドドスにとって群れの内部構造は重層的である。つまり家畜の各個体は群れを構成するメンバーという共通する属性をもつと同時に、一個体としての独自性を併せもつ。レヴィ＝ストロース（1976）は、トーテム化された動物について「食べることよりも考えるのにふさわしい」と述べ、その存在の形而上学的な意味を物象世界の分割された単位を代表する働きに求めた。日常の生の実感に密接に結びつくものであるがゆえに、動物は人間社会における自他認識へ有用な思考の材料を与えるというのである。レヴィ＝ストロースによると、生物分類の考察の中で種の間の差異がもっとも直接的に人間の知覚に現われるという（レヴィ＝ストロース 1976: 160–191）。動物はそれが属する集団（種）の中の個でありながら、他集団に対してはその差異において集団の全体性を表現する。そして、集団／類／個としての動物の重層的なあり方は、人間が彼らの帰属する集団の中の個でありながら、他集団に対してはその差異において集団の全体性を表現していることと同じである。この指摘は、カリモジョンとドドスにおいて人と家畜の間の同一視の現象がなぜ生起するのかをうまく説明するように思える。

たしかにカリモジョンとドドスにおける家畜は群れとして、そして、その下位の単位（類ないし個）として認識され、養われる。日々の放牧という人びとの日常世界における群れの内部構造は、①特定の家畜種の群れとしての集団的レベル、②性と成長段階に応じた類的レベル、③個体識別と個別名称の使用という個的レベルにおいて、注意を向け種を超えた身体のコミュニケーションを成り立たせるといったように、重層体になっているのである。カリモジョンとドドスにおいて家畜は人間の意思の単なる乗り物ではない。むしろ牧童は、牧畜

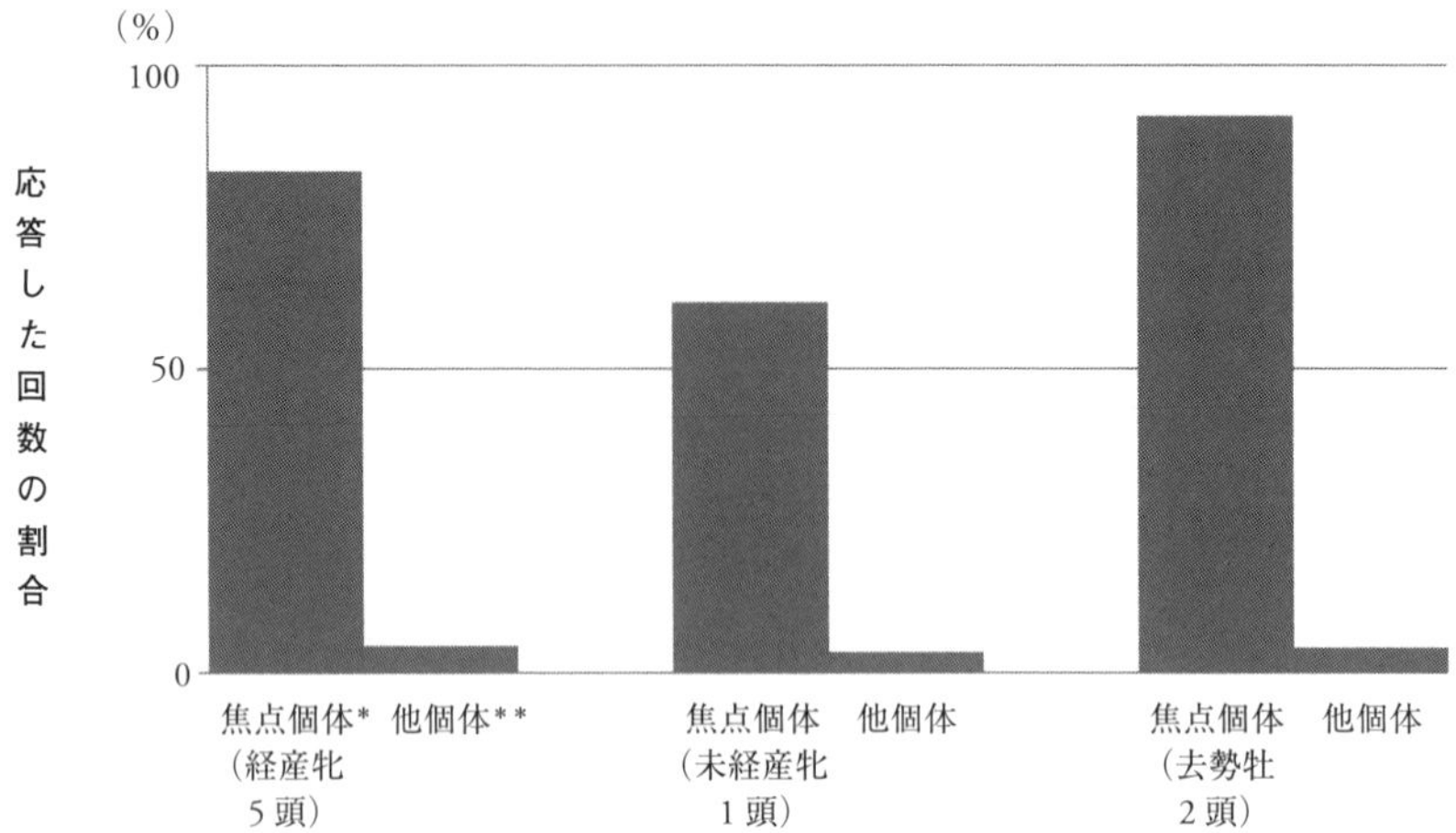

図3-6　牛における名前呼びへの応答的反応***

*焦点個体が自分の名前を呼ばれた回数とそれに応答した回数の割合の平均の値。

**他個体とは、焦点個体が名前を呼ばれた時、焦点個体の5メートル以内にいた個体を指す。焦点個体が名前を呼ばれた時にその5メートル以内に他個体がいた回数と焦点個体が呼ばれたにも関わらず（他個体が誤って）反応した回数の割合の平均の値。

***「あなたたちは家畜が自分の名前を知っていると言う。あなたに牛の名前を呼んで貰い、彼らが本当に応答するのか調べたいので、経産牛、未経産牛、去勢牛の名前を1頭ずつ呼んで欲しい。かならず応答するかを確かめたいから、この名前を呼ぶ試みは、1頭に対して何度も繰り返したい」と牧童に依頼した。そして、彼が名前を呼んで5秒以内に、顔を呼び手のほうへ向ける、歩み寄ってくる、呼び返す、といった応答的な反応行動が見られるかを調べた。

家畜とともにひとつの社会を構成する要素となり、家畜の社会的な境界の内部で仕事をしている。そうであるならば、カリモジョンとドドスの牧畜家畜は、認知的際立ちや象徴的な意味、あるいは物質的価値を符号化された客体ではなく、〈いまここ〉において直接、牧畜民の身体に働きかけてくる主体にほかならない。言い換えれば、この牧畜社会の日常生活において家畜とは、人間の自己完結的な表象の介在なしに、直接的に対面して相互に行為する相手にほかならない。カリモジョンとドドスにおける家畜の個体性は、他の個体とは異なる客観的な特徴を備えているという事実で説明できるものではない。それは家畜によって「個体」として認識された人びとの声や身体に呼応するコミュニカティヴな事実に現れるものであり、相互行為を通じて生きられる個体性である。

6　まとめにかえて

西アジアにおける牧畜の開始（＝牧畜家畜の誕生）は、近代的な支配と統治の社会理論を生み出す起点として位置づけられてきた。たとえば、西アジアおよびヨーロッパの文化研究においては、家畜に対して管理技術を駆使する牧畜生活から着想を得て、奴隷制や社会の監視・統制といった人間統治の方法が開発されたと論じられてきた。たとえばM・フーコーは、エジプトやアッシリアにおいて人民を王（ないし首長）、聖職者を羊飼いと同一視する権力観がヘブライ人によって洗練されたと指摘している（Foucault 1979）。そこでは、羊の成長段階におうじて採食計画を立て、個体識別に基づいて放牧群を管理する人民の羊飼い・モーゼの「牧人的権力」が近代における統治技術の萌芽として分析される。また谷はイタリア中部の事例などを元に、選択的な屠殺や去勢、季節的な交尾の管理、搾乳などの生のサイクルにおうじた人為介入、個体名の付与と個体識別を詳述している。そして、地中海地域における牧畜的「生管理」の中に、征服された群れに対する人間的支配と、「人間には動植物を管理する価値がある」という、西欧の人間・自然観を規定した旧約聖書に記述された垂直的なヒエラルキー構造を見出している（谷 1997, 2010）。

これに対してカリモジョンとドドスの関係世界は、人間と動物の他者を単一化・固定化・カテゴリー化・序列化する眼差しによって分断分割されていない。東アフリカ牧畜民は、人間（他民族）および動物（家畜）の他者と共に〈顔〉をもつ個体同士として対面的に生きる。その日常生活は関係の直接性が基礎になっているのだ。

そこでは、「顔の見える個」へのアテンションは、民族レベルでのアイデンティティの単位を超え、民族的他者を包括するよう拡張されている。この世界認識のあり方により、カリモジョンとドドスは特定の他者と共に局在的な関係を構築することを徹底的に志向し、外在的目標に向かう方向づけからすり抜ける。「敵」と「仲間」の間での集合的対決が生起しないのはそのためだ。すなわち東アフリカ牧畜社会における人―動物関係においては、放牧という日常生活を背景にした論理の中で、行為主体としての個体性と応答性の交錯としての家畜の「人格」が、人間的他者認識の流動性を根拠づけているると考えられるのである。動物的他者を単一化・固定化・カテゴリー化・序列化する西洋社会由来の世界認識とは対照的に、「人格」を備えた東アフリカにおける家畜は、生物学的、身体的事実として自然存在でありながら、同時に人間文化に深く疎通した複合的な存在である。彼らは人間主体において異種混淆的なアイデンティティの構築を可能にしながら、人間／家畜的他者を集合的に管理・統治する鋳型を提供するのではなく、自己と他者の個体間の局在へと向かう力の源泉となっているように思われる。

文献

今西錦司（1951）『人間以前の社会』岩波書店。

梅棹忠夫（1990）『梅棹忠夫著作集〈第8巻〉アフリカ研究』中央公論社。

太田至（1987）「牧畜民による家畜群の構造的把握法―北ケニアのトゥルカナ族の事例より」和田正平編『アフリカ―民族学的研究』七七一―七八六頁、同朋舎。

菅原和孝（2017）『動物の境界―現象学から展成の自然誌へ』弘文堂。

谷泰（1997）『神・人・家畜』平凡社。

――（2010）『牧夫の誕生―羊・山羊の家畜化の開始とその展開』岩波書店。

波佐間逸博（2015）『牧畜世界の共生論理―カリモジョンとドドスの民族誌』京都大学学術出版会。

服部志帆（2007）「狩猟採集民バカの植物名と利用法に関する知識の個人差」『アフリカ研究』七一：二一-四〇頁。

松井健（1989）『セミ・ドメスティケーション遊牧と農耕の起源再考』海鳴社。

レヴィ＝ストロース、クロード（1976）『野生の思考』（大橋保夫訳）みすず書房。

Descola, P. (2004) Le sauvage et le domestique. *Communications*, 76: 17–39.

Dyson-Hudson, N. (1966) *Karimojong Politics*. Clarendon Press.

Fijn, N. (2011) *Living with Herds: Human-Animal Coexistence in Mongolia*. Cambridge University Press.

Foucault, M. (1979) *Omnes et Singulatim: Towards a Criticism of 'Political Reason'*. The Tanner Lectures On Human Values. Delivered at Stanford University October 10 and 16, 1979.
http://tannerlectures.utah.edu/lectures/documents/foucault81.pdf (Accessed 10 May 2012)

Gulliver, P. H. (1955) *The Family Herds: A Study of Two Pastoral Tribes in East Africa, the Jie and Turkana*. Routledge and Kegan Paul.

Gray, S. (2000) A Memory of Loss: Ecological Politics, Local History, and the Evolution of Karimojong Violence. *Human Organization* 59: 401–418.

Goldschmidt, W. (1965) Theory and strategy in the study of cultural adaptability. *American Anthropologist*, 67 (2): 402–408.

Lamphear, J. (1976) *The Traditional History of the Jie of Uganda*. Clarendon Press.

— (1992) *The Scattering Time. Turkana Responses to Colonial Rule*. Clarendon Press.

Little, M. L. and Leslie, P. W. (eds.) (1999) *Turkana Herders of the Dry Savanna: Ecology and Behavioral Response of Nomads to an Uncertain Environment*. Oxford University Press.

Murdock, G. P. (1959) *Africa: Its Peoples and Their Culture History*. McGraw-Hill.

Smith, A. B. (1992) *Pastoralism in Africa: Origins and Development Ecology*. Hurst & Company.

Shir-Vertesh, D. (2012) "Flexible personhood": Loving animals as family members in Israel. *American Anthropologist*, 114(3): 420–432.

第4章　実験動物と神経生理学における「自然」について

池田光穂

1　自然の存在論について

自然と文化がおりなす人間集団にとっての存在論の歴史については、古代ギリシャの自然哲学から、西洋古代から中世における自然としての神の恩寵の問題、啓蒙主義が準備した理性（＝自然法則）、現代ではハイデガーの存在論や量子力学、近年では存在の意味論とその言語論的応用をめぐる分析哲学や情報科学のオントロジー、そしてフィリップ・デスコラの四つのタイプの存在論（アニミズム・トーテミズム・アナロジズム・そして・ナチュラリズム）まで、じつに、おびただしい議論と研究がある（コリングウッド 1974; ボアズ 1990; 木田 2010; Descola 2013）。人類学の伝統においては、文化や社会という対立項の中で、自然の概念を主題化しようとしてきた（Ellen and Fukui 1996; Descola and Palsson 1996）。一九四九年の『親族の基本構造』（レヴィ＝ストロース 2000）で、クロード・レヴィ＝ストロースは、ヨーロッパ啓蒙文化における自然から文化への認識の出立について、人類学黎明期のインセストタブー起源の解明への挑戦と近代科学的解釈への転換を比喩的に論述することから始める。同書出版後、約四〇年を経てこの自然と文化の二分法の民族誌的現状を取りまとめる幅の広い論集を編集したデスコラとパルソンに言わせると、自然と文化の二元論は「人類学のセントラルドグマ」であり続けているのである（Descola and Pálsson 1996: 2）。

生態人類学者や自然人類学者たちの情熱に満ちた自然と文化への探究もまたしかりである（Fukui 1996; Ellen 1996）。だが現代人類学にとって自然の検討は、ギアーツの表現を借りれば人類学者は「今なお闘鶏やセンザンコウによって心を奪われているので」（ギアーツ 1999: 265）、狩猟採集民の野生動物や環境に関する認知と行動の生態人類学や伝統的生態学的知識（Traditional Ecological Knowledge, TEK）などの研究に大きく傾いているのが現状である（cf. Akimichi 1996）。他方、現代人における自然概念の検討は、生命科学や高エネルギー物理学研究室における民族誌研究（Latour and Woolger 1986; Nothnagel 1996: 262, 264）でしばしば触れられる。しかしそこでの議論の多くは、自然と文化の二元論に基づいて、文化的あるいは社会的思考の観想の対象として自然を浮上させているにすぎない（Descola and Pálsson 1996: 7–9）。

私たちは西洋の自然と文化（あるいは社会）の二元論に基づいて、唯一無二の普遍的な「自然」の存在に対して、文化（あるいは社会生活）というフィルターを通して単一の世界を多様に認識しているのであろうか。それとも認識すなわち観点と実践の対称性を人間以外の動物やさらには事物（モノ）にまで拡げ、人間性（文化）と社会性に唯一無二の普遍性的属性を付与することにより、自然そのものが多様な存在様式を具有していると見なしているのか。それゆえ、アマゾン先住民の民族誌家であるデスコラやヴィヴェイロス・デ・カストロらが果敢に試みてきた西洋の自然と文化（社会）の二元論の超克の試みである存在論的転換に刺激を受けて、現代社会における存在論の様式たる「自然主義」における自然のあり方について検討する必要が生じるわけである

（Descola 2013）。

この章では、自然科学者がおこなう視覚の神経生理学実験の手順を紹介し、そこに登場する実験動物がどのように取り扱われるかについて検討する。ここで検討される素材の内容は、二〇〇五年から二〇一二年まで私がおこなった調査、すなわち視覚情報の脳内での神経学的処理機構について実験動物を使って研究する実験室での出来事の観察と、実験室関係者へのインタビューを元にしている（Ikeda and Berthin 2015）。

2　実験動物の必要性

視覚情報処理に関する神経生理学の研究は、感覚生理学や脳科学研究領域の中でも歴史が長く、研究成果の蓄積が豊かな領域である。調査対象となった研究グループでは、ほぼ毎週最新の研究成果の論文を紹介するジャーナルクラブが開催され、さまざまな先行研究の論文が検証されていた。そこでは理論・方法論・学派の「癖」（＝研究アプローチの傾向のこと）について議論されると同時に、各チームによる実験計画などの構想アイディアが自由討論を通して検討されていた。

彼らの研究の学説史的伝統は以下のようなものである。[1] 読者にはすこし煩瑣で冗長のように思われるかも知れないが、しばらく我慢して欲しい。すなわちクフラー（S. W. Kuffler）が報告したネコ網膜神経節の受容野の

［1］　これらの情報は、この研究室紹介を兼ねたウェブページから情報を収集し、それぞれの研究テーマについて調査者たちが独自に勉強を重ね、さらに研究室の構成員にそのようなまとめ方でよいかをフィードバックして得られたものである（Ikeda and Berthin 2015）。

発見と神経伝達物質とネットワーク形成、さらにそれに関連する細胞の形態学的特徴に関する報告、網膜からの最初の神経投射（＝神経経路に添う情報の伝達）を受ける脳の視床下部の部位である外側膝状体（ＬＧＮ）の神経経路の情報処理に関する研究、ビショップ（Peter O. Bishop）らが切り開いたオーストラリア学派や、クロイツフェルト（O. D. Creutzfeldt）らが切り開いたドイツ学派あるいは英国やフランスなどヨーロッパおよび日本における研究、ＬＧＮからさらに投射を受け、視覚情報の最終処理を受け持つ大脳皮質第一次視覚野（Ｖ１あるいは17野）に関するヒューベル（D. H. Hubel）とウィーゼル（T. N. Wiesel）がおこなった膨大な生理学と形態学的研究（e.g. Hubel and Wiesel 2005）とそれに触発された第一次視覚野研究ルネサンス、さまざまなイメージング技術（ＰＥＴ[2]、ＭＥＧ[3]、ｆＭＲＩ[4]、ＮＩＲＳ[5]）を利用した脳内の画像マッピングの機能解析、遺伝子組み換えにより特定の細胞の種類の投射経路のトレースをする技術、二光子顕微鏡による生体内（*in vivo*）の視覚生理実験と方法論とそこから得られた諸理論である。

つまり今日の視覚の神経生理学は、網膜レベルでの視覚情報処理に始まり、視神経交叉での左右の神経繊維の交差と同側への情報の流れ、外側膝状体（ＬＧＮ）という神経の中継経路を経て大脳皮質の第一次視覚野に至る経路（その他にもさまざまな神経の経路がある）等々の、脊椎動物がもつきわめて洗練された視覚情報の処理を解明する、幅広い領域をカバーする一大学問分野である（福田・佐藤 2002）。このため歴史的初期の神経生理学から今日の脳科学研究まで、視覚情報の処理に関わる諸細胞の巧妙な形態と機能について、顕微鏡レベルでの解剖学的な知見と高度に発達した実験手法の組み合わせになどにより、きわめて広範囲で洗練された議論が展開されてきた（Snowden et al. 2006）。

以上の、いささか冗長に感じられる文章であえて説明した世界が、視覚神経生理学の研究者たちが住まうコスモロジー（＝科学論パラダイム）であると言っても過言ではない（クーン 1971）。研究者の思考の産物は多様であるが、「過程としては驚くほど単一である」。研究者の思考生活（ギアーツ 1999: 262–264）のほとんどはこれらの思考過程で占められている。とすれば、このような思考の習慣（ハビトゥス）が実験動物の見方に影響を与え、実験に参与したりインタビューしたりする人類学者、すなわち私とは異なった対象化（＝存在様式の描出）をおこなっている可能性は否定できない（Descola 2013; Viveiros de Castro 1998）。

神経科学の実験ではラット、ネコ、そして霊長類マカク属を使った夥しい数の動物を「犠牲（sacrifice）」にしておこなわれてきたことが第一の特徴として挙げられる（Lynch 1988）。人類学者が好んで使う供犠と同じ意味の犠牲は、かつて自然科学の論文の中で実験目的のために動物を殺す方法や犠牲獣を指す言葉としてよく使われた。リンチは言う「実験室の研究者たちにとって「犠牲」は学術用語である。実験室での手順を示した手順書の中や実験室の実験技術者たちの日常語の中で、「犠牲」（という用語）は、事前・最中・事後で剖検体

［２］　ＰＥＴとは、Positron Emission Tomography の略号名称で「陽電子放射断層撮影」の翻訳語がある。この技法は放射線同位体に置き換えた試薬や栄養物を点滴に投与し、その分子を取り込んだ物質をＰＥＴにより画像化する技法である。

［３］　ＭＥＧとは脳磁図（Magnetoencephalography）の略号で、脳の電気活動により生じる磁場（ローレンツ力に由来）を超電導の量子干渉計（Superconducting Quantum Interference Device, SQUID）という高感度測定道具を用いて脳の活動を計測する画像（イメージング）技術である。

［４］　ｆＭＲＩは、機能的核磁気共鳴イメージ装置（functional Magnetic Resonance Imaging）の略号である。ファンクショナルＭＲＩという呼称がよく聞かれる。脳のなかの神経部位が活動すると、その栄養供給のために血流が部分的に増加する。その部位では酸素が消費されるのだが、酸化型のヘモグロビンと脱酸化型のそれの比率が変化する。後者のものは磁性をもつために、脳全体に強い磁場をかけると磁場と（水の分子の）原子核の間に共鳴現象がおこる。これをコンピュータ断層撮影に応用したのが、ファンクショナルＭＲＩである。

［５］　ＮＩＲＳとは、近赤外線分光法（Near-InfraRed Spectroscopy）の略号である。ｆＭＲＩの測定対象と同じようにヘモグロビンの酸化と脱酸化から調べるが、ＮＩＲＳは近赤外線のヘモグロビンによる吸光特性の違いによる測定する。脳科学の場合、皮膚や頭蓋骨の上からも測定できるので、実験動物の非侵襲計測つまり外科手術などをおこなわずに脳の部位による血流の変化を測定できるという利点がある。

（experimental subjects）として利用される実験動物を殺すためのさまざまな一連の手法のことを意味する」（Lynch 1988: 265）。ただし現在では動物愛護原則や倫理規則などの定着のために、この犠牲という用語が登場することが少なくなった。

先に述べたように視覚の神経生理学研究では、画像マッピング手法という動物を使う実験に代替する手法が登場し、従来の研究方法を駆逐する勢いで急成長している。しかしながら増大する研究コストの制限や、先行して確立された神経生理学の実験手法に依存するほうが効率良くデータを収集できるとする一種の創始者原理[6]（"founder effect"）のために、今日でも研究成果の多くは実験動物の「犠牲」を抜きにしては望めないことも事実である。もっとも神経科学者は、特定の臓器や組織から化学物質を取り出し分析する生化学者（cf. Latour and Woolger 1986）とは異なり、大量の実験動物を「犠牲」にするわけではない。むしろ、一匹の動物に対して最新の麻酔技術を駆使するなど、非常に丁寧に、「配慮《ケア》」とも言える細心の注意を払って措置をおこなっている（Ikeda and Berthin 2015: 69–70）。

実験動物は、遺伝的あるいは育種学的に管理されているために価格が高く、その意味で丁寧に扱われる。とりわけ視覚の神経生理学研究においては、デリケートな神経情報の生理学データを、計測機械を使って慎重に採集する必要があるため、実験動物がストレスに弱いことを常に気にしなければならない。神経生理学者たちは、ストレスが実験データの乱れどころか実験動物の死をも引き起こしうることを深刻に受け止める。科学的な実験技法の洗練とは好対照に、いわゆる「なまもの」である実験動物の飼育と管理、また生理学実験下における麻酔動物の管理は、試行錯誤による経験知と職人技が幅を利かせる世界となっているのだ。

このような状況では、道具に慣れ親しんだ職人が感じる不調和感は、それに対する職人の対処行動をうむ源泉にもなる。存在論的現象学の議論では、事物 —— とりわけ道具 —— は、それを使う人間との相互作用のなかで、環境世界を存在者に指し示す作用があるという。ハイデッガー（1994: 170–171）の用具的存在者（*das Zuhandene*）に関する議論においては、それまであった道具が「利用不可能」になる時に、その道具がもつ自明性が崩壊し、その障害を通して、道具の機能が実践的な文脈に適合していたことに気づかされるという。動物実験においても、不可欠な道具としての動物として問題なく使われていた時には、動物の存在が捨象され、事物＝モノ自体に背景化している。しかし、いったんその身体のコンディションが悪くなれば、データ採取を再度可能にするために、動物の身体を「正常に戻す」努力が試みられる。実験者は、その時に初めて動物そのものが「配慮《ゾルゲ》」の対象であったことに気づくのである。そして実験者は、動物に対して「配慮的交渉（*besorgende Umgang*）」をおこなっていると言えるのである（ハイデッガー1994: 171）。このような意味においても、人類学者が儀礼に供される動物に対して使う「犠牲ないしは供犠」（sacrifice）をそのまま適用することはできないことがわかるであろう（池田 Online, a）。

3　実験室のなかの動物

動物実験の流れを示すと、次のようなものになる。

最初に実験動物導入計画がなされ、必要な頭数や導入時期の決定さらには実験までの期間の維持管理経費な

［6］　本来の創始者効果（founder effect）とは、生物進化学で少数の個体が新しいフロンティアに進出した時に、種分化の原動力をなることをいう。それに倣うと、神経生理学における創始者効果とは、細胞内電位の測定と記録方法が確立し、それが数理現象として解析されることで、次々と新事実が発見されていった神経生理学の刷新の時期の現象を表している。

どの予算確保が講じられる。動物実験には、施設内倫理委員会（Institutional Research Board, IRB）への申請と承認が必要である。実験動物は同業者と研究機関で構成される組合（たとえば日本実験動物協会などの社団法人）に加盟している業者から納入される。実験に使われる動物は、実験がおこなわれる前から、人工的な環境のなかで生まれ、統制された環境の中で丁寧に育てられている。手をつけられていない、一種「無傷な」な存在と言えるだろう。動物の飼育には、管理要員を確保している場合でもそうでない場合でも、一定の管理責任が求められる。実験のさいにはそれまで飼育されてきた動物舎から実験棟や実験室のある場所まで搬送される。

動物実験には、動物が実験室に入ると結果的に生命がなくなるまで、つまり最終的に安楽死するまで続く「急性実験」と、電極などを埋め込み、脳内の手術などをおこなって、麻酔から覚まして、経過を観察し、手術後に健康の回復を待ってから、実験室と飼育舎を動物が行き交いつつ継続的にデータをとる「慢性実験」の二種類に大きく分けられる。ここでは以下、急性実験のようすを中心に、実験動物がどのように処遇されるのかについて述べる。

まず麻酔がなされ、実験室に搬入される。被験体は眠らされた後に、気道確保および生命維持のモニター装置などが装着される。視覚刺激が必要な動物では、苦痛の除去のために麻酔が必要になるが、同時に視覚情報を処理する脳の部位の生理学的情報を入手するために、実験動物を「覚醒」した状態にするという技術が必要になる（Ikeda and Berthin 2015: 68）。そのような前処置が終わると、次に頭蓋部に手術がおこなわれ、実験装置の装着がなされる。それとほぼ同時に、動物の身体に筋弛緩剤の投与がなされる。それに引き続き人工呼吸が開始され、生命維持をモニターする装置が実験動物に装着される。そのさい、ガラスの毛細管に電解液を注入したガラス電極を脳の中の細胞にミクロン単位で挿入するため、筋弛緩剤を注射して自発行動を抑制させるのが必須作業となる。実験がおこなわれている間は、実験動物に対する呼吸と麻酔は機械によってモニター管理される。前述したように、苦痛の除去と「覚醒時」のデータ採集は、倫理的にもまた実験データにとっても必要不可欠となる。なぜなら麻酔のレベルが弱くなると痛みを感じることがあり、それが生命監視装置からモニターされる乱れ（例：心拍数が増加する）となって観察されてしまうからである。したがって、そのようなストレス管理が、実験の間、細心の注意を払っておこなわれる。ただし生命監視装置からモニターされる乱れと（動物が本当に）「苦痛」を感じることの対応関係の当否は（たぶん当の動物の経験を除いて）誰にも分からない。

現代の動物実験においては、動物がどのように苦痛を感じるのかというのは、研究倫理において極めて重要なテーマである。動物実験のさまざまな方法に応じて動物が感じる「苦痛」に関する情報は、世界の学術諸団体、とりわけ世界保健機関（ＷＨＯ）の認証を受けた一七八カ国が加盟する世界動物保健機関（World Organization for Animal Health, OIE）の安楽死に関するガイドラインなどにおいて定義、解説されている。そこでは動物が主体的にどう感じるのかは問題にされない。ガイドラインであるから、これらの基準を遵守すれば苦痛は起こさない、ことになる。ここでは「苦悩経験のような痛み」と「外部からの刺激による痛み（＝侵襲）」が明確に区分されており、苦痛の除去はもっぱら後者にのみ焦点化されている。視覚という特殊感覚を確保しながら皮膚感覚・深部感覚・内臓感覚という「体性感覚」において麻酔が効いているかどうかをチェックするためには、「ピンセットなどで脚を強くつまみ」、脳に情報が「入力されているか否か」を確認する手続きは不可欠である（Ikeda and Berthin 2015: 70）。動物が「覚醒しているが苦痛を感じていない」という技術的に高度な状況をクリアするために、動物実験を不可避とする研究者たちは、生命監視装置からモニターされる乱れがなければ（日本生理学会などのガイドラインに従い）「苦痛がない」と操作的に定義しているのが現状である。人間の痛みの理解同様、動物の痛みもまた、その動物の感覚体験を共有することができない点で、これまでも、またこれからもブラックボックスのままである。

さて、人類学者の経験的事実では、動物実験とは、動物の飼育舎への搬入からはじまる長いプロセスである。しかし多くの研究当事者は、苦痛管理のための処理をした時点からが、狭義の動物実験であると理解している。ここまでは未だ実験に入ったとは言えない、いわゆる「前処置」と呼ばれている一連の作業の流れなのである。そこからようやく、実験動物に提示するスクリーン（モニター）の管理や、脳内の細胞内／外の膜電位や活動電位のデータの記録などが、細心の注意を払って進められる。神経生理学の黎明期には、記録紙や電磁記録などでデータが集められていたが、現在は、コンピュータの発達によって、脳内の活動と同時に、生体の情報なども、ハードディスクの中に細かく記録される。

必要な実験データが取れ、実験動物の体力がなくなり、それ以上のデータ取得が認められなくなると、合議や実験者の指導教員（メンター）により実験動物の安楽死の決定がなされる。しかしながら、ここで注意すべきは、回復の望みがないから処置をするというような実験者側の恣意的判断で安楽死が決まると考えるのは早計である。色素を注入した神経細胞の固定標本を作製し、「生理学的事実」と「解剖学的事実」を照合するための実験的手続きの途上に、安楽死が位置づけられているからである。すなわち生きている時のデータがそのまま保存されるという点で、実験動物の「個体死」というよりも、生命が延長され宙づりにされていると解釈することができる。この時点では照合が終わっていないために「科学的事実」はまだ確定されていない。

安楽死にあたっては、麻酔薬の致死量以上の投与などの下で（筋弛緩剤が事前に投与されているので実験動物は自発呼吸ができないため）人工呼吸器を切ったり、血液と保存用の薬品液を交換する「灌流（perfusion）」という処置など、さまざまな選択肢がある。犠牲になる動物のサイズや実験の目的次第でその決定がなされる。実験は一連の生理学的データが取れれば完全に終了というわけではなく、どの部位に電極が入っていたのかということを確認するために色素などを注入する。この作業は後に脳を取り出し、それを標本固定――ホルマリン液で保存をおこない脳に含まれるタンパク質を凝固させ鋭利な刃物によるスライスを可能にするために細胞の間隙をパラフィンで補填する――したあと、切片というスライスを顕微鏡のスライドグラスの上で固定定着させ、適切な染色がおこなわれ、解剖学的な部位とその実験データの照合が試みられるためになされる。なお、日本実験動物協会による「実験動物の安楽死に関する指針」(平成七年八月一日)第４章３項に「実験動物の安楽死の実施場所に部外者を立ち入らせてはならない」というガイドラインがあるように、部外者による安楽死の観察は通常はできない規定になっている。

取り出された脳は顕微鏡で調べるために切片という薄く切られた標本として作製される。その中で、実験データの神経記録がどの細胞の種類によるものなのかを同定し、電極を差し込んだ部分を特定したりすることを「検索する」と呼ぶ。動物実験が終わったら動物の遺体はうち捨てられるのではなく、必要な部位が冷凍あるいは薬液の中で長く保存され、必要がなくなった時にはじめて決められた手続きにより処分される。モノとしての動物の骸《むくろ》は論文などの公刊により科学的事実＝ファクトが解明されるまでは、冷凍庫などで丁寧に保存されるが、それまでの間は客観性の保全や「証拠物件」としての意味合いをもたされるからだと思われる。それらの標本や画像などが子細に分析、検討される様を、古典的な人類学理論における未開人のフェティシズム信仰の描写記録のように描くこともできよう。しかし、実験者は、そのようなもの自体に重要性を感じているわけでない。事物が表象する科学的事実や、それが仮説を証明する物質的証拠かどうかを、コンピュータに記録されたデータとの照合によって明らかにしようと専心するのが、神経生理学者なのである。実験科学者と古典的な民族誌に登場する「未開人」は、双方とも儀礼的フェティシズムとも言える行動を取るが、両者の間にはそのような行動の帰結により、得られる期待効果――前者は科学的事実、後者は自然や社会現象に対する働きかけ――が根本的に異なるのである。これらの違いを人類学者が確認するためには、両者に対して「なぜ、そのようなことをおこなうのですか?」と質問することが不可欠である。また、人類学者には馴染みのない行動の意味についての「彼らの期待」についてもただ聞き取るだけでなく、実際にその後、彼らが言うような成果がえられるのかについて、人類学者は執拗に探究しなければならないのは、今も昔も変わらない。

さて、一年に一度は、動物慰霊碑への儀礼がおこなわれ、実験動物への感謝と動物霊への慰撫がおこなわれる。我が国の実験動物研究の権威と言われていた私のインフォーマントの一人は「大変国際的には珍しい我が国の風習」と評する。つまり日本を除いて諸外国で実験動物の供養を、宗教的職能者を呼んで施行するところは他に存在しない(Ikeda and Berthin 2015: 54)。しかし、その実際の儀礼の執行は仏式の簡素なものである。慰霊碑がある場所がキャンパスから離れているせいもあるが、調査対象になった研究室のメンバーには実際に慰霊祭に参加する人はほとんどいなかった。だが動物慰霊祭を廃止すべきだと主張する意見は今後も彼らの口からは出そうにない。

4　動物実験の秘義化

動物実験をおこなう視覚神経科学者は(扱う動物の種類により変化があるが)動物の購入と維持経費、実験に投下する時間的精神的コストなどの要因により、一年間に数回~十数回の頻度でこうした実験をおこない、一回の実験にはおよそ最大連続で数十時間程度を費やしているようだった。したがって研究費の潤沢な実験生理学教室といえども、彼らは一年を通して実験ばかりしているというわけではない。実験の頻度とそれに投入する時間は、それを可能にする研究費と、実験に関わる研究スタッフや大学院生など研究室の規模(=ラボサイズ)

に依存することが大きい。実験生理学者の研究者としての執務時間のほとんどは、実験データの整理や標本づくり、他のグループの論文検討、および学会発表用の資料作成などに費やされている。実験生理学者たちの経験と「現場力」については、次のような関係が見られた。実験では生きた生物個体つまり「なまもの」を扱うので、どの研究室で修練を積んだかということが実験手技を学ぶ上での決定的な要素となる。そのために研究室の主宰者は、院生などの教え子を（学閥や共同研究で生まれたラポールのとれる）関連する研究室に派遣したり留学させたりして、その技術的伝承を維持しようとする。実験の秘義化は有効なデータを得るためだけでなく、現場力や暗黙知の習得のミクロ社会的文脈を実験者たちに提供する。

実験の秘義化には別の側面もある、近年より過激になりつつあるアニマルライツ派への脅威から身を守るためである。アニマルライツ派とは、実験動物反対の立場をとり、場合によっては飼育舎に侵入して、動物の解放（リリース）をも辞さない行動主義をもつ人たちである。二〇〇二年、私が調査対象とした大学を含めて複数の日本の動物実験施設に英国の過激な団体が侵入して動物舎内を撮影し、資料などを盗み、その年六月にはインターネットに「動物虐待」の動画を公開している。近年の活動家の特徴はそれが過激化していることで、動物の解放のみならず実験施設の破壊などに焦点が移動している。日本では欧米のような過激な行動主義をもつ人は「まだ少ない」が、そのような行動主義が今後はびこることを懸念し、またインターネットの書き込みなどであらぬ風評を立てられることを非常に警戒している。とりわけ大学は、学生・院生が学ぶ自由な環境を保証する場であり、そのようなアニマルライツ派の人たちがキャンパスに侵入する危険性を排除できないと言われている（黒澤 2008: 744）。

実験動物の飼育（ケア）については、供給体制が分業化されているラボと「自前でなんでもやる」ラボとの違いはあるが、一般に若手研究者は飼育場所の清掃や餌やりなど、基本的な飼育を学ぶことが徒弟として重要なこととされている。「飼育は注意深く観察し動物についてよく知ること」に寄与すると言われる。実験室のメンバーたちは、実験動物に対して、どのような感情を抱くのであろうか。

私がこの調査を始める前に予想していたのは、実験者たる自然科学者たちは、犠牲獣に対して常日頃からモノを扱うような態度で接しているということであった。それに感情移入しないことで実験がスムースにいく、つまり、実験者による「動物の非人称化」という感情的手続きを無意識のうちにおこなっていると考えたのである。これを非人称化仮説と呼ぶことにしよう。尊厳をもった実験動物を物質のレベルの次元に還元すれば、研究者の道徳的ジレンマが回避されるのではないか。だが次節で検討するLynch（1988）の犠牲＝供犠仮説と同様、非人称化仮説（池田 Online, b）も、私が調査した実験室においては通用せず、かつ説得力のないものであったと私は考える。非人称化仮説が通用しない理由として、研究者の間で動物表象への愛着があることが挙げられる。調査で訪れた複数の神経科学者の研究室には（私の予想に反して）実験動物を含めたさまざまな動物表象の絵画やイラストが掲げられ、研究者自身もまたペットを飼い慈しむ人が多い（e.g. Hubel and Wiesel 2005; 藤田 2011: 10）。つまり実際には、非人称化どころか、実験前や後にも動物の個性や特徴について実験者は細かく記憶し、さまざまなエピソードで語り、貴重なデータが取れた実験ではその実験動物の生前の行動などをよく記憶しているほどなのである。言わば、神経科学者たちは盛んに実験動物を人称化して、動物の心理的な個性について理解しているのである。端的に言うと実験動物に「心の存在」を認めていると言っても過言ではない（cf. サール 2006: 59–61）。それにも関わらず、あるいはそれゆえにこそと言うべきなのか、実験室内での動物の神経細胞のふるまい、つまり細胞の反応特徴の理解は、徹頭徹尾、生物個体を普遍化一般化し、個々の神経細胞の振る舞いに個体差があるとは決して考えない。視覚情報処理の神経学的普遍性（つまり人間と動物の間の生物学的連続性）を彼らが信じていることと、動物に個性（つまり人間と動物との存在論的な連続性）があるという「事実」を信じることには齟齬を来たさない。彼らは、動物と人間の神経細胞の普遍性つまり連続性を、細胞や脳の構築のレベルにおいて共通なものとしなければ、動物実験をおこなうことができず、他方で動物の心——個性は心のもっとも典型的な表象である——の存在には眼を瞑るか、非連続なものとして、倫理的問題をクリアしようとする。

このように、実験者と実験動物の間に生物学的連続性ならびに存在論的な連続性を認めてしまうことは、客観的「自然」を抽出するために実験に供される動物は、人間とは根本的に異なる位相の下に存在するから動物実験の対象になるという論理とは根本的に矛盾をおこす。そのことを両立させるためには実験動物に帰される「自然」の性格に相矛盾する二つの意味——〈生物学的連続性〉と〈存在論的連続性〉——をもたせる。彼らの間に動物の存在論的意味について、このような二重性を認めない限り、この現象は理解可能なものにならない。

5　実験動物の位相——供犠とマテリアルの間

実験動物に不安を抱く一般の人たちやアニマルライツ派の人たちの想像とは異なり、私の観察によると、神経生理学者は生きている実験動物を、目的理性を持たぬマーテリア（木田 2010: 94–95）——実験データを取るための生物機械としての材料＝質料（ヒューレ）——としては取り扱わない。彼らは。むしろ意外なことに、やがて実験に供されるそれぞれの動物に、とりわけ進化学的にはより高等なサルには人格的個性を認めている。このことは私が動物飼育舎に彼らと同行し、それぞれの動物について質問した時に、たとえば、サルと飼育者の間の対他的関係を示す説明「〜先生にはなつかない」「あいつは僕に対しては気を使わない」や、サルが具有すると思われる固有の人格的個性「こいつはおとなしいが、そいつは気性が荒いでしょう」というように説明する。

ところが、私が今を去ること三〇年以上前、学部学生時代に野生ニホンザルの摂食時における社会的行動についてフィールドワークしたさいに、近代人としては馬鹿げたことだが常に心に抱いていたこと、かつ実際に当時の指導教員にも投げ掛けた質問と同様の「私たち人間がいない時にこれらのサルたちが会話をしてコミュニケーションしている可能性について考えたことはありますか？」と私が質問をしても、神経科学者たちは、ある意味で当然の反応だが、怪訝な顔をした。常識的な日本人と同様、サルは人間らしい振る舞いをするが、それはあくまでも人間の側の「解釈」であり、人間的コミュニケーション能力をもたないというのが彼らと私の信念である。サルと人間が共有する視点＝観点を普遍化した主体とみなし自然の事物の存在様式を多元化することはない。つまり神経生理学者もこの調査に関わった文化人類学者（私）も、ヴィベイロス・デ・カストロが言うところの相対主義〈対〉普遍主義という二元論を相対化したりこの図式に「抵抗」したりする観点主義（perspectivism）をもち合わせていないということである（Viveiros de Castro 1998: 469, 471）。

動物は飼育舎の中では個性をもつ（疑似的）主体として見られているが、ラボでの実験中や標本の中に固定化されると、徹頭徹尾個性を失った生物的客体として取り扱われる。動物の死後、データとして客体化された動物身体は、純粋な（ブラックボックスとしての）生物機械を反映するものとしてとらえられる。その意味では実験動物は死後はじめてマーテリアとしての意味を獲得するわけであるが、生命の連続性／非連続性という観点からも、ここで実験動物の死の意味を考えることは重要な意味をもつ。

実験中に動物の生命維持が困難になりつつあると（それらは生命維持モニターの指標変化によって分かる）彼らは客観的根拠があるはずの失敗の理由を探し出すことよりも、実験を「正常に戻す」ことを功利主義的に優先させて、端から観れば、まったくアバウトな試行錯誤（＝文化的実践）に基づいてこの種の失敗を克服しようと努力する。そもそも供犠は定められた実践行為であり供犠の執行においても手続きが上手くいかないから供犠動物を生き返らせることはしないが、実験動物が生命維持の危機に晒されると実験者たちは必死で動物を生き返らせる努力をおこなう。他方、動物実験はデータ産出に目的があるために異常が発生したらプロトコルは柔軟に変更されて動物の生命反応が正常に戻るような努力をおこなう。

マイケル・リンチは、フランス社会学の供儀論を用いて、儀礼的実践が動物身体から科学的な客体へと通過儀礼のように変化すると指摘した。そしてそれは実験動物の処理を宗教的な「供犠」と同じ用語の「犠牲」（sacrifice）と呼ぶことと矛盾しないと指摘する（Lynch 1988）。これが可能になるのはリンチによると、実験データの性質（nature）を、普遍的自然としての「意味のあるデータ」と人工物（artifact）としての「意味のないデータ」（ノイズ）を峻別する経験上の基準があると実験者たちが信じており、実験データの客観性を保証する論証的手続きがそれによって開始されるからである（Lynch 1985）。リンチが依拠した、モースとユベール（1983: 15）の供犠動物は、犠牲になることを通して「神」（ここではそれを「真理」と置き換え可能）と人間の媒介物になると解釈される。

しかしながら私が調査した実験室では「実験動物は供犠である」というリンチの主張は説得力を欠いているように思われた。ただし日本では、真理の代替物としての神が存在しない世俗的な社会だからというわけではないようだ。なぜならこれまで述べてきたように現実の実験動物は媒介として殺されること自体に目的をもつわけではないからである。定められた実験データを引き出す目的のため動物の生命は犠牲になるが、神経の電気的記録が保存されると同時に脳などの標本もまた保存される。それは先に述べたように「生命が延長され宙づりにされている」と観察状況からは解釈される。実験の目的は動物の殺害にあるのではなく〈科学的事実〉の入手――モースとユベール（1983: 17）の言葉だと「道徳的人格」たる儀礼執行者かそれが関心をもつ対象を「変化せしめる」こと――にあり、その手続きの最終的な帰結が動物の殺害となるからである。モースとユベールの供犠も動物実験も、共に何らかの目的をもって動物が殺される現象を指すが、前者は聖化という現象を伴って献供物が破壊されることが特徴であり、それにより後者と明確に区分される（モースとユベール 1983: 16）。供犠儀礼と動物実験は表面的な類似しているだけ、あるいは偶然に一致しているだけにほかならず、リンチは実験に供犠概念を意図的に読み込んでいるように思われる。それは、彼自身が別の著作で述べているように、動物実験とは、それ自体が目的ではなく、真理の産出のための手段であり、そのために「誤解の産物」（misinterpretations）や「幻影」（illusion）という人工物（artifacts）を取り除く絶え間のない過程を実験者自身が試みていることからも論証される（e.g. Lynch 1985: 74–76, 115–116）。

実験者と実験動物の間に相互に越境不可能な境界を定めて、実験者を主体、そして「自然」である実験動物を客体とする営為は、西洋近代科学が示す典型的な思想とその実践の表象であるように思われる。その意味では私も自然科学者もまた自分たちの存在論を説明しかつ理解するために、自分たちの認識論から出発しているように思える。ラトゥール（2008: 14）の批判によると、これまでの一連の実験室の民族誌なるものは、実のところ「自然、知識、モノを扱っているのではなく、モノが社会共同体や主体に接合してゆく有り様を研究」しているという。そればかりか彼は、「近代科学と社会のつながり」を研究するには従来の民族誌的アプローチは、むしろ逆に民族誌家の「活動の自由が確保」できなくなると主張する（ラトゥール 2008: 14）。そこから彼は一方には人類学者自身のアプローチとして対称性（シメトリー）の観点を、他方では近代科学が準備し所与のものとしている科学と「実験室」に対する見方を変更することを提案する。ここで言う対称性とは、科学の認識論と社会がおこなう技術的制御との相互作用のことである。近代人は、自然の客観的な成り立ちが存在し（それ自体が「政治的虚構」である）「社会」から受ける汚染を減じるために実験室の世界に、研究者が社会から自由になり「事実」をつまびらかにできる活動があると信じているからである（キュセ 2010: 81, 322）。

このラトゥールの近代の認識論批判は、これまでの私の論述にも当てはまるかもしれない。実験者と実験動物を、あたかも主体と客体のように分けそれが、後者を「自然」の表象として取り出せるという私の考えそのものが、ある種の思い込みにほかならないというのが彼の指摘だ。そして、これらの科学的真理は、人間と実験装置と実験動物が混淆する様式としてのみはじめて成り立っているからでもある。

私が抱く認識論、つまり普遍的存在論を共有する文化人類学者が，研究対象である神経生理学者による「自然」の探究のプロセスと理解を複数の可能性をもつ「文化＝パースペクティブ」として理解できるという見解が、ヴィベイロス・デ・カストロのいう多文化主義の思考を担保する地平であるとすれば、私は如何にして、アメリインディアンがもつ視座に普遍的主体性を付与し、自然の様式の多元性を持ち得ることを納得することが可能になるのだろうか。行為者の存在がその認識を規定するという唯物論のテーゼを巧妙に転倒したかのように思われるヴィベイロス・デ・カストロの主張（「もし人間（man）が普遍的動物であれば、個々の動物種はある種の人間（a particular kind of humanity）たり得るか？」（Viveiros de Castro 2004: 468））は、実験神経科学のテーゼ「もし人間が動物と類的共通性をもつのであれば、動物と神経細胞の振る舞いは人間でおこなっているものと同一だと見なしてよい」という見解と類似のものになりはしないか。多自然主義は、多文化主義の存在（＝自然）と認識（＝文化）の規定関係をただ単純に転倒させたに過ぎないのではないだろうか。（cf. Viveiros de Castro 1998: 478–479）。

6　動物という自然の論証過程

神経生理学の実験室における「自然」が具体的には何を表していたか整理してみよう。まず脊椎動物にある神経細胞の「ふるまい」の普遍的性質（膜電位[7]、活動電位[8]、神経伝達物質[9]など）がある。次に、生物種（species）に固有な神経回路や視覚情報処理における合目的性がある。また観察者の影響を完全に排除できると信じている観察対象の独自性ということも自然が内包する性質そのものを説明する。このような自然の客観性を保証するために、神経生理学者は人為的な影響（artifact）を除外する実践的な努力をおこなう。

この自然科学者たちの努力は（単一の普遍的な）客観性の保証のための努力ということができる。現在の神経生理学者は、実験の追試験が高価な機械での高い技巧を要求するために、元の実験者しか〈客観性が担保〉できない事柄が存在することについて、不平を漏らすことがある。私のインフォーマントであった研究室の准教授は、二光子励起顕微鏡[10]（＝分子が光子を二個同時に吸収して励起されるイメージング法）を用いた「信じられない神業のような実験手法」が信憑性をもつのは、その後の研究の進展によりその実験結果と矛盾しない新事実が事後的に発見されることにのみよると主張した。つまり「事後的に将来それを傍証するデータであるからこそ、その証明のたしからしさが検証される」（*post hoc ergo propter hoc*）と考えている。この二光子励起顕微鏡の客観性の保証とは、未来に起こるかもしれない蓋然性が「事後的に証明される」ことによって、科学的事実が論証される「その時点、その場での時空間の適切さ」を保証するということにある。他の研究者によって追試されていない「事実」が、論文が受理され公刊された時点で権威になるという「事実概念」の社会構築性が問題なのではない。事実が確定される時点での「自然主義的言明を論破不能なテクストに変形する制度や高価な装置」

（椎野 2007: 77）が、インタビューをおこなった准教授の発話の背後に隠されており、専門家以外には不可視になっていることなのである。

実験室における自然という客観的データを保証するために、人工物（＝文化）すなわちアーティファクトの出現を極小化する。このタイプの自然を描出する方法が他にもある。それは、人為的文化という事象によって自然が凌駕された状態、すなわち実験の失敗を、今日の自然科学者たちはどのように説明し、その後の行為に対処するかということを調べることである。動物実験の失敗にまつわるエピソードは多い。研究者の所属先の移動に伴い新しい赴任地で動物実験を開始すると、それまでとまったく同じ装置同じ条件なのにデータが取れないことがある。それを当事者たちは「動物実験はデリケート」と表現する。その対処法はさまざまである。

---

［7］ 膜電位（membrane potential）とは、神経細胞の内と外で電位差——細胞の内が外に対して負の電位の状態にある——が生じていることを指す。これは細胞の内外でイオンの組成が異なっているが、これは細胞が細胞膜を介してイオンを選択的に透過させているからである。

［8］ 活動電位とは、細胞の膜電位が刺激に応じて一時的に急速に変化することである。そのため電位差の変化をグラフにすると短時間の間に変化する形から神経スパイクと呼ばれたこともあった。活動電位が活発におこるのは筋肉や神経細胞である。そのため神経の活動は長く膜電位の変化から類推して長く考察されてきた。

［9］ 神経伝達物質とは、神経細胞どうしで連絡のやり取り（＝「コミュニケーション」）をおこなうさいにシナプスと呼ばれる連接部位に、アミノ酸、ペプチド、モノアミンなどを介して、それぞれの神経細胞の活動電位が伝わるしくみになっている。平易な言葉で言うと神経は、しばしば「電線」の比喩で表現されるが、実際に電気が通るのではなく、活動電位の変化が次々と起こって局所的に膜電位の変化が「伝わる」のだが、その「電線」はそれほど長くなく、その「中継点」に神経伝達物質という化学的な「コミュニケーション」を瞬時に伝えているのである。

［10］ 二光子励起顕微鏡の日本語ウィキページの表記（https://goo.gl/dF2vxE）には次のように書かれている。「二光子吸収過程は、本来一つの光子しか占有し得ない空間に二つ（またはそれ以上）の光子が飛び込むことである。この二光子吸収過程は自然界では非常に稀にしか起こりえない事象であるが、光子の密度を高めることで起こる確率を高めることができる」と（傍点強調は引用者）。「本来」というのは、通常では起こらないことであるが、光子の密度を高めた〈自然〉状況のもとでは起こりえるということと撞着している。本文でも指摘したが、こういうタイプの〈自然〉の二重化は、科学者が〈自然〉現象の説明をするときの常套になっている。

上手くできているラボとまったく同じセッティングにする。さらに出先のラボで実験を手伝ってもらい現場で学び、それを自分たちにラボで再現する。正しい自然の振る舞いを起こさせるには、それを模倣することが最初に試みられるのである（Ikeda and Berthin 2015: 69）。

神経生理学者は自分たちが「自然科学者」の一員であることに些かの疑念ももたない。にもかかわらず、彼らが電気的雑音を拾わないためにシールドされた実験室の暗い部屋の中で、実験動物の脳のニューロンの応答をコンピュータのハードディスクに記録したデータを「自然の本質」だと言うことはない。日本の自然科学者の言う「自然」が意味するもの（＝「人為的でないもの」）はいわゆる自然環境（natural environment）により近いとも言える。実験室は生理学者たちにとって人工環境という意味づけがされており、実験室を自然と指し示すことはない。それに立ち合った私の心証もそうであった。その代わりに、彼らはこのようなデータは「科学的事実（scientific fact）」あるいは単に「事実＝ファクト」という用語で呼ぶ。そして自分たちはこの事実を紡ぎ出すことに従事し、諸事実の間の「整合性（consistency）」――私には「無矛盾」の用語が適切だと思うが――に注意を払っているのだと答える。

それでは動物の神経細胞の「ふるまい」は自然の表象と見てよいか。自然は動物の領域に帰属し、実験は人間が自然という客体を抽出するための人工的手続きだと言える。それゆえ動物と実験という言葉が組み合わさった「動物実験」という語彙がもつ、感情喚起力について注意が必要となる。実験動物の話をそれになじまない日本人に話すと露骨に嫌悪され、時には「非人道的行為」であり問題ある行動だと眉を顰められる。だが、憐憫の情をもつのは、その人が良いからである、という理由からではないだろう。社会学者が明らかにしたことは、憐憫の情を表現する人は、他者から「利他的」と見なされることが多いという経験的事実である（Cooley 1956［1922］: 129）。

　そのような社会学的常識が忘れられて久しいが、現在では日常生活にほとんどかかわりのない実験動物に憐憫の情をもつのは、そもそも人間が動物を好むのは、社会化のお陰ではなく、遺伝子の働きよるもので、そうしたいわば本性からなのだという主張がある。自然保護への熱狂に代表されるような感情は遺伝的根拠をもつ、というバイオフィリア仮説というのがそれである（Kellert and Wilson 1993）。ただし、これは行動や嗜好をてっとりばやく遺伝子に還元して説明したと思い込む循環論法である言わざるを得ない。果たして観相や安らぎの対象として遺伝的起源にも遡れる自然を愛する情動と、それを分析する西洋近代科学の眼差しは齟齬を起こしているのだろうか。自然科学者による動物実験の洗練化と、バイオフィリア的エートスにみられるインタクトな自然としての動物を希求しかつ愛好するという現象は、一見相反するものである。この矛盾（＝二重性）を正当化するために、ラトゥールを参照して次のように考えるのはどうであろうか。我々は自然と文化という二元論的を現代社会では認めた――純化（purification）した――うえで、それらが相互に浸透しハイブリッドを構成しキメラを形作っていることを発見する（＝人間は文化を経由して自然に回帰している自画像を「翻訳する」）、そしてそのハイブリッドの中から二元論的要素を再び発見し理解する（＝「媒介する」）ことを行っているのではないだろうか（ラトゥール 2008: 27, 93, 102）。

　このリアリティこそが、神経生理学者たちが自然という科学的事実を抽出するさいに、実験動物と測定機器とのハイブリッドな構成体（hybrid construction）を不可避的に必要とすることに関係していると。この説明は実験生物学者の動物への配慮《ケア》という経験的事実も含めて、うまく説明できるように思われる。デュルケーム（2014: 40）の顰みに倣うと、それは生物学的存在としての人間と、社会的存在としての人間という二重の人間（*Homo duplex*）がなせる現実であり、この分裂した二つの属性のそれぞれを、強制的に結びつけるのは科学的実験の場において優先されるプラグマティズムと「生身」の動物を正常に生かすべきという義務論に基づく道徳的要請に他ならない。

7　結論

本章で議論の対象とした、おそらく人びとの日常生活にほとんど意識にのぼることのない「自然」の概念は、まずは相矛盾する自然の二重性という概念で示される現象として、我々人類学者の前に立ち現れた。そして、一方では（a）科学的事実という用語によって置き換えられており、また他方では（b）探究されるべき「自然」は実験動物と測定機器とのハイブリッドな構成体の中に焦点化されていることを私は述べてきた。この論考で考察してきた自然の二重性という認識は、存在のあり方を相対化する認識論の積み重ねと、視点のずらしが人間を含めた宇宙の事物の存在のあり方を変える人間の存在様式と深く関係するように思われる。人間と動物、文化（社会）と自然、そして主体と客体の二元論に立脚し、西洋の実証的合理主義精神に満ちている動物実験であるが、実験途上で不首尾が生じようとした短い瞬間の中に、動物の存在が単なる客体であることをやめて、その存在論的意味を実験者とそれを観察する人類学者にもたらし、主客の二元論がひとつの視座つまり観点に過ぎないことをはからずも示すのである。

謝辞
この文章は、池田（2012）を大幅に加筆修正した。また、この調査研究は科学研究費 2006–2007 年度萌芽研究「実験室における社会実践の民族誌学的研究」（18650259）、同 2014–2015 年度萌芽研究「動物学者と動物の科学民族誌：人類学者の参与観察と協働可能性」（26560137）の補助を受けたものである。

文献

池田光穂（2012）「『自然』の二重性――神経科学の実験室における動物と研究者」『文化人類学』七六（四）：四七五-四八五頁。

池田光穂（Online, a）「死は帰結であって目的ではなく」http://www.cscd.osaka-u.ac.jp/user/rosaldo/121231Animaldeath.html（二〇一六年八月三日閲覧）

池田光穂（Online, b）「非人称化仮説の可能性と限界」http://www.cscd.osaka-u.ac.jp/user/rosaldo/120625killer_hypothesis.html（二〇一六年八月三日閲覧）

ギアーツ、クリフォード（1999）『ローカル・ノレッジ』（梶原景昭・小泉潤二・山下晋司・山下淑美訳）、（岩波オンデマンドブックス）岩波書店。

木田元（2010）『反哲学入門』新潮社。

キュセ、F（2011）『フレンチ・セオリー』（桑田光平ほか訳）NTT出版。

クーン、T（1971）『科学革命の構造』中山茂訳、みすず書房。

黒澤努（2008）「動物実験代替法と動物実験反対テロリズム」『薬学雑誌』一二八（5）：七四一-七四六頁。

コリングウッド、R・G（1974）『自然の観念』平林康之・大沼忠弘訳、みすず書房。

サール、J（2006）『マインド』山本貴光・吉川浩満訳、朝日出版社。

椎野信雄（2007）『エスノメソドロジーの可能性』春風社。

デュルケーム、E（2014）『宗教生活の基本形態（上）』山崎亮訳、筑摩書房。

ハイデッガー、M（1994）『存在と時間（上）』細谷貞雄訳、筑摩書房。

福田淳・佐藤宏道（2002）『脳と視覚：何をどう見るか』共立出版。

藤田一郎（2011）『脳の風景――「かたち」を読む脳科学』筑摩書房。

ボアズ、G.（1990）「自然」『西洋思想大事典』P・ウィーナー編、第2巻、二六六-二七一頁、平凡社。

モース、マルセル&アンリ・ユベール（1983）『供犠』（小関藤一郎訳）法政大学出版局。

ラトゥール、B（2008）『虚構の「近代」』（川村久美子訳）新評論。

レヴィ＝ストロース、C（2000）「自然と文化」『親族の基本構造』（福井和美訳）五九-七三頁、、青弓社。

Akimichi, T. (1996) Image and Reality at Sea: Fish and cognitive mapping in Carolinean navigational knowledge. *Redefining Nature: Ecology, culture and domestication*. pp. 493–514, Berg.

Cooley, C. H. (1956) Human nature and social order [1922] . *Two major works of Charles H. Cooley*. 460pp., Free Press. (https://archive.org/details/humannaturesocia00cool)

Descola, P. (2013) *Beyond Nature and Culture*. University of Chicago Press.

Descola, P. and G. Pálsson. (1996) Introduction. *Nature and society: Anthropological perspective*. pp. 1–21, Routledge.

Ellen, Roy (1996) Introduction. *Redefining Nature: Ecology, culture and domestication*. pp. 1–36, Berg.

Ellen, Roy and K. Fukui eds. (1996) *Redefining Nature: Ecology, culture and domestication*. Berg.

Fukui, K. (1996) Co-evolution Between Human and Domesticates: The cultural selection of animal coat-colour diversity among the Body. *Redefining Nature: Ecology, culture and domestication*. pp. 319–385. Berg.

Hubel, D. H. and T. N. Wiesel (2005) Brain and Visual Perception: The story of a 25-years collaboration. Oxford University Press.

Ikeda, M and M. Berthin (2015) Epicurean Children: On interaction and "communication" between experimental animals and laboratory scientists.*Communication-Design*, 12: 53–75.

Kellert S. R. and E. O. WILSON eds. (1993) *The Biophilia Hypothesis*. Island Press.

Latour B. and S. Woolger 1986 (1979) *Laboratory Life*. Princeton University Press.

Lynch, Michael (1985) *Art and artifact in laboratory science: A study of shop work and shop talk in a research laboratory*. Routledge & Kegan Paul

— (1988) Sacrifice and the transformation of the animal body into a scientific object: Laboratory culture and ritual practice in the neurosciences. *Social Studies of Science* 18: 265–289.

Nothenagel, D. (1996) The reproduction of nature in contemporary high-energy physics. *Nature and society: Anthropological perspective*. pp. 256–274, Routledge.

Snowden, R., P. Thompson, and T. Troscianko (2006)*Basic Vision: An Introduction to Visual Perception*. Oxford University Press.

Viveiros de Castro, E. (1998) Cosmological Deixis and Amerindian Perspectivism. *Journal of Royal Anthropological Institute (N.S.)* 4: 469–488.

— (2004) Exchanging Perspectives The Transformation of Objects into Subjects in Amerindian Ontologies. *Common Knowledge* 10(3): 463–484.

第Ⅲ部　自然は主体性をもつか

自然は誰のものかという問いは、あらかじめ所有者を前提とする。暗黙知として、神を前提とする神話は枚挙にいとまない。それとて、人間中心に物事を考えた所作であることに変わりない。では、本源的に、自然を中心においた発想は可能だろうか。キーとなるのは、自然に主体性と霊魂、ないし文化があるとするテーゼの哲学的思索である。

Ⅲ　自然は誰のものか

フィリップ・デスコラ

ユネスコ（国連教育科学文化機関、ＵＮＥＳＣＯ）、国際自然保護連合（ＩＵＣＮ）、国連環境計画（ＵＮＥＰ）などの国際機関による主導の下、自然保護区の名目で保護されている地区は、ここ三〇年間で著しく増加した。対象となる地区は陸海で一〇万をやや超え、全体でおよそ一九〇〇万平方キロメートルに相当する。これは米国本土とカナダを足した面積に等しい。放牧を禁止するこの自然保護区の増加は、新しい、そして目を見張る現象である。というのも、一九七三年以来、その面積は四倍となっているからだ。それぞれの保護区の位置づけはばらばらであり、したがって保護の実態も千差万別である。とはいえ、こうした特別な地区の存在ゆえに、全世界の地表のうち約一二パーセントという無視できない大きさの部分が、現在、一つの公共財と見なし得る事態が生じている。問題は、この財が正確にはいかなる人びとのものであり、誰の利益となるものか、ということである。

なぜなら、領有に関する紛争は実に多いし、それも昨日今日の話ではないからだ。近代における最初の自然保護区である米国・イエローストーン国立公園のケースは、後に他の場所で起こることをじつに象徴的に物語っている。一八七二年、ロッキー山脈の北部、伝統的にショショーニ族、バノック族、ネ・ペルセ族が狩猟場としていた地区に設けられたイエローストーン国立公園は、設立当初、そこに先住民は存在しなかったと紹介されることが多い。公式の伝承によると、先住民は、同公園を有名にした多くの間欠泉に対して迷信的な恐怖を抱いていたため近づかなかったというのである。だが、それはまったくの誤りであり、これらの間欠泉は季節ごとの儀礼の舞台として利用されていたのだ。さらには、北部ショショーニの一派である約四〇〇人のトゥカディカ族グループが、国立公園一帯に恒常的に住み着いていたが、公園設立の一〇年後には「軍事的手段をもって」ウィンド・リバー保護区へと強制移住させられた。これは米国国立公園局のパンフレットが決して言及することのない、あまり大きな声では言えないエピソードだ(Navokov et Loendorf 2004)。一方では、都市在住エリートたちが、生物多様性の保護区と改名された至高の野生の風景を守ることにやっきになっており、他方では、中には幾世紀も前から住み続けてきた部族もある地元住民たちが、これらの土地の使用を厳しく制限されたり、ひいては完全に放棄することを余儀なくされている。この両者の間で、この昔ながらの紛争が繰り返されない日は一日たりともない。セレンゲティ国立公園はキリンやゾウとともに動物を撮影して回れるサファリ・ツアーの場所となってしまい、マーサイ族がそこでの家畜の放牧を禁止されているし、オーストラリア北西地区のジャウォイン族は、ニトゥミルク国立公園での主権回復のために息の長い法廷闘争を続けることを余儀なくされている。またあるところでは、チアパス南部の何百人かのラカンドン族たちに対し、ボストンやカールスルーエのエコロジー運動家チームが、モンテス・アズーレスの生態系保護区を危機にさらさぬよう、トウモロコシのミルパス(焼畑農地)での焼畑栽培農業を放棄すべきだと説いている。至るところで、人間の管理の及んでいない環境のうち、これこれの部分の使用権をこれこれの共同体が有する、といった議論が喧しくおこなわれている。実際には、これらの利益紛争はすべて、次の二つの問い、それも、密接につながっていて、しかもめったに言明されることがない二つの問いを巡るものだ。それはすなわち、自然は誰のものであり、誰のためにそれを守るべきなのか、という問いである。ここでは、これらの問いを一つずつ検討したのち、それらを乗り超えるために取り得る道を素描してみたい。

第一の問い、すなわち「自然は誰のものか」という問いに対しては、一般的に二種類の対照的な答えが用意されてきた。まず、次のように主張することができる。すなわち、自然はそれ自体に対してしか属さない、また、自然は人間にとっての有用性とは独立した内在的価値をもっている、したがって、自然はそれ自体において、それ自体のために守らなくてはならない、というものだ。しかし、この内在的価値を定義することは簡単ではないし、その中身は時代とともに変わる。米国の最初の国立公園の推進者たちは、神の摂理がアメリカ国民に託した、そしてアメリカ国民の運命に別格の標《しる》しを刻印することとなった、この雄大な風景を遺産として保全しようと望んでいた。[1] 実際、ロッキー山脈、カリフォルニアのシエラ・ネバダ山脈、南西部の不毛なメサ〔溶岩層からなるテーブル状の高地〕といった、この「荒野」(wilderness) という意味での「自然」は、国民というイメージを構築する上で、また、国境拡大を正当化する上で、きわめて明確な機能をもった。すなわちそれは、きわめて早い段階から国立公園ツアーの活発なプロモーションをおこなうことで、アメリカの自然が他とは異なる特別なものだということ、そしてそれゆえに、神からその管理を託された人びともまた特別なものだということを、できるだけ多数の人びとに示すことなのだった。このように、ナショナリズム称揚の道具へ、また、屋外の大聖堂へと造り変えられたこの自然は、単に一つの内在的価値をもっていただけではないということが分かる。それはたとえ、当の自然公園の創

[1]　このテーマについては、Nash (1973) の分析に代わるものは未だにない。

設者ら――その多くがソローやエマーソン、そして超越主義哲学者らの著作を読んで育っている――が、自然をそれ自体のために守っているつもりであったとしても、である。

世界の他の地域においても、状況はほとんど変わらない。少し後に英国やフランスが設立した最初の自然公園もそうである。それは本土ではなくその植民地帝国においてのことであったが、そこには、米国で自然保護区が設定されたときとかなり似た理屈があった。[2] その意図するところは、植民地列強によってその統治権を簒奪《さんだつ》された自然環境、とりわけ森林が、先住民族に劣らぬ善き支配者の手にあるということを、国内外の観光産業に証明して見せることにある。ヨーロッパ人は、一部の慣習がこれらの自然環境の破壊をもたらすという理由からそれらを先住民族に禁ずることで、彼らの教育をもって任じていたのだった。森林地帯における移動型焼畑栽培農業（l'horticulture itinérante sur brûlis）や、村々の周縁における聖なる林の造林といった慣習が、しばしば高度の生物多様性の源泉であったことなど、どうでも良いというわけだ。農学者や森林学者らは、この高度な生物多様性に気づいていながら、その理由を理解してはいなかったのである。さまざまな種や生態系を、温帯地域の国有林と同じ管理法によって合理的に保全するということは、植民地主義国家がもって自ら任じていた文明化の使命の根拠を別なやり方で表明することなのであった。

自然には真の内在的価値があると見なす思想は、ずっと最近のものだ。それはまず、絶滅が危惧され、その存続を保証することが望まれる種の生息地であるような、特定の自然環境を保護するという形を取る。その発端となるのは、しばしば、見栄えのする動物種であったり、シンボリックな投影能力をもつがゆえに人間の共感を誘う動物種であったりする。というのも、そもそも、四川省の森のジャイアントパンダ（臥龍《ウォーロン》保護区、一九六三年）や、ベンガル地方デルタ地帯のトラ（サンダーバンズ保護区、一九七三年）、あるいは南アフリカのゾウ（タンザニアのンゴロンゴロ保全地区、一九七九年）が万一絶滅するようなことがあれば、この世界の輝くような素晴らしさに傷がつくだろうし、人類はその責務に著しく悖っているということを認めざるを得ないだろうからだ。こうした考え方は、もちろんヨーロッパにおいては何ら新しいものではない。それは、中世以来、自然神学において広まってきたものである。一七世紀後半、英国の法学者M・ヘイル卿は、この原理をじつにみごとに要約し、次のように書いている。曰く、人間は「天地創造における副王」であって、「地表を、その美しさ、有用性、肥沃さにおいて保全するための、権力、権威、権利、帝国、責務、そして配慮を」神によって付与された、というのである（Hale 1677: 370; Glacken 1967: 481による引用）。ここで、次のことをついでに指摘しておかねばならない。こうした聖書の創世記の摂理主義的読解から出てくる原理が世界的な環境保護政策の合言葉として一般化されるとき、それがいかにそのキリスト教的起源を忘れさせる傾向があるとしても、それはけっして普遍的なものではあり得ないということである。また、ヘイル卿が、自然の有用性のみならず、その肥沃さ、美しさをも喚起しつつ、その保護の必要を正当化しているのを見ても分かるように、自然の内在的価値と使用価値とを混同しないことも容易ではない。もっとも、自然のスペクタクルを見て悦に入ることができるのは人類のみだと考えられる以上、「美しさ」は有用性の議論に分類できる。そしてこの「人類」はおそらく、主としてヨーロッパと極東において風景美学を発達させたいくつかの文明のみに限らねばならないだろう。

残るは、ヘイルが「肥沃さ」と呼ぶところのものだ。じつはこれが、内在性〔＝本質性〕に基づいて自

〔2〕　A・セルミの博士論文の前半部分が、単行本として近刊予定であるが、これは帝政下におけるフランスの自然公園設置計画の歴史を追ったものとして貴重である（Selmi 2004）〔二〇〇六年に既刊〕。インドネシアのケースについてはThomas（1999）を見よ。

然保護を主張する議論が拠ってきたる最後の砦である。今日では、これを「生物多様性」(biodiversité) と呼ぶことが好まれるが、意味するところは同じだ。すなわち、人間が自身を重ね合わせる (s'identifier) ことができる種ないし、土地の精霊の権化であるような種のみならず、自然の種はすべて保護されなくてはならない、なぜなら、すべての種が全体として、可能な限り多くの生命形態の繁栄に寄与するものだからだ、というわけである。そこに示されているのは、もちろん、規範的判断に基づいた即自的な価値であり、人類全体が一致してそれを承認する限り、それ自体を正当化する必要のまったくないものである。その価値とはつまり、文化に関して言う限り、多様性は単一性よりも好ましいものだという考えだ。これは、筆者が全面的に同意する主張であるが、それはまた、あらゆる根本的な倫理的選択と同様、個人的な好みに属する主張でもある。こうした、さまざまな選択肢のうちの一つに対する好みというものは、筆者にとって、議論すること自体が無意味であり、またおそらく不可能であるように思われる。

ところで、こうした恣意的な部分は、めったに顧みられることがない。生物多様性を最大限維持することを主張する人びとは、逆に延々と理由を述べ立ててその立場を正当化することに腐心している。だがそうした理由のほとんどは、結局それが人間にとっていかに有益であるかを示そうとするものだ。こうした主張の中で一番ありふれたものは、以下のようなことを強調する。すなわち、その詳細が未だにまったく不明な、あるいはそれについてほとんど知られていない幾十万の種について、その一部からは、人間を治療したり養ったりするのに役立つような分子が見つかるかもしれない、というのだ。したがって、それらを保護することは未来のための正しい投資なのである。さらに巧妙な主張になると、次のような説を展開する。曰く、それぞれがきわめて少ない個体数により構成されるきわめて多数の種を含むような、あまねく広がった諸生態系の中における共生的相互作用について、我々があまりにも無知であることは問題である。というのも、こうした生態系を乱すことが、気候や、水循環〔原文では「水文学」(hydrologie)〕、あるいは、望ましくない生物の繁殖などに対してどんな影響を及ぼすか、我々はほとんど何も知らないからだ、と。そして最後に、最も有用性に依拠する度合いの少ない主張は、次の点を強調する。それは、とくに性差をもつ生物にとって、きわめて多様な生活条件に適応する上で、遺伝的多様性が進化上の利点をもたらす、という点である。すなわち、我々の惑星を特徴づけている、生命のこの多様化した潜在力の永続と増大を保障するために、さまざまな種に組み込まれたゲノム構造式を、可能な限り多く保護する必要性があるというわけだ。自然保護というこの動機は、ここでは生命の保護という形を取って現れており、一見、まったく無欲に見える。だがそれはやはり、自然界の種であるとか、一種の超越論的目的論的原理であるとか、巨大な人類共同体であるとか、こういったものを同時に代弁する専門家たちの評価に依拠したものなのである。こうした人類共同体は、正しい知識を持ち合わせない限り、この論法をうのみにせざるを得ないに違いない。この場合、たしかに、「自然は誰のものか」という問いに対しては、「その自然を構成するそれぞれの種のもの」であると答えることができる。だが、我々を除いてそれらの種のいずれもこの問題について意見を表明してはいない以上、その一部の構成員たちによる見方が必然的に幅をきかせることになる。したがって、自然のためのあらゆる道徳は、それが必然的に人間の擁護する価値を表しているという点で、定義上、人間由来のものだと言わねばならないだろう。

では、自然は誰のものかという問いに対する、有用主義的答えの方を見てみよう。この立場は、自然の内在的価値を強調しようとする答えの中にはっきり透けて見えているだけに、ここではそれほど長く時間をかける必要はあるまい。要するに、自然は、未開発の潜在的資源を擁しているがゆえに守らねばならず、その内的均衡をおびやかすことは人類にとって破滅的な結果を招く、というのである。ここで一つだけ指摘しておきたいのは、生態系中心主義的アプローチも、人間中心主義的アプローチも、少なくとも国際機関やその公認メディアにおいて表明されているそれを見る限り、ともに、この問題については次のような「普遍的」観点を示している、ということだ。すなわちその観点は、クマの再来に直面しているピレネーの畜産農家や、捕獲割当量を突きつけられたノルウェーの捕鯨猟師たちによる、一見自己中心的で近視眼的な有用主義的抗議にくらべ、人類と自然の利益一般をよりよく守るものと考えられているのである。もっとも、有用主義の論理は、ある種やある地域の保護に抵抗する地域住民を断罪するという段になると、生態中心主義的論法よりも援用することはたやすい。つまり、大多数の環境保護主義NGOのやり方に倣って、「アマゾンの森林を破壊することが、がん療法の発見を妨げたり気候温暖化を助長したりする」と言う方が、「パスタサ川上流域をあちこち開墾することが、アマゾニアの山麓地帯で最も豊かな生態系の一つにおける生物多様性を減衰させてしまう」と言うよりも、とくに寄付金を得るためにははるかに有効なのだ。要するに、より高次元の共通善にかかわっている、つまり、より多くの人間や非人間に利益をもたらすがゆえに、他の自然観に比べてずっと高尚であると見なされるような、方便としての自然観が存在するのである。では、当事者の数の多さが、自然の私有化を正当化すると考えるべきなのであろうか？　その場合、ある種、種の集団、もしくはある生態系、といった資源を維持することが、より多くの存在者に対してポジティヴに作用すればするほど、その最大多数が生物圏全体である以上、この維持によって割を食う少数の存在者の方は、その主張を認められる機会をより失うことになろう。

さて、ここで二番目の問い、すなわち、誰のために自然を守るべきか、という問いに我々は到達する。もちろん、その答えは第一の問いに対する答えに依っているが、それはまた他の問題へも道を開く。すでに見たように、最も一般的な答えは、自然は世界の共通財産として、つまり、可能な限り高度の一般性において守られなくてはならない、というものだ。すなわち、ある一つの種の保全は、原則として、その種の利益のためだけではなく、それが生物多様性全体に資する限りにおいておこなわれなくてはならない。また、ある環境の保全は、原則として、そこを占めるさまざまな種の利益のためだけではなく、それがさまざまな生態系全体の多様性全体に資する限りにおいておこなわれなくてはならない。そして、地球規模での生物多様性の保全は、原則として、それを構成するさまざまな種およびそれを活用する人類の利益のためだけではなく、それが、我々の惑星が現在その唯一の証であるところの、生命そのものの繁栄に資する限りにおいておこなわれなくてはならないのだ。存続が脅かされていると宣告された環境に生きる先住民たちは、地域の利益に対して全世界的な利益が優先するというロジックや、彼らがそれをいかに利用しうるかということを、今ではよく理解している。その結果、彼らは、彼らの言語にも文化にも存在しない抽象概念である、この「自然」の番人として自ら登場するようになった。これらの自然環境は彼らがその慣習的活動によって作り上げてきたものだということが日増しに明らかになってきており、国際社会はこの番人に、この環境を彼らに合ったやり方で監視する任務を託すべきだと言うのである。こうした権利要求の仕方は、領土簒奪を予防するための良い方法であったばかりではなく、彼らが次の事実を公式に認めたことを示している。すなわち、オーストラリアのアボリジニによる叢林の火入れや、アマゾニア、東南アジアの焼畑農耕、そして極圏以北における移動牧畜は、見た目には人間によるいかなる変更も受けていないように見えるさまざまな生態系の中における、植物社会学的構造や動物群の分布を根本的に変えたということを、である。もっとも、すべての地域住民が、自分たちの日々の糧を得ている自然の一区画において自治の自由を保つような仕方で、普遍的な価値を標榜しようとしているわけではない。アルプス地方においてはオオカミ、ピレネー山脈においてはクマ、ボルドレー地方においてはモリバトにまつわる事例を見る限り、フランスにおいて一般的なのはむしろその逆だとすら言えよう。それはすなわち、普遍的なものの暴政を逃れる方法として、地域的独自性を主張することである。

そうだとすれば、我々とは違った仕方で「コモンズ」の世界を造り上げてきた人びとに、公共財などという抽象物を押し付けたり、時とともにこうした独自の自然を造り出してきたこれらの人びとに無理強いをしたりしないために、我々の最大の一般原則を改変し、自然というものは複数存在すること、そして、それを守る方法もまた複数存在するということを公式に認めるべきではないだろうか？　たしかに、啓蒙哲学が人間の尊厳の地位向上や諸民族の解放において果たした役割は無視できないものであった。だがそれが、納得のゆく共存の原理を提案するさまざまな方法の一つでしかない、という考えを認めるならば、次のことも認めなくてはならない。すなわち、自然や文化の財産の保護という領域においては、普遍的に認められる価値を正当化できるような、科学的根拠のある絶対的基準など存在しないということである。もっとも、だからといって、現時点で大多数の人びとが納得している諸価値を、法によって規定することができないというわけではない。その使用言語を放棄することなく、尊厳をもって生きる権利、公共の利益に関する判断における自由裁量の権利、あるいは、衛生的な環境に生きる権利、といったものは、人類の大部分が擁護するであろう要求事項であることはほとんど疑いがない。だが、そうした価値観は、人間という身分に対して本質的に結びついたものではない。それらの価値観の普遍性とは、討論と妥協の産物たらざるを得ないだろう。そして、こうした問題について意見を表明する権利をもっていそうな立場は無数にあるが、それらの異なる立場を公平に代表するということが不可能である以上、討論と妥協といった共同の決定自体、全体の総意という形で得られるとは考え難いものなのである[3]。

次の事実を考え合わせると、問題はよりいっそう複雑になる。すなわち、国際的な自然保護政策は、ここ数世紀の間ヨーロッパで出現し定着したきわめて独特なコスモロジーと切り離すことができないものだということである。筆者が「自然主義」と呼んでいるこのコスモロジーは、地球の全民族によって未だ共有されていないどころか、それにはほど遠い状態である。というのも、「自然主義」とは世界を組織するさまざまな方法のうちの一つでしかないからだ。世界を組織するとは、あらゆる存在者に性質を付与しつつその同定化（identifications）をおこなっていくことであるが、その操作は、およそ人間が経験するのと類似または非類似の物理性や内面性を、他の未同定物（indéterminé）に対して付与するための多様な可能性に従っているのである。その結果、同定化は四つの存在論的公式に分類することができる。まず、存在者のほとんどが、類似した内面性をもちながら、その身体性においてはたがいに区別されるというものである。これは「アニミズム（霊魂主義）」であり、アマゾニア、北アメリカ北部、シベリア北部、東南アジアおよびメラネシアの一部地域の民族において見られる。次に、人間のみが内面性という特権を有しているが、その物質的性質によって、非人間の構成する連続体（continuum）に、人間もまた属しているとされるものである。これは「自然主義」であり、古典主義時代以降のヨーロッパに見られる。次に、ある名を与えられた集団の内部では、人間と非人間とが、ある原型に基づく同じ物理的・精神的性質を共有するとされ、他の同タイプの集団とは完全に区別されるというものである。これはトーテミズムであり、どこよりもまずオーストラリアのアボリジニにおいて見られる。最後に、世界のすべての要素は存在論的にたがいに異なっており、それゆえに、それらの要素同士の間に安定した対応関係を見出さなくてはならない、というものである。これは類推主義（アナロジスム）であり、中国、ルネサンス期ヨーロッパ、アフリカ西部のほ

［3］　このテーマについては、Latour et Gagliardi (dir.) (2006) 所収の各論を参照。

か、アンデス地方および中央アメリカの先住民族においても見られる。[4]

ところで、近代的普遍主義は自然主義的存在論から直接生まれたものである。というのも、それは次の原則に基づいているからだ。すなわち、人間が絶え間なく生み出し続ける無数の雑多な個別性(particularismes)の裏に、確実な規則性に従うさまざまな現実からなる領域が存在すること、そして、これらの規則性は、確実な方法によって知ることができるとともに、内的法則へと還元できるのであり、その法則の真実性は、その発見プロセスによっても曇らされることがない、という原則である。要するに、文化的相対主義が許容され、ひいては研究する意義すらあるとすれば、それは、自然普遍主義という巨大な背景の上にそれが浮き出て見える限りにおいてなのであり、その普遍主義こそは、真実を追究する精神が救いと慰めを求めることのできる場なのである。習俗、慣習、道徳はいろいろであっても、炭素の化学的特性、重力、DNAのメカニズムは、誰にとっても同じというわけだ。自然保護政策を実施している国際機関の普遍主義は、もともと物質世界にのみ適用されていたこれらの一般原理を、人間的諸価値の領域へと拡張したことに端を発している。この普遍主義がもっぱら依拠しているのは、近代人のみが、真の自然理解へと至る特権的な道を切り拓いたのに対し、他の文化は、その自然の表象(représentations)のみしか有していない、との考え方である。これらの表象とは、慈愛に満ちた人びとにとっては、曖昧なものではあるが関心を向けるに足るものであり、実証主義者たちにとっては、その感染力ゆえに、誤った有害なものなのである。したがって、B・ラトゥールが「特殊普遍主義」(universalisme particulier)(Latour 1991)と呼ぶこの認識論的制度[＝レジーム]は、実証科学の発展に由来する自然保護の原則が、必然的にすべての非近代人たちにも課されることを含意していることになる。だがこれらの人びとは、我々と同じ経緯をたどってこなかったがゆえに、また、何よりも、自然が人類とは独立した領域として存在することなど夢にも思わなかったがゆえに、そうした原則の必要性をはっきりと把握できたわけではないのである。アマゾニアのインディアンたちに対し、人はこう言う。あなた方はかつて自然と共生していた。だが、今やあなた方はチェーンソーをもっている。したがって、その高度の生物多様性ゆえに世界遺産となったあなた方の森をこれ以上損なわないよう、あなた方を教育する必要があるのだ、と。

こうした普遍主義をもう少し帝国主義的でなくするには、しかも、世界がそのすばらしいきらめきを保つための方法として、生物多様性の保護を放棄することなしにそうするには、どうしたらよいのだろうか。一つのあり得る道として、筆者がその各種の可能性を探り始めたものは、「関係普遍主義」(universalisme relatif)とでも呼ぶべきものだ。ここで「関係」(relatif)とは、「関係代名詞」(pronom relatif)と言うときのそれの意味に解されており、つまりは、ある「関係」(relation)を指すものである。関係普遍主義は、自然と文化、物質と精神、一次性質〔物質それ自身のもつ個体性や広がり、運動、形状、数などの実在的性質。ロックによって、感覚に依存する色、音、温度など(二次性質)と区別された〕と二次性質の区分などから出発するのではなく、連続性と非連続性、同一性と差異、類似と非類似といった関係から出発する。人類は、その系統発生により受け継いだ手段を用いて、至るところで存在者の間にこうした関係を打ち立てるのである。それらの手段とは、たとえば、身体であるとか、意図であるとか、特徴同士の隔たりを感知する能力であるとか、誰であれ他者との間に、愛着や敵対関係、支配や従属、交換や占有、主観化や客観化といった関係を取り結ぶ能力、といったものである。「関係普遍主義」は、万人にとって平等な物質性や、蓋然的な意味づけを予め前提することを必要とはしない。それは、単に事物やその把握のメカニズムにおける不連

[4]　Descola (2005) では、この点についてさらに詳論している。

続性の立ち現れを認識することで事足れりとするのであり、また、現象上の非連続性を認証したり、あるいはそれを連続性において無効化したりしながら、限られた数の利用可能な公式の存在を認めることで良しとするのである。

だが、「関係普遍主義」が一つの倫理、すなわち、それぞれが自分の育った世界の価値観に無理強いするようなことなく従うことができるような、世界の慣習的規則といったものに到達し得るとしても、こうした倫理はまだ、石を一つ一つ、いやむしろ、関係を一つ一つ積み重ねるように、築いていくべきものとして残っている。だが、その仕事は不可能ではない。そこで必要とされるのは、人間同士の関係や、人間と非人間との関係の目録を作ることであり、また、誰からも非難されるような関係は禁ずるよう合意することである。この後者のカテゴリーには、最も極端な形の不平等関係が含まれるだろうことは想像に難くない。それはたとえば、無意味に生命を奪うことや、感覚能力をもった存在をモノ化すること、あるいは、生活習慣や行動様式の画一化などである。また、保持すべき諸関係の選定のためにはコンセンサスが必要であることから、これらの関係のいずれも、他より優れているということはあり得ないはずである。したがって、独自の慣習や、知、土地に結びついている諸価値が依拠することとなるのは、場当たり的な正当化や、短絡的な利害計算に基づくことなしに、それらが用いられる固有のコンテクストにおいて明らかにされるところの諸関係であるはずだ。例として、自然保護の問題に立ち戻ってみよう。たとえば、人間は、非人間との間に間主観的な関係を取り結ぶことを当然かつ望ましいと見なしているかもしれない。だが、特定の環境を保護することを正当化するならば、その環境に内在的な生態系上の特徴によってではなく、そこで動物たちが現地住民によって人格として扱われているという事実によってこそ、それをおこなうことを考えるべきではなかろうか。もっとも、これらの動物は一般に狩りの対象ではあるが、それは儀礼的配慮を保ちつつ、なされるのである。したがって、たとえばアマゾニア、カナダ、シベリア、またはマレーシアの森林といった地域では、「アニミズム（霊魂主義）制」（régime animiste）とでも呼べるような制度の下に機能する保護区カテゴリーが作られることになるだろう。そこには、たとえば、生物多様性の最大化、あるいは炭素の捕捉といった、自然主義（naturaliste）型の諸関係に基づいて正当化された要件が加わることをも妨げるものではない。とはいえ、この後者の諸関係、すなわち、遠方の行為者たちが持ち込む諸関係が、現地の行為者たちが作り上げてきた諸関係の実行条件に対してあまりに押しつけがましくしないことが前提である。無論、モン・サン＝ミシェルや、ルソン島北部の棚田《たなだ》といった場所の世界遺産化を正当化し得るような諸関係は、まったく別物であろうことはたやすく理解できる。というのもそこには、主体として扱われる非人間の存在があるのではなく、マクロコスモスとミクロコスモスの間をつなごうとする企図の客体化があるからだ。そうした客体化の痕跡は、それがどこで発展したものであろうと、類推主義（analogiques）文明のみが残し得たものなのである。ここで提案していることは、多分にユートピア的な思想だ、と人は言うだろう。たしかに、ユートピアを良い意味に取るならば、そうかもしれない。すなわち、これまで検討されることのなかった解決策に可能性を開くための、さまざまな仮想的未来として、ユートピアというものを捉えるならば。

文献

Descola, P. (2005) *Par-delà nature et culture*. Gallimard.

Glacken, J. C. (1967) *Traces on the Rhodian Shore. Nature and Culture in Western Thought from Ancient Times to the End of the Eighteenth Century*. University of California Press.

Hale, Sir Matthew (1677) *The Primitive Origination of Mankind*.

Latour, B. (1991) *Nous n'avons jamais été modernes. Essai d'anthropologie symétrique*. La Découverte.（邦訳：ブルーノ・ラトゥール『虚構の「近代」 ―― 科学人類学は警告する』（川村久美子訳）、新評論、二〇〇八年）
Latour, B. et Gagliardi, P. (dir.) (2006) *Les atmosphères de la politique. Dialogue pour un monde commun*. Les Empêcheurs de penser en rond.
Nash, R. (1973) *Wilderness and the American Mind*. Yale University Press.（邦訳：R・F・ナッシュ『原生自然とアメリカ人の精神』（松野弘訳）、ミネルヴァ書房、二〇一五年）
Navokov, P. et Loendorf, L. (2004) *Restoring a Presence: American Indians and Yellowstone National Park*. University of Oklahoma Press.
Selmi, A. (2004) Le Parc National de la Vanoise. Administration de la nature et savoirs liés à la diversité biologique. Thèse de doctorat, 756 pages, EHESS.（以下の書名で既刊：(2006) Administrer la nature. Le parc national de la Vanoise, Eds. de la MSH/Eds. Quae）
Thomas, F. (1999) *Histoire du régime et des services forestiers en Indochine française de 1862 à 1945. Sociologie des sciences et des pratiques scientifiques coloniales en forêts tropicales*. Editions Thê Gioi.

第5章　デスコラのアニミズム論と逆Z形の精神史

山田仁史

フィリップ・デスコラの壮図と功績を十分に認識しつつ、私はここで、彼の志向とはやや異なる試みをなそうとしている。学問の健全な発展のために多声的な発言があることが望ましい、という確信のみがその理由ではない。民族学・人類学の歴史をふりかえってみる中でデスコラの意義がどこにあるのか、それを見定めるためにも、オルタナティヴな視点を提示する必要があるように思われるからだ。のみならず、その著作から判断するとき、自らの思索のあゆみとその限界とについて、たぐいまれな誠実さを示す同氏であれば、私のこうした無謀さも、寛容をもって受け止めてくれるだろう、とも思うからである。

問いたいのは、デスコラのアニミズム論を人類精神史という見地からとらえることが可能ではないか、ということだ。外ならぬ彼自身、明示しないにせよ恐らくそうしたビジョンを抱いているように、私には思われる。この課題に取り組むため、まず同氏のフィールドワークを追体験し、理路の形成過程をときほぐしてゆくことにしたい。

1　アチュアール族の下で

一九四九年生まれのデスコラは、初め哲学を専攻した。しかしそれに飽きたらず、人類学者M・ゴドリエの紹介をへてC・レヴィ＝ストロースの門を叩いたという。その回想は、読む者をほほえませずにおかない。

> モーリス・ゴドリエに勧められ、私はコレージュ・ド・フランスへの巡礼を企てた。クロード・レヴィ＝ストロースをその聖域に訪ねるためである。高等師範学生《ノルマリヤン》たる私の秘かな自尊心は、かくも恐るべき状況においては、何の役にも立たなかった。当代最高の知性の一人に声をかけると考えただけで、私は経験したことのない恐懼に突き落とされた。私をほとんど床すれすれの高さしかない、幅広い革製の肘掛けソファに座らせると、構造人類学の創始者はゆるがぬ慇懃さをもって、木製椅子の高みから私に耳をかたむけた。私のはまり込んだ座面の居心地よさはしかし、気後れを一掃してはくれなかった。あたかも私は、試験官の注意ぶかい沈黙により、真赤に灼かれた火炙り台の上にいるかのようだった。説明するにつれて我が計画の無意味さを次第に思い知り、もっとも重要な仕事をくだらないお喋りで妨害していると意識したあまり、私は口ごもりつつ、先例のないこの授業をおしまいにした。ところが驚いたことに、試験は合格だった。あたたかく激励してくれたばかりか、クロード・レヴィ＝ストロースは私の研究と論文を指導することに同意してくれたのだ（Descola 2006: 35–36, E: 22–23）。

こうして一九七三年、人類学・民族学に転じたデスコラがフィールドとして選んだのは、師と同じ南アメリカだった。できる限り文明と接触していない、孤立した民族ということで、彼はエクアドルのアチュアール族に目を向けた。ヒバロ系の四民族、すなわちシュアル、アグアルナ、ワムビサとならぶ一民族で、ペルーと国境を接するアマゾン河上流域に住む人びとだ。ここで、妻であり同業者でもあるアンヌ・クリスティーヌ・テイラーとともに、彼は一九七六年九月から一九七九年九月まで、三年間におよぶ実地調査に従事した。一九八〇年フランスに戻り、書き上げた博士学位論文を元にして八六年に出版されたのが、その処女作といえる『家《うち》なる自然―アチュアール族のエコロジーにおける象徴と実践』(Descola 1986) である[1]。

当時アチュアール族の間では、絶え間ない戦闘が繰り広げられていた。まさしくアナーキーな社会が現出していたのである。「よって、こうした荒れ狂った世界にあっては、家が例外的な安定軸の一つであることが、容易に理解できよう。本書において家が占める中心的位置は、それがアチュアール社会を構造づける上で果たす役割を反映している」(Descola 1986: 22, E: 11)。では、家に住まうアチュアールの人びとは、環境をどのように「社会化」し、関係を取り結んでいるのだろうか。それが同書のテーマであった。

デスコラによれば、アチュアール族は焼畑農耕をおこなってはいるが、むしろ人口密度から言えば、狩猟採集民に近い。彼らは地質について詳細な知識を有しており、その暦はスバルなど天体の観察などに基づいて定められる。住居は河畔部または河間台地に建てられ、河川が交通路や漁場として用いられる。そのため、上流・下流の区別が方向認識において重要である。生態系は多様性に富み、同定された植物は二六二種、動物は六〇〇種におよぶ。後者のうち哺乳類八六、爬虫類四八、両生類四七、魚類七八、鳥類一五六、無脊椎動物一七七

［1］「自然とは馴致されるものでも (domestiquée)、馴致しうるものでも (domesticable) なく、単に家なるもの (domestique) なのだ」(Descola 1986: 398, E: 324) とあるのにもとづく。言うまでもなく、フランス語《domestique》はラテン語《domus》「家」を語源とする。本文ですぐ後に提示する引用に見える、「家 (la maison)」の中心的位置づけも参照のこと。なお本書の英訳タイトルは『自然の社会にて―アマゾニアにおける土着のエコロジー』(1994 初版)。

であり、動植物ともに、有用か否かにかかわらず命名されている（Descola 1986: 23–119, E: 13–92）。

こうしてアマゾニアの地質学、天文学、生物学を定量的・定性的に記述した上で、デスコラはその後の学的展開につながる重要な主張を披瀝する。

ここまで、人間が作り出した知識によってしか人間存在が知覚できないような自律的領域として自然について語ってきたとすれば、それはアチュアール世界を記述するために用いうる我々のカテゴリーが「ギリシャの奇跡」以来、変わることない概念的距離を置いてきたからだ。けれども、自然とは人間と独立して起こる現象の場であるという観念は、アチュアールには明らかに、まったく無縁である。彼らにとって、自然とは超自然以上の存在ではなく、現実物とキメラとの間にルクレティウスが設けた古典的な区別は、一方が他方の鏡像であるとでも措定しない限り、認められない。不幸なことに我々が引き継いだ伝統的概念は、自然の内に、人間が秩序づけ変形し変容する、人間外の実在を常に見せようとするような、暗黙の自然主義《ナチュラリズム》によって刻印されている。遺産として受けとったカテゴリーで考えることに慣れているため、これほど根深い二元論から逃れることは、我々にはとりわけ難しい。けれどそれこそ、アチュアールによって人間存在と自然の存在との間に前提されている連続性を説明するために、試みねばならないことなのである（Descola 1986: 119, E: 93）。

ここでの「我々」が西洋近代人を指すのは明らかである。つまりデスコラは、近代西洋社会に浸透している自然というカテゴリーが自明のものではないこと、そして人間の社会・文化と自然とが、アチュアール族では連続していると述べるのだ。それを実証的に示すのが、同書の後半部である。

デスコラによると、アチュアール族の世界は同心円状をなす。中心に家があり、それを取り巻くのが畑、もっとも外部に位置する円が森だ。一家屋に住むのはたいてい核家族だが、一夫多妻婚がおこなわれるために収容人数は少なくない。戦闘が激化すると、集団で防衛する必要から、六〇から七〇人が一戸に収まることさえある。さて、家屋内は男の領域（タンカマシュ）と女の領域（エケント）とに二分されており、この二元性は家屋外へも拡張される。すなわち基本的に畑は女の、森は男の領野に属するのだ。ただし、空間の組織化は実のところ、より複雑である。家庭集団内のレベルでは、森とエケントは共に男女の結合の場だ＝前者では性交が行われ、後者では夫婦の会話がなされる。他方、タンカマシュでは男が男性客をもてなし、畑という女性の空間では出産がなされるため、この両者はジェンダー分離の領域である。ところが、家庭集団と外部者の関係から見るなら、森とタンカマシュは男性同士を結合する―森では外敵と遭遇するし、タンカマシュでは家長と来客が社交を繰り広げる。一方、エケントと畑は内外を分離する場である。いずれにも外部の男性は入り込めないからだ（Descola 1986: 162–165, E: 130–133）。

さて、焼畑では主食のマニオクやタロイモ、ヤムイモ、バナナをはじめ、六二種の作物が育てられる。伐採と焼成以外の農作業には、男性は基本的に介入しない。主要農具は掘棒とマチューテ鉈で、女は籠を背負い、除草作業などのため毎日畑へ行く。興味深いのは、畑の守護霊ヌンクイの存在だ。女性と見なされるヌンクイは栽培植物の母であり、女たちはこのヌンクイとコミュニケートするために、アネントと称する呪歌をうたう。他にナンタルと呼ばれる呪石も作物の生長に欠かせず、これらアネントとナンタルは母から娘へと女系で継承されるのである（Descola 1986: 169–271, E: 136–220）。

畑の外部に広がる森は、基本的に男の領野である。しかし性交の場でもあり、狩猟には女性も同行することがある。猟にはクラーレという矢毒を塗った吹矢や火器が使用され、クラーレを強化する呪歌（アネント）も知られている。キノコやハチミツ、カメの卵などが採集されるのも森であり、家長が何らかの理由で狩猟に行けないような場合、採集活動の重要度は増す。ヌンクイと似て、獲物の守護霊も「母」と呼ばれる。乱獲すると守護霊は怒り、動物を与えてくれないという。動物種ごとのリーダーもおり、これは他の個体より巨体とされる。狩猟のアネントがとくに向けられるのは、ウーリーモンキーとオオハシであり、これらは狩人の義兄弟とされる。また動物の胃石（ナムル）は猟運を助けるとされ、畑のナンタルに対応する（Descola 1986: 273–330, E: 221–269）。

畑と森に対し、川は自律的領域というより媒介であり、ここに棲む七八種の魚のうち、二種を除いては食用とされ、釣針や魚毒で捕獲される。畑と森は社会的観点からみて対照的だ。すなわち女性の領野たる前者ではヌンクイと作物の間に血族関係（母子）が結ばれ、男性の領分たる後者では狩人と獲物の間に姻族関係（義兄弟）が存するからである（Descola 1986: 331–348, E: 270–283）。

以上のように、デスコラは同書において男性・女性、結合・分離、森・畑、姻族・血族といった二項対立を縦横に駆使した構造分析に取り組む一方、文化と自然の二元論を超えて、両者の連続性に目をむける。すなわちアチュアールにとっては、多くの動植物は霊魂（ワカン）をもつため、人間とコミュニケート可能なのだ。そこには人間と非人間の区別はなく、ただ程度の差が存するだけなのである（Descola 1986: 398–400, E: 324–325）[2]。

『家なる自然』は今の要約ではとうてい汲み尽くせないほどの、綿密な計測と観察をふんだんに盛り込んだ民族誌である。そしてまた、七年後に出版された『黄昏の槍―アマゾン川上流域ヒバロ族についての報告』（Descola 2006）[3]と併せ読まれるべき書物でもある。なぜなら後者は、おそらく『悲しき熱帯』（Lévi-Strauss 1955）を多分に意識しつつ、調査中の日記に基づいて書かれた旅行記風の民族誌であり、『家なる自然』に収められなかった数多くの写真やイラストと、印象的なエピソードや活き活きとした会話に彩られているからだ。

ところで、『黄昏の槍』を読むと二つのきわだった特徴に気づく。一つはヒバロ族における首狩、およびいわゆる乾し首（ツァンツァ）について詳述されていることである（Descola 2006: 301–307, E: 272–278）。もう一つは、巻末に多くの紙幅をさいて、比較民族学的な注釈と文献案内が付されていることである（Descola 2006: 459–478,

E: 426–442)。これらはいずれも博士論文においては、かくも禁欲的に避けられていたことである。いったい何があったのだろうか。

2　健全なエキゾティシズム

そもそもアチュアール族にはふつう、乾し首を作る慣習はなかった。それをおこなってきたのは、同じヒバロ系でもシュアル族である（Descola 1986: 122, 259, E: 338, 342）。よって、アチュアール民族誌でデスコラがこの習俗への言及を最小限にとどめたのは、十分に理解できる。それどころか彼はフィールドに入る前、エクアドルの町プヨでヒバロの乾し首の噂を聞いたさい、その悪名高さに比して学問的知識があまりに少ないことを嘆き、「我々の好奇心をかき立てたのは、この無知と悪名高さの間にある奇妙な落差であって、人間の首級に魅惑されたためでは、まったくない」とさえ述べている（Descola 2006: 30, E: 17）。けれど、この逆説的な言い回しは、デスコラの脳裏にあったある種〈健全なエキゾティシズム〉のごときものを、図らずも露呈しているのではなかろうか。

そしてそれは、デスコラと長年にわたり知的な対話をつづけてきた二歳年下の盟友、エドゥアルド・ヴィヴェイロス・デ・カストロにも、共有されているように思われる。ただし後者の場合、関心の対象は首狩ではない。

［2］　デスコラがその現地調査において、男女双方の領域をここまで詳細に観察・記述できたのには、妻の存在が大きかったことが推測される。
［3］　書名の「黄昏の槍」とは迫り来る死を意味する隠喩である（Descola 2006: 429–430, E: 396）。

食人である。

二〇一五年、ヴィヴェイロス・デ・カストロの邦訳が二冊出た。『インディオの気まぐれな魂』と、『食人の形而上学』とである（ヴィヴェイロス・デ・カストロ 2015a, 2015b）。両書は表面上、スタイルを大きく異にしているが、じつのところ著者の処女作と言うべき博士論文から、別個の展開をとげた双子のような関係にある。

一九五一年生まれの著者は、リオデジャネイロ国立博物館の大学院生だった一九八一〜八二年、中断をはさみながら合計一二ヶ月のフィールドワークをおこなった。アマゾン地方東部に居住し、トゥピ＝グアラニーという言語グループに属する、アラウェテという民族においてである。その成果としての博士論文は、『アラウェテ―人を喰う神々』と題し、初めポルトガル（葡）語で出版（一九八六年）、一九九二年にその改訂英訳版が、『敵の視点から―アマゾンの一社会におけるヒトとカミ』というタイトルで、シカゴ大学出版局から刊行された（Viveiros de Castro 1992）。

英語版を読むかぎり、これは当時、急速に白人との接触の度を増し、生活を変容させつつあったアラウェテ社会についての、すぐれた民族誌と評しうる。ところが終章に近づくにつれ、読者は次第に、思考の飛躍に戸惑うことになるであろう。というのも、その章は「アンチ・ナルキッソス」と題され、一六世紀のブラジル・トゥピナンバ族（同じトゥピ＝グアラニー系）における食人俗《カニバリズム》が詳述される一方、フランス現代思想との接続も試みられているからだ。それは言わば、アラウェテ民族誌を通時的《ディアクロニック》および共時的《サンクロニック》な二つの軸へむけて飛躍させた、いや少なくとも延伸した議論と見なせよう。

通時軸の先に、トゥピ＝グアラニー系先住民の民族史《エスノヒストリー》たる『気まぐれな魂』（一九九二年、葡語初出）が位置し、共時軸の延長上にあるのが『食人の形而上学』（二〇〇九年、仏語初版）である。それは後者が、『アンチ・ナルシス』として書かれるべきだった幻の書物への解説という体裁をとっていることからも、明らかだ。

さて『インディオの気まぐれな魂』である。主題とされているのは、一六世紀ブラジルにおけるヨーロッパ人とインディオとの邂逅、双方からの視点《パースペクティヴ》の交錯、そして白人がインディオを繰り返し「気まぐれ」と呼んだことの背景をめぐる考察である。古典的民族誌としても評価の高い、水夫シュターデン、修道士のテヴェやレリーなどの記録が、ここでの主な素材となる。初めは改宗を頑強に拒み、キリスト教を受け入れた後もなお、名誉や復讐のための戦争、捕虜の食人、一夫多妻婚、裸体といった「悪習」を放棄しないインディオたちの「気まぐれさ」が、当事者自身の視点から再検討されてゆく。

こうした作業自体は、ある意味ブラジル民族誌・民族史の伝統を受けついだものだ。ことに食人俗というのは、早くはモンテーニュが『エセー』中の有名な章「食人種について」で進取的な文化相対主義を披瀝し、メトロー、レヴィ＝ストロースなど、ブラジル研究の先学たちが多く採り上げてきたテーマである。しかし同書で注目されるのは、早期の記録の丹念な解読に加えて、インディオたちの視点から彼らの内的論理を明るみに出そうという飽くなき探究、そしてそれらを記述するヴィヴェイロス・デ・カストロの犀利かつ繊細な筆致であろう。

その内的論理とはこうである。戦争し、復讐を果たすというのは、トゥピナンバにとって一人前の男であることと同義であった。捕虜を儀礼的に処刑して、自らに身体変工を施し、さらに改名することで、若者は初めて結婚の資格を得た。そして戦士としての勲功を果たした男だけが、死後楽園に行くことができたのである。儀礼的処刑のさいには、捕虜と殺し手の間で対話が交わされ、これが集合的記憶の元となった。また祭宴においては、女たちが唾液で発酵させた酒が不可欠であった。つまりトゥピナンバ社会では男性も女性も、敵という他者を体内に取り込むことを通じて自己規定し、他者に変成することで社会を構成しつづけたのである。したがってトゥピナンバとは、「気まぐれであることにおいて見事に一定していた民族」であり、食人俗はそうした彼らのあり方を、「それ以上ない仕方で象徴していた」と著者は結論する。

分析の手並みは見事である。二〇世紀末のアラウェテ社会で、死者を喰うと想像されている神々が、果たしてこうした一六世紀の食人俗をどれほど反映しているかは、また別の問題でもあろう。しかし私は、現代社会において一見すると不可解な＝同時代の西洋人にも理解しがたかった＝習俗、そしてまた現在では観察不可能な習俗の精神的意義について、残された記録を丁寧に読み直すことを通じ明らかにした点にこそ、同書の真価が存するものと思う。そして民族学・人類学のゆたかな可能性のひとつは、こうした領域にあるはずなのである（以上、山田 2016b）。

『インディオの気まぐれな魂』の邦訳を読んで、私はこのような感想を抱いた。そして、レヴィ＝ストロースが南米民族学の分野にまいていた種が、こうしてデスコラとヴィヴェイロス・デ・カストロの手により芽吹き、花開かせているさまを興味深く眺めるとともに、二人がいずれも〈健全なエキゾティシズム〉を有しているらしいことに、秘かな共感をおぼえている。一方はアマゾン西部の首狩、他方は東部の食人──これらはどちらも、私自身があつかってきたテーマだけに、よけいそう思えるのである（山田 2015, 近刊）。

3　存在論としてのアニミズム

先に挙げた二つめの疑問に立ちもどろう。『黄昏の槍』に提示された、比較民族学的な注釈と文献の豊富さは何を意味するのか。それはおそらく、アチュアール族の下でデスコラの脳裏に決定的な刻印をおした一つの問題について、彼が他民族との比較考察にのりだし、一般理論の構築にむかった、その航跡であろう。この「一つの問題」について、彼自身は次のように述べている。

社会生活および人間たる条件の本質について、人類学者が作り上げる内的確信はしばしば、非常に特殊な民族誌的経験から発する。ともに暮らした数千人の人びとが、彼がそれまで自明のものと思っていた事柄に、あまりに深い疑念を吹き込んでしまったがために、以後の彼の全エネルギーは、それを体系的研究へとまとめ上げることに捧げられるような、そんな経験である。私の場合それは、アチュアール族とともに時間を費やし、会話を重ねるうちに、彼らが自然存在と取り結ぶ関係のあり方が、少しずつ明らかになってきた時に起きた。……彼らは動植物の大部分が人間のそれと似た霊魂（ワカン）をもつと言い、この能力のためにそれらを「人」（アエンツ）と分類する。それらは反省的意識と志向性とをもつので、感情を抱いたり、仲間同士や人間を含む他の種の成員とメッセージを交換することも、可能だと言うのだ（Descola 2005: 21, E: 4–5）。

つまりデスコラは、フィールドで受けた衝撃をその後も問題として追い続け、体系的研究へまとめ上げることに努めた。その成果が、二〇〇五年に刊行された『自然と文化の彼方』（Descola 2005）[4]である。「近代的思考において……自然とは、哲学や社会科学の用語における〈文化〉、〈社会〉ないし〈歴史〉といった人為の所産との対立においてしか、意味をなさない」と指摘した彼は（Descola 2005: 25, E: 8）、自然と文化を連続体としてとらえるのがアチュアール族のみにかぎられないことを示してみせる。参照される民族誌は、南アメリカから始まり、北米、シベリアを経て東南アジア、オセアニア、アフリカへ、さらには古代インドと日本まで広がるの

［4］　この書名はおそらくニーチェ『善悪の彼岸』（*Par-delà bien et mal*）をふまえているものと思われるため、さしあたりこのように訳しておく。

だ（Descola 2005: 25–57, E: 8–31）。ついで人類史における「野生と馴致」概念が俯瞰されるが（Descola 2005: 58–90, E: 32–56）、同書の真骨頂はそこにはない。

まずデスコラが前提とするのは、「あらゆる人間は、内質性と外形性の混合から成る一体として、自らを認識する。それこそが、自分自身に由来する弁別的な特徴を、他者にも認めるか拒むかするのに必要な状態だからだ」ということである。この内質性（intériorité）と外形性（physicalité）とは、より一般的に表現すれば、前者は精神、霊魂、意識、志向性、主観性、反省性、情動など心の領域であり、後者は外的形態、実体、生理的・知覚的・感覚運動的プロセスなど体に属する領域である（Descola 2005: 168–169, E: 116–117）。そして、これら両者の組合せによって、四つの存在論《オントロジー》が措定できるという。すなわち、

人間か非人間かにかかわらず、何らかの他者に対して、私は次のように仮定できる。私と同じ内質性・外形性の諸要素を有するか、その内質性・外形性が私のとは異なるか、あるいは我々は似た内質性と異なる外形性を持つか、または最後に、我々の内質性は異なり外形性は類似と見るか、だ。私は最初の組合せを〈トーテミズム〉と、二つめを〈アナロジズム〉と、三つめを〈アニミズム〉と、そして最後のを〈ナチュラリズム〉と呼ぼう（Descola 2005: 176, E: 121）。

こうして提出されたのが、図5-1である。しかし実際、これら四つの存在論とはいかなるものなのだろうか。具体的な説明に耳を傾けよう。

デスコラの論証は、アニミズムから始まっている。それは、ほかならぬアチュアール族の存在論を、彼はここに位置づけるからだ。[5] そして、アニミズム体系を有する民族誌的事例として挙げられるのは、まずもってア

メリカ大陸・シベリア・ニューギニアの狩猟採集民、および生業経済において狩猟採集が大きなウェイトを占めるような、焼畑農耕を営む農耕民たちである（Descola 2005: 183–202, E: 129–143）。

他方、トーテミズムの民族誌資料は、ほとんどオーストラリアのいわゆるアボリジナル社会からのみ採られている。むろんのことデスコラは、「トーテム」の語が北米アルゴンキン系に由来することや、オーストラリア内部でもさまざまなヴァリエーションが見られること、またレヴィ＝ストロースにより〈トーテミズム〉概念そのものが幻想と批判されたことも踏まえた上で、彼の存在論の一つとしての〈トーテミズム〉は「一トーテム集団内に含まれる人間と非人間が、その形態や生活様式の差異にもかかわらず、身体的・精神的に同じ属性群を共有する」ような体系、と規定した（Descola 2005: 203–240, 543, E: 144–171, 398）。

三つめのナチュラリズムは、西洋近代の存在論である。それは「世界内存在の外形性における連続と、それらの内質性における非連続により定義される」（Descola 2005: 242, E: 173）。とりわけダーウィン以後、ヒトも動植物の進化シークエンスの一部となった。人間を人間以外の生物と分けるのは、前者の知能すなわち内質性にすぎないのである（Descola 2005: 241–279, E: 172–200）。

最後にアナロジズムだが、これについてのデスコラの説明は、やや曖昧である。彼によれば、それは「存在

---

［5］「アニミズムの定義から社会学的相関をはぎとるならば、誰もが同意でき、この語の語源が示すところの特徴が残る。それこそ、かつてなされた異論の余地ある用法にもかかわらず、私がこの語を選んだ理由である。それは、人間がその内質性と同じものを、非人間にも帰するという特徴だ。これにより植物が、そしてとりわけ動物が人間化される。備わった霊魂により、彼らは人間の社会規範と倫理準則にしたがって行動しうるのみならず、人間との間にも彼ら同士の間にも、コミュニケーション関係を確立しうるのである。……ただしアニミズム体系において、人間の仮装をしたこの種の動植物は、その羽毛、毛皮、鱗、樹皮といった外衣、換言すればまさに彼らの外形性により、人間とは区別されるため、この人間化は完全ではない。ヴィヴェイロス・デ・カストロがアマゾニアについて言うとおり、人間と非人間は霊魂によってではなく、身体によって差異化されるのである」（Descola 2005: 183, E: 129）。

内質性の類似 外形性の差異	アニミズム	トーテミズム	内質性の類似 外形性の類似
内質性の差異 外形性の類似	ナチュラリズム	アナロジズム	内質性の差異 外形性の差異

図 5–1　デスコラによる四つの存在論（Descola 2005: 176, E: 122）

物の全体を、わずかな差異により分けられるところの、時には段階的に序列化されるところの、本質、形態、実体の多様性へと分割し、そうすることで、区別された諸存在の内的性質を結びつけるアナロジーの複雑な網目へと、当初の対立体系を再構成するような」システムだという（Descola 2005: 280, E: 201）。具体例としては、中国の風水や卜占における大宇宙・小宇宙の相関、アフリカにおける社会秩序の乱れが天災を引き起こしうるという観念、一七世紀初めまでの西洋やメソアメリカ文明および西アフリカ諸王国における世界観などが挙げられている。また、アナロジズムでは人間と人間以外の内質性・外形性の両方に差異を見るので、それらの内にリンクを打ち立てるため、この存在論では供犠がおこなわれる、との主張もなされている（Descola 2005: 280–320, E: 201–231）。

こう見てくると、すくなくとも二つのことに気づく。まず四つの存在論のうち、デスコラがアチュアール族のもとでもっとも衝撃を受けたのは彼らのアニミズムであり、それを西洋近代人たる自身のナチュラリズムと対比して、彼我の違いに思いをめぐらせたに相違ない。そして、両者の対立項としてのトーテミズムとアナロジズムへと思索はすすみ、四項目からなるシェーマが成立したと見ることができる。

もう一つは、同書においてデスコラがレヴィ＝ストロースを、二重の意味で乗り越えようと試みていることだ。一方では師があれほど好んで用いた自然と文化という二元論の超克、他方では幻想として用済みとされかけていたトーテミズム概念の救出である。すなわち『自然と文化の彼方』において、彼は現地調査時からの疑問に答えを出すとともに、恩師の達成からさらに飛躍しようとしているのだ。

４　人類精神史として

いったいデスコラの存在論シェーマ、とりわけアニミズム論の意義はどこにあるのだろうか。周知のように〈アニミズム〉とは、宗教の最小限の定義としてエドワード・タイラーが提唱したものである。彼によれば「霊的諸存在への信仰（the belief in Spiritual Beings）」すなわち〈アニミズム〉こそが宗教の本質であり（Tylor 1871: I 383）、そこから多神教、一神教へと人類の宗教は進化した、という。人間とその他の存在に霊魂を認め、夢や病気や死にさいして身体から離れうる霊魂を想定するなど、アニミズム的世界観に見られるさまざまな特徴を指摘したタイラーの議論は、一九世紀末から二〇世紀初めにかけて、多くの民族学者を魅了した。その影響力の大きさは、各地から同様の現象がつぎつぎ報告されたことに表れている。とりわけ東南アジア島嶼部からは、ウィルケン「東インド諸島諸民族におけるアニミズム」（Wilken 1912［1884–85］）およびクロイト『東インド諸島におけるアニミズム』（Kruyt 1906）といった包括的な論著が出されたが、南アメリカも例外ではなかった。テオドール・コッホ『南米インディアンのアニミズムについて』（Koch 1900）が代表的である。

これら一連の「タイラー流アニミズム」には、一つの特徴が共通して見られると、長谷《ながたに》千代子は指摘する。それは「見なす」「知る」「認知する」「思考する」など、主体の認知や思考の能力に関心が集中していることであり、「人格的霊魂を有する主体がより能動的に環境を認識する」と考えている。長谷はそれに、岩田慶治（1991

ほか）の「岩田流アニミズム」を対置させる。そして後者の特徴は「魂を環境と分有する主体がより受動的に環境に反応すると考える」ことにある。こうまとめた彼女は、近代社会が生みだした「理性中心主義的認識論」としてのタイラー流アニミズムよりも、受動的視点から出発する岩田流アニミズムの方に、近代批判としての可能性を見ようとする（長谷 2009: 749, 752, 758）。

デスコラのアニミズム論は、まさしく長谷の言うタイラー流を乗り越え、岩田流に近づいているように、私には思われる。特権的な見る主体としての人間を前提とせず、非人間から見られるものとしての人間をも考慮にいれるアニミズムこそが、西洋近代を批判するデスコラの主張だからだ。つまり彼のアニミズム論は、従来の用法の枠を超えて、〈アニミズム〉を再定義しているのである（Fancello 2010: 40）。

ところで私は、見てきた四つの存在論という図式を、人類精神史としてとらえることができないか、考えている。ラフな素描にとどまることを覚悟のうえで、私の見通しを述べてみることにしよう。

アニミズム的存在論について、デスコラが引いている民族誌的事例は、先に述べたように狩猟採集民や、狩猟採集活動が大きいウェイトを占めるような農耕民にほぼ限られている。実際、デスコラの記述には狩猟採集民的な世界観がいくども登場する。とりわけ野生動物のリーダーとしての〈動物の主《ぬし》〉、獲物と狩人のコミュニケーション、骨から再生しうるという観念、動物は外衣をかぶった人間であるという観念、などが注目に値する（Zerries 2005; Yamada 2013; 山田 2015: 40–45）。これらが南米インディアン社会にも見られることは、ミュンヘン大学教授であったオットー・ツェアリースもつとに強調してきた。[6] ツェアリースによれば南アメリカの先住民たちの多くは、すでに農耕をおこなっているとは言っても、その世界観は狩猟民的である（Zerries 1961: 302）。

……人間と動物の関係および、人間が動物へまたは動物が人間へと常に移行しうるという、南米にしばしば見られる他の諸事例のすべても、取り巻く自然と密接に結びついた狩人の、万物は一体だという感情から発している。そのためしばしば、人間のことを言っているのか動物のことを言っているのかが、理解できないことがある。そこでは、人間と動物の区別は本質的ではないのだ（Zerries 1954: 163）。

私はこうしたことを念頭において、デスコラのアニミズムを一応、狩猟採集・初期農耕的な世界観と見たい。より位置づけが難しいのは、トーテミズムである。たしかにオーストラリアのアボリジニのすぐれた宗教概説を書いたヴォルムスとペトリも、この地のトーテミズムを一つの世界観として解釈していた。人類学者ウィリアム・スタンナー（Stanner 1959–63）を引きつつ、両著者はオーストラリアのトーテミズムについて次のように述べている。

真実は……以下のようであると思われる。人間、社会、自然、過去、現代、未来のすべてが、一体的な体系の内に統合され、その存在論《オントロジー》は、ヒューマニズムや理性中心主義や自然科学の影響下にあるような精神的態度にとってはほとんど意味をなさない。近代的な生活と思考の可動性に慣れた者は、安定性と持続性および生命と人間にかんする広く張りめぐらされた認識を、容易に理解することができないが、それこそがアボリジニの存在論を特徴づけるものなのである（Worms & Petri 1968: 300）。

さしあたりオーストラリアのトーテミズムを一つの存在論ないしは世界観ととらえることにして、それは人

［６］　デスコラも限定的ながら、ツェアリースの著作に言及している（Descola 2006: 466, E: 432）。

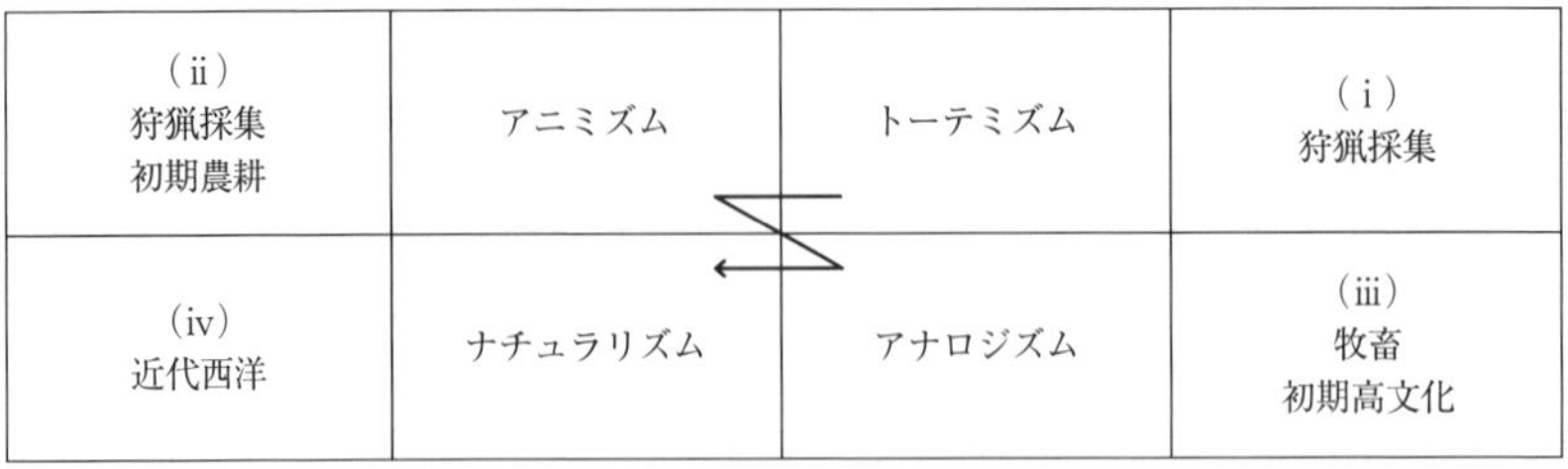

図 5–2　逆Ｚ形の精神史としての、デスコラの存在論シェーマ（山田作図）

類精神史のどこに位置づけられるのだろうか。もちろんアボリジナルの人びとも外部世界と接触し、影響を受けてきたのは当然だが、彼らの祖先がオーストラリアに渡ったのは非常に古く、かつ彼らの世界観や神話には、ことによると現生人類の出アフリカまでさかのぼる要素が含まれている可能性も否定できない（山田 2016a: 209–211）。よってここでは暫定的に、四つの存在論のうち人類精神史上もっとも早いものとして、トーテミズムをとらえておくことにしたい。

のこるアナロジズムとナチュラリズムについては問題は少ない。後者は近代西洋の世界観であると明言されているし、前者についてデスコラが出している事例は近代以前のいわゆる高文化（文明）から採られたものだ。ひとつ考慮すべきは、アナロジズムの中に供犠という習俗が加えられている点である。別の所で論じたように、供犠というのは牧畜を背景とする文化を元に練り上げられてきた概念であるから（山田 2016c）、これもさしあたっての試みにすぎないことを留保しつつ、牧畜民的世界観をもアナロジズムに帰属させておこう。

ここまでの考察から得られるのが図5–2である。すなわち、デスコラによる存在論シェーマを人類精神史における世界観としてとらえなおすなら、トーテミズムは狩猟採集、アニミズムは狩猟採集・初期農耕、アナロジズムは牧畜・初期高文化、ナチュラリズムは近代西洋へとそれぞれ位置づけられ、その通時的な順序はちょうど逆Z形をえがくこととなる。もとより、これは非常な単純化という犠牲のうえに成り立つ見方であり、デスコラの意図とは離れたものであるかもしれない。そうした批判は承知のうえで、しかし生業形態との連関からこの図式を見なおしてみたのが、この試論である。

フィリップ・デスコラの提出したシェーマは、民族学・人類学の歴史において、きわめて野心的かつ包括的なテーゼであって、その根底にはフランスの学統につらなる思考の範疇論（山田 2010: 46）と、英米の認識人類学に発するタクソノミー論とが、通奏低音のように響いている。「自然と文化の彼方」をめざす彼の行く手には、どんな景色がひろがっているのだろうか。それを推察するひとつの手がかりがある。エドゥアルド・コーンによるエクアドル・ルナ族の民族誌『森は考える＝人間的なるものを超えた人類学』（Kohn 2013）に対する書評「（まだ）あまりに人間的な」だ（Descola 2014）[7]。デスコラは、親しく対話をつづけてきた一九歳年下の人類学者に対し、シンパシーを示しつつも辛辣な批判を浴びせている。

> コーンの汎記号論的アプローチに見られる別の困難は、もし真剣に受け取るならば、それは非人間の生活が実際のところいかにイコンやインデックスの記号を扱っているかの、真の探究を必要とする。ところが我々は、非人間の記号論についてルナ族が言っていると人類学者が言うことに、依拠せねばならない。それは結局、人間と非人間の関係についての伝統的な人類学的説明において、コーンが批判していることから一歩後退しているのである（Descola 2014: 272）。

これは『家なる自然』で人間以外の存在物と親しく交わり、定量・定性ともにゆるがせにしない民族誌を書

［7］ニーチェ『人間的な、あまりに人間的な』を踏まえていよう。

き上げてみせた、デスコラの矜持を込めた提言だろう。いずれにせよ、時代は彼の発言を求めている。環境破壊やアニマル・ライツといった問題に対して、『自然と文化の彼方』ではまだ遠慮がちだった彼が、その後エコロジーに本格的に取り組んでいるのも（本書所収論文「自然は誰のものか」、Descola 2011）、そうした流れと無縁ではあるまい。アニミズム論の帰趨も含め、これからの活動とそれへの評価に注目したい。[8]

文献（Eは英訳、Dは独訳、邦は邦訳を示す）

岩田慶治（1991［1973］）『草木虫魚の人類学――アニミズムの世界』講談社。

ヴィヴェイロス・デ・カストロ、E（2015a［1992］）『インディオの気まぐれな魂』水声社。

――（2015b［2009］）『食人の形而上学――ポスト構造主義的人類学への道』洛北出版。

長谷千代子（2009）「「アニミズム」の語り方――受動的視点からの考察」『宗教研究』三六一：一–二四頁。

山田仁史（2010）「レヴィ＝ストロースと大林太良――神話学における構造と歴史」『比較日本文化研究』一四：三八–五五頁。

――（2015）『首狩の宗教民族学』筑摩書房。

――（2016a）「環太平洋の神話――分布・伝播研究のために」『口承文芸研究』三九：一〇三–一一三頁。

――（2016b）「カニバリズムの内的論理を犀利に分析：インディオたちの「気まぐれさ」を、当事者自身の視点から再検討」『図書新聞』三二四九：三頁。

――（2016c）「供犠と供犠論――動物殺しの言説史」シンジルト・奥野克巳編『動物殺しの民族誌』二四九–二九一頁、昭和堂。

――（近刊）「禁断の肉？――人類学におけるカニバリズムの虚実」野林厚志編『肉食行為の研究』平凡社。

Descola, P. (1986) *La nature domestique. Symbolisme et praxis dans l'écologie des Achuar*. Éditions de la Maison des sciences de l'homme. (E: *In the Society of Nature: A Natural Ecology in Amazonia*. Cambridge University Press, 1994)

―― (2006［1993］) *Les lances du crépuscule. Relations jivaros, Haute-Amazonie*. Plon. (E: *The Spears of Twilight: Life and Death in the Amazon Jungle*. The New Press, 1996; D: *Leben und Sterben in Amazonien. Bei den Jivaro-Indianern*. Suhrkamp, 2011［2000］)

―― (2005) *Par-delà nature et culture*. Éditions Gallimard. (E: *Beyond Nature and Culture*. The University of Chicago Press, 2013; D: *Jenseits von Natur und Kultur*. Suhrkamp, 2013［2011］)

―― (2011) *L'écologie des autres. L'anthropologie et la question de la nature*. Quæ. (E: *The Ecology of Others*. Prickly Paradigm Press, 2013; D: *Die*

Ökologie der Anderen. Die Anthropologie und die Frage der Natur. Matthes & Seitz, 2014)
—— (2014) All too human (still): A comment on Eduardo Kohn's *How forests think*. *Hau: Journal of Ethnographic Theory*, 4(2): 267–273.
Fancello, S. (2010) Animisme. In Azria, R. et Hervieu-Léger, D. (éds.), *Dictionnaire des faits religieux*, pp. 37–40. Presses Universitaires de France.
Karsten, R. (1935) *The Head-Hunters of Western Amazonas: The Life and Culture of the Jibaro Indians of Eastern Ecuador and Peru*. Societas Scientiarum Fennica.
Koch, T. (1900) *Zum Animismus der südamerikanischen Indianer*. E. J. Brill.
Kohn, E. (2013) *How Forests Think: Toward an Anthropology beyond the Human*. University of California Press.（邦：コーン『森は考える―人間的なるものを超えた人類学』亜紀書房、2016)
Kruyt, A. C. (1906) *Het animisme in den Indischen Archipel*. Martinus Nijhoff.
Lévi-Strauss, C. (1955) *Tristes tropiques*. Plon. (E: *Tristes Tropiques*. Penguin Books, 2012［1973］; D: *Traurige Tropen*. Suhrkamp, 1978; 邦：レヴィ＝ストロース『悲しき熱帯』Ⅰ・Ⅱ、中央公論新社、2001［1977］)
Stanner, W. E. H. (1959–63) On Aboriginal Religion. *Oceania*, 30: 108–127, 245–278, 31: 100–120, 233–258, 32: 79–108, 33: 239–273.
Tylor, E. B. (1871) *Primitive Culture: Researches into the Development of Mythology, Philosophy, Religion, Art, and Custom*, 2 Vols. John Murray.（邦［抄訳］：タイラー『原始文化』誠信書房、1962)

［８］言うまでもなく、ある学説が一過性の流行におわるのか、歴史の審判にたえて生きのびるのかは、時をへてみないと分からないことであるし、一度は否定された理論が再評価されることも、その逆もありうる。そうした自戒を込めて、レヴィ＝ストロースが一九三〇年代のサンパウロ大学について記した次の一節を引用しておこう。以前に引いたとき、私はうっかり次の「ファッション」の語を、川田順造訳に従い「流行」としていた（山田 2010: 50）。しかし前後の文脈から、ここでは改めておいた。なお原語は《mode》、独訳でも《Mode》、英訳では《fashion》。

私たちの学生は、何でも知りたがっていた。だが、どの領域であろうと、最も新しい理論だけが彼らにとって学ぶに値しているように見えた。過去の一切の知的饗宴に無頓着で＝第一、彼らは原著を読まなかったから又聞きでしか知らなかったのだが＝、彼らは目新しい料理に対しては、いつも活き活きとした熱意を抱き続けていた。彼らの場合、料理よりはむしろファッションに譬えるべきかも知れない。思想や理論は、彼らの目には、それらがもつ固有の価値を提供するものではなかった。それらのものを、彼らは特権の道具と看做していたのであり、だから初物を手に入れる必要があったのだ。すでに知られてしまったある理論を他の人と分かち合うことは、もう目新しくもない服を着るのに等しかった。そうなれば面目を失うことになるのだ（Lévi-Strauss 1955: 99, D: 96, E: 103, 邦：I–171）。

Viveiros de Castro, E. (1992 [1986]) *From the Enemy's Point of View: Humanity and Divinity in an Amazonian Society*. The University of Chicago Press.

Wilken, G. A. (1912 [1884–85]) Het animisme bij de volken van den Indischen Archipel. In *De verspreide geschriften van Prof. Dr. G. A. Wilken*, blz. 1–287. G. C. T. van Dorp.

Worms, E. und Petri, H. (1968) Australische Eingeborenen-Religionen. In Nevermann, H., Worms, E. A. und Petri, H., *Die Religionen der Südsee und Australiens*, S. 125–329. W. Kohlhammer Verlag.

Zerries, O. (1954) *Wild- und Buschgeister in Südamerika. Eine Untersuchung jägerischer Phänomene im Kulturbild südamerikanischer Indianer*. Franz Steiner Verlag.

— (1961) Die Religionen der Indianervölker Nordamerikas. In Krickeberg, W., Trimborn, H., Müller, W. und Zerries, O., *Die Religionen des alten Amerika*, S. 269–384. W. Kohlhammer Verlag.

— (2005) Lord of the Animals. In Jones, L. (ed.), *Encyclopedia of Religion*, 2nd ed., Vol. 8, pp. 5512–5516. Thomson Gale.

Yamada, H. (2013) The "Master of Animals" Concept of the Ainu. *Cosmos: The Journal of the Traditional Cosmology Society*, 29: 127–140.

第6章　自然と主体性

オギュスタン・ベルク

1　「誰」とはどういうものか

一見して、人類学者デスコラによる「自然は誰のものか」という問いはさすがに人類学的らしい。そこに出ている「誰」は人類に属する存在であるに違いない、なぜなら「誰」といえばかならずある人物のことなのだから。だとすれば、デカルトの『方法序説』に出ているかの有名な表現「自然の主と所有者かのように」から直通に由来する考え方ではないか、とすぐに思わざるを得ない。自然の（持ち）主はある人間主体であるほかはあり得ない、というわけであろう。

ところが、そういう印象は日本語の世界特有の仕業にすぎない。日本語ではたしかに、「だれ」と言えば、必ず人のことであるし、漢字「誰」の成り立ちも人間存在を前提としているのである。と言うのも、その字が人間だけが話す言葉「言」（ごんべん）＋音符「隹」（ふるとり）で出来ていて、その音符もまた人間特有の「古い鳥占《とりうら》の俗を示すもので、誰も不特定のものを推測するとき鳥占の俗を示す字であろう」（字通）。「誰」とは、やはり人間存在の代名詞なのだ。さて、それに反して、原文のフランス語題「À qui appartient la nature? 」に出ている代名詞 qui（誰）は、人間にかぎらず、一般の生物をも、無生物をも代名することができるのである。とすると、「自然は qui のものか」と聞けば、答えも、自然の（持ち）主は、自然自身をも含めて、人間にかぎらず、森羅万象の中のどんなものでもありうるわけだ。題を読み過ぎて、デスコラの論文の内容を読みはじめるとすぐに気が付くように、彼はたしかに、それら多様な可能性を考慮に入れているのである。

とはいえども、論文の結論に提案として出ている universalisme relatif（相対的普遍主義）もやはり森羅万象の人間存在との関係性を基本条件としていて、それは和辻哲郎が『風土』に書いたように、「人間存在の構造契機としての風土性」が人間の主体性を前提としていることとの共通性は明らかであろう。そういう意味では、デスコラの見方は和辻のそれと似ていて、人類学者デスコラは、哲学者和辻と違って風土性というような存在論的な基本概念を提唱してはいないのは事実だが、前者の anthropologie de la nature（自然の人類学）は後者の風土論と似たような存在論を基盤にしていると推測することができるかもしれない。実際、私もかつて『地球と存在の哲学』において試みたように、デスコラも環境倫理の可能性をそういう自然と人間存在の主体性との関係性（つまり風土性）を基盤に設立しようとしているように思われる。

2　二元論の再検討

本章ではしかし、風土性に係る人間存在の主体性よりも一般的な意味で、人間風土においてのそれにはかぎらないような主体性、つまり自然そのものにおける主体性をも考慮に入れたいのである。この問題提起は三〇数年も前から私の研究の通低音であって、それを初めて明確に表現したのはおそらく一九八四年の夏に書いた(あとで『風土の日本』という題をもって和訳された)本において、結論をLa nature, ce sujet ultime(自然という至極の主体)と題したときであったと思う。

日本の風土性を考察したあの本を書くことは、私にとって初めて、自然と人間存在の関係における主体性の問題について、じっくり考えるきっかけになったのである。実際あの時、長年悩んだあげく、『風土』の一行目に出ていて「人間存在の構造契機として」定義された和辻風土論の基本概念である風土性をmédianceという造語に訳すのをようやく決めたし、私の風土論のもうひとつの基本概念であるtrajectionをやはり造語によって表現した。日本語版の段階ではそれをまた造語を以て「通態」と訳した。簡単に言うと、通態は時間的な過程であり、空間的な構造契機である風土性を発生させるのである。後ほどこれをもう少し詳しく述べることにしよう。

以上の問題群を考え始めるきっかけはたしかに日本の風土との出会いであったが、いうまでもなく問題そのものは普遍的なのである。日本風土の特殊性を論じることこそそれを発見し、深める動機であった。西洋古典近代範例の二元論を再検討し、その二本の神聖柱、一方は客体的な機械としてのnatureであり、もう一方は超越的なcogito(近代主体の「我思う、ゆえに我有り」という自己創立)である主客の絶対的な区別の抽象性に不満を覚え、それに代わって風土論の立場で自然と主体性の関係の再構築にかかり始めたわけであった。

したがって、そういう再構築には二つの道があった。一つは、「自然」の再検討である。自然は主体の自然環境でありながら、而して同時に主体の主体性そのものの中に働くのであって、それを両断することができない。もう一つは、「主体」の再検討であった。主体は自己同一性をもちながら、而して風土の中に「自己発見」

（和辻の「自己発見性」やハイデガーの Dasein から習った事実）していて、その主体性の場は絶対にその体の局所性（topicité）に限界づけることができない。やはり風土にもある風、ある程度に発散しているはずだ。さらに自然も生きているかぎり、機械と違ってある種、ある程度の主体性をもたねばならないのであった。

3　“Sujet”の多義性と危うさ

ギリシャ語 hupokeimenon（下に横たわるもの、基底という意）の訳語であったラテン語の subjectum から由来する欧州の主な言語における sujet・Subjekt・subject……という言葉はきわめて多義的で、一見して矛盾だらけの用語であって、明治になってそれを日本語に訳すには大変な苦労があった。その結果として、現代日本語においてたったひとつの単語である sujet に相当する用語はいくつもあり、その中に一見して無関係で、場合によって相反するのもある：主語、主体、主観、主題、問題、理由、対象、患者、臣下などはすべてあの唯一の単語に相当し、そこで一番不思議なのは、論理学者にとっての sujet（主語）とは、物理学者にとっての objet（対象または客体）にほかならないということだ。なぜかというと、両者にとっての主題（sujet）であるからだ。

それだけではない。西洋との接触以前、日本語にはそれに相当する用語がなかったわけで、言語学者が明らかにしたように（たとえば、『近代日本語の思想』において「主語は翻訳で作られた」と柳父章が書いたように）、今は頻繁に使われているあの主語、主体などという言葉が表す概念は結局、すべて明治時代の舶来品であって、最近になってもそれに反発し、「日本語は主語がいらない」とかいう論文が出てくるほどの論争が続く。たしかに、欧州の主な言語において発生して西洋思想・文明の基本条件となった文法的三項構造 S-V-O（主語-

動詞‐目的語）と論理的二項構造S‐P（主語‐述語）がそのまま日本語には合わないのは事実だ。たとえば、フランス語には絶対ありえない構造で、かの有名な例「象は鼻が長い」のように一見して二つの主語をもった文章は、日本語にはいくらでもある。たしかにここで「は」と「が」が示すように、名詞「象」（題）と「鼻」（主語）の文法的な機能は実は違うが、それでもやはり、そういう構造は欧州の主な言語においては、少なくとも正常な場合にはないのである。

中国語の構造もまた日本語のそれとは根本的に違うにもかかわらず、「象は鼻が長い」のような文章、たとえば「那個人嘴大大的」（あの人は口が大きい）のような例は普通である。中国語には「は」と「が」がないので、中国の文法学者はそういう構造を気軽に、「主謂謂語句」（主語述語文章）と呼んでいる。主語は述語に、述語は主語に逆転するのであって、そういうことは欧州では言語文法においてだけではなく、論理そのものにおいて絶対に認め得ない事実が、日本語では「は」と「が」を交換さえすればごく簡単にできるのである。たとえば、「私はベルクです」を「私がベルクです」に変えれば、構造は一見して変わらないが、じつは主語と述語の関係が逆転し、意味は「ベルクは私です」になるのであって、S（主語）はP（述語）に、PもSに逆転したわけだ。

さて、以上の課題は専門家（言語学者、論理学者）同士のただの理屈っぽい清談に見えるかもしれないが、じつはそうではない。現代文明の源泉、したがってanthropocène（人類世）の主な要素であった西洋思想の歴史において、論理上の主語（sujet）と述語（prédicat）の構造契機は、存在論上の本質（substance）と偶有（accident）の構造契機に相当するのであって、以上のような「逆転」は存在や自己同一性に関してはきわめて重要な意味をもっているだけではなく、我々が今置かれている人類世の危機を乗り越えるためには、そういう構造契機を再検討するのは至急の義務でもあるのである。

4　「自然」は nature であったのか

現代日本語においては「自然」(しぜん)という用語が原則として(少なくとも科学にとって)西洋古典近代範例によって主体に相反し客体化、機械化された対象 nature に相当するはずだが、それもやはり明治の翻訳思想の結果にすぎず、「自然《じねん》」とは本来、道教のかの有名な表現「人法地、地法天、天法道、道法自然」(『老子』第二十五章)が示すように、人間は大地に法り、大地は天に法り、天は道に法り、道はおのずからしかりにのっとるのであって、いいかえれば道はそれ自身のごとくそうであるのである。ここでの「自然」とは、現代文法でいう名詞よりも、むしろ副詞に近いわけで、伝統的な訓読み「おのずからしかり」がそれをうまく訳したといえる。

こういうような「おのずからしかり」は案外に、聖書(『出エジプト記』3、14)に出ているヤーヴェのホレブ山の山頂でのモーゼへの返事「ehyeh ascher ehyeh」(わたしは有って有る者)を思わせるが、じつは根本的に違う。というのも、一神教のヤーヴェが森羅万象を絶対的に超越するのに対し、道教における道のおのずからしかることは森羅万象に内在的であり、森羅万象の自然《じねん》、自然の至極の主体性そのものである。

ところが、近代主体の自己創立を表現したかの「我思う、ゆえに我有り」は、思＝有という同一化を設定し、結局ホレブ山の山頂で発言されたかの「わたしは有って有る者」に相当するのである。われは有って有る者だというわけであって、私はそれを「ホレブ山の原理」と呼んでいる。なぜかというと、件の「者」(近代主体)の主体性は客体化された森羅万象(近代自然)の機械性を絶対的に超越するからである。『方法序説』に書いてあるように、「私はそこで知った、自分は存在するために何の場所もいらず、何の物体にもよらない実体であり、その本質または性質はただ思うことである、と」("Je connus de là que j' étais une substance dont toute l'essence ou la nature n'est que de penser, et qui, pour être, n'a besoin d'aucun lieu, ni ne dépend d'aucune chose matérielle", *Discours de la méthode*, Flammarion, 2008［1637］, p. 38).

二元論とか、機械論とか、功利主義とか、唯名論などと呼ばれても、近代科学、したがって現代世界を支配しているのはこのホレブ山の原理に他ならない。言うまでもなく、その根拠は神秘的であり、合理的な推論の結果ではない。主体性を絶対化し、それを人間主体の独占的な属性にすることが、合理的、科学的に証明された理由はいささかもない。むしろ科学が毎日のように明らかにしてきたように、人間以外の生物にもある種、ある程度の主体性はある。また、物理学においても、W・K・ハイゼンベルクがはっきり表明したように、古典近代科学と違って、現代科学は自然をただの対象にせず、自然との関係そのものをも対象にするようになったと言える。そういう態度は原理として、風土論やデスコラの相対的普遍主義の態度に相当するのである。

にもかかわらず、十戒に決められた法のごとく、科学による自然の機械化が相変わらず進んでいるのである。そのいい例として、学界による今西錦司の自然学の村八分化に言及しよう。

5　自然の主体性の外閉

数年前に、『進化論はなぜ哲学の問題になるのか』という題の本（松本俊吉編著、勁草書房、二〇一〇年）をある本屋で見つけて、すぐに買った。興味深い問題なのだから。今はこの本をウェブで探せば、次のように紹介されている。「生物学の哲学では、既存の人文系、哲学系という枠を超えて議論が繰り広げられている。本書は、日本における生物学の哲学の中心的研究者たち九人が進化論を軸に、科学哲学、システム理論、数学、心理学、歴史学、倫理学などさまざまな分野と接点をもって、バラエティある話題を展開。原理的な問題から個別的な問題へと読者を誘う」。魅力的な課題に違いない。だが、この本を読んでみても、索引を調べてみても、二〇世紀後半に大いに討論された今西進化論は一回も出てこない。これはまず、哲学一般の立場としておかしい。なぜならば、今西進化論が間違っていたかどうか、間違ったとすれば、何を標準にして間違っていたと判断できるかなど、優れて哲学的、認識論的、存在論的、方法論的な問題である。しかしそうではなく、件の「生物学の哲学の中心的研究者たち九人」がやっているのは、ただ今西進化論を問題提起から外閉（forclore, lock out）したにすぎない。意識の「外」に排除して、意識の門を「閉」じたというわけだ。典型的な村八分にほかならない。

　では、村八分にされるほどには、今西進化論がどのような掟《おきて》を破ったのであろうか。それは、今西の晩年の本『主体性の進化論』（中公新書、一九八〇年）の題だけを見ればすぐに分かる。つまり彼は、機械であるはずの自然に主体性を与えようとして、古典近代範例の二本の神聖柱を同時に倒そうとしたのである。案の定、「生物学の哲学」の村から外閉されてしまったのである。

　ただ、件の村は一種の蛙の井にすぎず、本当の意味での科学哲学の立場では、見通しが違う。たとえば、『科学』の二〇〇三年一二月号において、「自然《じねん》科学者の誕生」という題で、河合隼雄が今西自然観の基本的な性質を考察し、今西が研究しようとしたのは近代自然《しぜん》に代わって、おのずからしかる自然《じねん》であったと判断する。「今西は自然《じねん》の現象について語っているのだ、存在のオノズカラシカル変化の力に、進化の姿を見ようとしている」（一頁）。その判断に止まらず、河合は結論として、現代流の自然科学が我々の存在そのものを脅かすようになってきた、地球規模の環境危機をもたらした制度の本質的な一面であるから、今西錦司が探検した「じねん学」

の意味での「自然学」の可能性を本格的に探らなければならないと断定する。同感だ。機械としての自然から我々の主体的存在を抽象してきたあまり、古典近代範例風の科学は結局、この地球上から人間存在を本格的に削除し、しまいには事実上不可能にする危険性を帯びた制度をどんどん築き続けている。それを根本的に再検討し、超克しなければならないのである。とはいえ、今西自然学は本当にそういう超克の道を歩んだのであろうか。

6　赤ん坊は本当に「立つべくして立った」のか

周知のように、正統進化論においては、個体（今は遺伝子）を単位にした統計学的な合計（population）を量り、自然淘汰によるその比率の変化によって生物は進化する、と考えられている。いうまでもなく、そこには何の主体性も働かず、偶然（突然変異）と必然（統計法）に支配されるただの機械的な過程である。さて、今西はそういう機械性を否定し、生物に主体性を認め、それをいくつかの水準（個、種、全）で考慮した。それは自然の無主体性という西洋古典近代範例の一つの掟に違反しただけではなく、プラトンとアリストテレスの対立に溯り、中世の普遍論争 querelle des universaux やE・デュルケームとH・スペンサーの対立を経てマーガレット・サッチャー元首相の「名」発言「There is no such thing as society」に至るいわゆる実念論者 réalistes（類の実在を認める派）と唯名論者 nominalistes（個の実在しか認めない派）の対立に無意識的に引き込まれた。今西の基本的な概念である「種社会」や「生物全体社会」は近現代になって（とくにアングロサクソン圏において）優勢を取った後者の支配に真っ正面から挑んだので、もう一つの神聖な掟を冒涜したのである。今西への罰として、彼の間違いを認めさせ悔悟させるためかのように、英国からサッチャー級の唯名論者B・ホルステッド（Beverly Holstead）という地質学者がわざわざ来京し、数週間の短い滞在の間、今西進化論をくつがえす本まで書いた（『今西進化論の旅』、築地書館、1988年）。原文 *Kinji Imanishi: the view from the mountain top* は未刊だが、著者はその内容を *Nature* 317, 17 oct. 1985, pp. 587–589 に要約した。

四半世紀が経った後、著名な霊長類学者フランス・ドゥ＝ヴァール（Frans de Waal）がホルステッドのずうずうしい態度はすこぶる colonial attitude であったときびしく批判したのは驚くこともない（*The Ape and the Sushi Master*, Basic Books, 2001, p. 111）。だがしかし、ドゥ＝ヴァールも、今西の霊長類学における enormous accomplishments や paradigm shift（p. 119）を誉めながら、今西進化論の中心説である（個体の自然淘汰に対して）種全体の同時変化については、難解な考え（murky ideas, p. 115）であると、控えめにしか評価しない。じつは、今西自身、その説を積極的に証明しようとしたとはいいがたい。晩年の『主体性の進化論』において結局、そういう共動変化を合理的に証明しようとするのを諦めて、赤ん坊が「立つべくして立った」と同じように、進化も「変わるべくして変った」としかいわないのである。どうしてこのような「べく」になったかというと、進化を機械としてではなく、「コース」として観ているからだ、としか説明してくれない（p. 202, 204）。

これだけの弁明だと、今西進化論が学会から無視されてしまったのが分からないでもない。あの「コース」はあまりにも非科学的、神秘的な目的論に似ているからだ。しかし、問題はそこに止まらない。今西進化論の「コース」は一種の目的論に似ているとはいえ、それを彼の自然学全体における主体性の問題提起の枠の中で考えれば、そう簡単に外閉することはできない。

7　「べく」を環世界学の立場で再考する

現代日本語においては、「べく」（「べし」の連用形）という助動詞は決意・意志と、義務・当然の意を表す。前者も後者も主体性を前提とする項である。というのも、義務を感じ、意志を持ち、当然と思い、決意する存在はかならず一主体でなければばならない。実際に、主体性の問題は今西の自然学を早い段階から最後まで貫いている。『生物の世界』（一九四一年）においてすでに、正統進化論の考えるような自然淘汰による環境から生物への一方的な影響または規定を認めないで（今西はそれを「主体の環境化」と呼ぶ）、彼はむしろ、主体の環境化は環境の主体化でもあり、環境の主体化は主体の環境化でもあると主張し続けたのである。

こういう考え方はユクスキュル（Jakob von Uexküll, 1864–1944）の環世界学 Umweltlehre の立場に非常に近いが、私が読んだ今西（一九〇二―一九九二）の論文にかぎれば、彼は一回もユクスキュルとその環世界学を参照しないのである。また、環世界学とすっかり同じ前提（ただし、人間にかぎる）をもつ和辻（1889–1960）の風土論にも言及しない。ともかく、今西自然学も、環世界学も、風土論も、個であれ、社会や種や生物全体社会であれ、まず存在者の主体性を前提に置き、その主体にとっての現実を環境一般（ユクスキュルのいう Umgebung、和辻のいう「自然環境」）に還元することができないことを明らかにした。主体との特殊な関係において、環境一般から特殊な環世界（和辻の場合は風土）が生まれるわけだ。「生活の場」とかのようなはっきりしない表現にとどまって、今西は環世界や風土というような本格的な概念を使わないが、彼の「主体化された環境」がそれに明らかに相当するのである。だとすれば、和辻が定義した「人間存在の構造契機としての風土性」、あるいはもっと一般的に言えば「生物存在の構造契機としての環世界性」（médiance）という基本存在論的な概念は、今西自然学にも当たるはずだ。ここでの「構造契機」とは、ドイツ語の Strukturmoment の訳語であって、力学から派生した概念である。普通の意味では「きっかけ」、「動機」との同義語であるが、哲学においては、「ものを成りたたせる」という意味になる。というのは、存在の構造契機としての「環世界性」とは、主体とその環世界との動的な関係であって、その両項をある方向へ動かし、ある風に変化させるわけだ。言いかえれば、存在者をある趣のように、ある方向に進化させるのだ。そう見ればこの趣とは、今西進化論の「べく」に相当するはずだ。

さて、この抽象的な原理を、まず二足歩行を具体的な例として調べてみよう。以下の論証は、この問題を専攻にしているC・タルディウ（Christine Tardieu）の著書『我々はどうやって二足歩行者になるのか』（*Comment nous sommes devenus bipèdes*, Odile Jacob, 2012）による。案外に、二足歩行は人間のゲノムに記入されていず、決定されていない。だから、偶然に動物（たとえば狼）に育てられたと言われた人間の子、いわゆる「狼少年」は何例か報告されているが、彼らの多くは成長してもいつまでも四足歩行の状態のまま、動物のように動き続けるのである。二足歩行者になるためには、やはり人間的な環世界（家族、世間）が必要である。赤ん坊は大人を真似て、大人に励まされて初めて立つのではない。そういう場面のフイルムを何本も撮って、分析したタルディウは妙なことに気が付いた。赤ん坊が立つ瞬間、周りの人びとの顔をちらりと横目で見る。まるで彼らの意見や称賛を乞うかのように。

そういう資料を環世界学の立場で解釈すると、人間の子が立つためには、「人間」（人・間、じんかん）という特殊な間柄が必要である。それだけではない。和辻が『人間の学としての倫理学』において明らかにしたように、その間柄とは、倫理学の可能性そのものを建立する基本的な条件でもある。とすると、赤ん坊を立たせる動機は、倫理感やその主な要素である義務感の芽生えではないかと思われるようになる。さて、以上見たように、そういう義務や当然を表す言葉に相当するのは、今西の言う「べく」ではないか。やはり、抽象的な「自然環境」においてではなく、具体的な人間《じんかん》においては、赤ん坊は立つべくして立つのである。

だとしても、その「べく」の範囲は、人生にかぎるのではなかろうか。進化という現象の規模になると、事情が違うはずではなかろうか。

8　「コース」を環世界学の立場で再考する

「主体性」を「主観性」と間違えてはいけない。「観」は知覚（視覚と意識）、つまりものをどういう風に見るかという話に留まるが、「体」は肉体全体であって、知覚だけではなく、からだの行動や作用をも含むのである。ユクスキュルのいうFunktionkreis（機能環）においては、動物の知覚範囲と作用範囲は相働き、相起こしているのである。私流の環世界学においては、そういう想起を通態（trajection）と呼び、環世界性・風土性という存在の構造契機を産む過程とみる。自然環境一般（Umgebung）を土台または資源に、特殊な主体の身体性とその特殊な環世界（Umwelt）の両項の現実を同時に産む創造的な過程である。いうまでもなく、その過程の創造性はやはり、主体としての生物（人間を含む）の主体性を前提としているのである。

この通態という相起こし（co-suscitation）は、ただの主観性の投影ではなく、新しい実体としての主体とその環世界を同時に産み続ける。たとえば、人類学者アンドレ・ルロワ＝グーラン（André Leroi-Gourhan, 1911–1986）の解釈（*Le Geste et la parole*, 1964）によると、人類の出現（ヒト化）は三重の過程であって、それにおいては同時に技術体系による環境の人工化（anthropisation）と、象徴体系による環境の人間化（humanisation）と、その帰還作用（フィードバック）によってヒト化（hominisation）が起こった。それは明らかに、今西が主張した環境の主体化、主体の環境化という過程に相当するのである。

時間尺度を変えて、同じような過程が進化全体において働かなかったはずがない。すべての生物はその特殊な機能環をもち、主体的にそれに働きかけ、帰還作用的に働きかけられるのである。いうまでもなく、そういう見方は根本的、存在論的に自然淘汰という決定論と違う。自然淘汰においては、まず環境一般があって、生物はそれに適応しなければならない。そこに何の主体的な創造性がなく、ただの機械的な、統計学的な淘汰しかない。だからじつは、正統進化論は進化の創造性（つまり新種の出現）を説明することができず、ただ種の安定性を可能にするだけだという批判（今西によるそれだけにかぎらない）が前から続いているのである。再生産だけではなく、創造性があるかぎり、ある種、ある程度の主体性がなければならないというわけだ。

とはいえ、機械的ではなく、創造的な進化があったにしても、それにおいては、種が「変わるべくして変る」ほど、言い換えればその「コース」を決めるほどの主体性をもっていたのだろうか。

じつは、我々がホレブ山の原理の狂信者ではないかぎり、そういう可能性を探らなければならない。なぜかというと、もし進化はただの偶然（突然変異）の結果だったとしたら、タンパク質の可能な組み合わせの数（およそ10の130乗）を考慮に入れれば、元状態の生物を作るためには、宇宙の年齢をはるか（いわば無限）に超える時間がかかったはずであるからである。とすると、かならずある種のコースがあったはずなのだ。この数学的な必然性の神秘的な解釈（たとえばかの「知性ある何か」intelligent design の仮定）を排除するならば、生命全体の各水準（個、種、全）において、自分のコースをある風、ある程度に決めるほどの主体性を前提としなければならない。

さて、「コース」といえば、かならずしも目的によって決められているのではない。かならずしも目的論の神秘性を必要としない。ただ顧みて、主体が自分の足跡を見れば――歴史世界において「自己発見」さえすれば――、そこにある方向性、ある趣が自然に、おのずからしかり発生するはずだ。まるでマチャードのあの有名な詩のように、Caminante, no hay camino (...) Caminante, son tus huellas / El camino y nada más（旅人よ、道がない……旅人よ、道とは君の足跡にすぎない）、生命やそれを肉体化する生物皆が生きているかぎり、自己存在意識、つまり主体性をもたなければならないのである。そうでなければ、自己と環境とを区別し、その区別を保つことが出来ず、環境に解散され死ぬしかない。それで、その自己意識をもつためには、自存在の記憶が必要である。その記憶を今はゲノムと呼んでいるのだが、原理には変わりがない。その原理とは、主体性にほかならない。言うまでもなく、バクテリアの主体性はデカルトのコギトのそれほど発達してはいないが、その原理には変わりがない。それを「マチャードの原理」と呼んだら、すぐに分かる。訳してみればこうなる。「生物よ、コースがない……生物よ、コースは君の歩んだ道（進化）そのものであって、おのずからしかりに法ったにすぎない」。

文献

今西錦司（1972）『生物の世界』講談社文庫、講談社。

今西錦司（1980）『主体性の進化論』中公新書、中央公論新社。

今西錦司（2014）『岐路に立つ自然と人類』やまかわうみ別冊、アーツアンドクラフツ。

河合集雄（2003）「自然（じねん）科学者の誕生」『科学』七三（一二）：巻頭言。

デカルト、R（2003）『方法序説』小場瀬卓訳、角川ソフィア文庫、角川書店。

デュルケーム、E（2005）『社会分業論』田原音和訳、青木書店。

ハイゼンバーク、W（1965）『現代物理学の自然増』尾崎辰之助訳、みすず書房。

ハイデッガー、M（2013）『存在と時間』熊野純彦訳、岩波書店。

ベルク、Ａ（1992）『風土の日本　自然と文化の通態』篠田勝英訳、筑摩学芸文庫、筑摩書房。

――（1996）『地球と存在の哲学』篠田勝英訳、筑摩新書、筑摩書房。

――（2002）『風土学序説』中山元訳、筑摩書房。

ホルステッド、Ｂ（1998）『今西進化論の旅』中山照子訳・櫻町翠軒監修、築地書店。

松本俊吉編著（2010）『進化論はなぜ哲学の問題になるのか』勁草書房。

柳父章（2004）『近代日本語の思想』法政大学出版局。

山内志郎（1992）『普遍論―近代の源流として』哲学書店。

ユクスキュル、Ｊ・フォン（2005）『生物から見た世界』日高敏隆・羽田節子訳、岩波書店。

ルロワ＝グーラン、Ａ（1978）『身振りと言葉』荒木亨訳、新潮社。

老子（2008）『老子』蜂屋邦夫訳注、岩波文庫、岩波書店。

和辻哲郎（1979）『風土　人間学的考察』岩波文庫、岩波書店。

第Ⅳ部　自然は境界を超えるか

可視化された形象の世界から、果たして新たな世界観が産み出されるだろうか。これには、自然界の現象や物体がいかにイメージ化されるかの精緻な解析が必須であろう。仮面舞踏や絵画芸術の世界では、想像と幻想が錯綜し、自然は容易に境界を超えて、新たな形象を産みだす。そのダイナミズムから人文学と芸術の接点を描き、新しい世界像への道標を模索する。

Ⅳ　形象化のアトリエ[1]

フィリップ・デスコラ

この講演のために選んだテーマに私が取り組み出してから、一年と少しが過ぎたばかりです。そこで、こうして皆さんの前でお話する機会を利用して、「イメージ化の文化的形態」について、ごく断片的な考察に過ぎませんが、試しにお話しさせて頂くことになると思います。

私の研究はまだ萌芽的段階にあるに過ぎないため、まず、おもに芸術人類学、美術史、そして哲学的美学の研究領域に照らして、「形象化の人類学」(anthropologie de la figuration)とでも呼べるものの方法と領域とを明確にしておきます。形象化とは、ここでは、製作、改造、装飾、展示などの行為を経て、何らかの物質的な対象に、社会的に定義された作用因(英語の agency)が、誰の目にも分かる方法で付与される普遍的な操作、という意味で用いています。いま挙げたような製作その他もろもろの行為は、現実または空想上の原型(プロトタイプ)をアイコン(類像)として想起させるような潜在力をそこに付与しようとするものですが、それを付与されたモノはまた、直接の模倣による類似もしくは他の直接・間接に理解可能なは

[1] 二〇〇六年一〇月五日にラヴァル大学でおこなわれた講演。原題は「イメージの製造所」である。

たらきを通じて、インデックス（指標）として（その意図性を代理するというかたちで）その原型を指示することにもなるのです。

一部の論者（Bakewell 1998; Freedberg 1989; Gell 1998; Schaeffer 1996）は、芸術作品にアプローチする最善の方法とは、それらに込められた意味や美の基準に応じてではなく、むしろそれらを、効果的に世界に影響を与える作用の媒体（agents）と見なして扱うことである、という意図主義的観点を展開しています。ここでは、この観点を取りつつも、私はそれらの論者とは一線を画する試みを目指します。というのも、芸術の領域は、それに内在的な知覚的または象徴的な特性のみに基づいて、歴史や文化を横断的に通覧して特定化することは不可能だからです。この限りにおいて、私は芸術をそうした対象とは考えてはいません。

私は、形象化という操作に着目して次のことを強調したいと考えています。すなわち、自律的な社会的効果を与えることのできる多くの非人間な対象物 ── たとえば、供犠の犠牲、貨幣、呪物、憲法典など ── の中で、私は、アイコンの性格をもつものに絞って取り上げたいと考えています。というのも、そうすることによって、芸術作品の属性を正確に定義するさいに陥りかねない困難を避けることが少なくともできるからです。この点に関して、C・S・パース（Charles Sanders Peirce）がアイコンに与えている意味について明確にしておきましょう。アイコンは対象となるものの単なる類似物でも、写実的表象でもありません。アイコンとは、対象と同じ性質、あるいはもろもろの性質の配置状態について記号を媒介として示すことにより、視《み》る者にそれが指示する原型を識別可能にする、ということを指しているのです。

人類学的に形象化の問題を扱うことは、芸術人類学と同じ作業を指すのではありません。というのも、芸術人類学という分野の主な目的は、西洋人により美的価値を付与された非西洋的な物品の製造や使用の社会的・文化的コンテクストを再構成することにあるためです。そうすることによって、美術館の伝統的な収蔵品の美的鑑賞に用いられるのと同じ基準、すなわち、カテゴリー区分、時代区分、機能、様式、制作品質、稀少性、象徴的意味などを元にして、それらの意味が民族学博物館を訪れる人びとに理解できるようにしているのです。

ところで、非ヨーロッパ文明における美の観念や、西洋人が美的価値を見出す類《たぐい》の工芸品の製作、使用、受容の条件についての研究が次から次に増えることはたしかに意義深いことでしょう。しかし、この種の仕事は本来の意味で人類学的なものと定義することはできません。なぜなら、とりわけその損失が惜しまれるA・ジェルの研究のようなきわめて数少ない例外を除き、そうした仕事はいかなる人類学的理論にも基づいておらず、その目的も、理論を生むことにあるのではないからです。こうした仕事は、人類学ではなく美術史と似通った領域のもので、むしろ美術民族学とでも呼ぶにふさわしいでしょう。というのも、美術史が西洋美術の作品を対象とするのに対して、美術民族学は、それらの作品と似た雰囲気をもった、現代の非西洋文化に由来する工芸品を対象とするからです。

形象の領域と取り組むことは、なかんずく私が最近の著書（二〇〇五年）で展開した人類学理論をテストする機会ともなります。その理論で主張したのは、個人や集団が世界を経験するさまざまな仕方が、いくつかの限られた同定様式（mode d'identification）に還元され得るという点です。これらの様式はそれぞれ、存在するものに、あれこれのタイプの行為を可能にするいくつかの能力を与えたり与えなかったりするさまざまなやり方に対応しているのです。人間なら誰でも身体性と内面性のあることを了解していますが、それらに類似するもしくは異なる性格を人間以外の存在に付与する方法は多種多様です。

それによると、同定様式は四つの存在論の公式に分けることができます。まず、存在物のほとんどが類似した内面性をもちつつも、その身体性によって区別されるのが「アニミズム」で、アマゾニア、北米北部、シベリア、東南アジアおよびメラネシアの一部の地域に見られます。次に、人間のみが特権的に内面性を有していながらも、その物質的特徴によって、非人間全体が構成する「連続体」(continuum)に人間もまた属しているとする「自然主義」で、古典主義時代以降のヨーロッパがそれに相当します。次に、一部の人間と非人間が、ある集団内で一つの原型に由来する同一の身体的および精神的特徴を共有しているが、同タイプの他の集団との間は画然と区別されているのが「トーテミズム」で、オーストラリアのアボリジニが代表的な例です。最後に、世界のすべての要素は存在論的に異なっているがゆえに、それら相互の間に定常的な相関関係を見出そうとするのが「類推主義」で、中国、ルネサンス期ヨーロッパ、アフリカ西部、アンデス地方、メソアメリカなどに見られます。

私はこれで次のことを示せたと思っています。第一に、これらの同定様式はそれぞれ集合的な領域を形成し、それによって区別される存在物は、共通の運命をもつ集合体として具現されます。したがって、それぞれの存在様式(オントロジー)は、固有の社会学を生み出すことになるのです。第二に、それぞれの様式で見られる存在論的区分は、主体の定義および属性に影響をおよぼします。つまり、解決すべき諸問題に適した認識論と行動理論が生み出されるわけです。

これで、四つの類型がイメージの創生におよぼす効果を検討することができるわけです。形象化とは普遍的な性向ですが、そこで可視化される存在のタイプ、そこに付与される作用因のタイプ、そしてそれらを可視化するため仲介となる方法、これらすべては原則的に異なるはずです。なぜなら、前記の四つのオントロジーは、形象化可能なモノについてそれぞれ異なった特徴を明確に打ち出しており、形象化の様式も独自なものとなるからです。結局のところ、それぞれのオントロジーには、それに固有のイコノロジー〔図像理論〕が対応しているということを明らかにしなくてはなりません。

ところで、形象化の様式（modes de figuration）とは、美術史における様式（styles）としてではなく、むしろオントロジーが「形態化された」（morphologisées）ものとして理解しなくてはなりません。つまりは、ある社会的作用因を帯びたイメージの一般的形態〔＝様式〕ではなく、ある特定のオントロジーと結びついた形態のもつ作用因のタイプを予測することが可能になるからです。私の考える「形象化の人類学」が、A・ジェルにより展開された「アート・ネクサス〔芸術要素の連結様式〕」（art nexus）の理論（一九九八年）と異なるのは、この点においてなのです。ジェルが提案する理論では、「インデックス（指標）、原型（プロトタイプ）、芸術家〔または製作者〕、受取り手（destinataire）」という、芸術活動の四つの要素間におけるさまざまな関係を想定し、それらを四要素間の生成論的組み合せにおいて分類するシンプルなメカニズムが骨子となっています。これらの諸関係は、意図性を付与されたモノをめぐって展開するのですが、これらのモノは形態的特徴によってではなく、モノが媒介する作用因の代理の仕方によって定義されます。ジェルの理論は西洋美学におけるヨーロッパ中心主義的なイコノロジーの基準から我々を解放してくれる方法であり、それはとてつもないメリットなのです。

しかし、ジェルの連結様式は、形象化パターンの比較文法を作成するためにはほとんど貢献しません。というのも、ジェルにとって、モノのもつ意図性という次元は、モノをめぐる諸関係の機能全体であるわけです。つまり、「アート・ネクサス」の理論では、ある特定の意図性を代弁するモノの表現に最も適した形態的特徴についてや、伝播によらないのに特定の様式が集中することを機能面以外から説明する要因について語ることもないのです。もっとも、マルケサス諸島のコーパス分析におけるように、ジェルが局所的なイコノロジーの一貫性の説明に取り組んださい、作用因の具象化と代弁のメカニズムに言及したのは、次の場合においてのみでした。すなわち、芸術品とは、社会的動機の産物であるがゆえに社会的作用因なのである、というきわめて一般的な原則に基づいて、様式コードと社会構造との間の対応関係を正当化しようとした場合のみなのです。

四つの同定様式に対応した固有の形象化様式の特徴を論じる前に、この種の試みから生じるもろもろの困難を検討しておく必要があるでしょう。最初に取り組むべきは、形象化パターンにおける相違や類似が、どのレベルで有意なものとなるのかという問題です。時間や空間を隔てた複数の文明における形象化の技術を相互に見ると、単に形態的類似性があったとしても、それだけではオントロジーの同一性を導くには不十分です。このことを二つの例によって説明しましょう。

一つ目は「スプリット・リプリゼンテーション」（F・ボアズ）、あるいは「二重化された表象」（C・レヴィ＝ストロース）の例です。これは「分割画法」とでも呼ぶのがふさわしいもので、人間または動物の姿の横や、場合によっては上に、原型の側面や正面をくっつけて描くものです。いま一つは、「エックス線画法」であり、さまざまな手法で生物の内部構造を、あるとき、またはつねに暴露するというものです。「分割画法」は、北米、古代中国、メラネシアにおいて見られます。したがってこれは、その分布から見て伝播の産物ではあり得ません。またそれは、これらの三つの地域が同じ存在論的領域に属していることのインデックス（徴候）でもありません。ボアズがすでにカナダ北西沿岸の芸術について見たように、姿・形が展開されて平らにされていることから、単に三次元の物体表象を二次元の表面に拡張する問題を解くのと同じやり方を示しているだけです。

「エックス線画法」についても同じです。北西海岸の折畳み式仮面、中世の開閉式聖母、フィレンツェの解剖学用マネキン、あるいは、動物の骨格を描いたオーストラリア北部アボリジニのいくつかの絵は、それぞれが、身体という被覆の中身を表象するという試みに対する似通った解答となっています。しかしこれらのさまざまなモノが、共通の存在論的特徴を明らかにしているインデックスであると考えることはできないでしょう。

逆に、形象化パターンにおいてはるかに特徴的なのは、これらの技術がその使命として形象化している諸特質のほうです。たとえばエックス線画法の場合においては、北西沿岸またはユピック・エスキモーの折畳み式動物仮面が表現しているのは、ほとんどの場合、人間の顔、すなわち、動物の身体に宿った人間の内面性です。これはアニミズム存在論の典型的な方式です（Boas 1995 [1927]; Fienup-Riordana 1996）。一方、アーネムランドの絵画に描かれるトーテム動物は、親類に分け与えることになっている肉の部位を示す点線によってあらかじめ区分けされています。それゆえ、トーテム原型の解剖学的構造と一致するかたちで、社会形態の内部構造が明らかにされているわけです（Taylor 1996）。つまり、同一の形象化技術が、ここでは二つの異なるオントロジー世界において用いられており、それによってまったく異なる特性が表出されているのです。

二つ目の問題は、地球上の非常に離れた地域で同じ形やモチーフが見られる場合に、どこまでそれを「借用」によると説明できるか、という点です。こうした問題においては、伝播があり得ないくらい充分にへだたった文明における形態類似のケースのみを取り上げること、しかも、あらかじめ伝播説を排除できるような歴史的徴候（indices historiques）を確認しておくのが良い方法でしょう。このことは、分析を試みようとするイメージについて、信頼に足る情報を有しているということが前提となります。というのも、形象化パターンとは、ある特定のオントロジーにおいて特徴的な諸存在の何らかの特性を、イメージにおいて個別化してやることによって、はっきり識別可能な仕方で可視化するという目的のために用いられる、手段の全体を指すからです。

こうしたイメージは、それが明らかにしているように見えるその作用因によって、他の存在者に対してそれぞれ独特の方式で働きかけることになるでしょう（たとえば、前述の二つの例に戻ると、アニミズム世界において動物に付与される人間型の内面性や、トーテミズム世界における社会的形態と身体的形態の一致などがそうです）。ところで、それを明らかにするためには、イメージの類像（アイコン）的かつ指標（インデックス）的な次元、すなわち、それらの指示対象の性質や、それらに付与される作用因の種類に関する、民族誌的あるいは歴史的なデータを得ることができなくてはなりません。こうした準備は、イメージの人類学的分析にありがちな二つの欠点である、時代錯誤的な回顧や、心理的原型の援用を避けようとする場合に重要となってきます。前者の欠点が顕著に示されるのは、旧石器時代の洞窟芸術を、同時代のシャーマニズムとの根拠に乏しい類推に基づいて思弁的に解釈しようとするときです。なぜならこの操作は、（洞窟の画家たちがおこなおうとしていたことについての）「無知」を（シャーマニズムの真の性質についての）「思い込み」で解消しようとするものだからです。シャーマニズムの実践の定義については諸説あるものの、一致を見ていません。後者の欠点については、イメージの起源を説明しようとするさいに、普遍的とされる人間の本質の性向をもち出すものです。たとえばベルティング（Belting 2001）がそうしているように、イメージの製作に、死者の記憶を保存する欲求を見出すものですが、これを否定するには、死者が恐れられ、できるだけ早く忘れ去られるべきものとされる多くの社会（ニューギニア、アマゾニア）を考え合わせるだけで充分でしょう。

形象化の人類学が、あるイメージ群についての情報をもち合わせていないときにはそれらに関する考察を自ら禁ずるべきだとすれば、他方で、定義上は、非形象的領域をも除外すべきです。たしかに、形象的なものと非形象的なものとの間に境界線を引くことは簡単ではありません。それはむしろ、最高度の類似（模倣的アイコン性、美学における「リアリズム」に相当）から、非模倣的なアイコン的形象の複数の形態を通って、類似の完全な欠如（非アイコン性、「抽象」芸術やある種の装飾芸術に相当）へと至るグラデーションに沿った、三項からなる連続体なのです。たとえば、「装飾」芸術と呼ばれるものは、それを構成するモチーフが、それらが様式的な仕方で描いている原型を指し示すとき、そして、その指示が視《み》る者の精神に存在しているときには、アイコン的であり得ます。というのも、アイコン性が存在するためには、原型の特質のうち少なくとも一つが、認識可能なかたちで形象化されることによって、その動機が励起されている必要があるからです。この種の様式化された装飾は、しばしばアイコン生成的とでも呼べる機能をもっています。つまり、それは視覚的想像力を刺激し、したがって、まったく形象的であり得るような心的イメージの生成を引き起こしつつ、それでいてそれはけっして物質的基体の上に現実化されないわけです。

たとえば、ヒバロ語族の顔面塗装のケースがそれに当たります（Taylor 2003）。他のケースにおいては、逆に、装飾モチーフは完全に非アイコン的です。なぜなら、それらに元来の動機があったとしても、それが作動していないためです。その場合、作用因は純粋に絵における内的なものになります。そのとき、作用因が可視化されるのは、モチーフおよび、モチーフの組合せがおたがい同士の間で自発的に作用し合うように見えること、そして、単にそれらの構造的・位置的特性ゆえに活性化されているという印象を与えることによるのです。非形象的な装飾が、非常に有効な思考の「わな」として機能するのは、そのためです。すなわち、それが装飾するモノや、それらにまつわる活動を、より心理的・感情的に際立ったものとすることで、こうした装飾は、注意を引きつけ固定し、それらに対する執着を生むことが可能なメカニズムとなるのです。この注意を集中させるという作用は、次のように考えることもできます。まず、それは世俗の心配事から身を引きはなし、表象し得ないものへとその思考を向けることを可能にしてくれるということ――それが、いくつかの聖典宗教〔ユダヤ教、キリスト教、イスラム教のことを指す〕における偶像破壊論の隠れた積極的側面です――、あるいは逆に、南インドのタミル・ナドゥーにおいて、家の入口を飾る迷路の形をした複雑なモチーフが、悪魔をたぶらかし、それらを敷居に引きとどめておくためのものであるように、悪魔払いの目的のために用いられたりもする、ということです（Gell 1998: 84-86）。

非形象的な装飾芸術では、したがって、その配置（agencement）が作用因の役割を果たします。いかなる直接的な象徴機能からも自由であるモチーフは、その個々の際立った特徴を失うことで、その組合せや反復が表現する動きのみがそこに残るようにしているのです。象徴芸術においても、次の場合をのぞけば、事態は同じです。すなわち、そこでは、作用因の効果はもはや表象に内的なものではなく、芸術家の意図性に直接帰されるものとなります。この意図性とは、様式そのものによって認識され、個別化が可能なものであるとともに、たいていの装飾製作の特徴である無名性とは異なり、ある人物に帰すことができたり、姓名に客体化されたりするものとなるのです。

同定様式の特徴に照らして形象化様式の特徴を定義するためには、三つの中心的な問いを立てることが必要となります。一つ目は、目的の問題、すなわち、形象化することにより、何を客体化しようとしているのか、という問いです。特定のオントロジーの、最もありふれた形象的モノにおいて、いかなる特徴が、際立った仕方で具象化されるのか、そして、そこにはいかなるタイプの代理作用因が付与されることになるのでしょうか？　特定のオントロジーにおける形象化には、選び取られたアイコン性の程度、すなわち、アイコンに込められている原型の特質の数や妥当性に応じて、とくに優先的に扱おうとする指示対象があるわけですが、そうした対象との間にいかなる種類の関係が存在するのかを、まさにここでは問わなくてはなりません。果たしてそれは、何らかの存在を表現するために、原型と判別しがたいようなコピーの形をとるのか、それとも、換喩的なほのめかしによる想起の形をとるのか、はたまた、真の現実化、すなわち、もはや外部の指示対象の表象としてではなく、その本来の姿への変身と見なされるような自律的なモノとしてなのでしょうか？

さて、二つ目は、コードの問題、すなわち、それぞれのオントロジーによって選択された目的を最もよく実現するために、いかなるタイプの形態的パターンが優先されることになるのか、という問いです。内面性や身体性に付与された特定の特徴、あるいは、それらの特徴が特定の存在者の集団にもたらす配置（disposition）を知覚可能とするためにいかなる選択がなされているのでしょうか？

最後の三つ目は、方法の問題、すなわち、いかなる技術が、これらのコードを活用することを可能にするのか、そして、その技術はいかなるタイプの工芸品、ないしは素材の変形を生み出すことをねらったものなのか、という問いです。それに、二つの副次的な問いが付け加わります。まず、ジャンルの問題、すなわち、形象化様式と、「形象的ジャンル」との間に結びつきを見出すことができるのか、という問いです。「形象的ジャンル」とは、ここでは、美術史における「ジャンル」の概念よりも広く、より抽象的な意味で用いています。つまり、作品のテーマとしてではなく、インデックス（指標）、原型（プロトタイプ）、製作者、受取り手のいずれかのもつ媒介作用を強調するような、これらの要素間の関係の特定の配置としてとらえています。

様式の問題に関しては、一つ目の問題の分類学的な細分化、すなわち種や変種のレベルへの下降として考えることができるでしょう。すなわち、同じ存在論的集合の中で、いかに複数の様式が差異化されるか、という問題です。この差異化は、私が『自然と文化を超えて』において明らかにした、支配的な関係図式（交換、贈与、捕食、生産、保護、伝達）の間におけるコントラストの力学にしたがうものなのでしょうか？

この講演では、目的の問題のみを取り上げることにいたします。それぞれの形象化様式に割り当てられた目的について問うことは、それぞれのオントロジー・システムのいかなる諸特徴が、イメージにおいて客体化されるのかを問うことです。そして、それぞれのオントロジーに見られるさまざまな特質の付与は、内面性という面と身体性という面との間のコントラストをめぐって組織されるため、形象化様式同士が差異化されるのは、このコントラストを活用しつつ、その二つの面のさまざまな組合せを知覚可能とすることによってである、と考えてよいわけです。ここでは、四つの同定様式のそれぞれを順番に検討することによって、そのことを確認してみたいと思います。

（1）アニミズム

アニミズムの特徴は、まず第一に、人間型の内面性を非人間へと一般化すること、そして第二に、身体的な物理性における不連続性、すなわち、世界の見方と、そこに住まう仕方における不連続性であり、その定義はこの二つの組み合わせによっているということを思い起こしておきましょう。このタイプのオントロジーを形象化するとは、さまざまな種類の存在者の内面を可視化するということであり、また、この共通の内面性が、きわめて異なる外見をもつ身体――これらの身体は、それぞれの種の表徴（インデックス）によって曖昧なところなく同定することができるはずのものですが――に宿っていることを示すということであるはずです。アニミズム世界において、人間の意図性を想起させるような、人を象った諸要素と、動物や精霊、ひいては植物に固有な属性とが組み合わされた複合的イメージがたいへん頻繁に見られるのは、そのためです。これらのイメージが最も一般的であるのは、それが認知性という面において最も一貫性をもつからですが、それは、たとえば顔の表情が、全体として獣を象った形態に組み込まれるような形で、人間性の微細な表徴がイメージの中に含まれているからです。しかし、こうしたイメージが複合的であるのは見かけだけにすぎません。そこに描かれているのは、複数の種から借りてきた解剖学的部分を組み合わせた異形の怪物ではなく、あたかも人間のように社会的かつ文化的な生活をいとなむことを可能にする内面性をもった人間以外の生物なのであり、そのことが、ふつう人間について用いるいくつかの述語によって、はっきりと示されているのです。中央に人間の顔が嵌め込まれた、ある特定の動物を非常にリアリスティックに描いたユピックの仮面は、その典型的な例です。また、B・サラディン・ダングリュール（Saladin D'anglure 1990: 179）が収集した、人間とクマがたがいに挨拶するところを描いたイヌイットの絵もそうです。そこでは、フード付きのジャケットをまとい、立ち上がって握手するために腕を伸ばした、その人間じみた立ち居振る舞いだけによって、クマの内面性が表現されています。アニミズム存在論において「変身」（métamorphose）が果たす重要な役割を見ると、この「変身」が形象的表現を与えられているということも考えなくてはなりません。「変身（メタモルフォーズ）」とはむしろ「アナモルフォーズ（歪曲図法)」、すなわち視点の変化であるため、交換機のように機能する装置はすべて、その目的のため役立ち得るのです。これはもちろん、変身用の仮面のケースですが、動いている人間の身体を飾るための、いくつかのタイプの装飾や動物モチーフもその部類に入ります。身体が巧みに飾り立てられ、それが動物の体勢と人間の体勢との間を揺れ動くとき、二つの種の間を行き来するという錯覚は、いとも簡単に生み出されます。その良い例は、一方ではクワキウトゥル(Kwakiutl)族におけるクマの踊りやカエルの踊り、他方では、ニューギニアの大パプア台地のカルリ(Kaluli)族における「鳥人」の踊りにおける、踊り手たちの身体を飾るモチーフに見ることができます(Boas 1955 [1927]; Feld 1982)。

(2) 自然主義

自然主義の公式は、アニミズムのそれとは逆、すなわち、人間が非人間と差異化されるのは、その身体によってではなく、その精神によってであるというものです。それは、人間同士の間においても、やはり精神によっておおまかな差異化がなされるのと同じことです。つまり、その集合的内面性が、相異なる言語や文化の中で表出されることで、その多様な現実化が可能となっているわけです。身体についてはどうかといえば、これはすべて、同じ自然の絶対的決定に服しているのであり、アニミズムの場合のように、生存様式によって自己を差別化することはできません。ヨーロッパの自然主義の登場は、慣例的に科学革命の黎明期である一七世紀とされていますが、次のことに注意しなくてはなりません。それは、同定様式は、さまざまな実践的領域の内部において存在論的差別化の作用をもっていますが、それらの実践的領域は、それぞれ独自の伝達の論理、すなわち、独自の変化のテンポをもっているということ、言い換えれば、存在論の変化の徴候は、それぞれの領域においてかならずしも同時には現れないということです。ヨーロッパにおいて類推主義から徐々に自然主義が生まれていったさい、実際そうであったということを、あらゆるものが示しています。つまり、新しい世界は、自己言及的な言説の対象となるおよそ二世紀前に、まずイメージの中で形をとりはじめたのです[2]。もし、自然主義オントロジーの形象化が何よりもまず客体化しようとするのが、各個の人間の独自の内面性と、均質な空間における存在やモノの物理的連続性であるとするならば、次のことはほとんど疑いがありません。

すなわち、これらの二つの目的が実現し始めるのは、一五世紀以降のフランドル絵画においてであること、言い換えると、古典主義時代の科学的大転換や哲学理論によって、それらの目的に形が与えられるよりずっと前、つまりは、思想史家にとってふつう近代期の黎明を告げるものとされる、議論の絶えないこの形がそこに与えられるよりずっと前だということです。この時期にブルゴーニュ地方やフランドル地方で生まれた新しい絵の描き方を特徴づけるのは、個人の形象化が一気に出現したということです。それはまず写本装飾（たとえば、ベリー公の『いとも豪華なる時禱書』など）において見られ、そこに現れるのは、リアリスティックな背景の中に描かれたリアリスティックな表情の人物像が、リアリスティックな活動をしているところです。続いてそれが見られるのは、たとえばロベール・カンパンやヤン・ファン・エイクといった画家の絵であり、それらを特徴づけているのは、空間表象の連続性、物質的世界の微細な部分までを描き込む緻密さ、そして、各自がその固有の容貌を与えられた、人間主体の個人化といったものです。

［2］　このことは、自然主義オントロジーの衰退の徴候がもっとも早く見て取れるのが、まずイメージの中において（すなわち、キュビズム以降の西洋芸術の推移において）であることと軌を一にしている。こうした徴候が他の領域において認められるのは、ずっとあとになってからである。

このとき起こった絵画芸術の革命は、こうして長きにわたり、アイコン、原型、芸術家、そして受け取り手の個人的アイデンティティを同時に強調しようとする形象化法をヨーロッパにもたらします。そして、その形象化法は、それまでになかった次の二つのジャンルにおいて、絶え間なく発達する名人の技として現れるのです。この二つのジャンルとは、一つは魂の絵画、つまり、人間の人格の特異性の徴候である内面性の表象であり、いま一つは、自然の模倣、すなわち、それ自体のために観察・描写されるべき物理世界の内部における、物質的連続性の表象でした。

アニミズムの形象化と自然主義の形象化とを比較することで、それらのコントラストをよりよく強調することができます。たしかにどちらのオントロジーにおいても、内面性を視覚化することが重要となりますが、それぞれ、効力のある意図性が付与される存在の領域が異なる広がりをもっている以上、その方法はきわめて異質なものとなります。アニミズムは、人間の内面を描くことにほとんど執着しておらず（それはあらゆる内面性の原型として、自明のものだからです）、むしろ、非人間の内面を、識別可能な人間の属性の形で（一般的に顔です）可視化することにこだわります。

一方、自然主義は、内面性を人間特有のものとし、したがってこれを形象化するときは、種の一般的特性として、また各人の特異性の徴候として、容貌（特に眼差し）の個性化によって描くことになります。物理（＝身体）性の扱い方は、さらに相異なるものです。アニミズムは、存在者のそれぞれの種が他の種から区別されるための手段となる物理的属性を可視化するのですが、そこには形態的コードの統一性も、模倣型の類似性への関心も、形象の並列（自然の模倣という意味での）もありません。なぜなら、意図性を帯びたそれぞれの存在者の集団がそれぞれ、世界に対する正当な視点を有しているために、表象を全体的に統一し得るような、いかなる特権的位置も存在しないからです。アニミズムにおいて、いかなる風景の形象も存在しないのはそれゆえです。自然主義においては、逆のことが起こります。というのも、物理的連続性を明確化するためには、均質な空間の中で、多数の存在者が同じような技術をもって描かれていること、そして、そのそれぞれが、他の存在者の位置と合理的に結びつけうる位置を占めていることが必要だからです。風景、静物、一点透視図法が近代絵画の象徴的な表現であるのはそれゆえであり、そのことが、決定的に新しかったのです。別の言い方をすれば、アニミズムは、もろもろの主観性がいかに具象化されるかを可視化することで、それらを客観化するのに対して、自然主義はそれが描くもろもろの客観性を主観化するメカニズムそのもの（恣意的な視点としての透視図法）を、うまく不可視化するのです。自然主義とアニミズムの違いは、それらが形象化するもののアイコン性の度合いと、作用因のタイプとの間に両者が築く関係においても見ることができます。近代絵画をその誕生以来特徴づけているリアリズムへの志向は、イメージの中に、原型に固有の特質を可能なかぎり多く含めようとする欲求となって現れています。しかしその結果、逆説的に、たとえばだまし絵などにおけるように、イメージが原型に似ていればいるほど、ますますそれは模倣であるということを自己主張するとともに、それゆえにますます、画家の器用さ、すなわち、その作用因がもつ支配的な役割へと注意を引きつけることになります。それとは対照的にアニミズムは、類似には比較的無関心であるようですが、これは、イメージの中に、現実のコピーではなく、原型（一般的には精霊、または動物の霊）が実体化された一種のレプリカを見ようとする姿勢を反映していま す。彼らにとってそのレプリカは、原型のそれと同じく強力な作用因を付与されているのです。自然主義のケースとは異なり、イメージが真に模倣的ではないからこそ、イメージの作用因は、たいていは匿名であるその作者たる人間の作用因に対して優位となり、それによって原型の作用因を効果的に倍加しているわけです。

（3）トーテミズム

トーテミズム的な同定（identification）は、人間や多種多様な非人間を包括する存在者からなる、ある集団（クラス）の内部において、その集団の名の起源となった存在が最高度に具象化しているとされる身体的・精神的特質の限定的総体を共有することに基礎をおいています。このオントロジーが最もはっきりと認められるオーストラリアのアボリジニ社会では、トーテム集団を特徴づける特質の核となる部分は、伝統的に民族誌の諸文献において「〈夢見〉の存在」〔アボリジニの世界観によると、その祖先は、「夢見の時代」（ドリームタイム）と呼ばれる世界創造の時代に夢を見、その中であらゆる動植物や食物、星々、人間、部族・氏族を生み出したとされる。これらの存在はすべて同時に生み出されたが、たがいに入れ替わることができた。植物が動物に、動物が地形に、地形が人間に変身することもでき、先祖自身、人間であると同時に動物でもあり得た（cf. ロバート・ローラー『アボリジニの世界』青土社、二〇〇三年：三三、七一―七九頁）〕と呼ばれる、最重要の原型から派生したとされています。この場合、形象化は、トーテム集団の人間と非人間との根源的な同一性を視覚化するものでなくてはなりません。まず、内面の同一性があります。これは、彼らがある同じ「精髄」を具象化しており、その「精髄」の起源が土地のある場所に結びつけられているとともに、その名が、彼らが共有する述語の領域全体を綜合するものであることからきています。次に、身体的な同一性がありますが、これは、彼らが同じ物質からできており、同じ構造に基づき組織され、それゆえに同種の気性や性格をもっているためです。こうした形象化上の目的がいかに実行に移されるかを理解するために、まずオーストラリアでのイメージの一般的地位について検討しておくのが有益かと思います。それらのイメージはすべて、またあらゆる場所で、「〈夢見〉の存在」たちや、そうした原型が携わる行為に結びついたものとなっています。その行為によって、これらの原型は世界に秩序をもたらし、世界を、自分自身がその具現化するその下位区分に適したものにしようとしているのです。たとえば、ヨルング（Yolngu）族（アーネムランド北東部）においては、形象化において用いられる、動植物に見られるようなモチーフ（それらは同じ名前をもっています）は、それらが目に見えるかたちで実体化しているところの「〈夢見〉の存在」たちの属性です。まず、それらのモチーフは、それらが表象している「〈夢見〉の存在」の身体上に現れ、その「存在」が生成したトーテム集団のアイコン的遺産として、「存在」自身によって指名されます。次に、それらのモチーフは、そのモチーフ自体を生んだできごとのアイコン的表現であるとともに、その痕跡でもあります。そして、それらのモチーフは、「〈夢見〉の存在」の力を秘めており、それゆえに、儀式において用いることができるのです（Morphy 1991）。

オーストラリア中央砂漠のワルビリ（Walbiri）族においては、「グルワリ（*guruwari*）」モチーフは、「〈夢見〉の存在」によって残された可視的な表徴です。たとえばそれは「〈夢見〉の存在」の足跡であり、「存在」の変身に由来する地形の起伏の輪郭線であり、「存在」が定めた儀礼用具であったりします。あるいは、それぞれの「〈夢見〉の存在」に結びつけられたこれらのモチーフは、地面や、踊り手の身体や、さまざまなタイプの儀礼用具・装飾品の表面に描かれたりもします。他方、これらのモチーフは、これらの「存在」がトーテム区域に残した、いまだに活発な生殖力を具象化してもいます。「〈夢見〉の存在」は、「存在」それぞれが創設したトーテム集団の構成要素である人間や非人間の間で、この生殖力が各世代ごとに活性化するよう、その地にこの力を残すのです（Munn 1973）。

オーストラリアのトーテミズムにおける形象化が目指しているものが現実化される様式を詳しく見ていくと、そのうちの二つが、大陸全域に存在していると思われます。これらはそれぞれ、「構造的な現前化」（présentification structurale）、「構造化する現前化」（présentification structurante）と呼ぶことができるでしょう。前者を最もよく示す例は、アーネムランド西部、とくにクウィンジク（Kuwinjku）族のそれのように、「エックス線式」と呼ばれる様式――きわめて精確に骨格や内臓が内部に表現された、生気のない動物や人間のシルエット――で描かれる絵です。これは、人間と非人間は、構造上さまざまな点で同一であり、、それは常に変わらないということを、身体を用いた形象言語により明らかにするものです（Taylor 1996）。この言語の特徴は、繰り返し現れる次の三つの性質です。一つは、形態的な組織化と内的区分が明確であること（これらは、人間と非人間が、恒常的に、換喩的な同一関係にあるということを視覚化しています）。いま一つは、トーテムの形象内に、その属性や創造物が臓器として表現されていること（これらが視覚化しているのは、世界内におかれた個的存在ではなく、個的存在の中に包含された、世界の諸特質です）。そして、最後の一つは、表象されている「〈夢見〉の存在」が、固まったように不動であること（それが視覚化しているのは、この「存在」が創設した区分の不変性であり、したがって、動きは形象自体の中ではなく、形象化の行為そのものにあります）。ここでは、原型において具象化された秩序をただ形象化するために、いかなる力学、いかなる語り、いかなる背景も排除されています。それとは対照的に、「構造化する現在化」は、「〈夢見〉の存在」の活動を、それが残した痕跡の形で描くもので、これは中央砂漠のアボリジニの絵（かつては砂の上に描かれていましたが、今日では国際市場向けにカンバス上に描かれます）の特徴です（Munn 1973; Myers 1999）。それは絵文字に類する一連の書記素（graphème）であり、組み合せが可能で、連続的で、かつ定常的な意味作用をもつものです。それらをつなぎ合わせたものは、たいていの場合、「〈夢見〉の存在」の生成活動を描いた物語を語っており、それらは、ある表面の上の動きとして、また、その活動の効力が地形の起伏の輪郭線に具象化させられたものとして描かれます。

一言で言えば、インゴルドが明察している通り、それは次のどちらかを意味しています。すなわち、生成の動作主をその痕跡なしに描く（アーネムランド）ことによって、世界が、それを秩序づけた存在たちの生気のない身体と同一不可分であることを示そうとしているか、あるいは、動作主なしに痕跡を描く（中央砂漠）ことによって、これらの動作主が舞台から消え、その創設行為は終了したことを示そうとしているか、です（Ingold 1998）。こうした時間の扱い方は、アニミズムが視覚化しようとするもの――たとえば折畳み式仮面におけるように――と、明確なコントラストをなしています。というのも、アニミズムでは、人間と非人間の間で、一方が他方へと変身するほどの視点の逆転、すなわち、現在という時間において完結する急速な動きがあるのに対して、トーテミズムでは、環境へと具象化されたトーテム原型やその行為の結果といった静的な構造が、世界の起源を反映しているからです。これはまた、自然主義がイメージの中に客体化するものともコントラストをなしています。自然主義では、多種多様な人間の個性と、それを人生のさまざまな年齢において写実的にとらえたものが客体化され、それが、空間描写と、そこに含まれるモノの均質性とに結びつけられているのです。こうして、人間の内面の現象的表現の多様性が、トーテム原型の単一性と不変性とに対立する一方、世界におけるモノの物質的連続性は、「〈夢見〉の存在」により生み出される場所のもつ特異性に対立しているわけです。

（4）類推主義

繰り返しになりますが、類推主義的同定は、内面性と身体性とがあらゆるところで不連続であるとの認識に立脚しており、その不連続性は、特異性の充満する世界へと帰結します。もし、存在者の間や、存在者を構成する部分同士の間に、解釈の手続を可能にしてくれる対応関係の網の目を見出すよう努力しなければ、この世界は、それを構成する差異が横溢しているがゆえに、そこに住むことも、それを想像することも難しいものとなるでしょう。存在者の全体が、複数の審級や決定に断片化されているようなオントロジーにおいては、これらの特異性の関連づけを表象するためにはさまざまな方法があり得ることが理解できます。

したがって、類推主義のイメージにおける客体化は、他の三つのオントロジーにおける形象化様式ほど特徴的ではないように見えるかもしれません。しかしながら、類推主義の形象化が強調しようとしているはずの、いくつかの特徴を明確化することは可能です。類推主義は、内面性を断片化し、それらを無数の身体という支持体（supports）へと分配することに重きをおくものである以上、まずは、人間や非人間の内面性を非主観化（désubjectiver）することで、内面がばら撒かれ、同じく分配された身体性とカップリングされる必要があります。言い換えると、微細だが一貫したさまざまな不連続性の総体を、次のような仕方で可視化する必要があるのです。一つは、たとえばケツァルコアトルといったアステカの神の彫像のように、その複合的な性質を明らかにすべく、単一のモノとして直接可視化する場合。いま一つは、イメージが原型の換喩的部分であることを示すことで、それらの不連続性を間接的に可視化する場合。「類感呪術」（«magie sympathique»）（J・フレイザー）で用いられる品々に見られる「ミメーシス（模倣）」は、それゆえに重要となるのであり、これは類推主義の非常に特徴的な部分です。さらにもう一つの仕方は、それぞれの表徴が意味や作用因をもつのは、それがさまざまな性質の表徴の複合体にはめ込まれているからだということを示すというやり方です。これらの表徴は、並列したり（アンデス地方の「ワカ（*huacas*）」の列のように）、あるいは同心円的に包摂させたり（メラネシアやヨーロッパにおける聖遺物箱のように）することで、空間的に構造化されることもあれば、単に一つの要素を全体へと定期的に加えていくこと（アフリカにおける祖先の祭壇のように）によって、時間的に構造化されることもあります。

一言で言えば、類推主義の形象化にとっての目的とは、まず第一に、不連続の要素間における対応関係の網の目を明らかにすることであり、それはなかんずく、イメージの主題をよりよく無個性化（désindividualiser）することができるよう、イメージの構成要素を増やすことを前提とします。その意味において、類推主義の形象化が目指すものは、それが到達しうる細部の描写の正確さがいかなるものであれ、客観的に与えられた「自然な」原型を本物らしく模倣することよりも、むしろ、その内部でこの原型が意味をもち、あるタイプの作用因を獲得するような、親縁性の格子（trame des affinités）を再構成することなのです。ここでやっかいなことは、類推主義がイメージにおける現前化を企てているものは、他の同定様式が形象化しようとしているものよりも、ずっと抽象的なものであるという点です。すなわちそれは、アニミズムにおけるように主体と主体の関係でもなく、トーテミズムにおけるように、ある一つの集団への、共有された内属関係でもなく、自然主義におけるように、主体と客体の関係でもなく、メタ関係、すなわち、不調和な諸関係を構造化する包括的な関係なのです。

この困難を回避する一つの方法は、いかに類推主義の集団が、この種の形象化作業を概念化したかを検討することです。そこで、ウイチョル（Huichol）族（メキシコ北西部）の美学と、中国美学とを例に取ってみましょう。ウイチョル族の美学は、きわめて多義的な概念である「ニエリカ」をめぐって組織されています（Kindl 2005; Lumholts 1900; Negrín 1997）。「見る」という動詞から派生したこの語は、次のようなさまざまなものを意味します。中央に穴があいた、あるいは円形の装飾を施した儀式用具や、顔面塗装、宇宙の諸次元の移動と見なされる儀礼の場、シャーマンの予見能力、図像学的モチーフ、そして奉納画などです。この奉納画は、民族芸術の国際市場でヒットしたことから、今日では「ニエリカ」の最もよく知られた形となっています。これらの対象物はすべて「ニエリカ」と呼ばれますが、それはこれらが、宇宙の諸段階の間や、人間と祖先の神々との間の交信、そして相互の観察を可能としてくれる道具であるという点で共通しているからです（そのため、中央の開口部はのぞき穴に似た役割をもっています）。したがってそれらは、形象的領域において、供犠と同様の機能、すなわち、もともと離れ離れであった存在同士の間に隣接関係を打ち立てる役割を果たす連結器なのです。「ニエリカ」は、類推主義オントロジーのもう一つ別の特徴、すなわち、コスモロジー的パターンの入れ子構造をも意味します。というのも、どのような形状の品物であれ、すべての「ニエリカ」は、五点形の理念的範型 ── 中心点を四つの方位基点が取り巻く形で宇宙の構造を再現する ── によって構造化されているからです。この範型は、絵の周辺部では縮小・複製され、その結果、雪の結晶型のフラクタル図形に似たものとなります。この構造はウイチョルのモチーフやイメージの至るところに現れています。アート市場向けの現代的「ニエリカ」はどうかと言うと、連結、複製、ないしは網の目といったパターンをうまく組み合わせて描くシンプルな形態を捨て、中心点から展開する象徴的な対応関係の絡み合いをありのままに描くことで、宇宙の動的形象化、真の宇宙図を目指そうとする傾向にあります。

このように、それらはトーテミズムの形態生成の約束事とは際立ったコントラストを示しています。というのも、トーテミズムが、たいてい動物の姿をした原型の内部に、この原型に由来するトーテム集団の諸特質を定義する、完成した不変の構造を形象化するのに対し、類推主義は、世界に生気が与えられ、連続的に姿を変えていくための時間的・空間的なつながりやパターンの網の目を形象化するからです。さらに、この世界の変形は、類推主義的連結の格子をなす全体の流れに取り込まれた単一のシーケンスなのであって、アニミズムの形象化が示そうと努める視点の逆転において特徴的な、二段階の動きではありません。つまり、「ニエリカ」は連結器（コネクター）であって、切替器（スイッチ）ではないのです。

中国の美学の基準が、いかにウイチョル族の美学のそれとは正反対に位置するように思われても（「正確な模倣」対「様式化」、「遠近法構図」対「遠近法の不在」、「親方の下で修得する専門技術」対「一般化されたノウハウ」、その他）、結局、それらの目的はかなり近いものであり、とくに、自然主義、アニミズム、トーテミズムの目的とは大きく異なっています。中国絵画の理想は、美に到達することではなく、ミクロコスモスをそのまま再現しようと試みることであり、そこでは、マクロコスモスにおいて生命の息吹がもつとされる、一つにまとめあげる働きが目に見えるようになっているのです。言い換えれば、それは、宇宙の複製を異なるサイズで形象化することです（Chen 1991; Jullien 2003）。この操作においては、「空《くう》」が中心的な役割を果たします。その役割を担うのは、まず、文字通り、何も描かれない広大な空間です。この空間は、可視的世界と不可視の世界とをつなぐ息吹が駆けめぐる、中間的な場の役目を果たします。しかしまた一方で、何かが描かれる空間においては、雲が、（雲がその形を取っている）「山」と（雲がそれにより構成される）「水」との仲介者として、「空」の機能を与えられています。「山」と「水」の二語をくっつけると（「山水」）、これは風景画を定義し意味するものになるのです。この風景画は、類推主義におけるもう一つの特徴、すなわち、人間と宇宙との間の対応関係のネットワークを可視化するという意図をも、明らかにします。なぜなら、身体〔＝物理〕的領域における主な形態的特徴は、内的領域と共鳴関係に入るものであるがゆえに、「山」と「水」を描くこととは、すなわち、人間に生気を与えている感情や性格の肖像を描くことになるからです。

このように、ウイチョル族の美学と中国の美学は、形象化活動に次のような目的を設定している点で共通しています。すなわち、その性質、位置、地位、外見によって最初は個別化されていた一部の特異性同士が、あるときは「山」と「水」の間の関係のように一対一の関係において、またあるときは、ウイチョル族の場合のようにより広い格子をもった親縁性のネットワークの内部において、たがいに対応関係に入る仕方を顕《あら》わにするという目的なのです。最終的にその対応関係は、それらの特異性を個別化させている不連続性の格子の大きさを、イメージの空間の中で縮小させることになります。

双方の美学においてまた共通するのは、マクロコスモスとミクロコスモスの間の錯綜した連関を形象化するという目的です。イメージはそこでは、別な縮尺で宇宙のいくつかの特質を反映する、その多少なりともアイコン的な縮小モデルとしてのみならず、人間の特質と宇宙の特徴との間に見出しうるアナロジーの表現としても、捉えられているからです。要するに、イメージによって象られる原型がどのようなものであるにせよ、類推主義の世界において人が視覚化しようとしているのは、モノや、意図性や、構造ではなく、動的なプロセスなのです。

文献

Bakewell, L. (1998) Image acts, *American Anthropologist*, 100 (1): 22–32.

Belting, H. (2001) *Pour une anthropologie des images*. Gallimard.（邦訳：ハンス・ベルティンク『イメージ人類学』（仲間裕子訳）、平凡社、二〇一四年）

Boas, F. (1955) [1927] *Primitive Art*. Dover Publications.（邦訳：フランツ・ボアズ『プリミティヴアート』（大村敬一訳）、言叢社、二〇一一年）

Cheng, F. (1991) *Vide et plein. Le langage pictural chinois*. Éditions du Seuil.

Descola, P. (2005) *Par-delà nature et culture*. Gallimard.

Feld, S. (1982) *Sound and Sentiments. Birds, Weeping, Poetics, and Song in Kaluli Expression*. University of Pennsylvania Press.

Fienup-Riordana, A. (1996) *The Living Tradition of Yup'ik Masks: Agayuliyararput, Our Wzy of Making Praye*. University of Washington Press.

Freedberg, D. (1989) *The Power of Images. Studies in the History and Theory of Response*. The University of Chicago Press.

Gell, A. (1998) *Art and Agency. An Anthropological Theory*. Clarendon Press.

Ingold, T. (1998) Totemism, Animism, and the Depiction of Animals. In Seppälä, M., J. P., Vanhala et L., Weintraub (dir.), *Animal. Anima. Animus*, pp. 181–207. Poro Art Museum.

Jullien, F. (2003) *La grande image n'a pas de forme*. Seuil.

Kindl, O. (2005) L'art du *nierika* chez les Huichol du Mexique. Un "instrument pour voir". In Coquet, M., B., Derlon et M., Jeudy-Ballini (dir.), *Les cultures à l'œuvre. Rencontres en art*, pp. 225–248. Adam Biro et Éditions de la MSH.

Lumholts, C. S. (1900) Symbolism of the Huichol Indians. *Memoirs of the American Museum of Natural History* 3(1): 1–228.

Morphy, H. (1991) *Ancestral Connections: Art and an Aboriginal System of Knowledge*. The University of Chicago Press.

Munn, N. D. (1973) *Walbiri Iconography: Graphic Representation and Cultural Symbolism in a Central Australian Society*. The University of Chicago Press.

Myers, F. R. (1999) Aesthetic and Practice: A Local Art History of Pintupi Painting. In Morphy, H. et M., Smith Boles (eds.), *Art from the Land. Dialogues with the Kluge-Ruhe Collection of Australian Aboriginal art*, pp. 219–259. University of Virginia.

Negrín, J., (1977) *El arte contemporáneo de los Huicholes*. Universidad de Guadalajara.

Saladin D'anglure, B. (1990) Nanook, Super-Male. The Polar Bear in the Imaginary Space and Social Time of the Inuit of the Canadian Arctic. In Willis, R. (ed.), *Signifying Animals: Human Meanings in the Natural World*, pp. 178–195. Unwin Hyman.

Schaeffer, J.-M. (1996) *Les célibataires de l'art. Pour une esthétique sans mythes*. Gallimard.

Taylor, A.-C. (2003) Les masques de la mémoire. Essai sur la fonction des peintures corporelles jivaro. *L'homme*, 165: 223–248.
Taylor, L. (1996) *Seeing the Inside: Bark Painting in Western Arnhem Land*. Clarendon Press.

第7章　仮面にみる自然と文化の表象

吉田憲司

1　はじめに

「形象化のアトリエ」（原題は「イメージの製作所」）と題するフィリップ・デスコラ（Philippe Descola）教授の前掲の論文は、教授がつとに提示してきた、人間が世界を経験する四つの様式、すなわち「アニミズム」「自然主義」「トーテミズム」「類推主義」——教授によれば、それは内面性（Interiority）と身体性（Physicality）の有無によって区別されるという——が、世界に関わるイメージの生成にも見てとれることを主張するものである。それは、デスコラの展開する人類学的理論を、イメージの生成の学的探求に適用しようという試みだと言ってもよい。

振り返ってみれば、人類学におけるイメージの生成のあり方の探究、またイメージの学としての芸術学・美術史学における人類全体の芸術活動の探究は、ともに久しくそれぞれの学の中で主題化されては来なかった。

いまさら言うまでもなく、人類は、その歴史の中で、きわめて多様なイメージを生み出してきた。はたして、このイメージの創造や享受のあり方に普遍性やいくつかの様式があるのだろうか。この問いは、すぐれて人類学的な課題といってよいが、じつのところ、人類学の側からはこれまで試みられたことのない課題であった。人類学の分野では、とくに二〇世紀に入って以降、文化相対主義へのこだわりから、普遍的な美の基準やイメージの創造・享受のあり方の異同について正面から問うことは、久しく避けて通られてきた感がある。

一方で、芸術学・美術史学の分野では、「美術」「芸術」、つまり「アート」という語彙とそれにまつわる諸観念が、西洋とその思想的影響下で成立したものだということもあって、今日に至るまで、西洋を中心とし、せいぜいのところ東洋を含む世界の事象に主たる研究対象を限定する傾向が続いてきた。当該の社会に「アート」に相当する語があるか否かにかかわらず、創造性に満ちた営みとその所産を広く「アート」と呼ぶなら、間違いなく、非西洋の世界にも「アート」は存在する。にもかかわらず、芸術学が、文字通り人類の生み出した「芸術」を対象とした学となること、あるいは、美術史学が西洋美術史・東洋美術史に限定されることのない世界美術史の学となることは、いまだ十全には実現されていない。

人類学と芸術学・美術史学は、このように、長い間、それぞれ別の道筋をたどってきたのである。一方の美術史学が、個人と通時的変化を志向し、他方の人類学が集団と共時的体系を追及するというかたちで、たがいに正反対の方向を向いていたことも、この両者の壁を強化することになった。

しかし、今、このふたつの領域は急速に接近してきている。人類学の側からのイメージの探究、あるいは逆に美術史学の分野でのイメージの分析における人類学的アプローチの援用が、近年、急速に進んできているのである。

人類学の分野において、デスコラが前掲の論稿を公にしたのは、二〇〇六年のことであったが、それに先立って、ブラジル出身の人類学者、エドゥアルド・ヴィヴェイロス・デ・カストロは、「アマゾンその他の地域における宇宙論的パースペクティヴィズム」と題する論稿の中で、デスコラの研究に言及しつつ、アマゾニアにおけるシャーマニズムやアニミズムを論じ、それらの現象を単一の自然に対する多様な文化的解釈なのではなく、単一の認識論に基づく多様な自然の存在の経験だとして、それを「パースペクティヴィズム」あるいは「多自然主義」と名づけた（Viveiros de Castro 1998）。儀礼のさいに、人間の身体が羽や彩色、デザイン、仮面で覆われ、人間が動物に変身することを、その具体的な例として論じるヴィヴェイロス・デ・カストロの議論は、イメージの人類学的考察にほかならない。

人類学とモノ／アートとの関係を見直す動きも活発化している。モノそのものや、モノが意味するところではなく、モノ／アートと人との関係性、あるいはモノ／アートの媒介によって生成される人と世界の関係性に焦点を当てようとする動きが生まれ始めている。アルジュン・アパドュライよる『モノの社会生活』（Appadurai 1986）、ダニエル・ミラーによる、大量消費社会におけるモノが生み出す社会関係についての一連の研究（Miller 1987）、マリリン・ストラザーンによるモノを通じて作り出されるイメージの研究（Strathern 1991）、それにアルフレッド・ジェルによる、アートのエージェンシーについての研究（Gell 1998）などがそれである。マテリアリティーの研究と総称されるそれらの動きは、モノ／アートに関する研究を人間と社会との関係性のなかに位置づけなおし、人間の経験のあり方としてとらえなおそうという試みであると言ってよい。

前掲の論稿でデスコラがジェルのエージェンシーの議論に言及しているように、モノを人間が意味を与える対象としてではなく、人間に作用を及ぼす存在ととらえるとき、人とモノ、主観と客観、文化と自然といった二項対立的な区分は無化し、イメージの研究は世界の経験の様態の研究へと転化する。デスコラやブルーノ・ラトゥール、エドゥアルド・ヴィヴェイロス・デ・カストロらに先導され、後に「存在論的転回」（Ontological

Turn）と呼ばれるようになった人類学の大きな動きは、イメージの人類学的考察の展開と軌を一にするものとしても位置づけられよう。

他方、美術史学の分野では、ハンス・ベルティンクの『イメージ人類学』（Belting 2001）を筆頭に、ディディ＝ユベルマンの『イメージの前で――美術史の目的への問い』（Didi-Huberman 1990）、あるいは、デイヴィッド・フリードバーグや、ヴィクトル・I・ストイキツァの仕事など、美術史学に人類学的な視座の導入をはかろうという、「イメージ人類学」と呼ばれる一連の研究が展開してきている。それは、研究の対象をアートからイメージというカテゴリーへと拡大し、その視野を一気に拡大しようという試みにほかならない。

さらに言えば、今、美術史学だけでなく、美術、アートそのものと人類学が急速に接近してきている。アートの分野でも、二〇世紀の末になると、アーティストたちは、それまで以上に、特定の場との結びつきを強め、土地やコミュニティに根差した作品を生み出すようになる。また、それにともなって、アーティストたち自身によるフィールドワークの実践も活発になっていく。さまざまな集団・コミュニティの一員として自らが写真に収まるニッキー・リーの作品はその典型であろう。日本に住むさまざまな国（日本を含む）の出身者たちの自宅での生活風景を撮影した瀬戸正人の写真も、同じ系列に含められるかもしれない。また、小さな方形の区切りの中に、人びとの顔や家族写真、生活風景を収めて、あたかも標本整理箱のように配列したものが見られるようになる。早い作例では、ボルタンスキーのものが挙げられるが、フィオナ・タンの《ボックス・ポプリ》、ワン・ジンソン（王勁松）の《標準家族》などがそれである。こうしたアプローチは、標本整理箱のたとえを持ち出したことからもわかるとおり、人間の生活場面や家族の構成を丹念に集め、それを整然と整理するという意味で、きわめて人類学的な試みと言える。現代における人びとのアイデンティティのあり方、人と人との結びつきに焦点を当てようとするとき、作家たちのアプローチが人類学と重なることはごく自然なことである。

と同時に、その配列が、二〇世紀の初頭、アルフォンス・ベルティオンが生み出した、フランス警察における人物同定のための顔の部位の写真を集めた表の配列とどこか似ているのは、そうしたアプローチが潜在的に持つ暴力性に、作家たちが敏感に気付いている証（あかし）でもある。アーティストたちのこうした、人類学的手法への関心を、ミオン・クォンは、「リングイスティック・ターン（言語論的転回）」を踏まえて、「エスノグラフィック・ターン」（民族誌的転回）」と呼んでいる（Kwon 2001）。

そもそも、人間のあらゆる知の営みが社会との関係性の中でとらえなおされた、一九六〇年代以降八〇年代に至る時期のパラダイム・シフトを経験した今、アートはもはや普遍的な美的規範に裏打ちされた自律的な領域とは見なされなくなり、アートもまた、それぞれの社会や文化に組み込まれた存在であることが自明視されるようになってきている。一方、科学も、時代を超越した普遍的真理を開示するものではなく、それぞれの時代・社会の制約のもとで、特定の立場から切り取った、特定の見方・理解を開示するものとしてとらえなおされてきている。いまや、科学と芸術、人類学と美術史学、客観と主観、西洋と非西洋、さらには自然と文化といった、二〇世紀を通じて、両者を分け隔てて来た壁が無効化してきているといっても過言ではない。

このような動きの中、私自身は、自らが所属する国立民族学博物館と国立新美術館との共同で、人類学と美術史学を架橋した展覧会、「イメージの力――国立民族学博物館コレクションにさぐる」展を企画し、二〇一四年に東京・国立新美術館と大阪・国立民族学博物館で順次開催した。国立民族学博物館のコレクションの中から世界各地の造形六三〇点を精選し、人類の生み出すイメージの創造と享受のあり方に普遍性があるか否かを観客とともに体験的に検証してみようという試みである。アルフレッド・ジェルの用語を用いれば、それは、地球規模でのイメージの作用（agency）の探究の試みであった（Gell 1998）。

この展示の冒頭、「プロローグ」には、世界各地から集められた仮面一〇八点によるインスタレーションを設置した。通常、美術館・博物館の展示場は、作品を一方的に見る場だと考えられている。しかし、この展覧会で展示したものは、すべてが国立民族学博物館のコレクションであるから、もともと人に見られるためにだけ作られたものというのは一部しかない。むしろ多くのものは、人間が使うためのもの、さらに言えば、人間がそれを使って世界に働きかけるためのものである。そこでは、人とモノとの間に、人がモノを見るという一方的な関係だけでなく、ヒトがモノをあやつる、モノが人に働きかけるという相互作用が成立している。中でも仮面は、人間の作り出したイメージと人間とのダイナミックな相互作用を最も直接的なかたちで示す存在である。強力な視線を放つ仮面が並ぶ美術館の空間は、そこで、作品＝イメージを見る場から、イメージと人とのあいだで見る・見られるという相互作用の成立する場へと変貌する。展覧会全体のプロローグに当たるこのセクションは、美術館・博物館で展示物を見るという通常の経験のあり方を相対化し、観覧者にイメージとのかかわりを改めて意識化してもらい、この展示を見る構えを作ってもらうための、いわば助走路として設定したものであった。

「仮面にみる自然と文化の表象」と題する本章は、広く言えば、仮面による世界のイメージの生成のあり方を検討するものである。ただ、本章は、仮面の生み出す表象が、デスコラの提示する、世界の四つの「同定化様式」のどの部分に該当するかを論じるものではない。むしろ、本章においては、人類全体を視野にいれた上での、仮面という装置の生み出す世界のイメージのあり方の異同、文化や時代による相違と文化や時代を超えた共通性について考えてみたい。とはいえ、この場で、世界の仮面の具体例を一つ一つ点検して検討することはできない。それについては、いくつかの拙著を参照していただきたい（吉田 1994, 2001）。ここでは、私が過去三〇年以上かかわってきた、アフリカの中南部、ザンビアに住むチェワの人びとの仮面の儀礼を取り上げ、そこにみられる世界の表象について考えてみたい。もとより、それは、仮面の儀礼の一例にしか過ぎない。しかし、その例から浮かび上がる特徴は、仮面が生み出す世界の表象の、より普遍的な問題への洞察を与えてくれる。

2　仮面の表情

「仮面って、どうしてみんな宇宙人みたいな顔をしているの？」

「どうして動物の仮面が、こんなに多いの？」

仮面の展覧会を開くとき、観客の子供たちから頻繁に尋ねられる問いである。

たしかに、世界のさまざまな地域で、動物をかたどった仮面や、宇宙人としか思えないような仮面が多数製作されている。トリ、ヘビ、トラ、ライオン、ゾウ、シカ、サル、それに野牛の仮面など。家畜になる動物よりも、野生動物のほうがよく登場する。動物そのものをかたどっていなくとも、角や牙、羽根など、動物の要素を組み込んだものを含めれば、仮面全体の中で動物にかかわるものの比率はさらに高くなる。

仮面の作り手たちは、なぜ、同じようなモチーフに引きつけられていくのだろうか。たがいに遠く離れた場所に住み、それぞれ独自の表現方法を駆使しているのに、どうしてこのような、似通った性格が生まれてくるのか。

そもそも、仮面はどこにでもあるというものではない。日本の祭りにつねに仮面が登場するわけでもない。仮面を有する社会は、世界の一部の地域にしか分布しない。オセアニアでは、メラネシアでしか、仮面はつくられていない。アフリカなら、赤道をはさんで南北に広がる熱帯雨林やウッドランド、サヴァンナ地帯だけで仮面がつくられている。一方、南北アメリカやユーラシアでは、広い範囲で仮面の製作と使用が確認できるが、それでもすべての社会に仮面が存在するというわけではない。このように、仮面は、人類文化に普遍的に見られるものではけっしてない。

ただ、世界の仮面文化を広く見渡して気づくのは、仮面の色や形には、大きな多様性が見られる一方で、仮面のモチーフに限らず、驚くほどよく似た現象が、地域や民族の違いを超えて、随所に認められるという点である。

たとえば、仮面についての信念がそれである。やや、逆説的にきこえるかもしれないが、仮面が生きているところに「仮面」はない。「仮の顔」としての「仮面」というものは存在しない。世界の仮面を有する大部分の社会で、仮面は「顔」と同じ言葉で呼ばれている。それは、あくまでもひとつの「顔」であって、現実の顔の上に着けられた「仮の顔」、架空の顔としてあえて区別されてはいない。祭りや儀礼で仮面をかぶって登場する踊り手を、人びとは仮面をかぶるまえの特定の個人として迎えるわけではない。特定の個人の仮の姿として迎えるわけではない。人びとは、仮面の背後に自分の見知った特定の個人がいることに気づきながらも、その踊り手を神や精霊として遇する。だからこそ、踊り手と人びとの交歓は、神や精霊を祀る場となり、神や精霊のための儀礼となる。そのとき、仮面はもはや踊り手の「仮の顔」ではなくなる。そこにあるのは、神の顔、精霊の顔にほかならない。

仮面の使用をささえる組織にも、顕著な共通性が見られる。いまさら言うまでもなく、仮面とは、文字通り、生身の人間の顔に別の顔をつけて、もとの人間とは違う存在になろうとする道具、つまり変身の道具である。この変身をなりたたせるには、ふたつの方法がある。ひとつは、仮面をかぶっている間、そこにあるのは、仮面をかぶるまえの特定の個人ではなく、その仮面がかたどっている対象なのだという約束事を、仮面をかぶる者＝演者と、それを見る者＝観者が共有するという方法である。たとえば、日本の能の場合がそれに当たる。もうひとつの方法は、仮面をかぶるまえの生身の人間を消し去り、演者の仮面をかぶった姿だけを観者に示して、誰が仮面をかぶっているかはもちろん、人間が仮面をかぶっているという事実そのものを、仮面をかぶる者たちだけの間の秘密にしてしまうというものである。この場合、仮面をかぶる者たちは、秘密の壁によって、仮面をかぶることのない人びとから区別された独自の集団を形成することになる。このような集団は、仮面舞踊の秘密結社、あるいは仮面結社と呼ばれる。アフリカやメラネシアなどにおける仮面の儀礼は、基本的にこうした仮面結社によって営まれている。

仮面のかぶり手、あるいは仮面結社のメンバーが男性に限られているというのも、広く見られる傾向のひとつである。もちろん、日本の能の場合のように、女性にも門戸が開かれている例がないわけではない。しかし、そのような場合でも、歴史をさかのぼれば、仮面は男性の占有物とされていたことが確認されるのが常である。

このように、相互の間に大規模な民族移動や文化の交流がおこったとは考えられない、遠く隔たった場所で酷似した現象が認められるというのは、やはり一定の条件の下での、人類に普遍的な思考や行動のあり方の現われと見るほかない。仮面の探求は、人間の中にある奥深い部分に分け入る糸口を私たちに与えてくれる。そして、それが、私がこれまで長い間、仮面の研究に従事してきた理由でもある。

図 7-1　ニャウの踊り手　死者の霊の化身とされる。カングル村、ザンビア。1985 年撮影。

3　ザンビア、チェワ社会の仮面結社「ニャウ」

アフリカの中南部、ザンビア東部に住むチェワの人びとの村では、死者の葬儀のさいに、ニャウと呼ばれる仮面の踊り手が登場し、舞踊を演じる。ニャウの踊り手には、鳥の羽根で全体を覆った覆面や木製仮面をかぶったもの（図7-1）と、木や草を編んで動物の形に仕立て上げた、かぶりもの型の仮面の中に入って全身を隠してしまうもの（図7-2）の二種類が存在する。覆面や木製仮面をかぶる踊り手は、死者が墓場からよみがえってきたものとされ、動物のかぶりものは、森からやってきた野生動物そのものだといわれる。いずれもニャウと総称されるが、動物のかぶりものは、その多くが、旋回を主とする踊りを演じることから、ニャウ・ヨレンバ「円を描くニャウ」と呼ばれることもある。これら、ニャウの踊り手やニャウ・ヨレンバには、その仮面の形や踊り、歌の違いに応じて、それぞれ数十の種類が区別されている。

言うまでもなく、ニャウの踊り手は、ニャウの結社――この結社もまたニャウと呼ばれる――に加入している男たちが変装したものであるが、その事実は、結社のメンバーでない女性や子供たちには、秘密にされている。チェワの男たちは、13歳から14歳程度の年齢に達すると、村単位に組織されたニャウの結社に加入するのが常である。結社のメンバーの間では、仮面をかぶることで、その踊り手の身に死者の霊がとり憑くと考えられている。このような信念のゆえに、踊りの場で観衆とニャウの踊り手が交歓することは、そのまま死者の霊を慰めることにつながる。ニャウの主たる活動の場が葬送儀礼とされる理由は、そこにある。

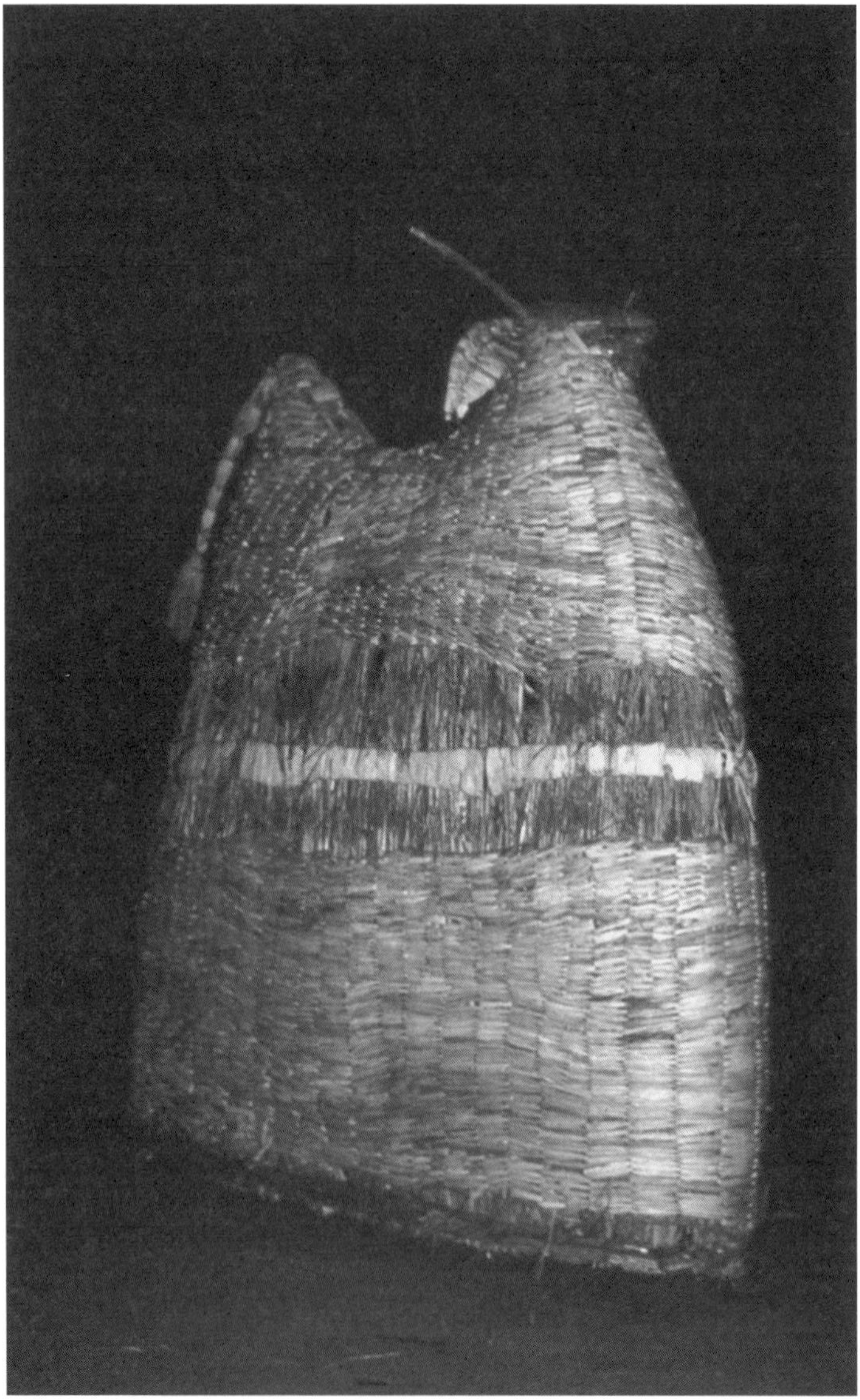

図 7–2　カモシカをかたどったニャウ・ヨレンバ。カリザ村、ザンビア。1985 年撮影。

喪明けの儀礼ボナとニャウへの加入儀礼

チェワの葬送儀礼は、埋葬のあと、一年程度の喪の期間を置いて、「ボナ」と呼ばれる喪明けの儀礼を催すというプロセスをたどっておこなわれる。ニャウの踊り手が登場するのは、とりわけ、この喪明けの儀礼「ボナ」の場である。儀礼に登場する仮面の種類や、伴奏の歌は、それぞれの儀礼によってすべて異なる。以下では、一九九二年八月に催された、私がいつも滞在しているカリザ村の元村長グンドゥザ・ピリの葬儀を例に取り上げることとする。

喪明けの儀礼は、チェワの主作物であるトウモロコシを用いた酒造りと並行して進められる。酒の仕込みに必要な発酵材料には、トウモロコシを水に一ヶ月ほど漬けて発芽させたものが用いられる。ビールで言えば麦芽に当たるものである。この発酵材料――チメラと呼ばれる――の用意が出来ると、いよいよ仕込みにかかる。酒の仕込みから酒が出来上がるまでには、ちょうど一週間を要するが、この期間が喪明けの儀礼の中心部分を構成する。この期間中、毎日ニャウの踊り手が村に登場し、酒造りを手伝うとともに踊りを演じる。儀礼の規模にもよるが、多くの場合、この酒の仕込みの日からさらに一週間ほどさかのぼった日から、女たちは酒の仕込みに必要なトウモロコシの粉つきを始める。作業の開始の前日の夜には、村はずれの広場でかがり火を焚き、ニャウの踊りが催される。登場するニャウの踊り手の数はごくわずかであるが、ニャウが踊れば人が集まる。そして、その場で、ニャウの結社のリーダーの口から喪明けの儀礼の準備の開始が宣言される。たとえば、一九九二年、カリザ村の元村長グンドゥザ・ピリの喪明けの儀礼のさいの宣言は、次のようなものであった。

「明日から、元村長グンドゥザのボナの儀礼の準備を始めます。徹夜の踊りをおこなう日は八月二七日になります。それをめがけて、女の人たちは、明日から酒造りを始めてください。一方、男たちも、明日から、ニャウを水から引き上げにかかります」。

このように、ニャウは、男たちが水から引き上げて、地上に現れてくるのだと語られる。ニャウの秘密を守る語り口のひとつである。この翌日から、女たちは村で酒造りを、男たちは森にこもって、木の枝や草を編み、大きなかぶりもの形の仮面「ニャウ・ヨレンバ」の製作を進めていくことになる。

ちなみに、適齢に達した少年たちのニャウへの加入儀礼も、こうした喪明けの儀礼の機会をとらえておこなわれる。少年たちは、儀礼の準備の開始が宣言された、その同じ夜から、導師（ニャムクングウィと呼ばれる）役のニャウの結社のメンバーの男のもとに隔離される。以後、喪明けの儀礼の終わるまで、少年たちは、夜はその導師の家に寝泊りし、夜が明ける前から、ニャウ・ヨレンバの製作される秘密の場所に行って一日を過ごし、夜は人びとが寝静まってから導師の家に帰るという日々を送ることになる。この期間、少年たちは、メンバーの男たちが進めるニャウ・ヨレンバの製作や、覆面・木製仮面の補修を手伝うことで、ニャウにまつわる秘密を明かされるとともに、秘密を守るための掟や、一人前の男性としてのたしなみについての教えを受けるのである。

死者と生者の交歓

女たちが村で酒造りを進めている間、作業が新たな段階を迎えると、その最初の作業はかならずニャウが手伝うものとされている。たとえば、粉つきの作業が始まるとき、あるいは水に漬けて発芽させたトウモロコシを水から引き上げる作業を始めるとき、さらには、酒造りのための大量の水を汲みにいくとき、カスィンジャやカングウィングウィと呼ばれる、鳥の羽根の覆面をかぶったニャウが森から村に現れ、女たちと共同で作業を進める。

カスィンジャは、目の荒い袋状の網一面に鳥の羽根を結びつけた覆面をかぶり、腰に樹皮を割いて作った短い蓑をまとっている。体の露出した部分には、墓場の赤土を塗りつける。このニャウが死者の霊の化身だということは広く認識されている。このため、カスィンジャがやってくると、喪に服している死者の親族は大きな声をあげて泣く。

一方のカングウィングウィもいでたちは同じであるが、甲高い声をあげるのが特徴である。カングウィングウィは、手にもった斧や鞭で、人びとを脅し、遠ざけては、ニャウ・ヨレンバ作りに必要な材料や食料を調達して回る。カスィンジャのさきがけの役割を果たすのも、このカングウィングウィの仕事である。

カスィンジャやカングウィングウィなど、村へやってきたニャウの踊り手は、ひとしきり作業を手伝うと、手の空いている女を見つけては、からかいにかかる。それを機に、ニャウと女たちの間で、延々と、歌を交えた冗談の掛け合いが始まる。歌の文句も、掛け合いの言葉も、たがいに相手の性的な行為や性器をののしるという、特異な内容の冗談の掛け合いである。たちまち、あたりは爆笑の渦に包まれる。

通常の生活のなかでこのような性的な冗談を言うことは、大変な侮辱とされ、賠償を請求されることすらある。ただ、例外的にこうした性的な冗談のかけあいが許されている男女間の関係がある。それは、交叉イトコの関係にある男女の場合である。チェワの社会では、交叉イトコ同士の男女は伝統的に最も理想的な結婚相手の関係とされている。死者の化身とされるニャウと女たちとの性的な冗談の掛け合いは、死者と人間が、理想的な結婚相手になぞらえられるような、きわめて親密な関係に入ったことを示唆する。それによって、死者の霊がなだめられると考えられているのである。

徹夜の仮面舞踊

酒造りが進み、あと一日、火にかければ酒が出来上がるという日の前夜、村の中の広場で徹夜の仮面舞踊が繰り広げられる。この夜には、近隣に見られるさまざまなニャウが登場する。数々のニャウ・ヨレンバが登場するのも、この夜である。男たちは、この夜に備えて森にこもり、何日もかけてそれぞれのニャウ・ヨレンバを製作してきたのである。それを顕彰するため、ニャウ・ヨレンバが登場するときには、そのつど、ニャウのリーダーから、次のような告知がなされる。

「マチェテ、マチェテ。　　静かに、静かに。
イゾ、イゾ、イゾ、イゾ、ニャマ・イゾ。　　この、この、この、この、この獣。
ヤチョケラ　ム　ムズィ　ワ　カリザ、　　この獣は、カリザ村からやってきた。
ンディエ　ムティマ　ワ　ジョゼフ　　カリザ村のロニカばあさんの息子、
ムワナ　ワ　ロニカ。　　ヨセフの心だ。」

すると女たちが声を合わせて答える。

「アー、アジョゼフ、　　アー、ヨセフさん。
アレメラ、パカンバ！　　まあ、うらやましいこと、お家にねえ。
アジョゼフ、アジョゼフェー！　　ヨセフさん、ヨセフさーん！」

リーダーは、そのニャウ。ヨレンバの中心的な製作者の名前を告げる。「ヨセフの心だ」というのは、ニャウのメンバーには「ヨセフが作った」と理解されるが、女たちには「ヨセフがその獣を捕まえた」と了解される。それゆえ、女たちは「まあ（いい獲物を手に入れて）うらやましいこと。お家に（そんな大きな獲物が）ねえ」

図 7-3　ハイエナ（前）とカメ（後）をかたどったニャウ・ヨレンバ　1985 年撮影。

と答えるのである。

ニャウ・ヨレンバの多くは、カモシカやゾウ、ライオン、ハイエナ、カメなど、森に住む野生動物をかたどったものである（図 7-3）。しかし、それだけに留まらない。

ムツィタ・ンペポと呼ばれるニャウ・ヨレンバは、長さ一〇メートル、中に二〇人前後の人間が入る長大なものである。ムツィタ・ンペポとは「風塞ぎ」という意味であるが、「陰にいると風が来ない」ために、この名がついたという。何をかたどったものかは定かでないが、頭部と尾部にそれぞれ角と尾がつけられるところを見ると、それが森に住む野生動物の一種としてイメージされていることは間違いない。

カチャラと呼ばれるニャウ・ヨレンバもある。「カチャラ」とは、「指」の意味である。円錐形の体躯から伸びた手の先に長い指が付いていることから、そう呼ばれる。このニャウは、邪術師（ンフィティ）

図 7-4　ヘリコプターをかたどったニャウ・ヨレンバ「チョーパ」、1992 年撮影。

図 7-5　死者の家の前で踊るニャウ・ヨレンバの一種「カスィヤ・マリロ」。その名は「死者を送り届けるものの」を意味する。1985 年撮影。

を表したものだという。チェワの人びとの間では、人間の死の大部分が、誰かが邪術すなわち邪悪な呪いの術を使った結果引き起こされたものだと考えられている。事実上、死の唯一の原因とされている邪術師である。邪術師には、そうした人物にふさわしい、通常の人間では考えられないさまざまなイメージが付与されている。まず、邪術師は、特別な薬を使い、人を呪い殺すという。さらに、動物に姿を変えて人や家畜を襲い、夜は墓場に集まって死者の肉を食べると言われる。カチャラというニャウ・ヨレンバは、まさにそのような邪術師の姿を表している。つまり、その長い指で、墓から遺体を掘り出すさまを示しているというのである。

ニャウ・ヨレンバには、また、家畜の牛や自動車のかぶりものも含まれる。さらに一九九二年のカリザ村の元村長グンドゥザの葬儀では、チェワの仮面史上初めてと考えられる、ヘリコプターのニャウ・ヨレンバ「チョーパ」が登場した（図７-４）。モザンビークの内戦のあおりを受け、モザンビーク政府軍に押されて国境地帯にまで後退してきた反政府組織ＲＥＮＡＭＯ（モザンビーク民族抵抗運動）が、その前々年から前年にかけ、食料確保のため、国境を越えてザンビア側に侵入し、村むらを襲撃して略奪を働いた。このため、ザンビア軍が救援のために出動し、村の近くの小学校の校庭がヘリコプターの基地となった。ヘリコプターを初めて目にしたこの地域の人びとは、この一九九二年の葬儀で、ヘリコプターのニャウ・ヨレンバを作り出し、軍のなかでのヘリコプターの英語での呼称“chopper”にちなんで「チョーパ」と名づけたのである。

ニャウ・ヨレンバ以外のニャウで、この徹夜の舞踊のさいに最も多く登場するのは、やはりカスィンジャやカングウィングウィという、鳥の羽根の覆面をかぶった踊り手である。木製の仮面をかぶったニャウの姿はさほど多くは認められない。かかがり火が焚かれるとはいえ、夜の闇の中では、仮面の色や細工はほとんど認識されないことが大きな理由だと考えられる。

夜明け前になって、何体ものニャウ・ヨレンバとともに、ひときわ大きなアンテロープ（カモシカ）の姿をしたかぶりものが現れる。このアンテロープのかぶりものは、とくにカスィヤ・マリロ「死者を送り届けるもの」と呼ばれている。カスィヤ・マリロは、死者の家の前へ行き、ひたすら旋回を繰り返す（図7-5）。その折に歌われるは、次のようなものである。

「イウェ　エ　デー　おまえ
ワクウェニェレラ　ようやく近くへ来てくれた
スウジャ　ウマカナ　カレ　いつもいやだと言っていたくせに」

夜明け前、踊りを終えたカスィヤ・マリロは、他のかぶりものとともに、森に姿を消す。森に入ると、カスィヤ・マリロをはじめ、すべてのニャウ・ヨレンバに、いっせいに火がかけられる。

チェワの人びとの観念によれば、死者の霊（チワンダ）は遺体の埋葬後も地上に残り、村の内外をうろつきまわっていると考えられている。一方、祖先の霊（ムズィム）は、風のように姿もみせず、世界を自由に飛びまわっており、いつか死者の子孫のなかに生まれ変わってくるとされている。カスィヤ・マリロが、死者の家の前で繰り返し踊るのは、まだ地上に残っていた死者の霊を取り込むためである。そのカスィヤ・マリロが燃やされ、そこから立ち昇る煙が風の中に消えたとき、死者の霊も祖先の霊の仲間入りをしたとみなされるのである。

昼間の舞踊、儀礼の終幕

夜が明けると酒が出来上がる。人びとはそのまま一日中、出来上がった酒を飲み続ける。昼過ぎ、再び仮面舞踊が始まる。昼間に大規模な仮面舞踊が催されるのは、この機会が、喪明けの儀礼の全期間を通じて最初で最後である。そして、カンピニやマカンジャなどと呼ばれる木製仮面をかぶった踊り手が多く登場するのも、この機会に限られる。

この日の昼間の踊りは、儀礼が滞りなく終わったことを喜んで、死者が、すでに墓場に入っていた祖先たちとともに今一度地上に現われる機会だとされている。

その点でまず目を引くのは、ムビヤ・ゾドーカというニャウである。ムビヤ・ゾドーカとは「割れた壺」を意味する。このニャウは、死者が、副葬された土器の破片をもって墓場から出てきたところを表している。このため、踊り手は、ふんどしを巻いただけのほとんど全裸の姿で、体一面に墓場特有の赤土を塗って登場する。そして、割れた土器を頭の上に乗せ、左手で支えたまま、左右の足を小刻みに前後させる。

カンピニという踊り手も、墓場から出てきたものとされている。踊り手は、人の顔をかたどった木製仮面を着け、手には斧をもつ。腰には動物の皮を巻いている。チェワの長老男性の伝統的ないでたちを模したものである。かつて亡くなった長老が、生前と同じ姿をとって、この世に現れたものだというのである。踊り手は、次のような歌に合わせて踊りを演じる。

「アムダラ　コディ　ムワゴナ　　長老よ寝てしまったのか
ムワゴナ　トゥロ　　眠ってしまったのか
ウカニ　クワチャ　　起きろ　朝だ
タンバラ　ワリラ　　雄鶏ももう鳴いた
アムダラ　リレリレ　　長老よ　泣け　泣け」

一方、マカンジャというニャウは、竹馬に乗って踊る。踊り手は、足を長さ一メートルの竹馬にくくりつけ、

図 7-6 「マカンジャ」。亡霊の姿を表したとも、水鳥を表したものともいう。
2007 年撮影。

その上から布を巻いて竹馬で隠してしまう。この状態で走り回ったり、ジャンプを繰り返したりする。高度の熟練のいるニャウである（図7-6）。このニャウが、何を表したものなのか、じつのところ、よく分からない。チェワの人びとのなかで、死者の亡霊を見たという人は、「亡霊は見上げるように背が高かった」と報告することが多い。一説によれば、このニャウは死者の霊のそのような姿を表したものといわれる。しかし、足の長い水鳥を表すという人もいる。マカンジャの踊りの伴奏の歌に、足の長いこのニャウを水鳥にたとえたものがあるためである。

この日の昼間の舞踊には、死者と直接関係のない仮面も登場する。白人の女性を表すマリア、あるいは宣教師をはじめとした白人の男性のふるまいを揶揄するスィリモニ——その名は聖シモン・ペテロに由来するが、ペテロを表すというより、白人の男性一般を表象している——などの仮面である。夕刻、残っていた酒が、女たちとニャウの男たちに配られるのを機に、すべての舞踊が終わる。

翌日は、カオレ・ドーティ「灰捨て」の日である。ニャウ、とくに鳥の羽根の覆面をかぶったカスィンジャが酒造りで出た火床の灰をゴミ捨て場に捨てる。灰（ドーティ）とともに死者の遺した穢れ（ドーティ）もまた捨て去られるのだという。この段階で、死者が住んでいた家も、ニャウの手で壊される。一方、儀礼の期間中、親元を離れて隔離され、ニャウのメンバーとしての教育を受けていた子どもたちも、ニャウに伴われて親元に送り届けられる。

すべての作業が済むと、ニャウは女たちを引き連れて、死者の親族の家へ行き、家の前でひとしきり踊りを演じる。この踊りはウリラ「泣くこと」と呼ばれている。遺族の女たちは号泣する。死者の霊が親族に別れを告げているのだという。女たちは、死者の霊を帯びたニャウ・ヨレンバが森の中で燃やされることを知らされていない。女たちにとっては、踊りを終えたニャウが森の彼方に消えるときこそ、死者の霊が祖先の世界に旅立つときだと認識される。かくして、喪明けの儀礼「ボナ」は幕を閉じることになる。

原初の世界のイメージ

儀礼は終わった。およそ二週間の間、人びとは眠る時間すら惜しんで、歌い、踊り、泣き、笑った。ニャウが、人びとの言うように死者の霊を体現したものだとすれば、この期間を通じて、村は死者の霊によって占拠され、死者の霊と人びとが直接ふれあったことになる。しかし、それならばなぜ、そのような場に、ニャウ・ヨレンバという、野生動物をかたどったものが登場しなければならないのだろうか。

チェワの村での滞在を重ねても、私の疑問に答えてくれる人は、なかなか見つからなかった。人びとは、「それがしきたりだから」とか、「分からない」としか答えてくれない。考えてみれば、それも当然のことである。ボナの儀礼をおこなう人びとにとって重要なことは、カスィヤ・マリロ「死者を送り届けるもの」というニャウ・ヨレンバの名からもうかがえるとおり、死者の霊を祖先の世界に送り届けることである。そのためには、定められた手順に従って儀礼を運びさえすればよい。手順を間違えれば、儀礼の目的は達せられず、重大な結果が引き起こされるかもしれないが、なぜそのような手順が必要なのかを知らなくとも何ら支障はない。いや、その手順がなぜ必要なのかを問うこと自体、儀礼の効力に疑念をさしはさむことになりかねない。儀礼は、そもそも、それについて語るためにあるのではなく、おこなうためにこそある。結局、わたしの疑問に答えてくれたのは、日々、事の筋道を説いて人を説得することにたけた、占い師兼薬草医の一人、セベリノ・ピリであった（一九八五年一〇月二日、聞き取り）。

「人間と動物はもともと神がお造りになられた。だから、大昔には、人間と動物は一緒に仲良く暮らしていた。人間が腹を空かせたときにも、ただ空を仰いで『ショモ　ムレンガ　神よ恵みを』というだけで、動物が勝手に死んで肉になってくれた。ところが、人間が人を妬み、邪術などといったことを始めたので、神が怒って人間と動物を引き離してしまわれた。それ以来、人間は腹が減れば狩りをして動物を追わなければならなくなった。一方、動物は人間から逃げ、たまに遭遇すると、人間に怪我や病気をもたらすようになった。ただ、今でも、死者が神のもとに帰るボナの儀礼のときだけは、動物たちも昔のことを思い出して村へやってくる。そして、死者のために人間とともに泣いてくれるのだ」

喪明けの儀礼ボナにさいして、世界は元の姿に戻るというのである。チェワの人びとは、その世界の原型を、人間と動物が一体となった状態としてイメージしている。だからこそ、ボナの儀礼に野生動物をかたどったニャウ・ヨレンバが登場するのである。カスィヤ・マィロが登場するときに歌われる「いつもいやだと言っていたくせに、ようやく近くへ来てくれた」という歌の意味するところも、薬草医セベリノ・ピリの語ったこの物語の内容と重なっている。というより、ここで語られた「解釈」自体が、儀礼の最も重要な場面で繰り返し歌われるこの歌によって支えられ、受け継がれてきたものだと考えるほうが妥当であろう。

では、そのようなニャウ・ヨレンバのなかに、野生動物ならぬ、牛や邪術師、果ては自動車やヘリコプターまでが含まれるのは、どういうわけなのだろうか。あるボナの儀礼の機会に、ニャウ・ヨレンバを製作中の男たちに聞いてみたことがある。なかのひとりは、そばにいたもうひとりのメンバーと顔を見合わせながら、「そういうものは、もともとチェワの村になかったものだからなあ」と答えた。

なるほど、たとえば、チェワの人びとの間で牛が大量に飼われるようになったのは、一九世紀の末、大規模な牧畜をおこなう民族ンゴニと接触して以降のことである。鶏やブタなど、チェワの人びとが古くから飼育している家畜の小屋が村の中に築かれるのに対し、牛囲いだけは、今も村のはずれに築かれる。牛が、村の外の存在と見なされている証しである。

村の外の存在という点は、カチャラなど、邪術師を表したニャウ・ヨレンバにもあてはまる。人間に死をもたらす事実上唯一の原因とされているのが邪術師であるが、邪術の行使を告発され、有罪を宣告された人物は、村から追放されるのが常である。邪術師は、通常に人間には考えられないさまざまな能力をもつとされるが、そこに込められているのは、そのような人物はチェワの人間ではない、チェワにはいない、いるはずがないというメッセージである。だからこそ、邪術師だと断定された人間は、村から追放されるのである。

このほか、自動車やヘリコプターがチェワの村の外からやってきた存在であることは言うまでもない。つまるところ、チェワの人びとにとって、牛も、邪術師も、そして自動車やヘリコプターも、村の外からやってきたものにほかならない。それらは、村の「内」と「外」、「村」（ムズィ）と「森」（チレ）という区別からすれば、いずれも村の「外」、つまり「森」に属し、その限りにおいて、野生動物と同じカテゴリーに包含されるというわけである。

しかし、考えてみれば、ニャウ・ヨレンバに限らず、一般のニャウが体現するという死者の霊自体が、本来、村の「外」＝「森」に属する存在である。死者の遺体は、けっして村の中には葬られず、村はずれの森の中に設けられた墓地に埋葬される。また、死者を体現したニャウに混じって登場する白人を表す仮面もまた、村の「外」からやってきたものにほかならない。とすれば、ニャウとニャウ・ヨレンバの別を問わず、ニャウの結社の仮面は、すべて村の「外」の存在を可視化したものだということになる。絶えず新たに生起する外来の現象をニャウが柔軟に内部に取り込みうる理由も、その点に求められる。自動車やヘリコプターをかたどったニャウ・ヨレンバの登場というきわめて現代的な現象は、近年の文化変容による伝統文化の崩壊の表れなどではなく、むしろニャウの仮面に内在する伝統的な原理の必然的展開として理解されるのである。

4　「異界」の表象としての仮面

ここまで、私が過去三〇年以上にわたってかかわりをもち続けてきたザンビア、チェワ社会における仮面結社の活動を、儀礼に即しながら振り返ってみた。それは、日本から遠く離れた、読者には無縁の世界での出来事として映ったかもしれない。しかし、ここで確認した儀礼を支える思考の枠組み、すなわち仮面をともなう儀礼において、「村」と「森」の区別、人間の生活世界の「内」と「外」の区別が重要な意味をもっているというのは、けっしてチェワの事例に限られるものではない。それは、じつは世界各地の仮面の儀礼に普遍的に見られる特徴であり、日本各地の仮面の芸能や、さらには、テレビや漫画に登場する仮面のヒーローの物語にも通底するものである。そして、仮面の多くに動物のイメージが組み込まれていることも、その同じ思考の枠組みのなかで理解される。

地域や民族、さらには時代を問わず、世界の仮面に共通する特徴としてまず第一に挙げられるのが、ほかでもない、それが人びとにとっての「外」の世界、言い換えれば人間の知識や力の及ばない世界、つまり「異界」の存在を目に見える形に仕立て上げたものだという点なのである。ここで見たチェワ社会の仮面をはじめ、アフリカやメラネシアにおける葬儀や成人儀礼に登場する死者の霊や精霊、動物を表す仮面だけではない。ヨーロッパで言えば、ギリシアのディオニソスの祭典に用いられた仮面から、現代のカーニヴァルや五月祭、越年

図 7–7　ジャック・イン・ザ・グリーンの行列。5月の初め、メイ・デイの祭りに、体全体を緑の葉で覆った仮面が登場し、町を練り歩く。夏の精霊をこうして迎えるのだという。イギリス、ヘイスティングズ。1991 年 5 月撮影。

祭に登場する異形の仮面（図7-7）に至るまで、また、日本で言えば、能・狂言や民俗行事のなかで用いられる神がみの仮面【図7-8】から、現代の月光仮面（「月からの使者」と言われる）やウルトラマン（M78星雲からやってきた人類の味方と言われる）に至るまで、仮面は常に、世界の変わり目や時間の変わり目において、「異界」から一時的にやって来て、人とまじわって去っていく存在を可視化するために用いられてきた。そこにあるのは、「異界」を、「村」と区別される「森」に設定するか、「町」と区別される「山」に設定するか、「地球」と区別される「月」に設定するか、あるいは「銀河系」と区別される「別の星雲」に設定するかの違いだけである。たしかに、入手できる知識の増大とともに、人間の知識の及ばぬ領域＝「異界」は、村や町を取り巻く森や山から、月へ、そして宇宙の果てへと、どんどん遠のいていく。しかし、世界を改変するものとしての「異界」の力に対する人びとの憧憬、「異界」からの来訪者への期待が変わることはなかったのである。

ただ、仮面は「異界」からの来訪者を可視化するものだとはいっても、それはけっして視られるためだけのものではない。それは、あくまでもいったん可視化した対象に人間が積極的にはたらきかけるための装置であった。仮面は、大きな変化や危機にさいして、人間がそうした「異界」の力を一時的に目に視えるかたちにし、それにはたらきかけることで、その力そのものをコントロールしようとして創りだしてきたもののように思われる。そして、テレビの画面のなかで繰り広げられる現代の仮面のヒーローたちの活躍もまた、それと同じ欲求に根ざしているのである。

仮面のなかに動物、とりわけ野生動物をかたどったものが多くみられ、仮面の儀礼で野生動物の仮面が重要な役割を果たすのも、それが、「異界」、人間の生活世界の外の存在を代表するものであるからにほかならない。人間の思考において、野生動物は、自らのコントロールのきかぬ存在として、まっさきにイメージされるものであるらしい。世界のさまざまな地域において、人びとが、動物の仮面を生み出し、動物を精霊や神として信

図 7–8　ナマハゲ。大晦日に家々を回り、子どもたちを脅し、祝詞を述べることで、新たな年をもたらしてくれる来訪神の行事である。男鹿半島、戸賀にて。2005 年 12 月 31 日撮影。

仰してきた理由は、そのあたりにあるように思われる。

私たちは、こうして、本章の冒頭で紹介した、子どもたちから仮面についてしばしば突きつけられる疑問、つまり「仮面って、どうしてみんな、宇宙人みたいな顔をしているの。どうして、野生動物の仮面がこんなに多いの？」という疑問へのひとつの回答を手にしたことになる。野生動物とは、私たちの生活圏の外の存在にほかならない。また、宇宙人を一度も目にしたことのない私たちが抱く宇宙人のイメージとは、自分たちの未知の存在のイメージ、すなわち「異界」のイメージの結晶にほかならない。世界の仮面を眺めてみて子どもたちが、そして私たちが抱く印象は、けっして、ただの思いつきなどではなかった。それは、「異界」の存在を目に見えるかたちにしたいという、人間の奥深い欲求の核心にふれる直感だったというべきであろう。

このように考えれば、あるいは、牧畜を主たる生業とする社会で仮面の製作や仕様が確認されない理由も、ある程度推測がつくかもしれない。極論のそしりを恐れずに言うなら、牧畜社会、とくに遊牧をおこなうような社会では、人は家畜と共に広範囲に移動することを強いられ、人間が住む場所とその外の空間を固定的にイメージすることは難しくなる。そのとき、「異界」は森や山とそこに住む魑魅魍魎というのではなく、この地上に対する天空に設定され、一神教的な至高神への信仰につながったとは言えないか。もとよりこれは、妄想の域を出ない私見である。

少なくとも、本書の読者は、本章で示した「自らの世界」と「異界」との区別が、デスコラが、本書第Ⅱ部冒頭の「野生」と「馴化」で提示した、アマゾンの民族アチュアールにおける「アラム」（植えられたもの）と「イキアミア」（森の精霊にそだてられたもの）」といった区別、あるいはマリリン・ストザーンが紹介したニューギニア高地のマウント・ハーゲンにおける「ムボ」（栽培されたもの）と「ルーミ」（人間の力の及ばない、精霊たちの世界に属するものすべて）との区別（Strathern 1980）と同根のものであることを確認するに違いない。それはたしかに単純な「文化」と「自然」の区別に収斂するものではない。仮面の慣習は、むしろ、人間の力と、人間の力の及ばぬ領域の力を区別し、その力を畏敬するとともに人間の側に取り込もうという、より普遍的な人間の認識のあり方に根差したものだと言わなければならない。

文献

吉田憲司（1992）『仮面の森―アフリカ・チェワ社会における仮面結社、憑霊、邪術』講談社。

——（2001）『世界の仮面』（みんぱく発見⑥）千里文化財団。
——（2016）『仮面の世界をさぐる―アフリカとミュージアムの往還』臨川書店。
吉田憲司編著（1994）『仮面は生きている』岩波書店。

Appadurai, Arjun ed. (1986) *The Social Life of Things: Commodities in Cultural Perspective*. Cambridge University Press.
Belting, Hans (2001) *Bild-Anthropologie: Entwürfe für eine Bildwissenschaft*. W. Fink.（ハンス・ベルティンク『イメージ人類学』（仲間裕子訳）平凡社、2014）
Didi-Huberman, Georges (1990) *Devant l'image: questions posées aux fins d'une histoire de l'art*, Éditions de Minuit.（ジョルジュ・ディディ＝ユベルマン 2012『イメージの前で　美術史の目的への問い』（江澤健一郎訳）法政大学出版局。）
Gell, Alfred (1998) *Art and Agency: An Anthropological Theory*. Clarendon Press.
Kwon, Miwon (2001) Experience vs Interpretation: Traces of Ethnography in the Works of Lan Tuazon and Nikki S. Lee. In Alex Cole (ed.) *Site-Specificity: The Ethnographic Turn*. Black Dog Publishing.
Miller, Daniel (1987) *Material Culture and Mass Consumption*. Basil Blackwell.
Strathern, Mariryn (1980) No Nature, No Culture: The Hagen Case. In C. MacCormack and M. Strathern (eds.) *Nature, Culture and Gender*. Cambridge University Press.
—— (1991) *Partial Connections*. Rowman and Littlefield. Re-issued by Alta Mira Press (2004).
Viveiros de Casttro, Eduardo (1998) *Cosmological Perspectivism in Amazonia and Elswhere*. Hau Books.

第8章　「形象化の人類学」の射程

下山大助

フィリップ・デスコラは、二〇〇六年の講演「イメージの製造所」(Descola 2006、「形象化のアトリエ」として本書第Ⅳ部に訳出)において、従来の「芸術人類学」(F・ボアズ、A・ジェルなど)や「イメージ人類学」(H・ベルティングなど)といった試みに対するアンチテーゼとしての「形象化の人類学」(anthropologie de la figuration)を提唱した[1]。以来、二〇一四年に至るまで、じつに九年間のコレージュ・ド・フランス講義およびゼミナールが、美学的問題に対する人類学的アプローチに向けられたものとなっている[2]。二〇〇五年の著書においても垣間見られるこうした美学的関心は、近年に至るまでのデスコラ人類学において重要度を増してきたと言える。その背景には、人類学・民族学・美術史・美学といった諸分野間における問題の共有という、意識の高まりがあることは言うまでもない[3]。だが、デスコラ人類学がこのような軌跡をたどったことには、どのような内的必然性、

［1］ボアズのアプローチについては大村(2011)、ベルティングのアプローチについては加藤(2016)、吉田(2016)による批判を参照のこと。

［2］本章では、コレージュ・ド・フランスホームページ(www.college-de-france.fr)で公開されているこれらの講義・ゼミナールの年間レジュメを元に考察を進めることとする。

［3］たとえば、雑誌*L'homme* 二〇〇三年一月号所収の諸論文(特にSeveri 2003a, 2003b)、Dufrêne et Taylor(2007)所収の諸論文、および田

そして意味があるのだろうか。

本章では、この問いについて考察することで、デスコラ人類学において「美学」的次元がもつ意味、そしてそれを媒介として新たな地平を拓こうとする、デスコラの戦略を明らかにすることを試みる。その中で、「形象化の人類学」のもつ可能性と限界が示されるだろう。

1　「自然の人類学」から「形象化の人類学」へ

(1)「自然の人類学」とは何か

デスコラの人類学的思考の中核的部分は、アマゾニアでの三年間のフィールドワークで得られた経験と知見に基づいた最初の著書『近みの自然』[4](Descola 1986) において、まず提示される。その後、『自然と文化を超えて』(Descola 2005) においてその人類学的思考はさらに一般化・精緻化され、十全に展開することとなる。一方、「形象化の人類学」は「自然の人類学」の部分をなすものであると同時に、その一つの移行・変形としても見ることができる。では、「自然の人類学」とは何だろうか。ここではその概要を把握しておこう。

デスコラは、そのコレージュ・ド・フランス教授就任記念講義の冒頭、アレクサンダー・フォン・フンボルト (Alexander von Humboldt, 1769–1859) について次のように述べている。環境科学としての地理学の創始者であり、地質学者・植物学者でもあったフンボルトは、ヴェネズエラのオリノコ川流域や、アンデス・メキシコの高地を訪れたさい、当地に暮らす人びとの命運は「その土地、気候、植生のみならず、移住、財や思想の交換、民族間紛争、そして、たとえ間接的にであれ、スペインの植民活動がもたらす苦難、といったものの函数であること」を示そうと努めていた、と（Descola 2001a: 6）。フンボルトのこうした態度は、デスコラのアチュアール族研究にそのまま当てはまる。他方、デスコラは、フンボルトが「人間の自然史（l'histoire naturelle de l'homme）が自然の人間史（l'histoire humaine de la nature）と切り離し得ないことを直感していた」（*ibid.*）と語る。この「直感」こそまさに、「自然の人類学」においてデスコラ自身を動機づけているものにほかならない。すなわち、「自然の人類学」とは、自然を「人間化」（anthropisation）の観点からとらえること、いわば自然を「人類学する」ことを目指すものだ。西欧は数世紀にわたって「人間不在の自然」と「自らにおいて自然的なものを克服した人間」というアンチノミーを措定してきた。それゆえに、「自然」の「人類学」とは一見「撞着語法的」な定義であるが、そこから出発することにより、このアンチノミーがもたらす思考のアポリアを浮彫りにし、その解決を探ることが可能となる（Descola 2001a: 14–15）。そのために人類学は、「ヒト」を通り越して、ヒトに結びついたあらゆる存在の共同体をもその研究対象に含めるという「途方もない挑戦」に挑まなくてはならない（Descola 2001a: 19–20）[5]。アマゾニアについて見る限り、自然・超自然のあらゆる存在者に共通の参照項とは、

中 2010 等を参照。近年では、Alloa (éd.) 2010 および Alloa (éd.)（2015）に所収の各論文を参照。

［4］同書の書名（*La nature domestique*）についてはひとこと説明を要するであろう。デスコラはアチュアール族の生態環境に対して、アリストテレスの「オイコス」（家）の語に基づく一般的な理解としての「ドメスティック」の概念をそのまま適用しようとはしない（Descola 1986: 398）。デスコラによれば、アチュアール族にとって自然はそこでは「馴化される（domestiquée）わけでもなければ馴化しうる（domesticable）ものでもなく、ただ単に馴れ親しんだ（domestique）もの」なのである。フランス語の“domestique”の語は正確な日本語にすることが難しいが、ここでは、あえて意訳して『近みの自然』とした。

［5］アチュアール族においては、「自然のあらゆる存在者は、人性のいくつかの属性を有しており、彼らを支配する法則は、だいたい市民社会のそれと同じである。人間と、植物、動物、流星のほとんどは人格（aents）であり、霊魂（wakan）と自立的な生を備えている」（Descola 1986: 120）。他に Descola（2004: 22–25, 2005: 19–57, 65–70）などを参照。

種としての人間ではなく、条件としての人間なのである（Descola 1986: 120, 1999: 27［本書三七頁］, 2005: 30）。

（2）「だまし絵」の自然

デスコラがその著書『近みの自然』（Descola 1986）において示そうとしたことの一つは、アチュアール族が生活するアマゾニアの環境は、近現代人が憧憬・畏怖を込めて想像したような「生のままの自然」などではまったくなく、数千年にわたって「人間化」（anthropisée）されてきた自然であり、さらには（象徴的な意味で）高度に「社会化」された自然であるということだった（Descola 1986; 2005: 70, 556 n. 11; 2013: 687）[6]。アチュアールの伝統的な居住方式では、平均して一〇年から一五年ごとに、新たに森の一画を伐採して焼き払い、家と庭を造って移り住む（Descola 1986: 45; 2004: 22）[7]。庭には農園が作られ、食用・有用植物が栽培される。また彼らは、動植物や無機物、森・風景の一部に至るまで人格を付与し、住居・庭園内の区画や周辺の空間に、ことごとく象徴的意味をもたせる。こうして、我々が自然と呼ぶものは、物質的次元、象徴的次元において、くまなく社会化される。一方、放棄された居住地・庭園は、じきに二次植生によって覆われ、原生林とほとんど見分けがつかなくなる。デスコラがいみじくも「だまし絵の自然」（Descola 2005）と名づけたこのアマゾニアの自然は、一八世紀に生きた博物学者G・L・ビュフォンに次のように語らせたのだった。「［アマゾニアのインディアンたちは］もともと第一級の動物でしかなく、自然にとって取るに足らない、自然を改変することも補佐することもできない、無力な自動人形のごときものだった」、と（Buffon 1846: 281）[8]。ビュフォンはまさに、この自然の「だまし絵」にだまされたのである。もっとも、それは近代初期に支配的であった発展段階論に基づく「心のだまし絵」がそこへ投影されたものに過ぎない。逆説的ではあるが、西洋近代において確立した自然と文化の二元論によって世界を見ることをやめたとき初めて、我々は「自然」そのものと、「文化化（社会化・人間化）された自然」との間の微妙な差異を見ることができるようになるのだ。[9] それは、獣の足跡やフン、折れた枝や踏みしだかれた葉や草、牛の模様の微妙な違いといった、自然の中における差異を解読すること——もちろんそれは視覚だけに限られた営みではない——に通じている。[10]

［6］アマゾニアにおいて、数千年にわたる移動式焼畑農園栽培および造林活動が、森林の植物相構成に根本的な変化をもたらしたのは、ヤシの仲間や食用果物など、一部の非馴化種、および、馴化後に野生化した種の集中を促進したためだとされる（デスコラによるW・バレの引用）（Descola 2005: 556 n. 11）。

［7］彼らが移動を余儀なくされるのは、土地が痩せるからではなく、近隣での狩猟鳥獣の減少や、家屋の寿命が限られているためである（*cf.* Descola 2004: 146）。

［8］デスコラによる引用（Descola 1986: 10）。

［9］「自然」との対比における「文化」も、あくまでも「文化」の数多くの定義の一つに過ぎない。Ellen & Fukui（1996）、Descola（2005: 110–118）などを参照。

［10］アチュアールの若者は誰であれ「数百の鳥を外見で見分けたり、彼らの鳴き声をまね、彼らの習慣やすみかを言い表したりすることができる。また彼はあたかも、先にそこを通ったサルがしたばかりの小便に引き寄せられて、木の根元をひらひらと舞うチョウのごとく、ほとんど見えないような手がかりから、獣の辿った道筋を見つけ出すことができる。」（Descola 2005: 147）。

2 「形象化の人類学」の理論的位相

（1）「形象化」（figuration）とは何か

一九世紀以来、一方では人類学・民族学、他方では美術史・美学が、「芸術」「芸術品」「美」といった語の定義をめぐって対極的な立場をとり続けてきた[11]。今日、両者が対象としようとする「芸術」はすでにあらゆる定義をすりぬけ、M・ブロックが言うように、もはや定義不可能なものになっている（Bloch 2009: VII）。A・ジェルがそうしたモノを「芸術のような」（art-like）と表現するのは、そのためだ（Gell 1998: 15）。デスコラはそのアポリアを解決するために、「芸術品」という概念自体を廃し、代わりに「形象化」（figuration）または「イメージ化」（mise en image）の概念を用いることを提案する（Descola 2006; 2015: 134）。「形象化の人類学」においてデスコラが最も重視することは、「芸術」「美」といった概念を自明のものとして前提することなく、それらのモノを人類学的対象として一般化することだ。したがって、デスコラの立場は「芸術」の相対化という意味ではT・インゴルドの人類学に、また、一般人類学理論の提唱という意味ではジェルのそれに近いと言える[12]。

さて、「形象化の人類学」は「自然の人類学」を補完すると同時に、その構造と構成要素を逆照射する役割をもつ（Descola 2005: 166）。他方、「形象化の人類学」は、従来の「芸術人類学」や「イメージ人類学」、およびそれに類する研究、美術史、哲学的美学とは異なる方法、対象、領域をもつものとして定義される（Descola 2006, 2010a, 2015）。デスコラ曰く、これまでおこなわれてきた「人類学」の名を冠したイメージ・芸術研究は、西欧の「芸術」・「美」の観念や感覚を基準とした美術民族学とでも呼ぶべきものに終始しており、人類学の一般理論を追求するものではなかった（Descola 2006: 168：本書三〇七頁）[13]。人類学理論なき「イメージ人類学」を根底から批判するデスコラが、C・レヴィ＝ストロースの一部の業績を除いて唯一、一般人類学理論に基づく芸術人類学であると認めるのは、ジェルの仕事、とくにその遺作『芸術と作用因』（Gell 1998）である。デスコラはジェルの「作用因」（agency）理論を援用し、「形象化」を次のように定義する[14]。

> 形象化とは、製作、改造、装飾、展示などの行為を経て、何らかの物質的な対象に、社会的に定義されたある「作用因」（agence）（英語の agency の意味での）が、誰の目にも明らかな仕方で付与されるような、普遍的な操作［である。］またそうした製作その他諸々の行為は、現実または空想上の原型（プロトタイプ）に、アイコン（類像）として想起

［11］Severi（2012）などを参照。

［12］インゴルドは、トーテミズム社会やアニミズム社会の絵画や彫刻について論じる中で、それらを芸術制作の諸様式として見るのではなく、逆に芸術を、「絵画や彫刻の制作活動のうちの特異かつ歴史的に特殊な対象化として見ること」を提唱する（Ingold 2000 [1996]: 131）。一方、ジェルの目的は、「人類学的であると自信をもって言えるような他の理論に似ているがゆえに人類学的であるような、芸術に関する理論を創造すること」である（Gell 1998: 4）。

［13］デスコラは言及していないが、美学者G・ディディ＝ユベルマンのアプローチは、戦略的かつ周到に「人類学」概念を援用することで、こうした批判を回避している。とりわけその一九九六年の論文（Didi-Huberman 1996）では、「人類学」の定義が明示されることなく、その方法・視点のみが示唆されており、そこでは「人類学」のイメージは彼にとっての「理想の学」のそれとして現れている。

［14］一般に"agency"の語は、そのまま「エージェンシー」あるいは「行為主体性」と訳されることが多く、"agent"は「行為主体」と訳される（久保 2011; 石井 2011）。本章ではそれぞれ「作用因」「作用主」と訳すこととしたが、その理由としては、①モノを対象とする場合、その「主体性」はメタファーでしかあり得ないため（心理的には「現実」であり得るとしても）。また、②あるモノに"agency"が付与されたとき、本章ではそこに一種の中動相的な作用を見ようとするのに対し、「主体性」の語はむしろその自動詞的な機能が強調されすぎると思われるため。最後に、③「行為主体性」と言うとき、それは言わば"agentivité"（ジェルの著書の仏語版における"agency"の訳語）の語の方を指すと考えるのが自然であり、"agence"そのものの訳としては別な語を案出するのがよいと思われたためである。

図 8–1　オジブワ・インディアンの絵文字（上列）とダコタ・インディアンの絵文字（下列）（Boas 1955 による）

させるような潜在力を付与しようとするものであり、それを付与されたモノは、直接の模倣による類似または他の直接・間接に理解可能なはたらきを通じて、インデックス（指標）として（その意図性を代理するというかたちで）その原型をまた指示する（Descola 2006；本書三〇五−三〇六頁）。

このデスコラの定義はやや複雑に見えるが、その原理はジェルにおける原理と基本的に同じである。つまり、「形象化」としてのモノ（すなわちジェルにとっての「芸術品のような」モノ）は、「原型」（プロトタイプ）を想起させる「アイコン」（類像）であると同時に、作用因（agence）を「アブダクション」（仮説形成、abduction）により推論させる「指標」（インデックス）ともなる。[15] デスコラ、ジェルともに、有名なC・パースによる記号の三分類「類像（アイコン）、指標（インデックス）、象徴（シンボル）」、およびその「アブダクション」の概念（Peirce 1978［1931–1958］：§2.270，§2.275）に基づいているが、後述するように、デスコラはジェルの理論を批判的に継承しようとしている。[16] 秋道智彌は、すでに一九八八年に「自然の文化表象」としてのサメについて、サメという言葉を「シンボル」、サメの絵を「アイコン」、サメの仮面を「エンブレム」として論じているが、秋道のアプローチは、一つのモノに多重的なつながりをもたせるジェル、デスコラのアプローチとは視点が異なる（秋道 1988）。しかし、「エンブレム」の語はすでに一種の自律性、社会性の概念を内包しており、ここで言う「作用因」概念の先駆けと見ることもできよう。

「形象化の人類学」はまた、芸術人類学が定義上あつかうことのできない対象をもあつかうことができる。たとえば、F・ボアズにとって、オジブワ・インディアンとダコタ・インディアンの用いる絵文字（図8-1）は、芸術的・技術的に完成度が低いために芸術とは見なされず、それらの形象の独自性や簡潔さ、用途への適合性の高さ、社会性といった観点は顧みられない（Boas 1955 [1927]: 67–68, 2011: 90 sqq.）。それゆえ、ボアズの『プリミティヴアート』は、進歩主義的芸術論の域を出ていないばかりか、人類学的アプローチとしても曖昧な部分が残る。一方、デスコラは絵文字や紋章を「形象化の人類学」の分析対象として重視する（Descola 2007: 452–455）。なお、参考までに別の例を挙げておけば、R・F・スペンサーに依拠して秋道が言及している「タレウミウトの所有マーク」（図8-2）は、まさに社会性の次元を取り込む「形象化の人類学」の対象として模範的な例となるであろう（Spencer 1975: 150–151; 秋道 1994: 156–157, 2010: 152）。北アラスカのエスキモーは、捕鯨用のもり頭にこの彫刻をほどこすことで、最初にクジラにもりを打ち込んだ人物を特定するのである。[17]

[15] ジェルの理論についてはBloch 1999; 内山田 2008; 渡辺 2008; 久保 2011; 石井 2011などを参照。
[16] パースの理論については伊藤（1985）を、パースの分類とジェルの分類の相違点については久保（2011）を参照。宇波彰（宇波 2007）はパースとラカン、ベンヤミンの間に興味深い関連づけを行っている。
[17] スペンサーによれば、ナルタイタックと呼ばれるこれらのマークのうち、ある個人が一つの意匠を使用できるのは、その帰属に十分な正当性がある場合である。たとえば、ある男性がV型のマークを使ったならば、その息子がその形を変形させてVI型のマークを用いることができる（Spencer 1959: 150）。個人とともにマークは消滅するが、同じ家系の中で再び同様のマークが現れることもある。なお付

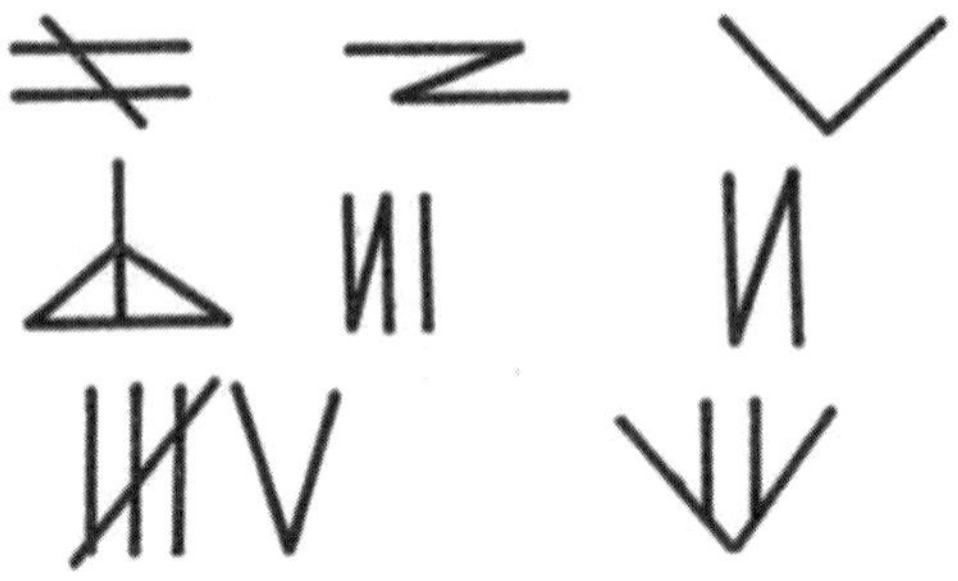

図 8–2　タレウミウトの所有マーク（秋道 1994 による）

言うまでもなく、「形象」（figure）、「形象化」（figuration）、「形象可能性」（figurabilité）などの語は、けっして新しい言葉ではない。とくに「形象」の語は、時代や地域、文脈によってその意味がさまざまに移り変わってきた。たとえば紀元前一世紀頃のラテン世界においては、厳密には《forma》は「鋳型」を、《figura》は「鋳型」の窪み、すなわちそこで象られる物体のことを意味した（Auerbach 1993 [1944]: 12）。E・アウエルバッハの分析は、「形象」（figura）が、歴史上のさまざまな機会において、いわば「仮象」としての性格を強くもっていたことを示唆している（Auerbach 1993 [1944]: 81）。他方、ヨーロッパ中世を通して文学上の「文彩」の意味として、また、キリスト教の「受肉」につながる概念として用いられた《figura》の語は、「状態」と同時に「過程」を示す語であり、「事実・歴史の連続体に区分を生じさせる、また、広大な言葉の連続体の中にまとまりを発生させる仕方」であった（Prévost 2012: 4）。こうしてG・ディディ＝ユベルマンやB・プレヴォーは、「形象可能性」を、「個体化」（individuation）に通ずる原理であるとともに、ある「強度」そのものが「広がり」へと転換される過程ととらえる[18]（Prévost 2012: 4–6）。今日用いられる「形象可能性」（figurabilité）の語については、周知のようにS・フロイトが『夢判断』において用いた“Darstellbarkeir”（présentabilité）の概念がその元となっている（Freud 2004 [1900]: 384 sqq.; Didi-Huberman 2007: 189, 226）。夢が「夢の仕事」（*Traumarbeit*）により生み出すその「形象」は、もはや形象の「出現」プロセスそのものに等しいのである。

（2）「形象化」の事例——アマゾニアの仮面＝衣装

さてデスコラにおいて、「形象化」の実例は四つのオントロジー（アニミズム、トーテミズム、類推主義、自然主義）とその複合形に即して説明される。それぞれの類型における分析は、本書に訳出したデスコラ論文（Descola 2006）に詳しいので繰り返さないが、ここでは、デスコラが挙げている「形象化」の数多くの実例のうち、その「形象化」理論の最も特徴的な例の一つであるアマゾニアの仮面＝衣装について見ることにしよう[19]。

アマゾン河支流シングー川上流域に住むワウジャ（Wauja）族は、シャーマン（呪術者）の教唆によって、治療用具としての仮面＝衣装を作る（以下 Descola 2007: 463–465 による）（図8–3、8–4、8–5）。これらの仮面＝衣装は、シャーマンが夢に見たとされる「アパパータイ」（apapaatai）と呼ばれる存在を象ったものである。世界に溢れるさまざまな生き物は、「イェルポホ」（Yelpoho）と呼ばれるほぼ人型をした実体が、それらの仮象を帯びて現れたものであって、「アパパータイ」は「イェルポホ」にとっての服または覆いと考えられている。したがって、人間が仮面＝衣装を着けるのは、「イエルポホ」が覆いをまとうのと同じことと見なされる。ここ

言しておけば、タレウミウトには「あやとり」（アヤラク）の文化があり、動物やカヤックなどの形を、紐のあやとりで表現することがある（Spencer 1959: plate 9）。所有マークとあやとりの実際の連関をここで議論することはできないが、そこに、線で構成された形象の想像力という共通項があり得ることは指摘可能だろう。

［18］プレヴォーの言う「強度」（intensité）の概念は、言うまでもなくドゥルーズ哲学を踏まえたものである。

［19］仮面およびその憑依・ペルソナとの関連性については、本書所収の吉田論文および吉田（1992, 994, 2005）等を参照。なお、G・バシュラールは仮面のもつ「模倣（simulation）と偽装（dissimulation）」の次元を人類学的・民族学的知として論ずることに慎重であるが、我々はまさにこうした態度から出発しなくてはならない（Bachelard 1957）。

図 8–3　ワウジャ族のシャーマンが治療に用いる、魚の精霊「ユマ」を象った仮面。
イナゴマメの木、ヤシの繊維、綿、貝殻、魚の顎骨が使われている。
年代：二〇世紀
外寸：154 × 49 × 29cm
（ケ・ブランリ美術館蔵）
（写真著作権：ケ・ブランリ美術館、配布：フランス国立美術館連合、パトリック・グリース）

で、「アパパータイ」は原型（プロトタイプ）としての精霊を指し示す類像（アイコン）となっている。仮面の種類は数え切れないほど存在するが、それらが表す精霊はそれ以上に無数にある。また、同種の仮面＝衣装にもさまざまなバリエーションがある上に、その装飾様式は一定していない。これは、この世界の存在者が絶え間なく姿を変えることを反映している。シャーマンはただ、夢に現れた「アパパータイ」の装飾の違いに応じて、聖霊たちの本性を見分けるのである。「形象すること」とは、ここで、すでにある何らかの対象を忠実に模倣することではなく、あるイメージを身体＝覆いへ、あるいは仮面＝衣装へと具象化することである。したがって、ワウジャ族の世界とは、存在者の多様性を保持するような仕方で、精霊やシャーマンが生じさせるところの、さまざまなイメージの「森」にほかならない。

こうしたデスコラの見方は、レヴィ＝ストロースが仮面について語った次の有名な言葉を想起させる。「仮面とは、それ自体において存在しているのではない。仮面は、つねにその隣に、それに取って代えられるような他の仮面が、現実にまたは可能性として存在することを前提としている。（……）仮面はそもそも、それが表象するところのものではなく、それが変形させるところのもの、つまりは、表象「しない」ことを選んだところのものなのである」[20]（Lévi-Strauss 1975: 116–117）。だがデスコラはここで、レヴィ＝ストロース流の、言わば静的な構造主義的・論理学的把握よりも、流動する原型（プロトタイプ）に一時的に対応するものとしてのイメージ、という動的なとらえ方を選択している[21]。

［20］　C・セヴェーリは、レヴィ＝ストロースのこうした洞察がF・ボアズの観点を発展させたものに過ぎず、それ以前のA・ピット＝リヴァーズ（Augustus Pitt-Rivers, 1827–1900）からH・ストルプ（Hjalmar Stolpe, 1841–1905）に至る「イメージ生物学」の伝統がその源流となっているとする（Severi 2012: 182）。詳しくはSeveri（2007［2004］: 44–63）を見よ。

［21］　この意味では、デスコラのアプローチは「イメージはどこから来てどこへ行くか」を問うM＝J・モンザン（Mondzain 2010）の問題意

図 8-4　ワウジャ族のシャーマンが治療に用いる、女「アトゥユワ」型仮面。
材料は木、綿、ピラニアの歯、蜂蠟、植物性顔料、羽根が使われている。
2005 年
外寸：170 × 178 × 28cm
（ケ・ブランリ美術館蔵）
（写真著作権：ケ・ブランリ美術館、配布：フランス国立美術館連合、ミシェル・ウルタド／チエリー・オリヴィエ）

図 8-5　ワウジャ族のシャーマンが治療に用いる、男「アトゥユワ」型仮面。
やはり木、綿、ピラニアの歯、蜂蠟、植物性顔料、羽根が使われている。
2005 年
外寸：250 × 233 × 60cm
（ケ・ブランリ美術館蔵）
（写真著作権：ケ・ブランリ美術館、配布：フランス国立美術館連合、サンドリーヌ・エクスピイ）

ところで、アマゾニアの人びとが身に着ける、鳥の羽や動物の歯などを用いた装身具は、デスコラによれば、厳密な意味では「装飾」（飾り立てること、美化すること）ではない。というのも、そこには、彼らの神話が語る、人間と動物とがまだ種に分化していなかった原初の状態を再現し、失われた時を取り戻す意味があるからだ。同様に、それはあまりに「分化」された身体性を「より自然な」状態へと変え、失われた多義性を取り戻すことである。人間の身体に施されるペイントについても、それは人間が見た通りの「自然のモデル」の模倣ではなく、動物同士がおたがいを見る見方、あるいは動物が用いる「エンブレム」、すなわち動物の「文化的モデル」が模倣されるのである。これらをデスコラは「オントロジー（存在論）的擬態」と呼ぶ（Descola 2007: 462-463, 2010a: 36）。こうしてアナロジーを装飾の基本原理としてとらえるデスコラは、アナロジー的関係を否定し一種のホーリスティックな装飾美学を展開する立場（Prévost 2012b）とも対極的な位置にあることが分かる。

（3）「美」・「喜び」・「魅惑」

前節に見たように、デスコラの「形象化」論はA・ジェルの「芸術」論を批判的に継承していると言える。[22] ここでは「形象化」論の根幹にかかわる部分である「美」に関するデスコラの態度を、ジェルとの比較を交えて概観してみよう。前節に見たように、デスコラは、イメージを「社会的作用主」（agents sociaux）としてとらえる限りにおいて、イメージ生産の原理を論じようとする（Descola 2011: 698）。また、ジェルの理論が美学と

識と親縁性がある。

［22］　デスコラによるジェル批判の要点については Descola（2015）を参照。

は一線を画し、社会関係のみに焦点を当てようとするのに対し、デスコラはその「形象化」理論から「美学的」次元を除外しようとはしない。だが、デスコラ、ジェルともに、西欧近代に成立した「美の観念」そのものを排除しようとする点、そして、イメージやモノを最終的に「文化」の観念には還元せず、あくまでも社会関係の面から意味づけようとする点で共通している[23]。両者の本質的な違いはそのアプローチにある。もっとも、ジェルが「芸術」の語を暫定的に用いたことを暗に批判するデスコラ自身が、「美」の語を暫定的に用いざるを得ないことは一つの矛盾ではあるが、デスコラがこの矛盾を解決するための弁証法を追究していることもまた確かである。

デスコラは、コレージュ・ド・フランスで開催されたゼミナール「美の判断基準」(二〇〇九〜二〇一一年)において、「ヨーロッパの伝統的な美の基準のみに基づかないような一般美学(感性学)、すなわち趣味判断の理論を目指す上で、いかに比較人類学が貢献できるか」という問いを提起する(Descola 2010a: 816, 2011: 698)。デスコラの考えでは、「あるイメージへの美的評価は、それが発揮する効果に対して、つまりそれに付与される作用因のタイプに対して、きわめて大きく寄与する」。そして、モノが喚起する「喜び」は、その作用因の付与行為を補強するのである(Descola 2011: 698)。「美しさとは(……)視覚的な顕示がもたらす魅惑(fascination)ゆえに感じられる、喜び(jouissance)からくる」のであり、「この喜び自体、イメージに付与された作用力(capacité agentive)の徴候の一つ」となる(Descola 2011: 698)。すなわち、デスコラは、「美的」あるいは「感性的」なものを、「作用因」とは分離してその外におきつつ、それが同時に「作用力」の徴候の一つとなる、と考える。

このようにデスコラが従来の「美」の観念に代えて感性的な「喜び」や「魅惑」の語を用いるとき、その方法はジェルのそれに接近する。ジェルの主張の根幹は、「芸術品の力は、それらが客観的に体現する技術的プロセスに起因」し、「魅惑するための技術は、技術による魅惑に立脚している」との理解にある(Gell 1992)[24]。ジェルはこう書いている。「（…）私が芸術品の「美学（感性）的」（aesthetic）アプローチをあらかじめ除外してしまっており、（…）［シンメトリーや優美さといった、指標（index）のもついかにも「美学（感性）的な」特徴について］何も言うつもりがないかのように受け取られるかもしれない。だがそれは誤解である。なぜなら、（…）「魅惑の技術」アプローチ（これは芸術人類学の心理学的側面である）は、社会的効果の理論と、美学的と言って悪ければ、断然、認知的（cognitive）であるような考察とを結びつけるものだからだ。というのも、認知と社会性（sociality）とは一体だからである」（Gell 1998: 75）。ジェルは、いわゆる「美学（感性）的」なものを「魅惑」の概念と機能へと吸収させつつ、その「美学（感性学）」に代えて「認知論」をおく（Gell 1998: 75）。つまりジェルにとって、社会関係を論じることがそのまま、認知論すなわち感性論を論じることとなるのである。このようにデスコラとジェルはともに「魅惑」の役割を重視しているが、その理論的機序は異なっている。すなわち、ジェルにとって「魅惑」は「技術」と切り離せない要素であるのに対し、デスコラにとって、かならずしも「技術」は「魅惑」を生むための唯一の、または絶対の条件ではないのだ。

上記の考えを裏付けるように、二〇一一年のゼミナール「美の判断基準」において、デスコラは次のような考察を行っている。まず、「製作や使用に基づいた「機能の」美学（A・ルロワ＝グーラン）と呼べるようなものを、きわめて多様な文明における趣味判断のなかに見出すことができる」こと、また、「技術的な到達度や形態的な完成度」によらない、「それ自体が美的喜びの対象」となるものとして、「身振り」の美しさというも

［23］ジェルは、自身の立場を「芸術への方法論的無関心」（methodological philistinism）だと明言する一方、社会人類学は本質的に「反芸術」だと書く（Gell 1992: 40–43, 1998: 4; Ingold (ed) 1996）。

［24］ジェルは、ボアズ流の人類学は「文化を物化する」（Gell 1998: 4）としてこれに批判的だが、ここでのジェルの主張は、「技術の完成度の高さ」と「美的価値」を関連づけるF・ボアズの芸術観と連続している（Boas 1955: 10, 2011: 15）。

のがあることを指摘しつつ、以下のように述べる。

こうした、「パフォーマンス」に属するもの、すなわち、ダンス、感情の劇的表現、戦闘、儀礼、典礼、舞台芸術における芸術的構成、といったものが検討の対象になる。こうした美的喜びの領域においては、縮小ではなく拡大というアプローチが、すなわち、各部分よりも全体を知ることを優先させて原型の特質を減少させる〔レヴィ＝ストロース〕のではなく、逆に足し算によって、つまり、衣装、装飾、動き、時間性、相互行為などによって、演者＝行為主体の特質を増加させることが重要となる。モデルを縮小して再現することとはまったく違って、動きのある身体が真の形象と化すのであり、身体を通してしか生じ得ないものが、そこに同化される。身体は、演ずる〔＝表象する〕(représente) のではなく見せる (montre) のであり、意味する (signifie) のではなく顕示する (manifeste) のである。(Descola 2011: 698)

ここでデスコラは、明らかに、「形象化」の考えをさらに先へと推し進めている。それはまず、「技術」そのものやその達成度を「魅惑」の要因から退けていることであり、そこにはジェルの理論の乗り超えの可能性を探る意図が透けて見える。また、レヴィ＝ストロースが『野生の思考』で示した「ミニチュア」としての芸術品という発想も、逆転される。ところで、かつてレヴィ＝ストロースは、「理性的なものを超えたところに、より重要でより豊穣な範疇があること、すなわち、理性的なものの最高次のあり方である、「意味するもの」(signifiant) の範疇があること」を学んだ、と書いた (Lévi-Strauss 1955: 58)。デスコラが、「意味すること」という閉じた円環を否定するとき、それはレヴィ＝ストロースを否定するためではなく、その乗り超えを図るためだと言える。そこには、言わば「開《ひら》かれ」としての「形象化」がある。これこそが、「形象化」のはたらきが最も自然に近い部分で遂行されるための条件であり、その証左なのだ。次節で見る「風景の人類学」においてデスコラが示そうとしているのは、まさにこのことである。

3　「形象化の人類学」から「風景の人類学」へ

（1）「風景の人類学」の理論的基礎

「形象化の人類学」に続いて、デスコラは「風景の人類学」のための講義（「風景のかたちⅠ・Ⅱ・Ⅲ」）を三年間コレージュ・ド・フランスでおこなった（Descola 2012, 2013, 2014）。前節では、「形象化の人類学」は「自然の人類学」を補完するとともに、それを例証するものであると述べた。だが、「形象化の人類学」が「自然の人類学」との関係においてその独自性を十全に展開するのは、その「風景の人類学」においてである。というのも、そこでは風景は「形象化」の一種としてとらえられているからである。

風景とは何を指すのか、という基本的な問いに対する一つの解答として、デスコラは「人が自然の中に風景として見るものは、とりわけ絵画によって培われた眼を通して、そこに風景として見ることを学んだものだけだ」というE・ゴンブリッチの見方を挙げる（*cf.* Gombrich 1983 [1953]: pp. 15–43）。デスコラは、このことを実感させられるようなできごとを、自身、アマゾニアで体験したという。それは、一人のアチュアールの狩人が、広大なパスタサ平野を一望の下に見渡せる場所にたどり着いたときに発した言葉を、風景に対する感嘆だとデスコラが「誤解」したというエピソードだ（Descola 1993: 193–194）。のちに思い返せば、それは単に「よし」

ぐらいの意味だったのではないか、とデスコラは述懐する。というのも、彼らにとってそれはあくまでも見慣れた景色でしかなかったはずだからだ。「客観的」現実と「現象的」現実とを前提する自然主義的認識論は、「風景はそれを見る者の外にあるのでも、内にあるのでもない」というアポリアをもたらす。すなわち、アマゾニアでの体験が示しているように、ある個人をある場所に結びつける相互作用の構造は、その本人にとってはそれが風景になるとしても、その隣人にとってはそうだとは限らないわけである（Descola 2012: 650）。こうしてデスコラは、「風景の人類学」にとっての核心的問題、つまり、風景の概念をその美的な基体から切り離し、人類学的に有益な仕方で用いることはできるのか、という問いへと至る。

デスコラは、J＝M・べス（Besse 2009）による風景の五つの分類を手がかりとしつつ、「風景論」一般を網羅的に考察する。A・ベルク（Berque 2008）が提起する「風景についての思考」（pensée du paysage）と「風景的思考」（pensée paysagère）との対照については、風景を厳密に定義しようとするその姿勢は評価しつつも、そのカテゴリーが特定の文化圏でのみ有効な「ア・プリオリ」なものであるゆえに、「風景の人類学」の視点にとっては有効たり得ない、とする（Descola 2012: 657–666）。他方、A・ロジェ（Roger 1997）がCh・ラロ（およびM・ド・モンテーニュ）に従って提起する自然の「芸術化」（artialisation）の二分類、すなわち、①現場における（*in situ*）芸術化と、②現場を離れて何らかの基体に（*in visu*）それを描き出すことは、デスコラにとってきわめて重要な視点を提供することになる。

（2）「形象転換」（transfiguration）としての風景・庭

「風景の人類学」は、「芸術化」および「美化」（esthétisation）の概念を排除するために、「芸術化」に代えて

「形象転換」（transfiguration）の概念を用いることを提唱する（Descola 2012: 665–666, 2013: 680）。すなわち、庭園、庭は、現場における（*in situ*）「形象転換」として、また、風景が何らかの基体に表された表象物は、視像（ないしは視《み》ること）における（*in visu*）「形象転換」としてとらえられる。このとき、「形象転換」は、風景やその表象の構成物、すなわち、絵画、庭園、整理・手入れされた空間といったモノよりも、そうしたモノが風景として構成されるプロセス自体が重視される（Descola 2013: 680）。さらに、従来、食用・有用植物栽培のための農園や菜園には、特別な観賞的価値が認められてこなかったが、デスコラの考えでは、これらの農園・菜園にも、同等の観賞価値を認めることが重要となってくる。こうして、「形象化」の定義に即して、これらの農園・菜園も、豊穣さの原型（プロトタイプ）、周囲の森林や宇宙の縮小モデル、精霊の棲み家といった、それ自体とは別な何かの表徴として機能するようになる。ここでもデスコラはE・アウエルバッハを援用して、その「フィグーラ」論の十二分な活用を試みる。「（……）形象とは、事物の外観、その可視的な様相であるだけでなく、抽象的な物差し（gabarit）でもあって、空洞となったままの、そしてその元々の姿にぴったりなイメージとして一体化される、鋳型の痕跡でもある。（……）したがって、形象転換は、隠れた型（schème）を顕《あら》わにする意図的な外観の変化として特徴づけることができる。これは風景を生じさせる操作の定義として、また「芸術化」の語がもつ美化の意味合いを避けることのできる定義として適当なものだ」（Descola 2012: 665）。

（3）巨大な庭としての森、ミニチュアの森としての庭

C・ギアツ（Geertz 1963）がジャワの農業研究において提起した、森のミニチュアのイメージとしての庭という考え方は、デスコラの「風景の人類学」において、より戦略的な位置づけを与えられる。ギアツによれば、

焼畑開墾地は自然環境の再編ではなく、「ミニチュア化された熱帯森林」なのである（Descola 2013: 689）。そこでは、農園栽培と造林とは、その技術においても結果においても相互補完的なものとなっていることに加え、焼畑農園栽培とアグロフォレストリー（森林農業）とが、植物を扱うプロセスにおいて表裏一体の関係にあることが分かる（Descola 2013: 691）。アマゾニアのアチュアール族、カポール族を見る限り、赤道地帯の森林の一部は人間により作られているとも言える（Descola 2013: 686）。

デスコラは、アチュアールが森は巨大な庭として、庭はミニチュアの森として見なしていることを実証的に示そうとする（Descola 2005: 67, 2013: 686–693）。アチュアールにとって、庭の植物は女の精霊ヌンクイ、森の植物は男の精霊シャケイムにより管理・栽培されており、アチュアールが新しく焼畑開墾をおこなうときは、森をまねた人間の栽培植物を、庭をまねた精霊の栽培植物に取って代えるということを意味する。また、一三〇の変種に分かれる約六〇の栽培品種が混在する当地の森林中では、放棄された開墾地に、かつて植えられた栽培種が生育していることが多く見られるため、森林と庭園との類似は明らかである。そこでは、森と庭を、「野生」の（sauvage）空間と「馴れ親しみ」の（domestique）空間とに分けることすら無意味となる。また、「形象化」と「形象転換」の定義からすれば、ミニチュアの森である庭は、森の類像（アイコン）でもあるのだ。他方、同地域の庭園における多種作は、単作にくらべ、エネルギーの生産システムとして適応性に優れ、アチュアールは過少生産で十分にその生活を維持してゆくことができる（Descola 1986: 381 sqq.; 2013: 689）。したがって、労働量・労働時間は比較的低く保たれる。より多くの栽培種を庭園に植えることは、彼らにとって、必要に迫られてのことではなく、あくまでも植物採集のごとき「喜び」や「欲求」によるものであり、美的趣味に類することがらなのである（Descola 1986: 693）。

（４）「パランプセスト」としての焼畑開墾

「パランプセストとしての風景」という考え方は、近年、すでに目新しいものではなくなった（Roger 1997: 116）。デスコラもまた、「森に風景を見ることは、自然をパランプセストとして読むことに等しい」と述べる（Descola 2012: 651, 655）。だが、アマゾニアのアチュアール族について見れば、そこにはむしろ本来の意味での「パランプセスト」としての焼畑開墾があることをここでは指摘しておきたい。「パランプセスト」とは、元々、ヨーロッパで羊皮紙が貴重であった時代に、古文書の元の文章を削りとってその上に違う文章を書き込むことを意味したが、このいわば「エコ」な概念は、焼畑開墾という「再利用」によく当てはまる。彼らは、下草を刈り取った後、樹木を伐採してその一帯を焼き払い、その度ごとに新しく「書き直される」生の空間と時間を生き始める。同時に、放棄された生活の跡は、そのまま元の森へと還元され、消えてゆくのである。

また、アチュアールの人びとにとって、風景は、いわば「風景素」とでも呼べるものに分解されると言ってよいだろう。彼らはたとえば、自分たちの住む森と、隣のシュアール族の住む森との違いをたやすく見分けることができる。それは、相手の森にあって自分の森にない植物、あるいはその逆の植物により判別可能なのだ。アチュアールは、少なくとも三世代前までは開墾されていない部分を選んで、新たな植物栽培をおこなう（Descola 1986: 171–172）。それは、完全な極相林でなくてはいけないというわけではないが、彼らが明らかに極相林を「好む」ということが分かっている。アチュアールは、比較的最近放棄された開墾地における二次植生を見分けるための、一連の指標を有しており、それは三つに分類することができる（Descola 1986: 171）。一つは、放棄された庭園において、森林種の侵入に約二〇年は耐えることのできる栽培種の存在。もう一つは、好日性の侵入植物の豊富さ、および典型的な二次植生の樹木の存在。そして最後に、着生植物やツル植物の不在である。たしかに、アチュアールでさえも、非常に古い二次森林を、原生林と見間違えることもある。三〇年も経つと、二次植生は極相植生としてできあがってくるので、アチュアールは、大木の不在や、まだ腐っていない堅い切り株などで、古い開墾地を見分けるのである（Descola 1986: 171）。

原型としての自然に、差異としての自然を読み取ることは、自然をテクストとして読み取ることと同義である。それは、いわゆる「無文字社会」として一括りにされている狩猟採集民社会や牧畜社会、そして漁撈社会の人びとが、昔も今も日常的に実践している営為なのだ。

4　おわりに──「開《ひら》かれ」としての「形象化」へ──

「形象化」（figuration）あるいは「形象転換」（transfiguration）の概念には、結果としての形象化（figuration figurée）と、形象化の過程そのもの（figuration figurante）とが共に含まれる。すなわち、「形象化」が「開かれ」としてある限り、「形象化」とは、それ自体が開かれた状態であるだけでなく、開かれた状態にするという行為でもある。したがって、それは言わば「開かれた円環」をなしていると言えるだろう。そして、「形象化」・「形象転換」の過程とは、自然と文化という見かけ上の違いを打ち消すような、触媒としての役割を果たす。他方、アマゾニアにおける焼畑開墾が、太古の昔から続き、無限に続くパランプセストであるならば、彼らは無限のフロンティアを常に拓き続けているということになろう。それは空間的なフロンティアであるだけでなく、人間と非人間の間のフロンティア、そして人間と自然の間のフロンティアでもある。

「自然の人類学」から発した「形象化の人類学」は、「風景の人類学」としてその真価を発揮しつつ、ふたたび「自然の人類学」へと立ち戻らねばならない。「自然の人類学」から「形象化の人類学」への移行、「形象化の人類学」から「風景の人類学」への移行は、西欧的な基準としての美学的次元と芸術論を超克しつつ、それらを限りなく自然そのものへ、また、自然に密着した人間の生の近みへと引き付けて再構成しようとする意図の表れであった。その意味では、デスコラの試みは成功していると言えよう。その試みは、「イメージと自然の共生」を論じるH・ブレーデカンプ (Bredekamp 2016) の表象論的アプローチとも対極的な位置にある。そしてD・スペルベル (Sperber 1979: 136–168) が書いているように、レヴィ＝ストロースが記号学の終焉を宣言したのだとすれば、デスコラはその教えに忠実に、「意味されるもの」としての「美」ではなく、「意味するもの」としての「美」に語らせようとしているのだと言える。「形象化の人類学」によって、デスコラは新しい理論を打ち立てたというよりは、一つの原理を明らかにしようとしたのであり、その意味で、その射程はつねに新たな領域に向けて開かれている。

文献［凡例 *RACF* = Résumé annuel, Collège de France (version PDF)］

秋道智彌（1988）「自然の文化表象」伊藤幹治・米山俊直編『文化人類学へのアプローチ』二〇五–二三〇頁、ミネルヴァ書房。

――（1994）『クジラとヒトの民族誌』東京大学出版会。

――（2010）『コモンズの地球史』岩波書店。

石井美保（2011）「呪術的世界の構成――自己制作、偶発性、アクチュアリティ」春日直樹編『現実批判の人類学――新世代のエスノグラフィへ』一八二–二〇二頁。世界思想社。

伊藤邦武（1985）『パースのプラグマティズム：可謬主義的知識論の展開』勁草書房。

内山田康（2008）芸術作品の仕事――ジェルの反美学的アブダクションと、デュシャンの分配されたパーソン――」『文化人類学』七三／二：一五八–一七九頁。

宇波彰（2007）「弱者の言説――パースからラカンへ」『言語文化』二四：五〇–五八頁。

大村敬一（2011）「《解説》人類史の万華鏡としての文化—ボアズにみる人類学的思考の可能性」フランツ・ボアズ（大村敬一訳）『プリミティヴアート』四五五–五四六頁、言叢社。

春日直樹編（2011）『現実批判の人類学——新世代のエスノグラフィへ』世界思想社。

加藤哲弘（2016）ヴァールブルクとイメージの人類学『立命館言語文化研究』二七（四）：二一–三六〇頁。

久保明教（2011）「世界を制作＝認識する——ブルーノ・ラトゥール×アルフレッド・ジェル」春日直樹編『現実批判の人類学—新世代のエスノグラフィへ』三四–五三頁、世界思想社。

田中純（2010）『イメージの自然史——天使から貝殻まで』羽鳥書店。

吉田憲司（1992）『仮面の森——アフリカ・チェワ社会における仮面結社、憑霊、邪術』講談社。

——（2005）「仮面と身体」鷲田清一・野村雅一編『表象としての身体』一五三–一七三頁、大修館書店。

——（2016）「人類学から見た『イメージ人類学』」『立命館言語文化研究』二七（四）：一一–二〇頁。

渡辺文（2008）「芸術人類学のために」『人文學報』九七：一二五–一四七頁。

Alloa, Emmanuel (2015) Anthropologiser le visuel? In Alloa, E. (éd.) *Penser l'image II*,pp. 5–41 Les presses du réel.

Alloa, Emmanuel (éd.) (2010) *Penser l'image*, Les presses du réel.

—— (éd.) (2015) *Penser l'image II*, Les presses du réel.

Auerbach, Erich (1993) [1944] *Figura*, Belin.

Bachelard, Gaston (1957) Préface, In Kuhn, R. (ed.) *Phénoménologie du masque à travers le Test de Rorschach*, pp. 1–15,Desclée de Brouwer.

Belting, Hans (2004) [2001] *Pour une anthropologie des images.* Gallimard.
［邦訳：ハンス・ベルティンク（2014）『イメージ人類学』（仲間裕子訳）平凡社］

Berque, Augustin (2016) [2008] *La pensée paysagère*, Éditions éoliennes.
［邦訳：（2011）オギュスタン・ベルク『風景という知—近代のパラダイムを超えて』木岡伸夫訳，世界思想社］.

Besse, Jean-Marc (2009) *Le goût du monde. Exercices de paysage*, Actes sud.

Bloch, Maurice (1999) Une nouvelle théorie de l'art. À propos d'*Art and Agency* d'Alfred Gell˙ *Terrain*, n° 32, mars, pp. 119–128; repris dans Gell (2009).

Boas, Franz (1955) [1927] *Primitive art.* Dover Publications.
［邦訳：フランツ・ボアズ（2011）『プリミティヴアート』大村敬一訳，言叢社］.

Bredekamp, Horst (2016) Symbiose von Bild und Natur. Überlegungen zum Neomanierismus. Vorlesung beim Humboldt-Kolleg » Bilder als Denkmittel und Kulturform. Aby Warburg, Technische Bilder und der Bildakt«, Tokio.

Buffon, G. Lecler, comte de (1846) Œuvres complètes de Buffon, Tome 5, Abel Ledoux.

Coote, Jeremy and Shelton, Anthony (eds.) (1992) *Anthropology, Art and Aesthetics*, Clarendon Press.

Descola, Philippe (1986) *La Nature domestique. Symbolisme et praxis dans l'écologie des Achuar*, Éditions de la Maison des Sciences de l'Homme.

— (1993) *Les Lances du crépuscule. Avec les Indiens Jivaros de haute Amazonie*. Plon.

— (1999) Des proies bienveillantes. Le traitement du gibier dans la chasse amazonienne. In Héritier, F. (ed.) (2005) *De la violence II*, Odile Jacob.
［邦訳：本書第Ⅰ部に訳出］

— (2001a) *Leçon inaugurale faite le jeudi 29 mars 2001*, Chaire d'anthropologie de la nature, Collège de France.

— (2001b) Par-delà la nature et la culture. *Le Débat*, mars-avril, n° 114: 86–101.

— (2004) Le sauvage et le domestique. *Communications*, 76: 17–39.
［邦訳：本書第Ⅱ部に訳出］.

— (2005) *Par-delà nature et culture*, Gallimard.

— (2006) La fabrique des images. *Anthropologie et Sociétés*, 30(3): 167–182.
［邦訳：本書第Ⅳ部に訳出］.

— (2007) Modalités de la figuration (suite et fin) (2006–2007). *RACF*, pp. 451–470.

— (2008) A qui appartient la nature? *La vie des idées*, 21 janvier 2008.
［邦訳：本書第Ⅲ部に訳出］.

— (2010a) Ontologie des images (suite) (2009–2010). *RACF*, pp. 799–819.

— (2010b) L'envers du visible: ontologie et iconologie. In Dufrêne, et Taylor (2007), pp. 25–36.

— (2011) Ontologie des images (suite et fin) (2010–2011). *RACF*, pp. 681–700.

— (2012) Les formes du paysage I (2011–2012). *RACF*, pp. 649–669.

— (2013) Les formes du paysage II (2012–2013). *RACF*, pp. 681–701.

— (2014) Les formes du paysage (suite et fin) (2013–2014). *RACF*, pp. 757–781.

— (2015) La double vie des images. In Alloa (éd.) *Penser l'image II*, pp. 131–145, Les presses du réel.

Descola, Philippe (éd.) (2010) *La Fabrique des images*, Somogy / Musée du quai Branly.

— (2012) *Claude Lévi-Strauss, un parcours dans le siècle*, Odile Jacob.

Didi-Huberman, Georges (1996) Pour une anthropologie des singularités formelles. Remarque sur l'invention warburgienne. In *Genèses*, 24, Trajectoires : 145–163.

Didi-Huberman, Georges (2007) *L'image ouverte. Motifs de l'incarnation dans les arts visuels*, Gallimard.

Dufrêne, Thierry et Taylor, Anne-Christine (éds.) (2007) *Cannibalismes disciplinaires. Quand l'histoire de l'art et l'anthropologie se rencontrent* (volume issu du colloque *Histoire de l'art et anthropologie*, 21–23 juin 2007), musée du quai Branly-INHA.

Ellen, Roy and Fukui, Katsuyoshi (1996) *Redefining Nature. Ecology, Culture and Domestication*. Berg.

Freud, Sigmund (2004) [1900] *Œuvres complètes. Psychanalyse*, IV (1899–1900), *L'interprétation du rêve*. PUF.（邦訳：ジークムントフロイト（2007）『フロイト全集４ ── 一九〇〇年夢解釈』（新宮一成訳）岩波書店）

Gell, Alfred (1992) The Technology of Enchantment and the Enchantment of Technology. In Coote, J. & Shelton, A. (eds.) *Anthropology, Art and Aesthetics*. pp. 40–63, Clarendon Press.

── (1998) *Art and Agency*, Clarendon Press.
[éd. fr.: (2009) *L'art et ses agents, une théorie anthropologique*, Les presses du réel].

Gombrich, Ernst (1992) [1953] *Ecologie des images*. Flammarion.

Héritier, Françoise (ed.) (2005) *De la violence II*. Odile Jacob.

Ingold, Tim (1996) Totemism, animism and the depiction of animals. In Ingold, T. (2000) *Key debates in anthropology*. pp. 111–131, Routledge.

── (2000) *The perception of the environment, Essays on livelihood, dwelling and skill*. Routledge.

Ingold, Tim (ed.) (1996) *Key debates in anthropology* Routledge.

Kuhn, Roland (1957) *Phénoménologie du masque à travers le Test de Rorschach*. Desclée de Brouwer.

Latour, Bruno et Lemonnier, Pierre (ed.) (1993) *De la préhistoire aux missiles balistiques. L'intelligence sociale des techniques*. La Découverte.

Lévi-Strauss, Claude (1955) *Tristes tropiques*, Plon.
［邦訳：クロード・レヴィ＝ストロース（1977）『悲しき熱帯』（川田順造訳）上・下，中央公論社］.

── (1962) *La pensée sauvage*. Plon.
［邦訳：クロード・レヴィ＝ストロース（1976）『野生の思考』（大橋保夫訳）みすず書房］.

── (1962) *Le totémisme aujourd'hui*, PUF; repris dans Lévi-Strauss (2008).

── (1975) *La voie des masques*, 2 vols.. Plon.

── (2008) *Œuvres*, Bibliothèque de la Pléiade. Gallimard.

Mondzain, Marie-José (2010) L'image entre provenance et destination. In : Alloa (éd.) (2010), pp. 49–68.

Peirce, Charles (1931–1958) *Collected Papers (CP)*, Cambridge (MA), Harvard University Press.
［仏訳（部分）：(1978) *Ecrits sur le signe* (textes choisis), pr. et tr. G. Deledalle. Seuil］.

Prévost, Bertrand (2012a) Figure, *figura*, figurabilité. Contribution à une théorie des intensités visuelles. In Dekoninck, R. et Guiderdoni, A. (éds.)

(à paraître).
― (2012b) Cosmique cosmétique. Pour une cosmologie de la parure. *Images Re-vues (publication en ligne)*, 10.
［邦訳：ベルトラン・プレヴォー（2015）「コスミック・コスメティック―装いのコスモロジーのために」（筧菜奈子・島村幸忠訳）『現代思想』四三（一）：一五二―一七六］.
Roger, Alain (1997) *Court traité du paysage*, Gallimard.
Severi, Carlo (2003a) Pour une anthropologie des images. *L'Homme*, 165: 7–9.
― (2003b) Warburg anthropologue ou le déchiffrement d'une utopie. *L'Homme*, 165: 77–128.
― (2004) *Il percorso e la voce. Una antropologia della memoria*. Einaudi.
［éd. fr.: (2007) *Le principe de la chimère. Une anthropologie de la mémoire*, Editions Rue d'Ulm / Presses de l'Ecole normale supérieure］.
― (2012) Anthropologie de l'art abstrait. In Descola (éd.) (2012), pp. 165–192.
Spencer, Robert F. (1959) *The North Alaskan Eskimo: A study in ecology and society*. Smithsonian Institution.
Sperber, Dan (1974) *Le symbolisme en général*. Hermann.
［邦訳：ダン・スペルベル（1979）『象徴表現とはなにか』（菅野盾樹訳）紀伊國屋書店］.

本研究は、一部、JSPS科研費16J09176の助成を受けた。ここに記して謝意を述べたい。

終章——自然と文化の脱構築から見える地平

秋道智彌

「自然と文化」の交錯する世界を描くことを大きな目標として本書を構成してきた。本書の基盤となったP・デスコラの英訳本の書名は、ビヨンド・ネイチャー・アンド・カルチャー（Beyond Nature and Culture）である。ビヨンドには「〜を超える」の意味があり、デスコラは自然と文化の二元論を超えた地平を模索しようとした。自然と文化を対立的にとらえずに、連続性を強調する視点はことさら新しいものであるかと問えば、けっしてそうではない。

序章でふれたように、私は一九九九年に出版した『自然はだれのものか』の中で、自然と文化を対立的にとらえる見方に疑義を提示した。その背景に、人類が自然を改変して自らの文明を築いてきたことで、多くのツケを自然に残してきた点への本源的な警鐘を表明したかったからだ（秋道編 1999）。

二一世紀になり、二〇一一年三月一一日に発生した東日本大震災は、多くの人命と財産を奪った。福島における原発事故はいまだ多くの禍根を住民や環境に残している。二〇一七年一〇月一〇日には、福島で罹災した住民による裁判で国と東京電力が賠償金を支払うことで住民側の勝訴となったが、これですべてが解決したのではない。地震・津波発生直後に東北沖で活動した「友達作戦」の米国空母ドナルド・レーガンの乗組員が被

		身体性	
		類似（＋）	異質（－）
内面性	類似（＋）	トーテミズム（＋＋）	アニミズム（－＋）
	異質（－）	自然主義（＋－）	類推主義（－－）

図 9–1　デスコラの存在論を示すパラダイム

類似・異質は、自然界の動植物と人間との関係を示す。

曝した実態から、被曝者への補償と米国政府や日本政府の責任が問われている。地震と津波は天災としての面があるが、明らかな人災でもあり、自然と人間を対比する発想の転換が求められる。

認識論の面でも、自然と文化の二元論についてはT・インゴルドによる類別化の図式（図0–1）にあるとおり、自然と文化の概念はつねに対立する関係の中でしかとらえることができないものと位置づけられてきたことを指摘した（Ingold 1998）。既存の枠組みが対立概念の中でしかとらえられないのかという焦燥があったことになる。

環境と人間、自然と文化のとらえ方に蔓延した二元的な対立構図を打ち破るものは何かという発想は、こうして西洋の思想に挑戦を挑んできたことを確認しておきたい。

いずれにせよ、「自然と文化を超えて」の命題は抽象的で分かりにくい面が多々ある。本書で展開した各章の論述を踏まえて、以下では四つに問題をしぼって具体例を挙げながら検討してみたい。

本書の到達点をデスコラ論への対論として提案するため、まずデスコラの存在論を確認する。デスコラは、身体性と内面性に注目して人間と自然物が類似しているか異質であるかに応じて類別し、四つの存在様式を図示化した（図9–1）。人間と自然界の動植物との類似性をプラス（＋）、相異性をマイナス（－）として示すと、身体性と内面性について（＋

＋）、（＋－）（－＋）（－－）に四区分できる。身体性では異質で、内面性で類似する場合は（－＋）で、これがアニミズムとされる。（＋＋）は身体性、内面性ともに人間と動植物が類似していると見なすトーテミズムの考え方である。身体性では類似するが、内面性では相異する（＋－）が自然主義で、（－－）は身体性、内面性ともに類似しない場合で類推主義に当たる。

デスコラの図式は包括的であり、人間の思考を身体性と内面性に峻別して類型化した試みは大きな波紋を広げた。しかし、この図式は人間と非人間、身体性と内面性、類似性と異質性を対比して考えるもので、依然として二元論の枠組みのものである。では、二元論から自然と文化の二元論を超える新しい考え方が浮かび上がるのだろうか。ここで、二元論から決別するための本書の到達点を四つの論点に分けて提示したい。

1 鳥人から考える三極モデル ── 自然・人間・超自然

まず、本書の第2章で提示した鳥人の位置づけを参照する。鳥人は人間と鳥の両方の属性を有する存在である。鳥人は、身体的には鳥と人間の両方の属性をもち、デスコラの類似─異質の図式にはうまく整合しない。鳥人の内面性についてみても、人間との明快な異同性は断定しにくい。古代日本では死者の霊が鳥の形をとるか、鳥人が人間の霊魂を天界に運ぶとする観念がある。むしろ、鳥人は人間が鳥に変身したか、人間界と天界をつなぐ媒介者と位置づけられている。F・カフカの小説『変身』を引用するまでもなく、人間が動物に変身するモチーフは、世界の寓話や説話、小説に広く用いられている。

一方、北米の平原に住むスー族（Sioux）の社会では、ワカンタンカ（Wakan Tanka）と呼ばれる創造主があらゆ

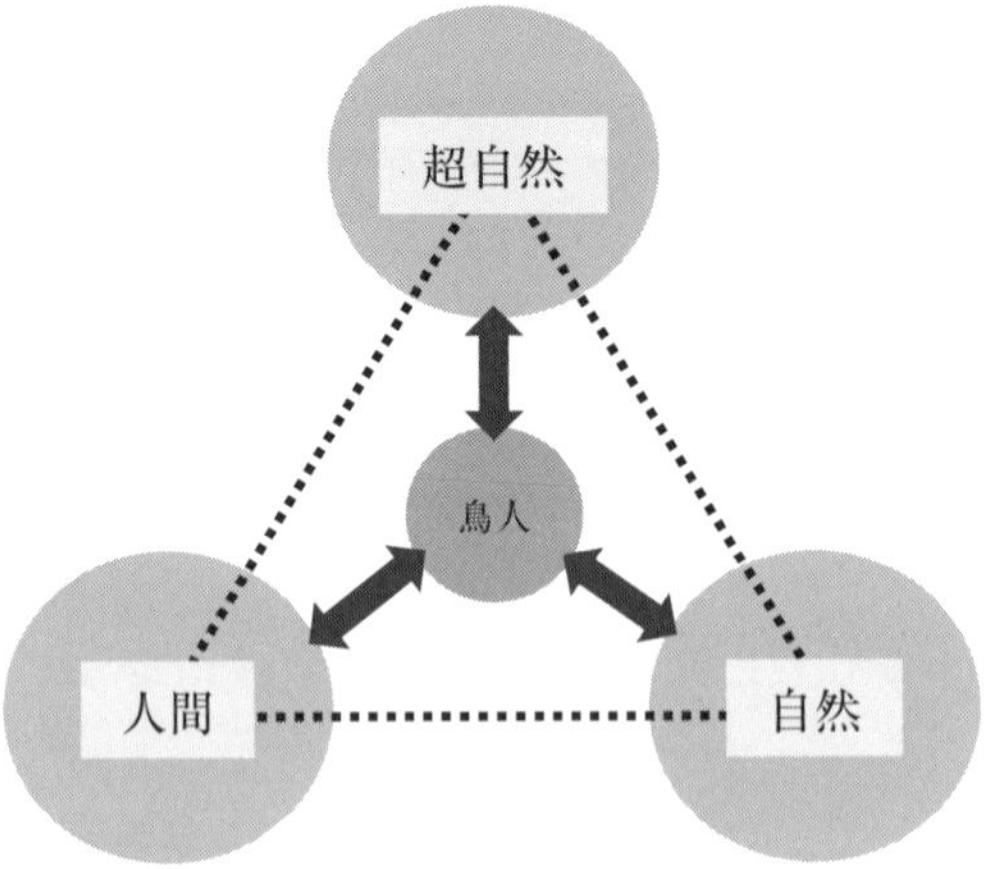

図 9–2　自然・人間・超自然の三極モデル

⟷は、鳥人が人間・自然・超自然の 3 要素から構成されることを示す。

る存在を創り、霊的な属性を与えたと考えられている。人間以外の存在も、「鳥のひとたち」、「木のひとたち」、「石のひとたち」と呼ばれ、人間とは平等な関係にあり、鳥は人間と同じような「人格」をもつとされている。人間と鳥は内面で類似したものと位置づけることもできるが、重要な点は人間と自然の二元的な枠組みではなく、創造主、つまり超自然を含む世界認識が前提とされていることである。

以上の点から、鳥人の事例はデスコラのモデルにうまく当てはまらないことが分かる。そこで、人間と自然だけでなく、第三項として超自然を組み込んで考える三極モデルを考えた（図 9-2）。

図にあるように、鳥人は人間と自然の二項だけで理解できるとはかぎらない。鳥人は身体的・内面的に鳥とも人間とも類似した存在である。しかも、死者や祖先とも霊的につながる場合があり、超自然界を前提としなければ理解できない。鳥人は人間、自然（＝鳥）、超自然の三要素から構成されるといってよい。

魚と人間の両方の属性をもつ半魚人の事例は鳥人の位

置づけを支持してくれる。半魚人については、古代メソポタミア、エジプト、中国、ギリシャ・ローマ、プレインカなどの文明圏だけでなく、オセアニア地域でも知られている（秋道 2017）。古代メソポタミアでは、地下世界と水を支配する神アプカル（Apkallu）の象徴として半魚人が登場する。古代中国でも、『山海経《せんがいきょう》』の中で、「陵魚《りょうぎょ》」、「人魚」、「赤鱬《せきじゅ》」、「氐人《ていじん》」など、人面で魚の体をした怪魚が記載されている（張 2003）。メラネシア地域では、人間が海でサメに襲われて喰われた例や水葬で海に葬った死体がサメに食べられる例があり、人間と魚の属性をもつ半魚人は人びとを加護し、海での災禍から救済してくれる存在と見なす社会がある（秋道 1999）。鳥人の場合、鳥が天空を飛ぶ性質に注目されているが、半魚人の場合、水界に生息することやサメのように人間を捕食する例がある。

2 野生と馴化の二元論を超えて

人間が自然とかかわる中で、狩猟採集経済から農耕と牧畜の開始が人類史上、大きなエポックとなったことを多くの人びとは認めるだろう。ドメスティケーション（domestication）に関しては、これまでの諸研究から以下の点が明らかになっている。まず、狩猟・採集から栽培・家畜飼育のプロセスは劇的に発生したのではなく、いくつもの段階を経て達成された（Harris1996）。植物に関する民族誌の事例ではフィリピンのミンドロ島におけるH・C・コンクリンの研究がある（Conklin1957; Spencer 1966; 秋道 2016）。野生と栽培化・馴化の中間段階を半栽培（中尾 1993）、あるいはセミ・ドメスティケーション（semi-domestication）と規定し、どのようなメカニズムが介在したかを明らかにする試みが積み重ねられてきた（山本編 2009、松井 2011）。赤色野鶏の家禽化について、秋篠宮文仁殿下と筆者らは、野鶏が家禽となる機作は「行きつ戻りつ」の過程を経たものではないかとする仮説を提示している（秋篠宮編 2000）。

デスコラは第Ⅱ部冒頭で、歴史と民族誌を踏まえて野生と馴化の対比を超える豊富な事例を提示した。注目すべきは、一部の動物の馴化が、他の何種類かの動物の「狩猟化」（cynégétisation）と対称的におこなわれたとする指摘であり、中世ヨーロッパではシカ類を「狩猟化」のために自然状態に維持する意思があった。また、南米エクアドルのアチュアール族社会で、栽培化されたもの（アラム：aramu）と非栽培物（イキアミア：ikiamia）という一対の語は、「馴化」と「野生」の対比に対応するのではなく、人間によって栽培された植物と、精霊によって栽培されたものとの対比に対応している。また、マリリン・ストラザーンが紹介したニューギニア高地のマウント・ハーゲンにおける「ムボ」（栽培されたもの）と「ルーミ」（人間の力の及ばない、精霊たちの世界に属するものすべて）との区別（Strathern 1980）と同様、ここでも前節で挙げた三極モデルが精霊、人間、自然をめぐって存在することが明らかとなる。

日本の例にも言及したデスコラは、ヤマとサトの対比が自然と文化に対応するのではなく、山の神が春に山を下りて里に至り、田の神となる。秋にふたたび田の神は山にもどるとする民俗例を挙げている。序章でふれたように、山の神と田の神との変換事例は水田稲作社会に固有のもので、山地民による山岳信仰とは異質である。山地民社会における狩猟儀礼は焼畑農耕における作物の豊饒と、野獣による食害の防止を祈願するとともに、野獣の霊力を作物に転化する意味が込められている（秋道 2016）。つまり、山地民では野生獣が獣害をもたらすとともに作物の豊饒を招来するという二面性をもつ点が注目される。野生動物が霊性と有害性の両義的存在である点については野本寛一が日本の野生動物について包括的な指摘をおこなっている（野本 2008）。

第３章で波佐間逸博は家畜と人間との関係について注目すべき視点を提起している。私は序章でＥ・Ａ・

リーチのモデル（図0-3）を示したが、波佐間は人間と家畜との関係はリーチにおけるような固定化・カテゴリー化・序列化した西洋社会由来の世界認識とは異なると明言する。たとえば、愛玩動物（ペット）が、「家族を代用する」役割と必要性を失い、「無視」から「拒絶」、「放棄」に至る過程に注視した。

さらに、波佐間は東アフリカ牧畜社会の調査から、家畜名称に端的であるように、人間と家畜を同一のカテゴリーに入れ、動物を見る眼が人間への眼差しに転用されて世界が認識されていると指摘した。そもそも、人間が食料に利用できない植物資源を、家畜の血、乳、肉などに変換することによって成立するのが牧畜であり、家畜は牧畜民の延長された身体として存在する。牧畜民一人一人の成長とアイデンティティの確立過程が日常生活に深く埋め込まれている。しかも、家畜放牧の中で、人間が家畜を個体識別するのではなく、家畜が牧童を個体識別し、家畜の社会構造の中に人間が包含される。人間と家畜との異種間コミュニケーションが円滑におこなわれていることの発見は、卓見である。

東アフリカにおける家畜は、生物学的、身体的事実として自然存在でありながら、同時に「人格」を備えたものとして人間文化に深く疎通した複合的な性格をもつ。デスコラ的に言えば、身体性では人間とは異なるが、内面性では人格をもち、アニミズム的な存在となるが、東アフリカの牧畜民の例は古典的なアニミズム論には当てはまらない。相互コミュニケーションを基盤とした家畜と人間のあり方は、人間と動物、人間と家畜を峻別する従来の思考を覆すものであり、私はこれを相互に透過する性質、つまりパーメービリティ（permeability）として位置づけ、デスコラの提案したパラダイムにおける内面性の類似と相異の枠組みではとらえ切れないものと考えたい。

3　デスコラの自然主義・アニミズムをめぐって

（1）実験動物から自然主義を考える

第1項でふれたデスコラの存在論のなかで，自然主義（ナチュラリズム）は現代の自然科学（サイエンス）に匹敵するものと位置づけられるが，何の留保もなく自然主義のもつ客観性と普遍性を受け入れることに疑義を呈したのは池田光穂である。池田は，神経生理学的研究における実験動物のあつかいと研究者の意識，態度に関して独創的な報告をおこなった。

私は学部時代の免疫学の実験で，ハツカネズミを左手で押さえ，細いガラス管を目に突き刺して血液を採取することをやった。殺すわけではなかったが，実験動物の眼にガラス管を突き刺す行為にためらいをもたざるをえなかった。科学だから，生き物への憐憫や同情は不必要な感情移入とする思考は果たして正当なものといえるのかという問題意識があった。

池田の取り上げた視覚の神経生理学的研究において利用される実験動物は人間により飼育・管理され，遺伝情報をはじめとする科学的知見が明らかにされており，実験のマテリアル（material）として申し分ない条件をもつ。電極を脳内に埋め込み，刺激に対する生体反応を調べ，血液を採取してさまざまな検査を実施する対象の実験動物は人間に支配された存在である。その動物がより精度の高い真理を解明するために殺され，細胞の詳細な解析がおこなわれる。

世界の諸民族の間では，供犠の対象としてウシ，ニワトリ，ブタなどの家畜を生贄とすることがある。池田によると、神経生理学の研究においても実験動物を殺して分析をおこなうさい、犠牲（サクリファイス）という用語が使われるという。諸民族の供犠儀礼は豊作、災禍の払拭、死者への供物など、目的と説明が明瞭である。実験動物の犠牲も「科学のため、真理のため」という至上目的があり、動物の殺戮は正当化されるのだろうか。

池田は、実験動物の処理が宗教的な供犠と同じ地平の行為と位置づけても矛盾がないとするM・リンチの考え（Lynch 1988）に反駁している。動物実験で動物を殺すこと自体は目的ではなく、真理を産みだすための手段である。一方、儀礼における供犠動物は、犠牲になることを通して神と人間の媒介物になる。ここでも図9-2の鳥人に供犠動物を想定すると、人間、動物、超自然の三極関係は明快に浮かび上がる。

デスコラの自然主義では、人間と動物種は共通性をもつが、内面では異なると位置づけられている。この見解は、動物の神経細胞の振る舞いは人間のおこなう生態反応と同じとみなすヴィベイロス・デ・カストロの見解と符号する（Viveiros de Castro 2004）。

第2章の秋道によるクジラ論との関連で興味があるのが、動物の供養をおこなう民族は世界でも日本が特異的な位置を占める点である。ただし、実験動物の供養についていえば、儀礼自体が簡素であり、実験室のある大学から離れており、参加者も動物実験をおこなう当事者はほとんどいないという（Ikeda and Berthin 2015）。

一方、クジラ供養は日本では歴史的にも縄文時代から連綿とおこなわれてきた。鯨墓や鯨をとむらう建造物が全国各地にあり、その意義づけも多様であることは第2章でふれたとおりである。クジラ供養は、飢饉を救済してくれた感謝の念や生き物を殺めたことへの慚愧の念からそのいのちを供養する意味が込められている。デスコラのパラダイムを参照すれば、クジラは人間と同じ霊的な側面をもち、身体面でも生き物としての人間と類似したものと見なされている場合が多く、トーテミズムということになるが、日本人の生命観はトーテミズムとは異なった位相のものである。

日本では、自然物にカミ観念を見出す例が豊かに存在する（野本 2006，2014）。こうした点に立脚すれば、身体性と内面性から構成されるパラダイムではなく、カミ観念を軸として人間と自然を対比する図9-2の三極構造のほうが理解しやすいのではないだろうか。

（2）アニミズムと存在論

デスコラの存在論はいかにして生まれたのか。山田仁史は第5章で神話学の立場から、デスコラがアチュアール族の現地調査の中で衝撃を受けたアニミズムが存在論を構築する根幹になったと明言している。アチュアールの世界観に占めるアニミズムの思想は、西洋の人類学者としてデスコラ自らがもつ自然主義の立場とは根底から異質のものと映った。アニミズムと自然主義との対比は、身体性と内面性の類似（＋）と相異（－）で対極に位置する。つまり、（－＋）と（＋－）の関係にある。山田はこのことから、（＋＋）と（－－）の関係にあるトーテミズムと類推主義についての思索を進めて存在論のシェーマに至ったと考えた。

アニミズムについては一八七一年刊のE・タイラーによる著作がよく知られ、その後も大きな影響力をもった（Tylor 1871）。デスコラのアニミズム論は人類の精神史としてどのように位置づけられるか。山田は長谷千代子の論をふまえて（長谷 2009）、霊魂をもつ主体である人間が思考能力を通じて能動的に環境を認識すると位置づけるタイラー流の発想ではなく、主体が受動的に環境に反応することで霊的な存在を認識するとした岩田慶治の思想に注目した（岩田 1991）。岩田は二〇〇五年に『木が人になり、人が木になる―アニミズムと今日』を上梓している（岩田 2005）。人間中心主義の観点から非人間世界を見るのではなく、非人間世界から人間をとらえる視点は受動的という表現を超えて、近代西洋批判につながる。私も岩田の書に多少なりともかかわる中で、最近、上梓した『魚と人の文明論』の中で、「魚が人になり、人が魚になる」モチーフを中核とする思想の革新性を提起している（秋道 2017）。山田も、デスコラのアニミズム論を岩田の考えに近いものと位置づけ、アニミズム再考に資するものとしている（Fancello 2010: 40）。

アチュアール族をはじめとする南米の先住民社会で、野生動物と人間がコミュニケーションをおこなうことや、骨からの生命の再生、動物が外皮を被った人間であるとする思想は、世界の狩猟民で広く見られる世界認識である。身近な例では北海道アイヌの場合、カムイモシリ（神の国）から神が野生動物に扮装してアイヌモシリ（人間世界）に現われるとする観念がある。扮装はアイヌ語でイヨクペと称される（秋道 2017）。

狩猟民的な世界観については、山田やO・ツェアリースが指摘しているとおりである（Zerries 1962, 2005; Yamada 2013, 2015）。アニミズムを理解する上で、霊魂を媒介とした人間と野生生物の関係に注目すれば、人間、動物に加えて第三項に神を介在させることで、より理解が深まるといえるだろう。

4　形象化と風景論

第Ⅳ部冒頭のデスコラ論文「形象化のアトリエ」は形象化の問題を扱うもので、デスコラ自身、思索上、新しいことと認めている。形象化は英語のフィギュレーション（figuration）の訳語である。形象化されたものは可視的な実体物であり、比喩的に表現（描写）されたもの、図案における装飾表示などの意味がある。デスコラの形象化論の背景にA・ジェルの考えがある（Gell 1998）。ジェルの理論では、「指標（インデックス）、原型（プロトタイプ）、芸術家（または製作者）、受取り手の四要素を設定し、その要素間の関係性を分析する手法を採る。

これがジェルの「アート・ネクサス」理論で、芸術のさまざまな様式を社会構造に機能上、還元するものとジェルは位置づけた。これに対して、デスコラは四つの存在様式論それぞれに対応する形象化の様式があり、ジェルの機能主義的な考えを退けた。

デスコラとジェルの形象化に関する議論にあるように、これまでの人類学の論争ではあまりふれてこられなかったいくつものキー概念が援用されている。それらは、下山大助が第12章で整理しているように、形象化されたモノは、元々あった原型（プロトタイプ）を想起させるアイコン（icon）であり、指標（インデックス：index）、象徴（シンボル：symbol）ともなる。アイコン、インデックス、シンボルから原型を推論する過程で媒介となる作用因をエイジェンス（agence）と規定している。

形象化論では、分割画法（スプリット・リプリゼンテーションないし二重化された表象）やX線画法、変身（メタモルフォシス）、歪曲図法（アナモルフォーズ）、さらに挙げるとすれば、デフォルメ（deformer）の手法が重要なキー概念として提起されている。美学では、絵画における最高度の写実主義（リアリズム）と完ぺきな抽象画までのジャンルがあり、両者は峻別されてきたが、デスコラは形象化の問題を四つの存在論の立場からとらえた。そして、絵画がアイコン自体の模倣性と非模倣性の間で連続的に変化するものと位置づけ、絵画の美学に新しい見方を導入した。

私はかつて自然の文化表象の問題について、言語、図像、儀礼の異なった位相での扱い方を整理した（秋道1988a）。その中で、サメを例として、サメの言語的表現（＝シンボル）、サメの図像（＝アイコン）、サメの仮面（エンブレム）の違いを示した。デスコラはかならずしも生物現象に拘泥した議論を形象論で展開していない。

ここでは、英語のファイアー（fire）、日本語における「火」を例として考えてみよう。まず、原インド・ヨーロッパ語で、火を意味するファイアーには、$^{*}h_1ng^{w}nis$と$^{*}péh_2ur$があり、意味的に対立関係にある。前者は男性的で、火を「生命あるもの」と見なす考えで、古代インドの火神であるアグニ神に匹敵する。これに対して、後者は中性的で「生命のない」受け身のモノとしてのあつかいがなされている。つまり、火にはアニミズムと自然主義ないし類推主義的な観念が混在していた。この点からして、デスコラの存在論についての歴史的な検証はさらに詰めて考える余地があるのではないか。

表意文字の中国語では、燃え立つ火の表象（エンブレム）が漢字の「火」になったことが知られている。煙を表す図像や煙自体は火のインデックスであり、煙の存在は実在物であれ描かれたものであれ、そこには火のあることを示している。日本の竈（かまど）には「火の神」がおり、その形相はいかめしく、荒ぶる火を制御する意味があるのだろうか（飯島 1986）。竈神は七福神の大黒神とも習合して、大黒舞がおこなわれる地域もある（上野 2004）。竈神や大黒神は火を象徴するもので、火のエンブレムとしての仮面を示す形象といえる（図9-3）。

吉田憲司は、自然と文化を分け隔ててきた思想や、科学と芸術、人類学と美術史学、客観と主観、西洋と非西洋を区分する前提は無効化してきていると規定している。吉田は、アフリカ中南部のザンビアにおける仮面舞踏の秘密結社の調査を踏まえ、仮面という装置が生み出す世界のイメージのあり方を広く検討した。ザンビアのチェワの人びとにとり、仮面をつけた踊り手は異界から人間世界を来訪し、一時的に人間と交わって去っていく存在である。仮面舞踏のもつ異界からの来訪者的な意義は、ほかの地域でも広く見られる。メラネシアにおけるドゥクドゥク仮面、日本では悪石島のボゼ、八重山諸島のアカマタ・クロマタ、ミルク（弥勒）神、秋田県男鹿のナマハゲなどが代表例である。来訪神は自然と文化の境界を越境する存在であり、デスコラ論に取り重要な題材となった。仮面の位置づけをさらに発展させれば、異邦人、ないし異人の問題へと思索を進め

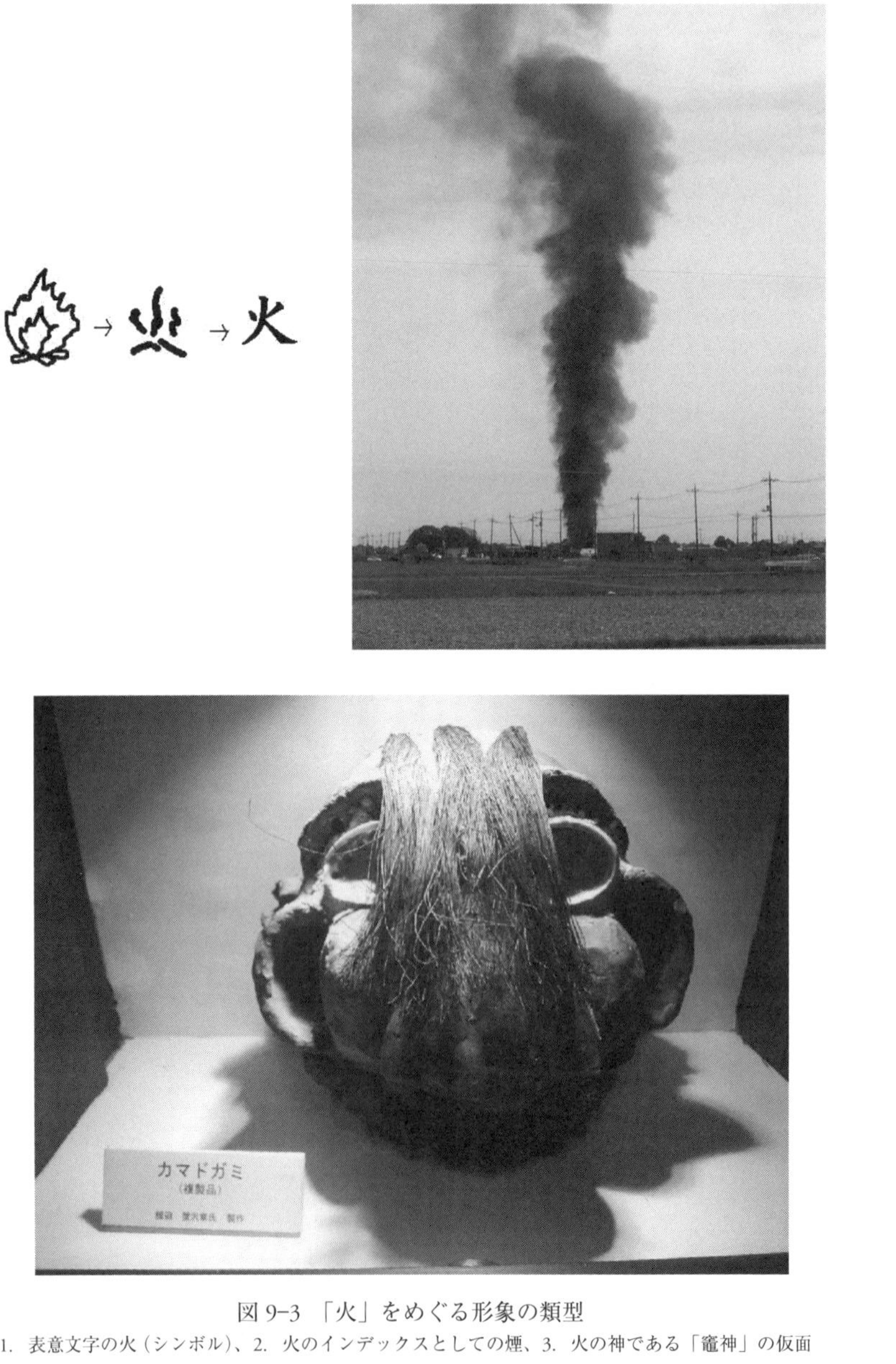

図 9–3 「火」をめぐる形象の類型

1. 表意文字の火 (シンボル)、2. 火のインデックスとしての煙、3. 火の神である「竈神」の仮面た地平に、小松和彦の主張する妖怪論や神の議論に連結する（小松 2005）。本章で集中的に扱ってきた三極モデルで、人間と自然に加えて異人・来訪神を想定することで、自然と文化の二元論を超克することができる可能性をここで確認することができる。

下山大助はデスコラによる第Ⅳ部冒頭を踏まえ、デスコラが「形象の人類学」から「風景の人類学」へと転換する過程に光を当てている。形象の人類学が、自然とは切り離された絵画やモノの世界に注目したのに対して、デスコら自身が風景に着目し、しかも風景の中に形象をとらえる視点を導入したことを「形象の転換」と位置づけている。形象転換はトランスフィギュレーション（transfiguration）の用語である。

風景と類似の言葉に景観（ランドスケープ：landscape）がある。景観は地理学的に客観的で、大多数の人間が主観を入れず大差なく感じるような世界を指す。しかし、「風景」は、身体的・文化的にとらえた主観的世界を意味する。この点でデスコラは形象論のなかで、景観よりも風景の用語を用いている。

デスコラの風景論では、自ら調査したアチュアール族の人びとがおこなう焼畑農耕の農園に注目した。アチュアールが普段にかかわる農園は遷移を繰り返す「動く自然」であり、その伝統は数千年前から継承されてきた。これをデスコラは、パリンプセスト（palimpsest）の概念でとらえ、環境に対して古い要素を消し去り、常に新しい要素を加える行為と見なした。彼らのいとなみは、フロンティアを開発する行為にほかならず、人間と非人間の間のフロンティア、そして人間と自然の間のフロンティアでもある。

デスコラによると、アチュアールの農園は生産のための単なる土地ではなく、豊穣さの原型（プロトタイプ）であり、農園周囲の森林や宇宙の縮小モデルであるとともに精霊の棲み家でもある。つまり、アチュアールにとり、農園は主観的な世界の中で主要なアイコンとして機能する。デスコラの形象論は自然と文化を超える議論で今後とも重要な契機となるものとおもわれる。

5　類推主義の展開 —— 複合体とメタ構造

類推主義、つまりアナロジズムはデスコラの枠組みからすると、身体性、内面性の面でいずれも人間存在とは類似していないものとの関係を指す。本書では類推主義を正面からあつかったデスコラの論文は取り上げていないが、その内容は随所で紹介されている。第Ⅳ部の形象論では、類推主義をアニミズム、トーテミズム、自然主義との対比を踏まえて議論が展開されている。

デスコラは類推主義を形象論の観点からとらえるさい、以下の三つのアプローチが参考になるとしている。一つ目はアステカ文明の文化神、農耕神であるケツァコアトル（Quetzalcoatl）の例で、単一の偶像がもつ複合的な性格をさまざまな形象化の角度から明らかにできるとしている。二つ目は具体例が挙げられていないが、形象化の基盤となるイメージ形成に原型の換喩（メトニミー）が重要な作用となることを例証できるとしている。類推主義では、とくにJ・フレーザーが主張した「類感呪術」論における「ミーメーシス（模倣）」が大きな役割を果たすとしている。何に似ているかは、われわれの想像力や経験に依るので、まさに類推（アナロジー）思考が大切ということになる。三つ目は、それぞれのモノや事象の表す多様な表徴（象徴性）が全体的な意味の集合の中に組み込まれている場合である。個々の表徴は一見バラバラにみえるが、全体として並列、同心円、時間・空間的な配列の様式をもっており、複合体として包括される点に類推主義の特徴が表れることになる。

類推主義では、アニミズム、トーテミズム、自然主義における場合と異なり、主体と客体の位置づけが不明瞭である点が顕著な特徴である。むしろ、構成要素間のネットワーク的な関係性が重要であると位置づけられている。つまり、類推主義ではメタ構造の存在が大前提となっている。

類推主義の具体例を空間的な配置モデルにかぎって取り上げよう。古代中国における世界観を表す類推主義の例がいわゆる「色・方位連関」である。これは、四方と中央に、異なった方位・色・支配する神獣・季節、五行の連関をセットとするものである。つまり、(北・黒・玄武・冬・水)、(東・緑ないし青・青龍・春・木)、(南・赤ないし朱・朱雀・夏・火)、(西・白・白虎・秋・金)と(中央・黄・麒麟ないし黄龍・土用)からなる。それぞれのセットにおける要素間、セット間の連関性は必然的であるというよりも類推によるもので、世界観としての包括的なまとまり(comprehensiveness)が大きな特徴となっている。

インド・ヨーロッパ世界でも、古代以来の占星術では、星座と太陽の位置関係から一年を一二分割し、それぞれの星座に特定の意味を与える体系が発達した。星座占いで使われる黄道《こうどう》一二宮の星座はそれぞれ特質が決まっている。たとえば、牡牛座(金牛宮 ♉)は性別では女性で、四月二一日から五月二一日生まれの人に対応する。四つの自然属性(火・風・水・土)の中の土に相当し、色は紺、数字は六、特徴は安定・温和である。以上が一二星座ごとに決められている。各星座間の相性が星座占いの根幹にある。前述した四つの自然属性間には相性の点で図9-4に示したような関係がある。星座と色・自然属性・数字・人間の性格と相性との間には必然的な相関関係はなく、この場合も類推主義の思考を強く反映するものであろう。

星座に関連して、ミクロネシアのカロリン諸島における航海術の知識を紹介しよう。カロリン諸島では星座の出没方位を元にした星座コンパスが知られている。北極星、南十字星、ワシ座、琴座、カラス座、オリオン座、サソリ座、カシオペア座などを参照したもので、それぞれの星座の出没位置の名称を元に三二の方位が決められている。さまざまな種類の航海術の知識はこの方位名称を元にしている。

カヌーで島を離れるさい、島が見えるギリギリの範囲や、島に帰属する海鳥や魚が観察できる領域を超えると、目安となるものは何もない。カロリン諸島では、島嶼間の外洋空間をネーポウォン(neepwon)と称する。

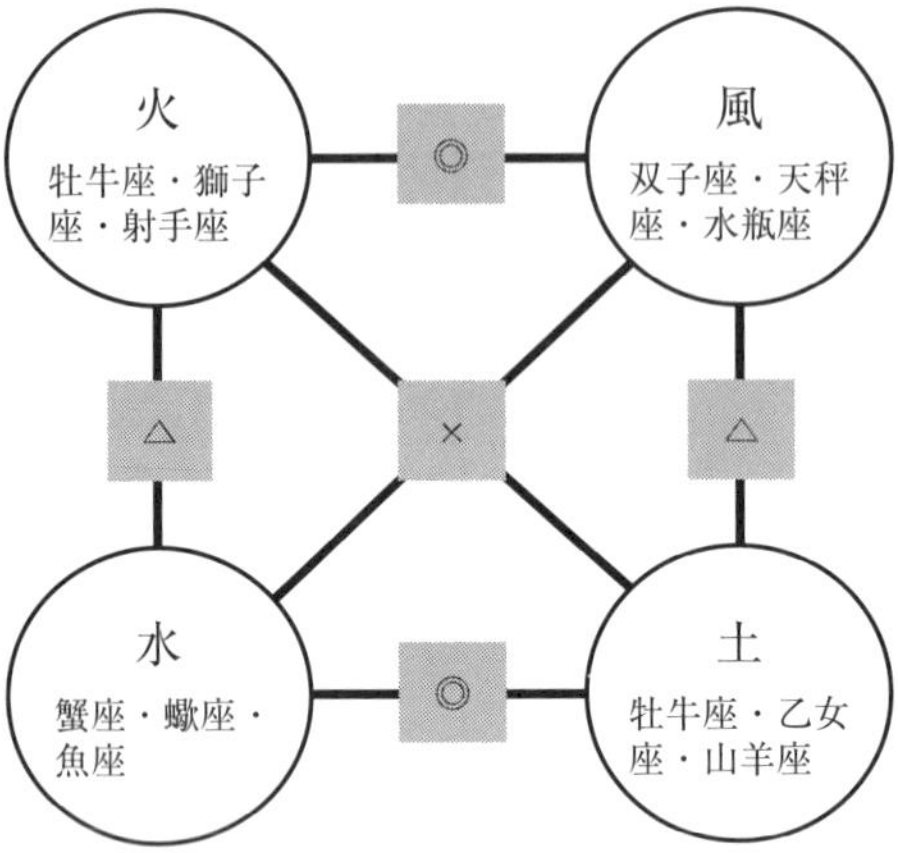

図 9–4　星占いにおける星座間の相性と自然属性（火・水・土・風）

◎はいい相性、△は可も不可もなし、×は相性の悪い組み合わせ。

ネーは場所を表す接頭辞で、プウォンは「空《から》の、何もない」の意味である。しかし、外洋空間は何もないのではなく、さまざまな海洋現象が生起する。海鳥や魚の群れ、流木、チョウチョウなどがその例であり、航海術の基本的知識の一つであるプコフ（pwukof）は、ある島から周囲の方位にカヌーで進むと出現する動植物やサンゴ礁の名前、特徴などを列記したものである（秋道 1988b）。

カロリン諸島の島じまについて、プコフの情報を集計すると、島の周囲に出現するのはグンカンドリ、カツオドリ、ネッタイチョウ、アジサシなどの鳥類、クジラ、マグロ、カマスなどの魚類、木の葉、チョウチョウ、流木などの生物現象とサンゴ礁や島じまである。島やサンゴ礁は実在するものであるが、生物の中には、体が半分腐ったクジラ、頭を海底に向けて直立したカマスと頭を上に向けたカマス、カヌーに乗った超自然的存在などが含まれている。これらの生物に遭遇することはセルフィ（serfi）と称される。もし、その生物を捕獲した場合や死ぬことがあっても、代替のものが置き換わると人びとは位置づけている。このことは、エ・シューエン・セファンと称される。シューエンは「置き換わる」、セファンは「別のもの」を指す。

つまり、プコフには実在する島やサンゴ礁、確証できないが持続的に存在すると位置づけられた生物現象と、明らかに架空の存在が含まれていることになる。プコフは何もないとされる外洋空間がじつは実在物と架空のものを含めてさまざまな現象が生起することを示す知識であり、類推主義に相当する包括的な性格のものである。何も存在しない海洋空間を航海する人びとが自然認識上、自然と超自然を含めて位置づけた知識は中国の色・方位連関や星座占いなどとは異なった類推主義のあり方を示すものであろう。航海術の例は、類推主義が古代中国やギリシャ・ローマ、あるいはアステカなどの文明圏に特有の存在論ではなく、無文字社会のしかも海洋空間に関する事例であることが理解できる。

6 主体性論と環境保全

デスコラの論では、人間と自然の間における類似性と相異性を身体性と内面性に分けて類別する思考がパラダイムの骨格を形成したといえる。自然と文化を二元的にとらえる西洋思想の限界とそれを乗り超える知のあり方について、デスコラは自然と文化を連続的なものとしてとらえる考え方を提起してきた。終章の最後に、デスコラの思想を総括的に位置づけてみたい。

本書の第6章でオギュスタン・ベルクは主体性論から論を展開している。自然を認識する人間の主体性については、「我思う、ゆえに我有り」の言説で知られるデカルトに代表される近代の知が明らかにしたとおりである（デカルト 2010）。これに対して、ベルクは自然にも主体性があるとする考えを主張した。この線上で考えると、デスコラの提唱する身体性と内面性に関する論の立て方が大きく変わってくる。人間を中心にして自然との類似性と異質性をまとめあげたのがデスコラの存在論である。

ここで問題にすべきは内面性の位置づけである。かりに自然に主体性があるとして、自然が内面性でも人間と類似した特質をもつならば、自然と人間は主体性をもつ点で類似した存在であることになる。ベルクは身体性について言及していない。デスコラは身体性で人間と類似している場合を「トーテミズム」、類似していない場合を「アニミズム」と規定した。しかし、ベルクにとり自然の主体性論は、トーテミズムやアニミズムを超えた自然認識が背景にあり、デスコラのパラダイムにある身体性と内面性は弁別的に意味がなくなる。

ベルクの議論は、環境と人間とのかかわりを考える場合に示唆的である。というのも、環境から資源を採捕して利用するとともに環境の保全・保護をおこなう場合、どうしても人間中心主義的な発想が抜けきらない。しかし、この地球上で後発者である人間が自然のすべてを知り尽くしているとは到底おもえない。

人間と環境との関係性の観点から資源利用と自然保護を考える場合、J・フォン・ユクスキュルの環世界論が重要な手がかりを与えることを序論で指摘した。つまり、すべての生物にとって共通の「良い」環境は存在しない。大切なのは個々の生物にとっての環境世界なのだ。日本語の環境という用語は、漢語に依拠しながら、西洋的な考えを組み合わせて明治期以降に定着した。ドイツ語でいう「周囲の世界」(ウムゲーブング)あるいは「意味ある外的世界」(ウムヴェルト)の場合、前者が客体論、後者が主体論と言えるだろう。

ユクスキュルの指摘するとおり、人間が見る自然はけっして客観的、普遍的なものではない。人間が自然物を人間との対比で類似しているか異質かと判断するその仕方はあくまで相対的である。とすれば、デスコラの規定した身体性は人間中心に考えた判断である。間違ってはいないが、ユクスキュルの環世界論では、自然界の生物種によってその世界像は異なっており、自然における内面性は人間にとり異質であることになる。デスコラの世界観は人間中心主義であるとも言える。

ベルクはユクスキュル論を、日本の和辻哲郎が展開した『風土論』と同じ位相にあるものと位置づけている。ベルクは和辻哲郎の『風土論』に依拠しつつ（和辻 1979）、「風土性に係る人間存在の主体性よりも一般的な意味で、人間風土においてのそれには限らないような主体性、つまり自然そのものにおける主体性をも考慮に入れたい」とした。つまり、主体は自己同一性をもちながら、風土の中に「自己発見」しており、その主体性の場は絶対にその体の局所性（topicité）に限定することができない。つまり、自然も生きているかぎり、ある程度の主体性をもっていると主張している。先述したユクスキュルの環世界論は生物を対象とした主体性論であり、和辻哲郎は人間に当てはめて、風土は環境ではなく、主体的な世界認識であることを看破した。ベルクは、自然のもつ主体性について、和辻哲郎の「自己発見性」やハイデガーのダーザイン（Dasein：現存在）に該当する概念と位置づけている（ベルク 1992）。

一方、身体性についても人間が見た自然は類似性と異質性を合せもつものであり、環世界論では差異化は弁別的な要素とはならない。結論からいうと、身体性と内面性の二元的な区別自体を仮定すればデスコラ論に帰着するが、自然に主体性を認めるベルクの立場やユクスキュルの環世界論からすると、身体性と内面性の二項対立の図式は相対化されることになる。ベルクとユクスキュルの思想に通底するのは非人間中心主義である。この発想が今後の思想や地球における人間の位置を探求するキー・ストーンとなるのではないか。

序章でもふれたとおり、今後の人間と自然の環境を考える上で、デスコラに触発された論文を提示してきた。本書では充分な論証を提示していないが、共生とコモンズはさらに本書の到達点のすぐ先に見え隠れする最重要課題である。デスコラの挙げた四つの存在論の様式を、世界の各地域や民族集団について当てはめて考えるさい、人間と自然の共生とは具体的に何を指すのか。コモンズを人間と自然を包括して考える制度とすれば、どのような先行きの希望が生まれてくるのか。新しい時代の創成に向けた思索の取り組みに向けて、本書を読まれた方々とともにスタートラインに着いたと言えそうだ。

以上、デスコラの立論を哲学面から検討し、人類史にわたる多様な思想の存在が浮き彫りになった。デスコラ論の到達点は膨大な思索の領域にまたがっており、ユクスキュルやベルクがそれらすべてを超えるものでは到底ない。序章、終章を含めて本書で取り上げた一〇篇の論文で個々に展開した議論は、デスコラの存在論を多様な視点から論じ、デスコラの四篇の論文を含めて人類学のみならず、医学、哲学、美学、歴史学、民俗学などを横断した分野に鋭いインパクトを与えることができた。とりわけ、日本を中心とした事例を参照することによって、デスコラの取り上げなかった、あるいは不問とされてきた側面に光を当てることができた。日本語で本書を編むことの意義は意義深いと自負する。

デスコラが二〇一四年にコスモス国際賞を受賞されるさいに、多少なりとも推挙と講演会などでかかわったものとして喜びに絶えない。受賞式後、私はデスコラ夫妻と京都市内の竜安寺を訪れ、庭先に座って話をしたさい、デスコラは「もっと早く日本に来るべきだった」とつぶやいた。その言は、日本人として日本の思想と文化を世界に発信する大きな契機になると確信した。同時に、研究を目指すものとしての責務を背中に感じた。本書が広く人文学、思想・文化の研究を目指す若手諸氏に読まれることを願わずにはおれない。

文献

秋篠宮文仁編（2000）『鶏と人―民族生物学の視点から』小学館。

秋道智彌（1988a）「自然の文化表象」伊藤幹治・米山俊直編『文化人類学へのアプローチ』二〇五–二三〇頁、ミネルヴァ書房。

秋道智彌（1988b）「航海術と海の生物—ミクロネシアの航海術におけるPwukofの知識」『国立民族学博物館研究報告』一三（一）：一二七–一七三頁。

秋道智彌（1999）「オーストロネシア語族とサメの民族学」中尾佐助・秋道智彌編『オーストロネシアの民族生物学』二九五–三二三頁、平凡社。

秋道智彌（2017）『魚と人の文明論』臨川書店。

飯島吉晴（1986）『竈神と厠神　異界と此の世の境』講談社。

岩田慶治（1991 [1973]）『草木虫魚の人類学—アニミズムの世界』講談社。

上野和男（2004）『縄文人の能舞台—ロンドン報告「神々の数学史」』本の森。

國分功一郎（2017）『中動態の世界—意志と責任の考古学』医学書院。

小松和彦（2005）『異人論—民俗社会の心性』筑摩書房。

張競（2003）「動物幻想とその表象類型—『山海経』の幻想動物の形態的特徴をめぐって」『明治大学教養論集』三六三：一–五四頁。

デカルト・ルネ（2010）『方法序説』山田弘明訳、筑摩書房。

中尾佐助（1993）『農業起源をたずねる旅 — ニジェールからナイルへ』岩波書店。

長谷千代子（2009）「「アニミズム」の語り方 — 受動的視点からの考察」『宗教研究』三六二：一–二四頁。

野本寛一（2006）『神と自然の景観論』講談社。

——（2008）『生態と民俗—人と動植物の相渉譜』講談社。

——（2014）「コモンズと自然」秋道智彌編『日本のコモンズ思想』一二–三〇頁、岩波書店。

ベルク、A（1992）『風土の日本—自然と文化の通態』篠田勝英訳、筑摩書房。

松井健（2011）『新版　セミ・ドメスティケイション』（人と動物選書）エイエヌ。

山田仁史（2015）『首狩の宗教民族学』筑摩書房。

山本紀夫編（2009）『ドメスティケーション — その民族生物学的研究』（国立民族学博物館調査報告 No. 84）国立民族学博物館。

ユクスキュル、ヤーコプ・フォン&クリサート、ゲオルク（2005）『生物から見た世界』日高敏隆・羽田節子訳、岩波書店。

ユクスキュル、ヤーコプ・フォン（2012）『動物の環境と内的世界』前野佳彦訳、みすず書房。

和辻哲郎（1979）『風土—人間学的考察』岩波書店。

Conklin, Harold C. (1957) *Hanunóo Agriculture: A Report on an Integral System of Shifting Cultivation in the Philippines.* United Nations, FAO Forestry Development Paper no. 12.

Fancello, S. (2010) Animisme. In Azria, R. et Hervieu-Léger, D. (éds.), *Dictionnaire des faits religieux*, pp. 37–40. Presses Universitaires de France.

Gell, Alfred (1998) *Art and Agency*. Clarendon Press.

Fukui eds., *Redefining Nature: Ecology, Culture, and Domestication*. Berg, pp. 437–463.

Ikeda, M and M. Berthin (2015) Epicurean Children: On interaction and "communication" between experimental animals and laboratory scientists. *Communication-Design*, 12, pp. 53–75.

Ingold, T. (1996) Hunting and gathering as ways of perceiving the environment. In R. F. Ellen and K. Fukui (eds.), *Redefining Nature: Ecology, Culture, and Domestication*. Berg, pp. 117–155.

Lynch, Michael (1988) Sacrifice and the transformation of the animal body into a scientific object: Laboratory culture and ritual practice in the neurosciences. *Social Studies of Science* 18: 265–289.

Spencer, J. E. (1966) *Shifting Cultivation in Southeaster Asia*. University of California Press.

Strathern, Mariryn (1980) No Nature, No Culture: The Hagen Case. In C. MacCormack and M. Strathern (eds.) *Nature, Culture and Gender*. Cambridge University. Press.

Thomas, Nicholas (2009) *Entangled Objects: Exchange, Material Culture, and Colonialism in the Pacific*. Harvard University Press.

Tylor, E. B. (1871) *Primitive Culture: Researches into the Development of Mythology, Philosophy, Religion, Art, and Custom*, 2 Vols. John Murray.

Viveiros de Castro, E. (2004) Exchanging Perspectives The Transformation of Objects into Subjects in Amerindian Ontologies. *Common Knowledge* 10(3): 463–484.

Yamada, H. (2013) The "Master of Animals" Concept of the Ainu. *Cosmos: The Journal of the Traditional Cosmology Society*, 29: 127–140.

Zerries, O. (1961) Die Religionen der Indianervölker Nordamerikas. In Krickeberg, W., Trimborn, H., Müller, W. und Zerries, O., *Die Religionen des alten Amerika*, S. pp. 269–384. W. Kohlhammer Verlag.

Zerries, O. (2005) Lord of the Animals. In Jones, L. (ed.), *Encyclopedia of Religion*, 2nd ed., Vol. 8, pp. 5512–5516. Thomson Gale.

あとがき

本書を終えるにあたり、Ｐ・デスコラ氏が二〇一四年にコスモス国際賞を受賞されてから四年が経過したことを思い起こす。デスコラ氏の受賞は第二二回目であった。二〇一七年度は節目となる第二五回目に当たり、英国のＪ・グドール氏が受賞した。自然と人の共生を掲げる本賞に、生態学関係の受賞者が多い中で、自然と人間の関係性を包括的に理論化したデスコラ氏の研究業績はまことに意義深いと言えるものだ。

本書を総じて見ると、野外調査を踏まえた多彩な論考や独創的な思索がちりばめられ、デスコラの思想と哲学に対して多元的な角度からメスを入れることができたと自負している。人間中心主義から脱し、あるいはそれを脱皮した地平にいくつもの新しい理論的な提案を生み出すことができた。自然の主体性論、人―自然―超自然からなる３極構造、自然と文化の連続性と相互交渉、人―生き物関係の時間的な変質論、形象の転換と景観論など、人類学のみならず、哲学、芸術学、医学、美学、宗教学、地理学、思想史など、広範囲な領域へとその思想的意味を拡大し、多くの分野の研究者にインパクトある論集となった。

統合知への指向性は細分化された研究とはぎゃくのモメントをもつ挑戦的な試みである。ただし、そのためには精緻な専門知が基盤となっていることが大前提である。二つの異なった指向を合わせもつことの意味を強調しておきたい。混迷する現代に、本書がなにがしかの思想的なインパクトを与えることができるとすれば、この上ない喜びである。

本書が出来上がるまで、多くの方々のご協力、ご支援をいただいた。デスコラ氏の受賞にさいして、公益財団法人　国際花と緑の博覧会記念協会の方々や「コスモス国際賞」委員会委員、同選考専門委員会委員の諸氏にはたいへんお世話になった。

デスコラ氏の論文の翻訳には本書で第八章を担当した下山大助氏に全面的に御協力いただいた。難解なデスコラの論文翻訳に払われた真摯な努力に心からお礼を申し上げたい。

出版にさいしては、京都大学学術出版会の鈴木哲也編集長をはじめ高垣重和氏には原稿への査読と厳しいコメントを含めて、本書が世に出るための多大なお力添えをいただいた。衷心より感謝の意を表したい。

なお、本書は総合地球環境学研究所の叢書「環境人類学と地域」の一環として出版されるものであり、とくに同研究所の窪田順平副所長には陰ながらのご配慮とご支援をいただいた。ここに記して感謝申し上げたい。

二〇一八年二月

秋道　智彌

［ま行］

［や行］

［ら行］

［は行］

［た行］

［な行］

索　引

吉田　憲司（よしだ　けんじ） 第７章

国立民族学博物館長、総合研究大学院大学教授

専門分野：文化人類学、博物館人類学

主な著作：『仮面の森 ── アフリカ・チェワ社会における仮面結社、憑霊、邪術』（単著、講談社）、『文化の「発見」』（岩波書店）、『宗教の始原を求めて ── 南部アフリカ聖霊教会の人びと』（単著、岩波書店）

波佐間　逸博（はざま　いつひろ） 第３章
長崎大学多文化社会学部准教授
専門分野：人類学・アフリカ地域研究
主な著作：『牧畜世界の共生論理 ── カリモジョンとドドスの民族誌』（単著、京都大学学術出版会）、「武力に対抗する癒し ── ウガンダ・ナイル系遊牧民の多文化医療」湖中真哉・太田至・孫暁剛（編）『地域研究からみた人道支援』（昭和堂）、「東アフリカ牧畜世界における擬人化／擬獣化」木村大治（編）『動物と出会うⅡ ── 心と社会の生成』（ナカニシヤ出版）

池田　光穂（いけだ　みつほ） 第４章
大阪大学 CO デザインセンター社会イノベーション部門教授、同副センター長
専門分野：医療人類学、コミュニケーションデザイン
主な著作：『実践の医療人類学 ── 中央アメリカ・ヘルスケアシステムにおける医療の地政学的展開』（単著、世界思想社）、『看護人類学』（単著、文化書房博文社）、『認知症ケアの創造 ── その人らしさの看護へ』（編著）雲母書房、『コンフリクトと移民 ── 新しい研究の射程』（編著、大阪大学出版会）、「子殺しと棄老 ──「動物殺し」としての殺人の解釈と理解について」シンジルト・奥野克巳編『動物殺しの民族誌』（共著、昭和堂）。

山田　仁史（やまだ　ひとし） 第５章
東北大学大学院文学研究科准教授
専門分野：宗教民族学、神話学
主な著作：『首狩の宗教民族学』（単著、筑摩書房）、『いかもの喰い ── 犬・土・人の食と信仰』（単著、亜紀書房）、『新・神話学入門』（単著、朝倉書店）

オギュスタン・ベルク（Augustin BERQUE） 第６章
フランス国立社会科学高等研究院（EHESS）教授、欧州学士院員
Mésologie（風土学 . 環世界学）の提唱者
2009 年に、欧米人として初めて福岡アジア文化賞大賞を受賞。
主な著作：『空間の日本文化』（単著、筑摩書房）、『都市の日本 ── 所作から共同体へ』（単著、筑摩書房）、『風土の日本 ── 自然と文化の通態』（単著、筑摩書房）、『風土学序説』（単著、筑摩書房）、『風景という知』（単著、世界思想社）、『理想の住まい ── 隠遁から殺風景へ（単著、京都大学学術出版会）』など

執筆者紹介

【編者】

秋道　智彌（あきみち　ともや） 序章、第１章、第２章、終章

山梨県立富士山世界遺産センター所長

専門分野：生態人類学

主な著作：『魚と人の文明論』、『越境するコモンズ』（単著、臨川書店）、『サンゴ礁に生きる海人』（単著、榕樹書林）、『漁撈の民族誌』（単著、昭和堂）、『コモンズの地球史』（単著、岩波書店）、『海に生きる』（単著、東京大学出版会）、『クジラは誰のものか』（単著、筑摩書房）

【執筆者】

フィリップ・デスコラ（Phillipe DESCOLA） I, II, III, IV

コレージュ・ド・フランス「自然の人類学」講座教授

専門分野：社会人類学

パリ高等研究実習院（EPHE）第6部門にてC・レヴィ＝ストロースに師事し、1983年、パリ社会科学高等研究院（EHESS）にて社会人類学博士号を取得。以後、同院で講座主任・研究主任等を歴任。2000年、コレージュ・ド・フランス「自然の人類学」講座教授に就任。各国で客員教授、公開講座などを数多く務める。教育功労勲章、レジオン・ドヌール勲章、国家功労賞他、コスモス国際賞。

主な著作：*Par-delà nature et culture*（Éditions Gallimard）, *Beyond Nature and Culture*. Janet Lloyd（trans.）.（University of Chicago Press.）, *The Spears of Twilight L:fe and Death in the Amazon Jungle*. Janet Lloyd（trans.）.（New Press.）, *In the Society of Nature: a Native Ecology in Amazonia*. Cambridge Studies in Social and Cultural Anthropology 93. Nora Scott（trans.）.（Cambridge University Press.）

下山　大助（しもやま　だいすけ） 翻訳（I、II、III、IV）、第８章

京都大学大学院人間・環境学研究科博士後期課程

専門分野：近世ヨーロッパ史・哲学、宗教改革史、図像論争史

主な著作：〔翻訳〕アンヌ＝ガブリエル・ヴェルサンジェ「プラトン対話篇『法律』における〈音楽〉」（榊原健太郎と共訳）（『帝京科学大学紀要』Vol. 10：215–226）

環境人間学と地域
交錯する世界　自然と文化の脱構築
―― フィリップ・デスコラとの対話

2018年3月30日　初版第一刷発行

編　者　　秋道智彌
発行人　　末原達郎
発行所　京都大学学術出版会
京都市左京区吉田近衛町69番地
京都大学吉田南構内（〒606-8315）
電　話（075）761-6182
FAX（075）761-6190
URL http://www.kyoto-up.or.jp
振　替 01000-8-64677

ISBN 978-4-8140-0147-7
Printed in Japan

印刷・製本　㈱クイックス
装幀　鷺草デザイン事務所
定価はカバーに表示してあります